LIVRE

DE

GUILLAUME LE MAIRE.

EXTRAIT DES DOCUMENTS INÉDITS

PUBLIÉS PAR LES SOINS DU MINISTÈRE DE L'INSTRUCTION PUBLIQUE.

LIVRE

DE

GUILLAUME LE MAIRE

PUBLIÉ

PAR M. CÉLESTIN PORT,

CORRESPONDANT

DU MINISTÈRE DE L'INSTRUCTION PUBLIQUE ET DE LA COMMISSION DE TOPOGRAPHIE DES GAULES

ARCHIVISTE DU DÉPARTEMENT DE MAINE-ET-LOIRE.

PARIS.

IMPRIMERIE NATIONALE.

M DCCC LXXIV.

NOTICE PRÉLIMINAIRE.

Le manuscrit des Archives de Maine-et-Loire que nous publions intégralement n'est pas absolument inconnu. Il a même contre lui de n'être pas, tant s'en faut, inédit, et d'avoir déjà fourni un précieux contingent à la collection inappréciable de d'Achery. Mais, outre que ces matériaux mêmes sont restés là depuis lors à peu près inexplorés et perdus, l'original, considéré comme épuisé, s'est laissé si bien oublier, qu'on n'a plus songé à lui demander les renseignements les plus essentiels que l'histoire y pouvait chercher. Un certain nombre aussi de documents connus et empruntés par divers savants à d'autres sources prennent, ce semble, en se retrouvant ici, leur marque d'origine et un caractère qui les autorise mieux et qui les transforme; et peut-être n'est-ce pas d'ailleurs une ressource de curiosité vaine que d'avoir sous la main, complet et dans sa composition originale, le *Livre* d'un évêque, et d'un grand évêque, de la fin du xiii° siècle.

C'est en effet le vrai titre, *Liber Guillelmi Majoris*, que porte encore, sur le plat extérieur, la couverture du manuscrit. Le titre prêté par d'Achery à ses extraits, *Gesta Guillelmi Majoris ab ipsomet relata*, n'est juste précisément que pour le choix qu'il en donne, et dénature l'idée réelle qu'il faut prendre du recueil angevin, réunion systématique non pas seulement des actes personnels de Le Maire, mais aussi des enseignements utiles à ses successeurs sur les actes solennels où son épiscopat s'est activement mêlé.

Ce manuscrit, estimé de tout temps précieux, restait en effet à l'usage personnel de l'évêque et fut donné au Chapitre de la cathédrale le 13 novembre 1441 par l'évêque Jean Michel, comme l'attestaient les registres capitulaires[1].

---

[1] «Die xiii° novembris 1441, dominus «Johannes, episcopus Andegavensis, dedit «capitulo librum conscriptum per Guill. «Majoris de ceremoniis electionis et con- «firmationis episcopi.» (G. Ménage, *Vit. Math. Menagii*, not. p. 101. Cf. Brossier, mss. 656, t. II, Bibl. d'Angers.)

Il était conservé avec les Cartulaires dans la fenêtre xiv du chartrier[1] jusque vers 1793. Recueilli plus tard aux Archives du Département, il en disparut pendant plus de cinquante ans pour n'y rentrer que le 6 février 1852[2], réintégré par Mmes Martin et Guibé, filles de l'ancien archiviste Refleau, sur le rapport de mon prédécesseur, M. Marchegay, et la revendication énergique du préfet.

C'est un in-4° (0^m,234 sur 162), parchemin, de 148 feuillets, dont six seulement à demi remplis[3], à deux colonnes, sauf les fol. 144 et 148. Un *Index rerum*, de 80 pages, papier, rédigé, mais de façon bien insuffisante, par Brossier, secrétaire du Chapitre en 1764, s'y est ajouté au xviiie siècle, quand le livre a été relié dans sa couverture actuelle de veau rouge marbré de noir avec tranches peintes en rouge. Le texte entier est bien conservé et de belle apparence, sauf une légère mouillure aux fol. 138, 139, de nombreuses éraflures au fol. 140, qui n'empêchent pas la lecture intégrale, et une déchirure, simplement recousue, à l'angle du fol. 146. La rognure exagérée des marges a malheureusement tronqué une partie des notes d'écriture postérieure, et même, aux fol. 17, 109, 110, 128, 144, 148, abordé et légèrement entamé la transcription originale.

Au bas du recto du premier feuillet du livre est représentée, sur fond quadrillé d'azur, la scène qu'indiquent les premières lignes de la rubrique. C'est la translation du corps de l'évêque Nicolas Gellant, couché revêtu de ses habits pontificaux, la mitre en tête, les mains croisées, sur une litière drapée de rouge, que portent quatre clercs, précédés d'enfants de chœur, d'un porte-croix et du bedeau. Sur la poitrine du prélat descend, dans un nimbe d'or croisé de rouge, la main de Dieu bénissante, suspendue à un cordon enluminé d'or, de minium et d'azur, qui se divise au sommet de la page pour former de chaque bord un gracieux encadrement. Les enluminures reparaissent au fol. 17. La page du recto a les colonnes encadrées de trois filets d'un feuillage fantaisiste où perchent des oiselets, où s'entre-dévorent des têtes d'animaux inouïs, et que termine

---

[1] « Les cartulaires noir et violet, le livre « de Le Maire, du chantre, de Dumesnil, » dit l'inventaire de Thorode G. 260.

[2] Cette date explique pourquoi ce manuscrit ne figure pas au *Catalogue général des Cartulaires des Archives départementales* (Paris, 1847). La description en a été insérée postérieurement par M. Marchegay au *Catalogue* manuscrit que possèdent les archives de Maine-et-Loire.

[3] Fol. 36, 37, 102, 103, 147, 148.

au bas une belle accolade tressée de rondelles et d'ajustements variés en minium, or et azur, s'enroulant aux deux bouts en couronnes dans lesquelles s'encadrent, à droite, une sirène terminée en corps d'oiseau, à gauche, un violoneux terminé en corps de poisson. Vers la fin de la seconde colonne, sous la rubrique qui annonce la consécration de Guillaume Le Maire, un petit rectangle allongé, formé de filets d'azur et d'or, représente la scène sur fond d'or et montre l'évêque, assis sur le siége d'airain à tête et pieds de chien, entre trois évêques dont deux lui placent la mitre sur le front. Au verso, le D majuscule qui commence le chapitre contient, sur fond d'or, une tête d'évêque mitré, qui pourrait bien être un portrait, et se prolonge en haut et en bas par des enjolivements d'où, au bas de la page, s'échappe un joli motif de chasse : un lièvre poursuivi par deux chiens et visé par l'arc d'un chasseur; dans l'angle extrême, épanoui en touffe fleurie, perche un noir corbeau.

On peut diviser le registre en deux parties. La première (fol. 1-53) contient les Mémoires proprement dits de Guillaume Le Maire, où il raconte, dans la forme d'un récit personnel et comme d'un Journal, les cérémonies de son installation et toute la série des formalités qu'elle entraîne et dont il prévient ses successeurs[1]. L'intérêt évident pour le narrateur est surtout juridique ou financier; mais le détail en forme pour nous un des plus curieux tableaux qu'on puisse citer des pratiques et des solennités ecclésiastiques et féodales. Il s'étend seulement du 9 janvier au 5 octobre 1291. Le prélat y intercale à leur place les divers actes authentiques relatifs aux faits que relate son récit. D'Achéry[2] a publié cette partie jusqu'au fol. 31 du manuscrit et quelques autres pièces d'un choix assez arbitraire, supprimant les rubriques et créant des divisions factices. Les cent quarante-trois premiers chapitres ou alinéa (fol. 1-25) du manuscrit se trouvent aussi reproduits, mais avec de nombreuses suppressions, en tête de l'*Appendix* (p. 1-30) aux *Statuts du diocèse d'Angers*, imprimés par Henri Arnauld (Angers, Ol. Avril, in-4°, 1680). — La seconde partie comprend, outre les actes concernant l'administration de l'évêché et du domaine épiscopal, les bulles, lettres, requêtes ayant trait aux affaires de France ou aux intérêts généraux de la chrétienté, notamment au projet de croisade formé en 1308 par le pape Clément V, au concile de Vienne et à

---

[1] C'est pourquoi Dupin lui attribue (*Table des aut. eccl.* t. V, p. 1481) l'*Histoire de l'Église d'Angers*.

[2] *Spicilegium*, édit. in-4°, t. X; édit. in-fol. t. III.

la suppression des Templiers, entreprise où notre évêque surtout paraît avoir joué un rôle influent par son énergique activité.

Le registre comprend, outre le Journal, divisé en cent soixante-deux titres ou alinéa, cent soixante-quatre pièces contemporaines de l'épiscopat de Guillaume Le Maire (1291-1317), sauf sept de date postérieure. Le dernier acte est de l'année 1445. L'ordre, d'ailleurs, est presque régulièrement suivi pour la transcription, et n'a été troublé que par l'emploi tardif des feuillets réservés. L'écriture, de sept à huit mains différentes, de dimension ordinaire et constante, est élégante et soignée, sauf pour les actes surajoutés d'une main cursive. La transcription a été revue de près, mais les erreurs très-nombreuses du copiste n'ont été qu'en partie corrigées par des points ou des renvois. Des rubriques plus ou moins détaillées précèdent le plus souvent les actes; des initiales peintes, des traits d'ornements rouges et bleus indiquent les paragraphes. Des annotations rapides, émanées du feudiste Thorode, de Cl. Gabr. Pocquet de Livonnière, de l'abbé J. Rangeard, de D. Tharen, moine de Saint-Aubin, et de personnages inconnus ou contemporains, attestent que le livre a vivement intéressé ceux qui l'ont pu consulter.

Ce n'est pas à cet exposé sommaire qu'il convient d'aborder seulement les grands événements du xiv° siècle. La vie même de Guillaume Le Maire appartient à l'auteur éminent de l'*Histoire littéraire* et ne peut qu'être indiquée par l'analyse rapide des documents dont son livre est rempli.

Les chroniqueurs d'Anjou, qui savent notre Guillaume Le Maire Angevin, le font naître à Baracé. C'est à Daumeray qu'il faudrait dire, ou plutôt au château de la Rochejaquelein, que la famille Le Maire possédait encore au xvii° siècle. Lui-même indique, dans une lettre recueillie par D. Fournereau, l'historien de l'abbaye de Saint-Serge d'Angers, qu'il naquit et fut élevé dans le diocèse d'Angers et fut sept ans le commensal de l'évêque Nic. Gellant. Il tenait une régence de droit aux écoles d'Angers, et dut sans doute à l'éclat de son enseignement le titre de chanoine et de grand pénitencier ou chapelain de l'évêque.

Après la mort de Nic. Gellant (29 janvier 1291, N. S.) et les cérémonies de sa sépulture (30 janvier-1 février), le Chapitre de la cathédrale, en l'absence du doyen, députe vers le roi (1 février) pour obtenir l'autorisation de procéder à l'élection d'un évêque. Elle lui est accordée (12 février). Même devoir est accompli (26 février) au regard du Chapitre métropolitain de Tours, alors sans archevêque, qui de même y consent (7 mars).

L'élection est fixée au mardi avant Pâques (17 avril 1291, N. S.), et l'on convoque les confrères absents (9 mars). Après le discours du doyen et l'accomplissement des formalités d'usage, un premier compromis est accepté, puis déclaré nul, et le vote définitif renvoyé au lendemain. A ce jour (18 avril), onze électeurs choisis par le Chapitre se recueillent sous la châsse de saint Maurille, avec pouvoirs complets pour l'élection, mais sous la condition qu'elle devra être unanime et déclarée avant l'extinction du cierge qu'on allume devant eux.

Guillaume Le Maire est immédiatement nommé sans discussion, et le choix, déclaré au Chapitre, approuvé. On entonne le *Te Deum*, et le nouvel élu, qui n'accepte qu'à contre-cœur, est porté par ses anciens collègues sur le grand autel, où il est présenté à la foule.

Le lendemain, le Chapitre envoie une députation chargée de notifier au Chapitre métropolitain l'élection et d'en obtenir la confirmation. Tout en même temps, le nouvel évêque, après s'être fait recevoir par son Chapitre, s'achemine en personne vers Tours par Brion, où il séjourne deux jours chez le curé, s'arrête la veille et le jour de Pâques à Bourgueil, couche le jour de Pâques (22 avril) à Langeais, et le lundi descend à Tours au doyenné. Il y subit l'examen d'usage le mardi, et obtient le même jour ses lettres de confirmation, l'envoi de la notification aux évêques suffragants et leur convocation pour la consécration solennelle au dimanche avant la Pentecôte, en l'abbaye Saint-Aubin d'Angers, les évêques d'Angers étant exemptés, par privilége, de l'obligation de venir se faire consacrer à Tours.

Le lendemain, mercredi 24, il adresse au roi par deux chanoines la demande en mainlevée des régales de son évêché, part de Tours, s'en va coucher à Rillé et le jeudi 25 s'installe à l'abbaye de Mélinais pour y attendre la réponse du roi. Il emploie son temps à ses devoirs d'évêque, rappelle à l'ordre le curé du Lude, qui délaissait son église sans service, le desservant de Bazouges, qui exploitait ses paroissiens, les frères de la léproserie de la Flèche, qui avaient soustrait des titres gênants pour eux, et régularise les comptes de la fabrique de la Flèche.

Le vendredi 4 mai, il reçoit les lettres royaux datées du 28 avril, qui lui remettaient la libre disposition de son temporel. L'évêque les adresse dès le lendemain, par les mêmes commissaires, en leur adjoignant le curé de Bauné, son frère, au Chapitre d'Angers, qui, dès la réception des députés, leur remet les sceaux. L'officier du roi, garde des régales, installé à l'évêché, dépose de même immédiatement tous ses pouvoirs et fait publier les ordres du roi.

Le dimanche suivant, 6 mai, jour de Saint-Jean-Porte-Latine, une fête solennelle réunissait à Mélinais, nombre de religieux et de prieurs. L'évêque y célèbre la messe, visite l'abbaye et rappelle les moines et leurs hôtes à la pratique trop relâchée de la vie régulière. Le même jour après dîner il s'en vient coucher en son manoir de Villévêque.

Le lundi 7, il se rend à l'abbaye voisine du Perray-aux-Nonnains. Il y trouve le garde de la régale, Jean de Dommartin, avec qui il traite divers points litigieux, et là même fait choix de son official, et institue, pour entrer immédiatement en fonctions, le professeur ès lois Étienne de Bourgueil. Il revient ensuite dîner et coucher à Villévêque. Le soir même encore il entend et renvoie à des arbitres les prétentions de Robert de Chaufour sur le château d'Éventard, que, le lendemain au matin, David de Sesmaisons, bailli d'Anjou, de passage, allant au Mans, lui fait remettre d'un commun accord par les sergents du comte, chargés de la garde.

Le mercredi 9, le prélat se met en route de Villévêque, pour aller prêter au roi le serment de fidélité, couche en son manoir de Morannes, en repart le jeudi. Il trouve le roi au bois de Vincennes le mercredi 16 mai, et s'acquitte de son devoir, l'étole au cou croisée sur lui, une main sur la poitrine, devant l'Évangile; puis, le serment prêté, simple devoir qui n'emportait pas l'hommage, il requiert sans désemparer la réparation des torts faits à son église pendant la vacance. Il a bien soin ici de noter surtout qu'en lui délivrant l'expédition de l'acte authentique, un droit lui fut réclamé avec insistance par le sergent et par les autres officiers, droit de 25 livres, qu'il l'a refusé énergiquement et fait maintenir son refus. Il avait obtenu en même temps des lettres royaux renouvelant à son évêché la confirmation des antiques priviléges.

Congé pris du roi, le prélat passe au retour par Paris. Il y séjourne trois jours, y achète une belle mitre, une autre de moindre prix, des habits de chœur, des ornements d'autel, des harnais pour sa suite, composée, à l'allée comme au retour, de vingt-cinq chevaux, et reprend la route de l'Anjou.

Le jeudi 23 mai il s'installe et couche à Villévêque, après avoir mis ordre, en passant, à la cure de Lézigné, et se prépare aux cérémonies prochaines, en purifiant les cures et le pays voisin des mauvais exemples et du scandale.

Le samedi 2 juin, veille de son sacre, il part dès le matin pour Angers, et trouve en chemin, venant à sa rencontre, avec nombre d'ecclésiastiques, l'abbé de Saint-Serge, qui l'emmène pour la journée, suivant la coutume et son devoir, en son monastère. Le lendemain, dès l'aube, il se dirige vers l'abbaye Saint-Aubin d'Angers. Son vassal, le seigneur de Briançon, l'y attend à la grande porte avec nombre de chevaliers et de gens d'armes, pour s'acquitter de sa charge, qui est d'écarter la foule et de frayer la route depuis l'abbaye jusqu'à la cathédrale, en retenant, pour récompense, le palefroi du prélat. Celui-ci, après sa prière, monte se reposer dans la chambre de l'abbé. Pendant ce temps, les délégués du Chapitre de Tours arrêtent, non sans discussion, la formule du serment.

Bientôt Le Maire revêt ses ornements épiscopaux de bougran, moins la mitre, l'anneau, la crosse et les gants, aidé par les évêques de Dol et de Cornouaille, et se rend de la chapelle de l'abbé au grand autel de l'église abbatiale, où il est consacré par l'évêque de Rennes, assisté des évêques de Dol, Vannes, Cornouaille, Léon et Saint-Malo, les autres suffragants s'étant excusés. Il prête le serment et donne la bénédiction.

A ce point se présentent, selon l'usage, les quatre barons de l'évêché, tenus de porter l'évêque depuis l'église Saint-Aubin jusqu'au grand autel de Saint-Maurice, les barons de Chemillé, de Blou, de Grattecuisse et de Briolay. Ce dernier étant en ambassade en Angleterre, c'est son fils aîné, enfant de onze ans, présenté par Matthieu Quatrebarbes, qui s'était offert à le remplacer, quoique, au dire de l'évêque, la fonction fût absolument personnelle. L'enfant insiste néanmoins et prend la place, avec l'assistance des siens, porté sur les épaules de son chevalier, malgré toute opposition et résistance de l'évêque, réduit à protester avec ses collègues contre cette violence.

En ce cortége, l'Évangile sur la poitrine, revêtu des ornements pontificaux, avec chasuble, coiffe et mitre, et bénissant le peuple, l'évêque arrive à la porte Angevine, où l'archidiacre reçoit son serment de respecter les libertés ecclésiastiques, qu'il renouvelle encore à la porte de l'église. Après sa prière à l'autel, il célèbre la messe et, avant l'offrande, s'installe dans une espèce de cuve close, pour ne pas être étouffé par l'empressement des fidèles qui lui apportent en foule des vases d'or et d'argent. C'est à grand' peine qu'il parvient à se dégager du peuple pour gagner le palais épiscopal. Il monte à sa chambre, revêt un rochet neuf, une tunique, un manteau, et descend dîner, gardant la coiffe et la mitre. Là se retrouve une nouvelle description des formalités singulières dont il est entouré. Le seigneur de Grattecuisse lui présente à laver et garde pour lui les bassins d'argent et les serviettes. Gui de Chemillé place la nappe et fait l'office de panetier à toutes les tables installées pour ce jour dans l'église même, le cloître et le réfectoire. Les nappes, après le repas, lui appartiennent. L'évêque maintient son droit sur les restes du pain et la distribution due aux pauvres. Le baron de Blou sert le premier service et emporte les écuelles d'argent; il prétendait même les pots et les chaudières, mais sans pouvoir démontrer son droit, qui fut rejeté. Au moment où l'évêque veut boire, voici le jeune Amauri de Craon qui s'emploie de nouveau pour remplacer son père et présenter le vin dans la coupe dorée; refusé, il la laisse prendre à l'évêque de la main d'un des servants, mais, dès qu'elle est reposée sur la table, il s'en empare et l'emporte, malgré les protestations des évêques d'Angers et de Rennes, qui en dressent acte. L'évêque, en somme, résume le compte de ses dépenses, et calcule avoir déboursé 29 livres 13 sous 9 deniers pour défrayer les barons et leurs chevaliers, 107 livres 5 sous pour les vicaires de l'archevêque de Tours.

Le lendemain, lundi 4, il se rend à son château de Chalonnes-sur-Loire. C'est seulement au moment du déjeuner qu'il enlève et jette au feu la coiffe empreinte des saintes huiles. Le mardi, il reçoit le serment de ses vassaux et part pour Tours, où il est rendu le dimanche. Il devait, en effet, dans les trois mois, comme tous ses prédécesseurs, une visite au Chapitre métropolitain. Il célèbre la messe à la cathédrale, parée, pour lui faire fête, de draps de soie, honneur dû seulement aux évêques du Mans et d'Angers, puis se rend au Chapitre de Saint-Martin, dont il était de droit chanoine, et y prête, en cette qualité, le serment d'usage.

Son installation est dès lors complète. Guillaume Le Maire aurait pu terminer ici son récit; ainsi le faisaient sans aucun doute les notes et instructions antérieures qu'il avait trouvées, comme il l'indique, mais qui sont depuis longtemps perdues. Son Journal, qui les remplaçait amplement, servit au moins de loi jusqu'à l'installation de Guillaume Bouvery (1542), où pour la dernière fois figurèrent les quatre barons de l'évêché d'Angers.

Il semble que notre évêque ait médité mieux, et comme essayé le projet de dresser une sorte de mémorial régulier de son épiscopat, un récit « suivi des « faits notables et dignes de souvenir qui se produisoient de son temps et dont « il faisoit garder la mémoire. » C'est ainsi qu'il se met immédiatement à raconter la contestation qu'il eut, lors de sa première visite à Saint-Melaine, près Brissac, le 4 septembre 1291, avec le châtelain des Ponts-de-Cé. Le pont s'était brisé du côté de Saint-Maurille. En ces circonstances, l'évêque, seigneur de partie du bourg et de la châtellenie voisine de Saint-Alman, avait le droit d'établir un bac avec péage, que l'officier du comte lui déniait et qu'il rendait inutile en fermant les portes et le seul passage de la ville des Ponts-de-Cé. Le châtelain excommunié ne se rendit pas, et le pont était rétabli quand un accord intervint; mais l'évêque avait maintenu jusqu'au bout l'exercice de son droit, et le fit de nouveau solennellement reconnaître et proclamer.

Dès les derniers jours de la même année, ou les premiers, suivant le calcul moderne, de l'année suivante (26 janvier 1292, N. S.), se réunit à Angers un Concile, composé de huit évêques et de quantité d'abbés, prieurs, doyens, archidiacres, et qui dura quatre jours. L'assemblée, qui avait tenu sa première séance dans la nef de la cathédrale, dut, par suite de l'affluence et du tumulte du peuple, se retirer les jours suivants dans la salle du Chapitre. L'évêque Guillaume l'inaugura par l'éloge de saint Julien, dont ce jour était la fête. La réunion avait pour but d'aviser, conformément aux ordres du pape Nicolas, sur les affaires de la Terre sainte. On en ignore les résolutions, mais Sponde, dans sa continuation de Baronius, dit que les Conciles de France furent d'avis de procurer d'abord la paix entre les princes et la réunion de l'Église grecque.

Les documents, qui s'encadraient jusqu'alors dans une manière de narration courante, ne sont plus enregistrés qu'en leur contexte et sans commentaires.

Guillaume paraît s'être occupé tout d'abord du domaine et des revenus directs de l'évêché, en réglant avec Aimeri d'Avoir des contestations soulevées dès le précédent épiscopat sur la féodalité des terres de Chappe et de la Belonnière, au regard de ses fiefs de Ramefort et de Villévêque, — avec Robert de Chaufour et Maurice Le Borgne, les droits de propriété de son château d'Éventard, récemment construit par l'évêque Nicolas Gellant, — avec Pierre de la Roche-Foulque, la propriété exclusive des moulins du Loir, dans le fief de Villévêque, — avec les officiers du comte, le privilége de chasse dans les bois du Bouchet, qui avoisinaient son manoir, — avec l'abbé de Toussaint les droits de diverses rentes dans son fief.

Le prélat continue surtout et poursuit avec une constance invincible la guerre commencée dès les premiers jours contre les officiers du fisc, petits et grands, du comte et du roi. Il obtient, en 1294, un règlement définitif pour ce péage des Ponts-de-Cé, contesté, revendiqué depuis plus d'un siècle, et qui, pour un denier de recette, avait déjà coûté plus de mille écus de perte en frais. La même année, le Concile, tenu à Saumur le 28 septembre, avait accordé au roi un subside considérable pour l'aider en ses guerres. Notre évêque en profite pour réclamer le redressement d'abus publics dont souffre son clergé. Déjà, par un appel direct à ses prêtres, il avait fait honte à ces gens d'église « timides comme des lièvres, niais comme des moutons, » qui se laissaient aller à subir toute extorsion plutôt que de défendre virilement les libertés ecclésiastiques. Il les avait conviés à une énergique résistance en leur rappelant aussi le devoir qui leur interdisait ces pratiques de lucre et de marchandise, prétexte ordinaire, ou, pour parler net, raison légale de ces exigences dont il s'indigne. Cette fois, c'est au roi qu'il s'adresse en lui exposant les griefs et les oppressions qui ruinent et épuisent jusqu'au sang son église. Il signale les exactions et l'insolence croissante des agents financiers et des Lombards, l'exploitation indigne des biens d'église pendant les régales, la violation du *forum* ecclésiastique ; et s'élevant, en terminant, au-dessus de ses préoccupations personnelles et des intérêts vulgaires, il s'autorise du serment récemment prêté par lui au roi de France, pour rappeler, en fidèle sujet, à son souverain les devoirs divins de la royauté envers ses peuples, dont l'affection, la richesse, le bonheur, sont la principale fortune des rois, et ce respect des églises et des gens d'église dont au temps passé.... Mais en quel temps n'a-t-on pas vanté le temps passé ? Il paraît bien pourtant que le roi écouta les plaintes de son cher et fidèle évêque d'Angers. Dès le 10 novembre, huit lettres royaux portent l'ordre aux baillis, prévôts et justiciers, de faire raison et justice. Sur une nouvelle plainte contre les mauvais juges et baillis du comte, dont la bienveillance personnelle se retranche sans cesse derrière la responsabilité de ses officiers, le roi intervient de nouveau, et par six fois, pour faire rétablir le droit par son bailli de Touraine et maintenir les antiques libertés ecclésiastiques. Mais les officiers du roi, comme ceux du comte, obéissaient sans doute toujours aux intentions prochaines du maître plutôt qu'à ses ordres lointains. Les plaintes de l'évêque redoublent, agrandies par la voix des foudres de l'Église qui retentissent dans ses synodes diocésains. Le mémoire détaillé qu'il présente au roi, à Sens, le jour des Rameaux 1299 (vieux style), semble avoir été rédigé dans une assemblée générale de la province ecclésiastique.

Certains textes indiquent au samedi d'avant la Saint-Laurent (10 août) de l'an 1300 un Concile de Saumur, contesté par d'autres et dont il faudrait seulement peut-être avancer d'un ou deux ans la réunion. Il y a quelque difficulté aussi à comprendre comment les ordres du roi, qui font justice aux réclamations, quoique datés d'après Pâques, portent la même année que la supplique.

Bientôt ces intérêts presque privés se confondent et s'engagent dans les grands débats des affaires publiques. Il convient à d'autres de raconter la lutte entre le pape et le roi, le projet de croisade préparé par un grand pardon, surtout la terrible entreprise pour la suppression des Templiers. La plus grande partie des documents ici transcrits ont été connus des historiens de ces fameuses querelles; mais quelques-uns sont encore inédits, presque tous n'ont été donnés que par extraits ou par analyse et dans des recueils difficilement accessibles au travail.

Ces questions allaient se retrouver traitées au Concile de Vienne en 1311, mais Guillaume Le Maire, malade et sans doute déjà bien vieux, ne put, ce semble, et quoi qu'on en ait dit, quitter son diocèse. Il tint du moins à rendre, avec son ardeur ordinaire, son témoignage pour la réforme ecclésiastique, et adressa à l'assemblée un remarquable mémoire attribué jusqu'ici à l'évêque de Mende, Guillaume, mais que sa place dans notre recueil doit rendre sans conteste à notre Angevin. Il y affirme énergiquement l'urgence de la suppression des Templiers. Il insiste aussi avec abondance sur la réforme des mœurs ecclésiastiques, l'abus des exemptions de la juridiction épiscopale, — il pouvait citer en exemple le territoire de Saint-Florent-le-Vieil, — la multitude aussi des grâces expectatives, qui décourageait les jeunes clercs. Plus violente encore est la protestation qu'il adresse, « lui le plus petit des absents, » au même Concile contre toute résolution qui soumettrait l'Église gallicane à des contributions régulières, prêt, comme on voit, à tenir tête aussi bien devant les défections des faibles que contre la morgue des puissants. Payant d'ailleurs d'exemple, dès le premier de ses synodes qui suivit (1312), il fit publier, ainsi qu'il l'avait recommandé, pour réagir contre les désordres, un abrégé des opinions des Conciles, des papes et des Pères sur la discipline. Ce synode est son seizième. Il en tenait deux par an; mais les procès-verbaux en sont perdus. On peut en conclure que, s'il consentit lui-même à tolérer la non-résidence de certains dignitaires de son église, ce ne fut que de haute lutte et non sans se souvenir de la protestation qu'il en avait à l'avance portée devant le souverain pontife et le Concile.

On voit qu'il prit soin aussi de réclamer l'hommage des archidiacres, ces auxiliaires des évêques et en quelque sorte leurs suppléants désignés, quand les résignations ou expectatives commençaient à désoler l'Église. Nommés le plus souvent sans leur aveu, il importait que leur fidélité fût acquise à leur chef ecclésiastique, qui ne s'en assurait guère, et le *Livre* de l'évêque, par une exception spéciale, a recueilli de ces serments jusqu'au milieu du xve siècle. Même devoir dut être exigé des abbés, à l'heure où une autorité lointaine leur octroyait, sans marchander, des priviléges menaçants pour la suprématie épiscopale, et dont les favorisés exagéraient encore le prix.

Guillaume Le Maire n'a eu garde d'ailleurs d'enregistrer ici tous les actes de son épiscopat. Il en est et des plus importants, dont l'omission s'explique, la transaction, par exemple, passée avec l'évêque du Mans, Denis Benoît, et qui rendait à cet évêché certaines paroisses autour de Sablé, réclamées indûment par l'évêque d'Angers.

Le dernier acte où il comparaisse s'accomplit en la chapelle de son manoir de Villévêque. C'est le renouvellement de son serment de féauté prêté au nouveau roi de France, Philippe V, le 19 avril 1317, entre les mains de son délégué Amauri de Craon.

Par quelle étrange et constante erreur tous les historiens de l'Anjou et en particulier de l'église angevine, — même les monographies spéciales, les pouillés officiels, même les inscriptions récentes de la salle synodale de l'évêché, même le *Gallia christiana* de M. Hauréau, — ignorant le lieu et la date de la mort de notre évêque, lui donnent-ils un successeur dès 1314 ou tout au plus tard en 1316? Il nous paraît d'autant plus impossible de l'expliquer que les éléments de vérité abondent avec une précision complète. On voit dans notre manuscrit par quelle série continue de documents s'établit l'existence de Guillaume Le Maire jusqu'au mois d'avril 1317. Les *Chroniques de Saint-Aubin*[1] suffisent à nous éviter toute recherche ultérieure, en nous apprenant que le prélat mourut le 7 des ides de mai de la même année, à Bauné. L'évêché y possédait un de ses principaux manoirs, cédé plus tard avec le fief au seigneur de Briançon. Guillaume Le Maire y trouvait de plus son frère, Jean, qu'il avait gratifié de la cure paroissiale dès son entrée en l'épiscopat.

Une tradition populaire très-vivante encore au xviie siècle plaçait sa tombe

---

[1] *Chronique des abbayes d'Anjou*, p. 59, publiée par la *Société de l'Histoire de France*.

à Morannes et désignait, non sans vraisemblance, dans le cimetière, une pierre tumulaire portant gravée la figure d'un évêque avec la mitre et la crosse. Un de ses successeurs, Henri Arnauld, dans une de ses visites, la fit lever sans trouver dans la sépulture aucun indice qui permît autrement d'affirmer la tradition. La tombe, ou tout au moins la pierre qui la recouvrait, s'y conservait jusqu'à ces derniers temps[1], et fut recueillie depuis dans la chapelle de la Madeleine, qu'a détruite, pour se frayer un débouché, la gare du chemin de fer. Les débris, qu'on pourrait même peut-être réunir encore, ont été utilisés pour le soutenement d'un calvaire élevé à l'autre extrémité du bourg en 1864, au carrefour de *la Vieille-Croix*.

Nous publions le manuscrit des archives de Maine-et-Loire, intégralement pour la partie du Journal proprement dit, inséré déjà au *Spicilége*, — sans affecter de relever les imperfections de cette édition première, — et toutes les pièces historiques d'un intérêt général, signalées ou à demi connues par les grandes collections ecclésiastiques du xvii° siècle, même tous les documents d'un intérêt local dont la rédaction a quelque chance de fournir des renseignements utiles à l'étude. Nous avons cru pouvoir nous contenter d'extraits des autres titres, de valeur trop restreinte, et nous borner, pour toute modification dans la disposition du texte d'ensemble, au rétablissement de l'ordre chronologique des divers documents, partout où des intercalations l'ont altéré. Nous aurions voulu, nous aurions dû peut-être compléter par un commentaire plus digne notre transcription, si elle ne s'achevait, comme elle a été commencée, en province, loin des livres qu'on désirerait presque ne pas connaître, quand on est réduit à ne les pouvoir consulter.

C. PORT.

---

[1] «Sa tombe est dans le rang de celles de «la famille de ma mère. Sur la pierre est «sculptée la figure de l'évêque en habits sa- «cerdotaux,» écrit encore en 1840 Franc. Grille, *Bouquet de Violettes*, p. 180.

LIBER GUILLELMI MAJORIS[1].

SANCTI SPIRITUS ASSIT NOBIS GRATIA.

Inclite recordationis domino Nicolao Gellent, Andegavensi episcopo, feliciter migrante ad Dominum, cujus anima in pace requiescat, scripta sunt hec ad perpetuam memoriam posterorum[2].

Quia, propter fragilitatem humane nature labente hominum memoria propter annorum curricula, ea, que studiose aguntur in ecclesiis et alias, in oblivionis laberintum cotidie dilabuntur, et propter hec, dum casus occurrunt, magne ambiguitates et difficultates quam plurime interdum posteris relinquuntur, dum per scripturas et registra non potest oblivionis fragilitas relevari et super factis antiquis non valet posteritas plenius informari, idcirco nos Guillermus dictus Major, divina permissione Andegavensis episcopus, ea que circa electionem, confirmationem, consecrationem receptionemque nostram in ecclesia Andegavis et premissa tangencia et dependencia ab eisdem acta fuerunt ac eciam observata, cum difficultates et ambiguitates non modice altercationesque et ambages quam plurime inciderint et occurrerint in premissis, ad informationem posterorum scripto et memorie studuimus commendare.

---

[1] Comme nous l'indiquons dans notre *Notice préliminaire*, ce titre est porté sur la reliure du manuscrit, qui n'en a pas d'autre. D'Achery donne à son extrait un titre de sa façon : *Gesta Guillelmi Majoris, Andegavensis episcopi, ab ipsomet relata.* — *Ex mss. codice majoris ecclesiæ Andegavensis a D. d'Hérouval concesso.*

[2] Nous mettons en italique les rubriques du manuscrit et nous appliquons les indications des paragraphes.

Igitur bone memorie domino Nicolao dicto Gellent[1], predecessore nostro immediato, in manerio de Esventart, quod manerium idem reverendus pater construxerat[2] et qui ecclesiam Andegavensem triginta annis viginti diebus minus feliciter et pacifice rexerat et qui annos octoginta et amplius exegerat, gravi infirmitate laborante, nos Guillermus memoratus, tunc ejusdem major capellanus perpetuusque penitentiarius in ecclesia Andegavensi, anno Domini millesimo ducentesimo nonagesimo, quarto kalendas Februarii, quadam die Lune circa crepusculum noctis, ad dictum manerium personaliter accessimus ibidemque presentibus domino Clemente Audema[ri], tunc officiali Andegavensi et decano ecclesie beati Petri Andegavensis, Guillelmo Gellent, pronepote dicti reverendi patris, archipresbitero Burguliensi, magistro Matheo Piquot, decano de Credonio, canonicis Andegavensibus, Mauricio de Martigné-le-Brient[3], archipresbitero Andegavensi, Gaufrido dicto Rege, archipresbitero de Ludio, Johanne Guillet, rectore ecclesie de Cepia[4], et aliis quampluribus clericis et aliis assistentibus, eidem reverendo patri unctionis extreme contulimus sacramentum; qui, nundum totaliter completo officio, Deo reddidit spiritum, corpore remanente in terra.

Quod corpus lavari, barbam radi, balsamo inungi[5] et postmodum

---

[1] Chapelain de Guillaume II de Beaumont, élu évêque au décès de Michel de Villoiseau, en février 1261, N. S.

[2] Commune d'Écouflant, à 3 kilomètres d'Angers. Le manoir, construit en 1280, resta jusqu'au xviii° siècle la maison de plaisance des évêques, transformée par Michel Le Pelletier, et en dernier lieu par Michel Poncet de la Rivière. — La duchesse d'Anjou y tenait aussi d'ordinaire les réunions de son conseil au xiv° siècle. — Bruneau de Tartifume donne la description et un dessin de la demeure, telle qu'il la vit vers 1630 (Bibl. d'Angers, ms. 871, part. 2, p. 120); Ballain, une vue prise vers 1716 (ms. 867, p. 520). Le domaine, vendu nationalement, vit tomber ses bâtiments d'honneur, ses taillis, ses charmilles, et n'a conservé que l'ancien portail et la terrasse avec balustrade. Un dessin de Berthe (ms. 896) le représente en son état d'il y a soixante ans, et tout récemment (1873) une vue nouvelle en a été donnée par M. Morel, dans ses *Promenades pittoresques autour d'Angers*.

[3] Martigné-Briant, canton de Doué, arrondissement de Saumur.

[4] Seiches, chef-lieu de canton, arrondissement d'Angers.

[5] Le manuscrit porte *iniungi*.

omnibus vestimentis seu ornamentis episcopalibus, in quibus consecratus fuerat, indui assistentes fecerunt, ita quod aurora diei Martis hec omnia pacta et adimpleta fuerunt.

Et ab illa hora usque ad primam dicte diei Martis fuit corpus ejus in magna camera, in qua expiraverat, clausis hostiis, custoditum; circa vero horam prime in capella dicti manerii fuit predictum corpus deportatum, et ibidem officium mortuorum cum missis pluribus sollempniter celebratum.

Et circa horam terciam dicte diei Martis fuit mors ejus capitulo et ecclesie Andegavensi et toti ville Andegavensi publice divulgata.

Fuitque per capitulum Andegavense mandatum et injunctum singulis monasteriis et ecclesiis collegiatis [urbis][1] et suburbii Andegavensis, quod ad primam pulsationem campane magne ecclesie Andegavensis pulsarent omnes classicum mortuorum in suis monasteriis et ecclesiis pro reverendo patre memorato, et ut omnes hora nona dicte diei Martis in ecclesia Andegavensi processionaliter convenirent, ut cum processione ecclesie Andegavensis usque ad cimiterium Sancti Sansonis[2] predicto corpori occurrerent. Qui vero predicto mandato cum reverencia annuentes, finita majore missa in ecclesia Andegavensi auditoque sono majoris campane ecclesie Andegavensis, ceperunt in monasteriis et ecclesiis predictis omnes campanas sollempniter pulsare necnon et in minoribus ecclesiis parrochialibus, quamvis eis non fuisset injunctum.

Adveniente vero hora nona dicte diei, viginti capellani sacerdotes ecclesie Andegavensis robusti, nominatim evocati ad dictum manerium de Esventart pro dicto corpore deferendo, corpus predictum in feretro, coopertum una culcitra serica, et desuper culcitram duobus pannis sericis deauratis simul conjunctis, cum mitra et baculo pastorali et anulo pontificali, induti gonnis suis, alternatim cum venerabili comitiva et magno luminari cereorum et torchiarum usque ad predictum

---

[1] Mot omis.

[2] Paroisse de la ville d'Angers, dont l'église existe encore et sert de réserve dans le Jardin des plantes, à l'entrée de la route d'Écouflant et d'Éventard.

cimiterium Sancti Sansonis[1] deportantes pausaverunt ibidem; ubi processionibus ecclesie Andegavensis et aliis monasteriorum et ecclesiarum predictarum congregatis, incepit cantor ecclesie Andegavensis, ceteris respondentibus et coadjuvantibus, *Subvenite* sollempniter decantare. Quo finito, ceperunt iterum dictum corpus capellani predicti usque ad cimiterium[2] Sancti Michaelis de Tertro deportare; ibidemque parum pausantes fuit decantatum aliud responsorium de defunctis.

Tunc vero dignitates et personatus in ecclesia Andegavensi obtinentes et robustiores canonici ejusdem ecclesie in gonnis suis, nobili viro et fideli ecclesie Andegavensis, Guidone de Camilliaco, strenuo milite, se delacioni dicti corporis offerente, a dicto loco usque ad chorum ecclesie Andegavensis, turba cleri et populi innumerabilis lacrimabiliter comitante, honorifice detulerunt et in choro predicto posuerunt, cantatis vesperis et completorio, antequam dictam ecclesiam cum dicto corpore introirent.

Hic corpus episcopi Andegavensis mortuum apportatum seu delatum ad Andegavensem ecclesiam, ut supra scribitur, positum est in choro ecclesie ejusdem.

Collocatis cereis circa corpus ardentibus, processionibus recedentibus, chorus Andegavensis[3] vesperas et vigilias mortuorum sollempniter decantavit.

Quibus finitis remanserunt circa corpus usque mane triginta tam presbiteri quam clerici vicissim et alternatim vigilantes et singulariter per totam noctem, matutinis exceptis, psalmodiantes.

Vigilia seu dies immediate precedens sepulturam dicti domini episcopi Andegavensis.

Die autem Mercurii sequenti, mane parum ante primam, convenerunt in ecclesia Andegavensi omnes processiones predicte necnon Fratres

---

[1] C'est la scène que représente, au bas du folio, une miniature dont nous donnons ci-contre la reproduction.

[2] Saint-Michel-du-Tertre; église toute voisine de Saint-Samson, mais située dans l'intérieur de l'enceinte de la ville.

[3] Le mot *Andegavensis* a été répété par erreur de copiste.

de Guillaume Le Maire, page 22.

SEPULTURA NICOLAI GELLENT, EPISCOPI ANDEGAVENSIS

Minores, Predicatores, moniales[1] Beate Marie, Saccini[2], Filie Dei[3], psallentes quelibet processio sigillatim exequias mortuorum, videlicet vesperas, vigilias et missas; quibus finitis et ad notam alta voce cantatis, circa horam terciam, recesserunt, choro ecclesie Andegavensis una cum aliis missam de defunctis sollempniter celebrante.

Quo facto, terciam missam et sextam diei dixit chorus predictus; quibus completis, ad prandium iverunt, clericis psalmodiantibus et custodibus sollempnibus interim circa corpus remanentibus.

Hora vero nona dicte diei rediit chorus ad ecclesiam et, nona dicta, inceperunt sollempniter vesperas et vigilias mortuorum, et statim post vesperas et completorium de die dixerunt.

Tunc remanserunt circa corpus custodes et vigiles psalmodiantes et sacerdotes per totam noctem usque mane.

Dies sepulture dicti episcopi Andegavensis facte, ut infra sequitur.

Die Jovis in mane sequenti, parum ante primam, convenerunt iterum omnes processiones ad ecclesiam Andegavensem, vesperas, vigilias et missas mortuorum, sicut die precedenti, sollempniter ad diversa altaria ipsius ecclesie sollempniter decantantes. Tunc erat luminare novum et recenter factum circa corpus circumque chorum et circa leterinum seu pulpitum et circa majus altare et cetera singula altaria, necnon viginti quatuor torche nove accense circa corpus. Circa horam terciam reverendus pater dominus Henricus[4], divina providencia Venetensis episcopus, magnam missam celebravit, cantore Andegavensi cum quinque capis totum officium cantus cum quinque capis faciente per omnes dies predictos, tractum psallentibus, immo cantantibus, obtinentibus dignitates et personatus in ecclesia Andegavensi, qui tractus incipit : *Commovisti, Domine, terram.*

---

[1] Les religieuses de Notre-Dame de la Charité ou plus communément du Ronceray.

[2] Les frères Sacs ou Sachets, que Guillaume Le Maire devait abolir «pour aucuns «mauvais cas,» dit Bourdigné. Leur maison fut donnée aux Augustins.

[3] Les Filles-Dieu, dont une rue d'Angers garde le nom.

[4] Henri Tore, évêque de Vannes.

Missa finita, venerunt ad feretrum omnes, dignitates et personatus in ecclesia habentes, necnon quatuor simplices canonici sacerdotes, revestiti omnes in albis.

Nota hic modum sepeliendi episcopum.

r. Et hora debita, predicto episcopo Venetensi officium faciente, corpus ad tumulum detulerunt et posuerunt honorifice in sacrofago de tufello de diversis peciis constructo, cum mitra alba, in qua fuerat consecratus, et crocia de stagno, stanno seu cupro, et super pectus ejus calix et patena plumbei cum pane et vino; et retro capud erat quidam alveolus, in quo erat lampas cum oleo accensa; ita quod sarcophago clauso, lumen ipsius lampadis accense intus radiabat per foveam supra corpus[1].

Hic humatum seu sepultum est corpus dicti episcopi.

Corpore vero sollempniter inhumato, presentibus dominis de Credonio, de Camilliaco et pluribus aliis nobilibus et militibus, et Ysabelli, domina de Credonio, majore seu seniore[2] ac innumera multitudine cleri et populi, abeuntibus omnibus, capitulum convenit in choro ecclesie, et prostrati ad terram septem psalmos cum letania dixerunt; quibus finitis, intraverunt capitulum et tractaverunt de mittendo ad regem Francie et ad capitulum Turonense, ecclesia Turonensi tunc vacante, pro petenda licencia eligendi a domino rege Francie et a capitulo Turonensi, vice archiepiscopi, vacante Turonensi ecclesia, in talibus fungente, si et prout fuerat consuetum, et ordinaverunt quod venerabiles viri Johannes[3], scolasticus Andegavensis, et Matheus[4], decanus de Credonio, canonicus Andegavensis, irent ad dictum regem

---

[1] Un dessin du tombeau, que recouvrait une plaque en cuivre jaune, existe dans les portefeuilles de Gaignières (Recueil d'Oxford, t. VII, fol. 60). — Il fut ouvert le 12 janvier 1699, et l'on y trouva, avec quelques débris à peine d'ossements et de vêtements, un calice d'étain et une lampe de verre à la tête, et douze petits pots de terre rouge, contenant encore du charbon. (Lehoreau, mss. t. 3, à la Bibl. de l'évêché.)

[2] Sic pour *saniore*.

[3] Jean Marembert, maître école jusque vers octobre 1296.

[4] Mathieu Picot.

Francie cum litteris sigillo capituli Andegavensis ad causas sigillatis; quarum litterarum tenor sequitur in hec verba :

Nota hic formam litterarum directarum ex parte capituli Andegavensis ad regem Francie pro petenda licencia eligendi.

Excellentissimo principi domino Philipo, Dei gratia Francorum regi, sui devoti, capitulum Andegavensis ecclesie, sede ejusdem ecclesie vacante, decanoque[1] ipsius ecclesie absente et in remotis agente, salutem et cum beatitudine perhenni successus prosperos et felices. Ad vestram regiam majestatem destinamus loco nostri viros venerabiles et discretos dilectos nostros magistrum Johannem, scolasticum Andegavensem, et Matheum, decanum de Credonio, concanonicos nostros, exhibitores presentium, et quemlibet eorum, ad denunciandum excellencie vestre predicte mortem bone memorie domini Nicolai, quondam episcopi Andegavensis, et ad petendum nomine nostro a vestra regia majestate licenciam eligendi episcopum et pastorem in ecclesia supradicta, si peti fuerit consuetum, necnon ad supplicandum excellencie vestre, ut remedium adhibeatis oportunum super pluribus gravaminibus nobis et ecclesie Andegavensi post mortem prefati episcopi in vestri[2] et ecclesie predicte prejudicium de novo illatis. Et hoc significamus vestre dominacioni regie per presentes litteras sigillo nostro sigillatas. Valeat in Christo vestra regia majestas per tempora longiora. Datum, etc.

Quibus litteris domino regi Francie per predictos nuncios presentatis apud Coronam[3] juxta Rothomagum, ubi dictum regem invenerant, statim fuerunt expediti dicti nuncii simpliciter et benigne.

Expedicio nunciorum capituli Andegavensis per regem, qui dicto regi mortem episcopi defuncti denunciaverant et pecierant pro capitulo licenciam eligendi.

Et littera data per regem de licencia eligendi petita, simpliciter concessa, recesserunt a dicto rege cum dicta littera, cujus tenor infra scribitur :

---

[1] Gilles Rigault.
[2] *Sic*, quoiqu'il eût fallu peut-être écrire *nostri*, comme l'a lu D'Achéry.
[3] Grand-Couronne, arrondissement de Rouen (Seine-Inférieure).

Sequitur tenor dicte littere domini regis concesse et date nunciis capituli Andegavensis, mortem episcopi denunciantibus, de licencia eligendi.

Philipus, Dei gracia, Franc[orum] rex, dilectis suis decano et capitulo ecclesie Andegavensis, salutem et dilectionem. Petitam a vobis ex parte vestra per viros venerabiles et discretos, dilectos magistros Johannem, scolasticum Andegavensem, et Matheum, decanum de Credonio, concanonicos vestros, presentium relatores, licenciam eligendi episcopum et pastorem in predicta ecclesia vestra, nunc pastoris regimine destituta per mortem bone memorie Nicolai, quondam episcopi Andegavensis, vobis concedimus liberaliter et benigne, rogantes vos quatinus talem personam in episcopum et pastorem eligere studeatis, que [1], regimini ecclesie vestre memorate in spiritualibus et temporalibus circonspectus, eidem ecclesie vestre fore debeat fructuosus. Actum apud Coronam prope Rothomagum, die Sabbati ante cathedram sancti Petri, anno Domini millesimo ducentesimo nonagesimo.

Reversis itaque predictis nunciis ad capitulum Andegavense et relacione facta per eos, missa fuit littera venerabili viro magistro Girardo de Monte Rebelli [2], canonico Andegavensi, archidiacono Transvigenensi in ecclesia Turonensi, ad denunciand[um] mortem dicti reverendi patris et ad petend[um] licenciam eligendi a decano et capitulo Turonensi, sede Turonensi vacante, si ad hoc capitulum Andegavense tenetur; que littera missa dicto archidiacono erat sigillata sigillo capituli Andegavensis ad causas; cujus littere tenor sequitur infra :

Sequitur tenor litterarum directarum primo decano et capitulo Turonensi et domino Girardo archidiacono Transvigenensi in ecclesia Turonensi, canonico Andegavensi, pro petenda licencia eligendi a dictis decano et capitulo, sede Turonensi vacante.

Viris venerabilibus et discretis decano et capitulo ecclesie Turonensis, sede vacante, capitulum Andegavense, decano ipsius absente et in

---

[1] *Sic* en toutes lettres.

[2] Il est nommé plus loin Girard des Mauges, Montrevault, chef-lieu de canton, arrondissement de Cholet (Maine-et-Loire), étant autrefois un des centres du pays des Mauges.

remotis agente, salutem et cum reverencia et honore paratam ad eorum beneplacita voluntatem. Ad vos destinamus et mittimus loco nostri virum venerabilem et discretum magistrum Girardum de Maugia[1], archidiaconum Transvigenensem in ecclesia vestra, concanonicum nostrum, exhibitorem presencium, ad denunciandum mortem bone memorie domini Nicolai, quondam episcopi Andegavensis, et ad petendum nomine nostro a vobis licenciam eligendi episcopum et pastorem in ecclesia Andegavensi supradicta, si petere debeamus; et hec vobis significamus per presentes litteras sigillo nostro sigillatas. Valeat in Christo vestra discrecio reverenda. Datum die Lune post festum beati Mathie apostoli anno Domini M°CC° nonagesimo.

Et nota quod, si in Turonensi ecclesia esset archiepiscopus vel electus, ista denunciacio non fieret capitulo Turonensi, nec ab ipso capitulo peteretur licencia eligendi sed ab archiepiscopo vel electo; et quia decanus et capitulum Turonense reddebant se difficiles domino Girardo, pro eo quod capitulum Andegavense petebat licenciam eligendi sub condicione, et ex eo quod littera dicto capitulo Turonensi directa non erat majori sigillo capituli Andegavensis sigillata, ideo rescripsit idem Girardus capitulo Andegavensi, quod mitterent alios canonicos Turonis pro petenda licencia predicta.

Et tunc missi fuerunt Turonis, die Lune post festum beati Albini, ex parte capituli Andegavensis dominus Philipus de Plesseiaco, decanus ecclesie Sancti Laudi Andegavensis, et Matheus, decanus de Credonio, canonici Andegavenses, et post varios tractatus habitos in capitulo Turonensi, prefatus magister Girardus peciit simpliciter et pure licenciam eligendi a capitulo Turonensi, quamvis mandatum condicionale haberet; et fuit ordinatum in capitulo Turonensi, quod littera illa de licencia petita majori sigillo capituli Andegavensis sigillaretur; quod fuit postmodum adimpletum; et ex parte capituli Turonensis, die Mercurii post festum beati Albini, fuit licencia eligendi simpliciter concessa, et littera super hoc confecta, quam prescripti decani ad capitulum Ande-

---

[1] Voyez ci-dessus la note 2, p. 210.

gavense die Veneris sequenti reportaverunt; cujus tenor infra scribetur, prius inserto hic tenore cujusdam alterius littere super denunciacione predicta ex parte dicti magistri Girardi dicto capitulo Turonensi facta, cujus tenor sequitur :

Tenor cujusdam littere super denunciacione ex parte magistri Girardi, archidiaconi Transvigenensis in ecclesia Turonensi, facta capitulo Turonensi, sede vacante.

Universis presentes litteras inspecturis, majoris Turonensis, Transligerensis in ecclesia Turonensi archidiaconorum et archipresbiteri Turonensis, officiales curiarum[1], salutem in Domino. Noveritis quod anno Domini m°cc° nonagesimo, die Martis in capite jejuniorum, venerabilis vir magister Girardus de Maugia, archidiaconus Transvigenensis in ecclesia Turonensi et canonicus Andegavensis, procurator venerabilium virorum capituli Andegavensis, decano eorum absente et in remotis agente, ut in litteris eorum sigillatis, quarum tenor talis est : Viris venerabilibus et discretis, decano et capitulo Turonensi, [etc., *ut supra*], continetur, denunciavit in presencia nostra, nobis ad hoc specialiter evocatis, venerabilibus viris et discretis decano et capitulo Turonensi, sede vacante, in capitulo Turonensi, capitulo inibi congregato, mortem bone memorie quondam Nicolai episcopi Andegavensis, vice et nomine dicti capituli Andegavensis, et peciit nomine ejusdem capituli ab ipsis decano et capitulo Turonensi pure et simpliciter licenciam eligendi episcopum et pastorem in ecclesia Andegavensi predicta; in cujus rei testimonium sigilla dictarum curiarum, ad peticionem dicti procuratoris, una cum sigillo ejusdem, presentibus duximus apponendum. Actum presentibus et assistentibus in predicto capitulo Turonensi venerabilibus viris magistris Philipo de Plesseyaco et Matheo dicto Picot, canonicis Andegavensibus, ad hoc etiam, ut dicebant, ex parte ejusdem capituli Andegavensis destinatis, die Mercurii et anno predictis. Jaquetus.

---

[1] Le mot *officiales* est répété dans le manuscrit.

Sequitur tenor littere capituli Turonensis, sede vacante, capitulo Andegavensi directe super licencia eligendi simpliciter concessa, qui tenor talis est :

G. decanus et capitulum Turonense, sede Turonensi vacante, viris venerabilibus et discretis ac in Christo nobis karissimis, capitulo Andegavensi, salutem et sinceram in Domino caritatem. Denunciata nobis ex parte vestra per venerabiles viros magistrum Girardum de Maugia, concanonicum vestrum, procuratorem a vobis ad id destinatum, morte bone memorie Nicolai, quondam episcopi Andegavensis, et petita ab eodem procuratore, nomine vestro, licencia eligendi, eamdem licenciam vobis auctoritate metropolitana benigniter concedentes, dilectionem vestram affectuose requirimus et hortamur in Domino, quatinus, solum Deum habentes pre oculis, providere salubriter studeatis magis ecclesie quam persone. Datum die Mercurii in capite jejuniorum anno Domini m°cc° nonagesimo.

Acceptacio diei ad electionem faciendam.

Dicta die Veneris post Cineres, pulsata campana ad capitulum congregandum et singulis canonicis nominatim et specialiter evocatis presentibus in capitulo Andegavensi, de consensu omnium et singulorum fuit dies Martis post Ramos palmarum ad tractandum de electione futuri pontificis et ad eligendum prefixa, cum sequentibus diebus, quousque electionis negocium foret expeditum, et confecte sunt littere citacionum et vocacionum ad vocandum absentes canonicos, et misse per clericos juratos per regnum Francie et non extra, quarum litterarum duorum parium tantum tenores, causa brevitatis, inferius inseruntur.

Hic vocantur canonici absentes ad electionem. Sequitur tenor litterarum confectarum super vocacionibus canonicorum absentium, in regno Francie existencium, ad dictam electionem faciendam.

Capitulum Andegavensis ecclesie decano ejusdem ecclesie absente et in remotis agente, magistro Martino de Herva Curia Sicca, concanonico nostro, salutem et sincere dilectionis affectum. Bone memorie domino Nicolao, nuper Andegavensi episcopo, viam universe carnis ingresso, corpore ejusdem tradito ecclesiastice sepulture, adimpletis a nobis que consueverunt hactenus adimpleri, volentes dicte ecclesie providere de pastore, diem Martis ante resurrectionem Domini proximam cum sequentibus, quousque dictum electionis negocium fuerit expeditum, ad procedendum ad electionem futuri pontificis in ipsa ecclesia et eligendum eumdem concorditer duximus prefigendam. Inde est quod vobis predictam diem notificantes tenore presencium, et nichilominus per Michaelem de Ruello et Thomam dictum de Nogento, quibus et cuilibet eorum concedimus potestatem, vos vocamus et citamus, ut ad electionem predictam dicta die, in mane, hora capituli, et aliis diebus sequentibus, quousque dictum electionis negocium fuerit expeditum, in Andegavensi ecclesia, si vestra credideritis interesse, nobiscum intersitis ad dictam electionem, processurus et facturus nobiscum ulterius quod in tali negocio fuerit faciendum. Et in testimonium vocacionis et citacionis hujus modi sigillum vestrum apponatis in secunda cauda presentium litterarum. Datum die Veneris post Cineres anno Domini M^oCC^o nonagesimo.

Sequitur alia littera de vocatione canonicorum absentium ad electionem faciendam.

Reverendis in Christo patribus archiepiscopis et episcopis ac viris venerabilibus archidiaconis, officialibus et aliis ordinariis judicibus ecclesiasticis in regno Francie constitutis, ad quos presentes littere pervenerint, capitulum Andegavensis ecclesie, decano ejusdem ecclesie absente et in remotis agente, eternam in Domino salutem. Bone memorie domino Nicolao, episcopo nostro, viam universe carnis ingresso, corpore ejusdem tradito ecclesiastice sepulture, adimpletis a nobis que consueverunt hactenus adimpleri, volentes dicte ecclesie providere de pastore, diem Martis ante resurrectionem Domini proximam cum sequentibus, quousque electionis negocium fuerit expeditum, ad procedendum ad electionem futuri pontificis in ipsa ecclesia et ad eligendum eumdem concorditer duximus prefigendam. Inde est quod vobis omnibus et singulis supplicamus et in juris subsidium vos rogamus, ut ipsam diem cum sequentibus, quousque dictum electionis negocium fuerit expeditum, domino Remondo de Castro Novo presbitero et magistro Martino de Herva Curia Sicca, concanonicis nostris, et omnibus aliis concanonicis nostris, quos lator presentium vobis duxerit nominandos, prout vobis sunt subditi vel propinqui, inter tamen regnum predictum notificantes, ipsos ex parte nostra citetis vestri gratia seu citari faciatis, etiam publice, si necesse fuerit, ut ipsi, si sua crediderint interesse, dicta die cum sequentibus, quousque dictum electionis negocium fuerit expeditum, in Andegavensi ecclesia in mane, hora capituli, intersint nobiscum ad ipsam electionem processuri, et facturi nobiscum ulterius quod in tali negocio fuerit faciendum; et ad hoc faciendum vestri gratia alter alterum expectet. Et de nominibus citatorum et quicquid super hoc feceritis vel fieri feceritis nobis per vestras patentes litteras rescribatis. Datum die Veneris post Cineres anno Domini m°cc° nonagesimo.

Dicta autem dies Martis ante resurrectionem Domini, canonicis in choro Andegavensis ecclesie convenientibus et congregatis, sermone facto per decanum, litteris citacionum et vocacionum lectis et excusacionibus absentium, item sigillis cujusdam littere super assignatione seu prefixione diei electionis facte a canonicis presentibus recognitis, et quibusdam aliis negocium dicte electionis tangentibus cum deliberatione provida adimpletis, facto eciam quodam compromisso, quod nullum fuit sortitum effectum, concorditer fuit continuata ad diem Mercurii immediate subsequentem ad tractandum de electione pontificis in ecclesia predicta.

Nota hic diem electionis. Sequitur dies electionis.

Dicta autem die Mercurii ante resurrectionem Domini, anno quo supra, continuata concorditer a die Martis predicta, canonicis in choro ecclesie congregatis, placuit ad electionem per viam procedere compromissi seu commissi, factis super dicto compromisso litteris quarum tenor infra scribitur.

Sequitur tenor litterarum factarum super compromisso electionis in hec verba:

Universis presentes litteras inspecturis vel audituris, Egidius decanus et capitulum Andegavensis ecclesie, salutem in Domino. Noveritis quod, vacante ecclesia Andegavensi per mortem bone memorie domini Nicolai, quondam episcopi Andegavensis, corpore ipsius tradito ecclesiastice sepulture, adimpletis a nobis que debuerunt adimpleri, diem prefiximus concorditer ad eligendum episcopum in ecclesia nostra predicta, videlicet diem Martis ante resurrectionem Domini cum diebus sequentibus, quousque electionis ipsius negocium foret expeditum, vocatisque sufficienter omnibus qui debuerunt vel voluerunt et potuerunt evocari, et presentibus de illis omnibus qui voluerunt et potuerunt interesse, die Mercurii sequenti continuata a die Martis predicta proxime precedente, nobis congregatis in loco consueto, videlicet in nostre ecclesie choro, pulsata campana, hora capituli, sancti Spiritus gracia primitus invocata, placuit nobis omnibus et singulis procedere per viam compromissi seu commissi, et damus et concedimus potestatem eligendi nobis et ecclesie Andegavensi episcopum et pastorem et nobis providendi viris venerabilibus et discretis — [*nota hic nomina compromissariorum electionis*] — Egidio decano, G. thesaurario, Johanni cantori, Gaufrido archidiacono Transligerensi et Roberto archidiacono Transmeduanensi, Johanni[1] scolastico, Girardo archidiacono Transvigenensi in ecclesia Turonensi, Philipo de Plesseyaco, Johanni de Bosco[2], Matheo dicto Picot et Johanni Agni[3], concanonicis nostris, de se ipsis vel de aliis, de gremio tamen ecclesie nostre predicte, promittentes nos concorditer illum recipere et habere in episcopum et pastorem, in quem omnes concorditer consenserint eligendum et quem unus ex ipsis, nomine suo et collegarum suorum predictorum et nostro, elegerit et publicaverit in communi; ita quod si quis ipsorum dissenserit, quod factum fuerit non habeat firmitatem, potestate a nobis data usque ad consumpcionem cujusdam candele duratura, quam sibi

---

[1] Jean Marembert.

[2] Successeur, vers la fin de l'année 1296, de Jean Marembert comme maître-école, et nommé en 1312 évêque de Dol.

[3] Frère ou neveu de Jacques Des Agneaux ou mieux L'Agneau, à qui le pape Benoît XI accorda une grâce expectative pour un canonicat en l'église d'Angers, et qui tenait une régence en 1303.

tradidimus accensam et tantumdem accensam retinuimus apud nos. Quod omnibus significamus quorum interest per presentes litteras sigillis nostris sigillatas. Datum die Mercurii predicta anno Domini M°CC° nonagesimo.

Quibus factis, dictis compromissariis secedentibus in partem subtus capsam[1], in qua corpus beati Maurilii confessoris in ipsa ecclesia requiescit, omnes compromissarii predicti in virum venerabilem et discretum magistrum Guillermum dictum Majorem, capellanum majorem et perpetuum penitenciarium episcopi Andegavensis, concanonicum Andegavensem, indilate et unanimiter consenserunt; quo facto publicata fuit electio de eo facta, ut sequitur.

Nota hic publicacionem electionis factam in forma que sequitur contentamque in quibusdam litteris super hoc confectis, quarum litterarum tenor sequitur in hec verba:

Universis presentes litteras inspecturis vel audituris, Guillermus[2], thesaurarius Andegavensis, salutem in Domino. Noveritis, quod ego nomine meo et collegarum meorum, videlicet Egidii decani, Johannis cantoris, Gaufridi Transligerensis et Roberti Transmeduanensis archidiaconorum, Johannis scolastici, Girardi Transvigenensis archidiaconi in ecclesia Turonensi, Philipi de Plesseiaco, Johannis de Bosco, Mathei dicti Picot et Johannis dicti Agni, canonicorum Andegavensium, compromissariorum seu commissariorum electorum una mecum concorditer ex parte venerabilium virorum decani et capituli Andegavensis ad eligendum episcopum in ecclesia predicta Andegavensi, vacante episcopo, et ad providendum et publicacionem super hoc faciendam secundum formam litterarum eorumdem decani et capituli super hoc confectarum, potestate michi et eisdem collegis meis data durante, venerabilem virum magistrum Guillermum Majorem, concanonicum meum, ad hoc

---

[1] Elle reposait alors en partie sur l'autel même, en partie sur quatre colonnes.

[2] Guillaume Bonnet, clerc et sans doute régent en l'université d'Angers, chanoine de Saint-Maurice dès au moins 1270, élevé, en 1306, à l'évêché de Bayeux, mort à Angers le 3 avril 1312. (Voyez ci-après sa fondation du collége de Bayeux.)

ydoneum, et cui instituta canonica suffragantur nec in aliquo contradicunt, in quem tam ego quam predicti college mei consenseramus concorditer in eligendo eum in episcopum predicte ecclesie Andegavensis, de voluntate et mandato predictorum collegarum meorum, mei et ipsorum et totius capituli nomine, et mea et ipsorum potestate et a capitulo nobis data et ea durante, ex communi et concordi assensu Andegavensi ecclesie de episcopo et pastore providens, nomino et eligo in episcopum hujusmodi Andegavensis ecclesie et pastorem, et ipsos consensus concordes et electionem publico in communi, injungens vice mea et collegarum meorum, ut vos, domine decane et capitulum Andegavense, ipsum recipiatis in electum, et, quod per nos factum est in premissis, concorditer ratum habeatis et acceptum. Et predictos consensus concordes et electionem ac publicacionem communem facio et pronuncio sub forma que sequitur in hiis[1] scriptis.

Nota hic verba continentia publicacionem electionis.

In nomine Domini amen. Ego Guillermus, thesaurarius Andegavensis, de voluntate et mandato omnium collegarum meorum, vice mea, omnium compromissariorum meorum et totius capituli et potestate nostra et nobis data et ea durante, ex[2] communi et concordi assensu nomino et eligo vobis, et omnibus quorum interest, dominum Guillermum Majorem, concanonicum nostrum, in episcopum vestrum et nostrum hujusmodi ecclesie, ac ipsum vobis precipio in episcopum habere, et ipsos consensus et electionem vobis publico in communi et aliis quibus est faciendum. Quod omnibus quorum interest significo per presentes litteras sigillo meo sigillatas.

Datum die Mercurii ante resurrectionem Domini continuata seu prorogata a die Martis proxime precedenti anno Domini m°cc° nonagesimo.

---

[1] *Sic* pour *his* dans tout le manuscrit. — [2] Le manuscrit met *et*.

Deinde decanus et capitulum Andegavense per litteras constituerunt procuratores infra scriptos ad supplicandum capitulo Turonensi, sede vacante, confirmacionem electionis et petendum; quarum litterarum tenor sequitur in hec verba:

Universis presentes litteras inspecturis vel audituris, Egidius decanus et capitulum ecclesie Andegavensis, salutem in Domino. Noveritis quod unanimi voluntate et consensu dilectos nostros Matheum, decanum de Credonio, concanonicum nostrum, Guillermum Quadrigarium, capellanum in ecclesia nostra, et Guillermum de Andart, rectorem ecclesie de Reigne[1], Andegavensis dyocesis, ordinamus, facimus et constituimus procuratores nostros et quemlibet eorum in solidum, ita quod non sit melior condicio occupantis, ad supplicandum et petendum a venerabilibus viris et discretis decano et capitulo Turonensi, sede Turonensi vacante, et omnibus aliis quibus faciendum est, ut de meritis electionis in nostra Andegavensi ecclesia celebrate de persona venerabilis et discreti domini Guillermi Majoris, penitenciarii et majoris capellani episcopi, in nostrum et Andegavensis ecclesie pastorem et episcopum unanimiter electi, ac de meritis eligencium et electi et forma electionis ipsius rite et debite cognoscentes et more periculum evictantes, et electum confirmare dignum ducant, ac hiis factis consecrationis munus loco consueto Andegavis debite et canonice faciant impertiri, eo modo et per quos fuerit faciendum, et ad supplicandum, petendum et faciendum omnia alia et singula que circa premissa et ea tangencia necessaria fuerint seu eciam oportuna, ratum et gratum habentes et habituri quicquid per dictos procuratores et eorum quemlibet in premissis et premissa tangentibus factum fuerit seu eciam procuratum, quod prefatis venerabilibus viris decano et capitulo Turonensi, sede vacante, et omnibus aliis quorum interest significamus per presentes litteras, sigillis nostris sigillatas in testimonium veritatis. Datum et actum die Jovis ante resurrectionem Domini anno Domini M°CC° nonagesimo.

[1] Rigné, ancienne paroisse réunie à la commune d'Échemiré, canton et arrondissement de Baugé.

Quibus litteris procuratoriis capitulo Turonensi presentatis, dicta supplicacione eidem capitulo, sede vacante, facta, lecta fuit in capitulo Turonensi quedam littera sigillis decani et capituli Andegavensis sigillata, continens decretum electionis predicte; cujus littere tenor infra scribitur.

Sequitur tenor litterarum decani et capituli Andegavensis, continencium decretum electionis in hec verba:

In nomine Domini amen. Nos decanus et capitulum Andegavense omnibus presentes litteras inspecturis notum facimus, quod, bone memorie domino Nicolao, quondam Andegavensi episcopo, die Lune ante purificationem beate Marie Virginis anno Domini м°cc° nonagesimo viam universe carnis ingresso, corporeque ipsius in vigilia festi ejusdem purificacionis, prout moris est, ecclesiastice tradito sepulture, denunciataque morte ejusdem illis quibus erat denuncianda de consuetudine Andegavensis ecclesie, et maxime venerabilibus viris decano et capitulo Turonensi, sede Turonensi vacante, petitaque licencia eligendi ab eis, modo quo fuerat fieri consuetum, et obtenta, nos capitulum Andegavense, decano predicto tunc absente et in remotis agente, ad electionem nostri futuri pontificis celebrandam et alia que huic incumbunt negocio faciendo, diem Martis ante resurrectionem Domini proximam, in mane hora capituli cum sequentibus diebus, quousque electionis et provisionis ecclesie nostre de episcopo negocium foret expeditum, duximus prefigendam, citatis interim et legitime vocatis omnibus qui de jure et consuetudine debuerunt evocari, dicta die Martis adveniente, pro congregando capitulo campana pulsata[1] in capitulo nostro, prout moris est, convenimus et demum illud exeuntes, chori campana pulsata, chorum ecclesie nostre intravimus et inibi, vocatis et presentibus omnibus qui voluerunt, debuerunt et potuerunt commode interesse, sancti Spiritus gracia primitus invocata, visis, lectis et diligenter circonspectis litteris et sigillis super vocacionibus

---

[1] Le manuscrit met *pulsa*.

et citacionibus factis, diligenti tractatu prehabito aliquibusque factis processibus qui finalem effectum non fuerunt consequuti, diem Martis predictam continuavimus et prorogavimus ad diem Mercurii immediate sequentem; qua die Mercurii predicta continuata et expectata a die Martis predicta, pulsata campana, prout moris est, ad capitulum congregandum, presentibus omnibus qui electioni predicte celebrande debuerunt, voluerunt et potuerunt commode interesse, in choro ipsius Andegavensis ecclesie, prout moris est, convenimus, de electione futuri pontificis tractaturi et alia que huic incumbunt negocio facturi, sanctique Spiritus gracia primitus invocata, diversis tractatibus inter nos habitis super hiis super quibus debuerunt haberi, nobis omnibus et singulis placuit per viam compromissi seu commissi procedere ad providendum nostre viduate ecclesie de episcopo ydoneo et pastore, dedimusque unanimi consensu viris venerabilibus et discretis Egidio decano, Guillermo thesaurario, Johanni cantori, Gaufrido Transligerensi et Roberto[1] Transmeduanensi archidiaconis, Johanni scolastico, Girardo archidiacono Transvigenensi in ecclesia Turonensi, Philipo de Plesseiaco, Johanni de Bosco, Matheo dicto Picot et Johanni Agni, canonicis nostris ad hoc electis, potestatem eligendi nobis et ecclesie nostre Andegavensi episcopum et pastorem, de se ipsis vel de aliis, de gremio tamen ecclesie supradicte, promittentes nos concorditer illum recipere et habere in episcopum et pastorem, in quem ipsi omnes consentirent concorditer eligendum et quem unus ex ipsis, vice sua et collegarum predictorum[2] et nostra eligeret et cujus electionem publicaret sollempniter in communi, ita quod, si aliquis de predictis dissentiret, quod factum esset non haberet aliquam firmitatem, potestate eisdem a nobis data et limitata usque ad consumptionem cujusdam candele, quam sibi accensam tradidimus, et tantumdem apud nos accensam retinuimus, duratura. Qui postmodum secedentes in partem super hiis, ut debebant et poterant, processerunt, et postea ad nos revertentes, durante adhuc eorum potestate, prout nobis retulerunt, unanimiter con-

---

[1] Robert Le Couvreur, *Tector*, frère sans doute du professeur de droit, Gilles Le Couvreur. — [2] Le manuscrit porte *predictarum*.

senserunt in virum venerabilem et discretum dominum Guillermum Majorem, concanonicum nostrum, penitenciarium Andegavensis episcopi et majorem capellanum, in pastorem et episcopum eligendum, virum utique de legittimo matrimonio natum, sufficientis litterature et etatis legittime, vite, morum et conversacionis honestate pollentem, jura ecclesie Andegavensis scientem et potentem cum Dei adjutorio defensare, in spiritualibus et temporalibus circumspectum, cui instituta canonica suffragantur nec in aliquo contradicunt. Qui quidem compromissarii seu commissarii a nobis, ut premittitur, electi, in presentia capituli constituti, potestatem nobis insinuandi consensum predictum, et dictum dominum Guillermum eligendi vice sua et omnium collegarum predictorum et tocius capituli, et nobis ipsam electionem publicandi, dederunt venerabili viro et discreto magistro Guillermo, thesaurario Andegavensi predicto, qui, ex potestate sibi data et ea durante, nominibus et vice quibus supra, prefatum dominum Guillermum Majorem nominavit et elegit in episcopum et pastorem ecclesie nostre Andegavensis in scriptis sub forma que sequitur : In nomine Domini amen. Ego Guillermus, thesaurarius Andegavensis, de voluntate et mandato omnium collegarum meorum, vice mea, omnium compromissariorum meorum et totius capituli Andegavensis, ex potestate nostra et nobis data et ea durante, ex communi et concordi assensu nomino et eligo vobis et omnibus quorum interest dominum Guillermum Majorem, concanonicum nostrum, in episcopum vestrum et nostrum hujus ecclesie, ac ipsum vobis precipio in episcopum habere, et ipsos consensus et electionem vobis publico in communi. — Nos vero dictam electionem, sic publice et sollempniter celebratam et publicatam in communi, ratam et gratam habentes, recepimus et eciam approbavimus et adhuc recipimus et approbamus, et predictum dominum Guillermum, ut premittitur, electum, requisivimus cum instancia, ut electioni de se facte suum vellet prebere consensum; qui variis utens excusacionibus, tandem precum nostrarum devictus instancia, non absque magna difficultate, offerens se Deo sacrificium, dicens : « volens nolo, nolens volo, » predicte electioni suum assensum prebuit et consensum; quem nos, ut decebat, hymnum hujus modi : *Te Deum laudamus*, sollempniter decantantes, ad majus altare deportavimus et, campanis pulsatis, multitudini magne populi in dicta ecclesia existenti presentavimus, et dictam electionem insinuavimus, ut moris est. Quare supplicamus humiliter et devote viris venerabilibus et discretis decano et capitulo Turonensi, sede Turonensi vacante, et omnibus aliis quibus est faciendum, quatinus de predictis cognoscentes, more periculum evictantes, electionem predictam et electum confirmare dignum ducant, ac, hiis factis, consecrationis munus loco consueto Andegavis debite et canonice faciant impertiri eo modo et per quos fuerit faciendum. Et nichilominus, ad supplicaciones et peticiones super hiis faciendas tam dictis decano et capitulo quam aliis quibus fuerunt faciende, et ad omnia alia et singula, que circa premissa et ea tangencia necessaria fuerint seu eciam oportuna, discretos viros Matheum, decanum de Credonio, concanonicum nostrum, Guillermum Quadrigarium, cappellanum in ecclesia nostra, et Guillermum de Andart, rectorem ecclesie de Reigne, Andegavensis dyocesis, ordinamus, facimus et constituimus procuratores nostros, et quemlibet eorum in solidum, ita quod non sit melior condicio occupantis, ratum et gratum habentes et habituri quicquid per dictos procuratores et eorum quemlibet in premissis et premissa tangentibus factum fuerit seu eciam procuratum. In cujus rei testimonium, nos Egidius decanus et capitulum sigilla nostra duximus apponenda. Et nos nichilominus Guillermus thesaurarius, Johannes cantor, Gaufridus Transligerensis, Robertus Transmeduanensis archidiaconi, Johannes scolasticus, Hugo Cortin, Guillermus Baril, Garinus Le Raale, Robertus Forreau, Odo de Genis[1], Petrus de Villa Mauri, Guillermus archipresbiter de Burgolio, Girardus archidiaconus Transvigenensis in ecclesia Turonensi, Guillermus Bili, Hemericus Labaacle, Guillermus decanus Sancti Martini, Johannes de Bosco, Johannes de Areolis, Philipus de Plesseiaco, Johannes de Mauni, Matheus Picot, Johannes Agni, Clemens Ademari[2],

---

[1] Gennes, chef-lieu de canton, arrondissement de Saumur.

[2] Official de l'évêque Nic. Gellent, et doyen du chapitre de Saint-Pierre d'Angers.

Andreas de Haya[1], Oliverius de Marolio et Gervasius Homo Dei, canonici Andegavenses, et singuli nostrum sigilla nostra propria presentibus duximus[2], excepto dicto Oliverio, qui tunc sigillum proprium, ut dicebat, non habebat, qui, ad peticionem ipsius, presentes litteras sigillo curie Andegavensis pro se obtinuit sigillari. Actum die Jovis ante resurrectionem Domini predictam anno Domini M°CC° nonagesimo. Nos autem officialis Andegavensis, ad peticionem dicti Oliverii, sigillum curie Andegavensis presentibus litteris duximus apponendum. Datum die Jovis predicta, anno ut supra.

Hiis sic factis, nobis Guillermo episcopo predicto in domo decani Turon[ensis] postmodum examinato, et postea cognito de meritis electionis, et examinato diligenter processu electionis ejusdem in capitulo Turonensi, per decanum vice sua et capituli Turonensis predicta electio inventa canonica extitit confirmata; super qua confirmatione confecte sunt littere majori sigillo capituli Turonensis, quarum tenor infra scribitur :

Sequitur tenor litterarum confirmacionis electionis et electi, sigillo capituli Turonensis sigillatarum, in hec verba :

Universis presentes litteras inspecturis, G. decanus et capitulum Turonense, sede vacante, salutem in Domino. Notum sit vobis omnibus quod nuper ecclesia Andegavensi, per mortem recolende memorie domini Nicolai, quondam episcopi Andegavensis, vacante, morte ejus nobis ex parte venerabilis capituli Andegavensis nunciata, petita ab eis et obtenta a nobis licencia eligendi, et tandem electione facta postmodum in ipsa Andegavensi ecclesia de venerabili viro et discreto magistro Guillermo dicto Majore, capellano episcopi Andegavensis, nobis ex parte venerabilium virorum decani et capituli Andegavensis per procuratores eorum sufficienter instructos presentata, et petito ut, de electionis et electi predictorum meritis cognoscentes, electionem, tanquam canonicam, auctoritate metropolitana confirmaremus eamdem,

---

[1] Frère de l'archevêque de Tours. — [2] Sous-entendu : *apponenda*.

nos, de electionis et electi predictorum meritis plenius cognito et discusso, et eis diligenter examinatis, electionem ipsam, quam invenimus fore canonicam, et electum predictum auctoritate metropolitana confirmamus, et hec omnibus quibus significandum est significamus per presentes litteras, sigillo nostro sigillatas. Actum palam et publice in nostro capitulo Turonensi et datum die Martis post festum resurrectionis Domini anno ejusdem M°CC° nonagesimo primo.

Hoc facto decanus et capitulum Turonense destinaverunt per proprium eorum nuncium litteras, sigillis eorum sigillatas, suffraganeis episcopis provincie Turonensis pro convocando ipsos suffraganeos ad consecracionem electi Andegavensis, quarum litterarum tenor infra scribitur.

Sequitur tenor litterarum a decano et capitulo Turonensi directarum episcopis suffraganeis provincie Turonensis, pro convocando eosdem ad consecracionem electi Andegavensis ad diem certam in ipsis litteris contentam, prefixam ad dictam consecrationem faciendam seu celebrandam in ecclesia monasterii Beati Albini Andegavensis, ut sequitur in hec verba :

Venerabilibus in Christo patribus Cenomanensi, Redonensi, Nannetensi, Macloviensi, Briocensi, Venetensi, Corisopitensi, Trecorensi et Leonensi, Dei gratia, episcopis, G. decanus et capitulum Turonense, sede vacante, salutem in Domino. Cum discretus vir magister Guillermus dictus Major, canonicus perpetuusque penitenciarius et major capellanus episcopi Andegavensis, canonice [1] electus in episcopum et pastorem ecclesie Andegavensis, per nos auctoritate metropolitana rite et canonice fuerit confirmatus, vobis et vestrum cuilibet auctoritate predicta mandamus, quatinus die Dominica proxima ante instans festum Penthecostes, quam ad consecracionem ejusdem electi prefigimus, Andegavis in monasterio Sancti Albini personaliter intersitis, vestrum in consecratione ejusdem electi, prout incumbit, ministerium impensuri, in signum receptionis presentium, sigilla vestra apponi presentibus facientes. Datum Turonis et sigill[is] nostr[is] sigillatum, die Martis post resurrectionem Domini anno ejusdem M°CC° nonagesimo primo.

[1] Le manuscrit porte *canonicus*.

Que littere suprascripte misse fuerunt ad suffraganeos episcopos per decanun et capitulum Turonense propriis expensis ipsorum decani et capituli Turonensis.

Deinde a venerabili viro domino Raginaldo, Turonensis ecclesie in concordia electo, litteras obtinuimus, que sequntur.

Sequitur tenor quarumdam litterarum venerabilis viri domini Raginaldi, divina providentia electi Turonensis in concordia, concessarum ab eodem electo post diem consecracionis a decano et capitulo Turonensi, ut supra scribitur, prefixam, in hec verba :

Raginaldus[1], permissione divina Turonensis ecclesie in concordia electus, venerabili viro magistro Guillermo dicto Majori, electo in concordia ecclesie Andegavensis confirmato, salutem et sinceram in Domino caritatem. Cum venerabiles viri decanus et capitulum ecclesie Turonensis vos ac electionem de vobis factam a venerabilibus viris decano et capitulo Andegavensi, tunc sede Turonensi vacante, auctoritate metropolitana duxerint confirmandam, confirmacionem electionis predicte, quantum in nobis est, gratam habemus et ratam. Diei vero Dominice ante instans festum Penthecostes, a venerabilibus memoratis prefixe super consecratione vobis impendenda, nostrum benigne prebemus assensum, quod super premissis et ea contingentibus et dependentibus ab eisdem[2], quantum ad nos attinet, approbantes. In cujus rei testimonium sigillum nostrum presentibus duximus apponendum. Datum apud Vernotum[3] die Dominica qua cantatur *Cantate*, anno Domini м°cc° nonagesimo primo.

Postmodum dictus Raginaldus, electus Turonensis ecclesie in concordia, episcopo Redonensi pro consecratione predicta direxit suas patentes litteras in hec verba :

Venerabili in Christo patri Dei gratia episcopo Redonensi, R. cancellarius Turonensis, in concordia ecclesie Turonensis electus, salutem et sinceram in Domino caritatem. Ad consecracionis munus venerabili viro magistro Guillermo Majori, Andegavensis ecclesie confirmato, hac

---

[1] Renaud de Montbazon.
[2] Suppléez *factum est*.
[3] Vernou-sur-Brenne, arrondissement de Tours, canton de Vouvray.

instanti die Dominica post festum Ascensionis Domini in monasterio Sancti Albini Andegavensis per vos principaliter impendendum, ceteris suffraganeis ecclesie Turonensis, qui presentes fuerint, suum ad id ministerium vobiscum presentibus, auctoritate metropolitana vobis licenciam tribuimus et concedimus facultatem. Datum apud Larcayum [1] die Martis ante festum Ascensionis predicte anno Domini m°cc° nonagesimo primo.

Item dictus electus Turonensis direxit litteras suas [2] certis personis de ecclesia Turonensi, ut vice dicti electi Turonensis accederent ad dictam consecrationem, facturi id quod in ipsis litteris continetur, quarum tenor sequitur in hec verba :

Raginaldus, cancellarius Turonensis, in concordia Turonensis electus, discretis viris archidiacono Transvigenensi in ecclesia Turonensi, magistris Guillermo de Ruiso, Clementi Ademari et Petro de Nucariis, canonicis Turonensibus, salutem in Domino. Cum consecracio venerabilis viri magistri Guillermi Majoris, electi ecclesie Andegavensis confirmati, apud monasterium [3] Beati Albini Andegavensis hoc instanti die Dominica post festum Ascensionis Domini auctoritate metropolitana immineat facienda, vobis tenore presentium committimus, quatinus hac vice vos omnes, aut saltem duo vestrum, ad dictum monasterium Sancti Albini vos personaliter transferentes, predicte consecrationi loco nostri assistatis ibidem, ac nobis et ecclesie Turonensi successoribusque nostris, qui pro tempore fuerint archiepiscopi Turonenses, subjectionis, reverencie et obediencie et alias debitum juramentum, vice nostra ab eodem electo Andegavensi, ut fieri assolet, recipiatis, vobis super premissis et super hiis que circa ea fuerint oportuna auctoritatem tribuentes ac eciam facultatem. Et quod super premissis factum fuerit, nobis per vestras patentes litteras fideliter rescribatis, harum seriem continentes. Datum apud Larcayum die Martis ante festum Ascensionis predicte anno Domini m°cc° nonagesimo primo.

[1] Larcay. arrondissement et canton de Tours.
[2] Le manuscrit porte *sua*.
[3] Le manuscrit porte *monasterii*.

Deinde littera[1] *Francie super deliberacione regalium ecclesie Andegavensis facta electo Andegavensi confirmato, missis ad regem nunciis, sequitur in hec verba :*

I. Philipus, Dei gracia Francorum rex, custodibus regalium Andegavensium, salutem. Cum nos procuratoribus seu nunciis Guillermi, electi Andegavensis ecclesie et confirmati, prout per litteras decani et capituli Turonensis, sede vacante, apparebat, ad hoc specialiter destinatis, videlicet Gaufrido archidiacono Transligerensi in ecclesia Andegavensi et Matheo, decano de Credonio, canonico Andegavensi, reddiderimus Sabbato post Pascha[2] ultimo preteritum circa horam vesperarum regalia episcopatus Andegavensis, mandamus vobis quatinus dicta regalia et ea que ad ipsa pertinent a die et hora predictis deliberetis electo et confirmato antedicto. Actum apud Abbaciam[3] Monialium juxta Meledunum dicta die Sabbati anno Domini M°CC° nonagesimo primo.

Sequitur littera regis super juramento fidelitatis facto regi per electum Andegavensem confirmatum, in hec verba :

Philipus, Dei gracia Francorum rex, universis presentes litteras inspecturis salutem. Notum facimus quod, die Mercurii in octabis translacionis sancti Nicolai, apud Vicenas, ad nos accedens dilectus ac fidelis noster Guillermus Andegavensis electus nobis prestitit juramentum fidelitatis, prout alii episcopi Andegavenses, predecessores sui, regibus Francie, predecessoribus nostris, hujus modi juramentum fidelitatis hactenus prestiterunt. In cujus rei testimonium, presentibus litteris nostrum facimus apponi sigillum. Actum die et loco predictis anno Domini M°CC° nonagesimo primo, mense Mayo.

Nunc restat de ministerio consecrationis tractare.—*Prius tamen quam ad ipsius consecrationis tractatum et officium descendamus, quedam tractata superius sub brevi epilogo perstringemus et quedam a nobis gesta a die electionis et confirmacionis nostre usque ad consecrationis diem presenti libello ad informacionem posterorum duximus inserenda, que incipiunt sic :*

Anno Domini M°CC° nonagesimo, die Mercurii post Ramos palmarum,

---

[1] Suppléez *regis*. — [2] Le manuscrit porte *Pacha*. — [3] L'abbaye du Lys, près Melun.

videlicet tercia[1] decima die exeunte aprili, nos Guillermus dictus Major, canonicus Andegavensis capellanusque et perpetuus penitenciarius episcopi Andegavensis, vacante ecclesia Andegavensi per mortem bone memorie domini Nicolai Gellent, quondam episcopi Andegavensis, fuimus electi in ecclesia Andegavensi per viam compromissi, undecim compromissariis, videlicet Egidio Rigaut, decano, magistro Guillermo Bonet, thesaurario, Johanne cantore, Gaufrido de Haya, archidiacono Transligerensi, Roberto dicto Tectore, archidiacono Transmeduanensi, Johanne Marembert, scolastico, Girardo de Monte Rebelli, archidiacono Transvigenensi in ecclesia Turonensi, magistro Johanne de Bosco, domino Philipo de Plesseiaco, decano ecclesie Beati Laudi Andegavensis, domino Johanne dicto Agno, magistro Matheo Picot, decano Credonensi, canonicis Andegavensibus, ad hoc electis, et in nos unanimiter consentientibus, singulis postmodum tocius capituli concordantibus et consentientibus.

Electione vero sollempniter publicata, deportati fuimus ad majus altare, canonicis *Te Deum* sollempniter decantantibus campanisque per totam civitatem ad classicum pulsantibus nobisque prostratis existentibus ante dictum altare, quousque *Te Deum* extitit percantatum. Quo finito, dictaque oratione cum versiculo *A Domino factum est istud* per decanum, ab illo loco usque ad pulpitum, in quo Epistola et Evangelium in diebus sollempnibus solent legi, deducti fuimus, decano ex una parte et thesaurario ex altera nos tenentibus et ducentibus, ibique ostensi fuimus populo et eciam presentati, ipso decano populum alloquente; qui populus, audita pulsatione campanarum, ibidem convenerat in multitudine copiosa.

Quo facto, capitulum intravimus cum dictis decano et thesaurario et aliis canonicis, ibidemque quibusdam tractatis negociis, eximus, ad domum nostram accedentes, omnibus personis et canonicis nobis facientibus comitivam.

---

[1] Le calcul des dates et les détails qui précèdent et qui suivent prouvent qu'il faut comprendre *le 13⁰ jour avant la fin d'avril.* C'est ici, à coup sûr, *le 18 avril.*

Nobis autem ingressis dictam domum, dictis personis et canonicis nos salutantibus, ad domos proprias recesserunt, exceptis venerabilibus viris, Gaufrido archidiacono Transligerensi, domino Andrea, fratre ejus, et domino Philipo de Plesseiaco, decano Sancti Laudi, canonicis Andegavensibus, qui nobiscum ad cenam remanserunt, nobisque in dicta domo pernoctantibus.

Die crastina, scilicet die Jovis, in mane ad ecclesiam Andegavensem accessimus ibique liminibus Sanctorum visitatis, capitulum intravimus, licenciaque petita a capitulo nosque orationibus ipsorum recommendantibus villam Andegavensem exeuntes et viam nostram versus Turonis dirigentes, apud Brion[1] accessimus, ibidemque in domo rectoris comedimus et pernoctavimus, et sequenti die Parasceve dictis domo et loco remanentes et comedentes dormivimus.

Die autem Sabbati in vigilia Pasche et in die Pasche apud Burgulium[2] festinantes, die Pasche post prendium apud Lenges[3] accessimus et ibidem pernoctavimus.

Die Lune sequenti Turonis devenimus, penes magistrum Girardum, archidiaconum Transvigenensem in ecclesia Turonensi, descendentes, comedentes et eciam pernoctantes; in qua die Lune decano et capitulo Turonensi, sede vacante, presentati fuimus in capitulo ecclesie Turonensis ibidemque negocio nostre electionis per thesaurarium Andegavensem proposito et decreto ejusdem electionis perlecto, diem Martis sequentem pro examinatione et confirmatione nostra faciendis dicti decanus et capitulum prefixerunt.

Dicta vero die Martis nobis examinacionem subeuntibus in domo predicti decani Turonensis, postea capitulum Turonense intrantibus, dictus decanus vice sua et capituli predicti auctoritate metropolitana munus nostre confirmacionis nobis contulit.

---

[1] Brion, canton de Beaufort, arrondissement de Baugé. — Il faut remarquer ici cette direction de la voie de Tours.

[2] Bourgueil, chef-lieu de canton (Indre-et-Loire).

[3] Langeais, c⁰ⁿ de Chinon (Indre-et-Loire).

Confirmacio electionis.

Tunc vero confirmacione collata, incipiente cantore *Te Deum*, per decanum fuimus ad majus altare deducti, et *Te Deum* finito ac oratione dicta nobisque ab oracione erectis, iterum capitulum predictum intravimus, in quo predicti decanus et capitulum Turonense diem consecracionis nostre assignaverunt seu eciam prefixerunt ad diem Dominicam post Ascensionem Domini.

Et de episcopis suffraganeis per dictos decanum et capitulum auctoritate metropolitana, sede vacante, convocandis cum illis fuimus ibidem colloquuti.

Quibus factis et accordatis, dictum capitulum et ecclesiam exivimus, et ad domum predicti archidiaconi Transvigenensis remeavimus, ac ibidem comedimus et pernoctavimus.

Dicti autem decanus et capitulum Turonense miserunt nuncium pro suffraganeis convocandis, pecunia per eosdem dicto nuncio ministrata.

Die vero Mercurii sequenti, venerabiles viri, Gaufridus archidiaconus Transligerensis et Matheus Picot, decanus Credonensis, canonici Andegavenses, procuratores a nobis deputati pro querendis nostris regalibus, a dicta civitate Turonensi ad regem Francie accesserunt; que quidem regalia poteramus ex privilegio per noncios procuratores requirere et habere.

Nobis dictam civitatem Turonensem exeuntibus in mane et apud Relleium[1] redeuntibus et ibidem comedentibus et pernoctantibus dicta die, die Jovis sequenti apud Mellineis[2], videlicet ad monasterium dicti loci, venimus, ut ibidem resideremus, quousque regalia nostra recepissemus; ad que petenda et requirenda venerabiles viros Gaufridum, archidiaconum Transligerensem, et magistrum Matheum Picot, decanum de Credonio, canonicos Andegavenses, ad regem Francie a civi-

---

[1] Rillé, canton de Château-la-Vallière (Indre-et-Loire).

[2] Mélinais, abbaye de l'ordre de Saint-Augustin, commune de Sainte-Colombe (Sarthe), réunie au collége de la Flèche.

tate Turonensi, ut supra scribitur, destinaveramus, qui a dicta civitate Turonensi pro dictis regalibus querendis recesserunt die Mercurii precedenti.

Gervasius rector de Ludio.

Die Veneris, in festo Invencionis sancte crucis[1], injunximus apud Mellineis priori de Ludio, quod ipse diceret ex parte nostra Gervasio, rectori ecclesie de Ludio[2], ut ipse infra Penthecosten Domini proximam querat et habeat unum bonum et sufficientem capellanum et clericum ydoneum ad deserviendum et coadjuvandum cum in ecclesia de Ludio predicta, que ob defectum servicii et alias ob defectum rectoris et capellani multipliciter passa est et patitur cotidie detrimentum, alioquin eidem rectori significaret ex parte nostra, quod ex tunc consilium apponemus, ut justicia suadebit.

De capellano de Basogiis.

Item loquendum est cum magistro Guillermo Baril, rectore ecclesie de Basogiis[3], super hoc quod ejus capellanus de Basogiis, ut intelleximus, de novo exigit et extorquere nititur linteamina a parrochianis ecclesie predicte, quando recipiunt extremam unctionem; necnon et cum aliis rectoribus super simili facto est[4] loquendum.

Reddicio littere sustracte per fratres leprosarie de Fixa.

Die Sabbati post resurrectionem Domini apud Mellineis incepimus facere inquestam seu nos informare contra fratres leprosarie de Fixa[5] super ablacione et sustractione furtiva quarumdam litterarum dicte leprosarie imposita quibusdam fratribus dicte domus, pluresque testes dicta die et diebus Lune, Martis et Mercurii sequentibus super premissis recepimus.

---

[1] La fête de l'Invention de la Croix est le 3 mai, qui tombait cette année un jeudi. Il aurait donc fallu dire : *die Veneris ante festum*.

[2] Le Lude, chef-lieu de canton, arrondissement de la Flèche (Sarthe).

[3] Basougés, canton de la Flèche (Sarthe).

[4] Le manuscrit porte *et*.

[5] La Flèche, chef-lieu d'arrondissement (Sarthe).

Liberacio regalium.

Die Veneris sequenti Thomas et Michael, fratres dicte leprosarie de Fixa, dictas litteras nobis detulerunt et restituerunt, quas apud nos retinuimus. Dicta die venerunt seu reversi sunt ad nos ibidem dicti archidiaconus Transligerensis et Matheus, decanus Credonensis, et nobis litteras regis Francie super liberacione regalium nostrorum presentaverunt; que quidem regalia fuerant liberata dictis nunciis nostris per dictum regem et restituta die Sabbati ante Quasimodo proximo preteriti, circa horam vesperarum.

Littera regis Francie super deliberacione regalium ecclesie Andegavensis facta electo Andegavensi confirmato, missis ad regem nunciis, sequitur in hec verba :

Philipus, Dei gracia Francorum rex, custodibus regalium Andegavensium, salutem. Cum nos procuratoribus seu nunciis Guillermi, electi ecclesie Andegavensis et confirmati, prout per litteras decani et capituli Turonensis, sede vacante, apparebat, ad hoc specialiter destinatis, videlicet Gaufrido, archidiacono Transligerensi in ecclesia Andegavensi, et Matheo, decano de Credonio, canonico Andegavensi, reddiderimus, Sabbato post Pascha ultimo preteritum, circa horam vesperarum, regalia episcopatus Andegavensis, mandamus vobis quatinus dicta regalia et ea que ad ipsa pertinent a die et hora predictis deliberetis electo et confirmato antedicto. Actum apud abbaciam Monialium Beate Marie[1] juxta Meledunum dicta die Sabbati, anno Domini m°cc° nonagesimo primo.

Procuracio fabrice Beate Marie de Fixa.

Anno Domini m°cc° nonagesimo primo, die Veneris post Quasimodo, deputavimus et constituimus Johannem Roncin, procuratorem fabrice ecclesie Beate Marie de Fixa, de consensu prioris et quorumdam majorum parrochianorum dicte ecclesie, quoad recipiendum et exigendum

---

[1] L'abbaye du Lys, près Melun.

redditus, obvenciones et alia spectancia ad dictam fabricam, qui juravit se fideliter habiturum in premissis et fidelem racionem nobis super premissis redditurum et parrochianis dicti loci, quando fuerit requisitus; et tenentur Mauricius Le Caorcin et ejus uxor eidem reddere decem libras decem et octo solidos et sex denarios, item sexaginta septem solidos, quinque denarios et obolum, item sexaginta quinque solidos, et Thomas Carnifex, viginti quinque solidos; item Egidius de Ponte et ejus uxor quadraginta septem solidos, quando super hiis ab eodem fuerint requisiti; quas pecunie summas confessi fuerunt dicti debitores coram nobis nomine et racione fabrice memorate, de quibus habet dictus procurator memoriale sigillo nostro sigillatum. Actum die Veneris predicta. Dictus vero Roncin debebat dicte fabrice sexdecim solidos, quos confessus fuit se recepisse nomine et racione fabrice predicte.

Hec est computacio facta per Audam, uxorem Mauricii Caorcin, coram nobis apud Mellineis, de hiis, que habuit et recepit de oblacionibus, censibus et redditibus et aliis deputatis spectantibus ad ecclesiam Beate Marie de Fixa a duodecim annis citra, die Veneris post Quasimodo, anno quo supra, assignata ad computandum et racionem reddendum super premissis per juramentum suum prestitum coram nobis die Mercurii precedenti.

Recepta facta per dictam Audam, expensis et misiis conversis in utilitatem et reparacionem ecclesie predicte deductis, quas estimat undecim libr[as] sex solid[os] quinque denar[ios]; et habet apud se de questis, factis per eamdem contemplatione dicte ecclesie, decem libras decem octo solidos sex denarios, item de trunco et reliquiis[1], a festo Annunciacionis Dominice, quod fuit anno Domini m^occ^o octuagesimo, habet sexaginta septem solidos quinque denarios obolum; de partibus receptarum et misiarum ali[ter] non recolit. Item debentur de dictis questis sexaginta solidi, quos debet Thomas Le Borrelier, quos eidem Thome dicta Auda mutuo tradidit. Summa tocius recepte cum

---

[1] Le manuscrit porte *reliquiiis*.

ebito : decem septem libre decem solidi undecim denarii obolus. — Guillermus de Curia dicta die computavit.

Die autem Sabbati sequenti destinavimus et misimus dictos archidiaconum et decanum de Credonio et Johannem, rectorem ecclesie e Bauneio[1], fratrem nostrum, Andegav[is], ut ipsi ex parte nostra tteras super liberacione et restitucione dictorum regalium decano et pitulo Andegavensi et magistro Johanni de Mommartin[2], deputato ex rte regis Francie pro regalibus custodiendis et recipiendis[3]; qui uidem archidiaconus, decanus et frater predicti dictas litteras eisemcapitulo Andegavensi, decano absente, et dicto magistro Johanni resentaverunt.

5 mai.

Dictus vero magister, litteris predictis visis et receptis, palacium ostrum Andegavis, in quo tunc manebat, deliberavit eisdem nomine ostro, et mandavit per maneria et villas, episcopatui Andegavensi et bis racione et nomine episcopatus spectantia[4], in quibus erant cusdes nomine dicti regis Francie racione dictorum regalium, ut dicti stodes omnia nobis deliberarent et restituerent omnia recepta et bita de dictis regalibus a dicta hora vesperarum diei Sabbati predicte, a nobis fuerunt dicta regalia deliberata per dictum regem Francie, supra scribitur, et quod a dictis locis recederent; que ipsi fecerunt. Item deliberavit idem magister Johannes seu restituit nobis pissides stras seu boestas, quas Andegavis habemus, et omne emolumentum dicta hora dicte diei Sabbati receptum usque ad dictum tempus repcionis dictarum litterarum et omnia alia ad dicta regalia spectancia liberavit et deliberari mandavit, visis litteris supradictis, exceptis nis et arboribus scissis in nemoribus de Chalonna[5], videlicet de Mar-

[1] Bauné, arrondissement de Baugé, can- de Seiches. Le curé était de droit setaire de l'évêque, qui possédait près du rg un logis, aujourd'hui disparu, où est rt Guillaume Le Maire.

[2] *Sic* pour *Dommartin.*

[3] Suppléez *presentarent.*

[4] Outre l'évêché, centre de la baronnie du Palais et du fief de la ville, l'évêque possédait des manoirs dans sa baronnie de Chalonnes, dans ses châtellenies de Villévêque, de Morannes et de Saint-Alman, à Éventard et à Bauné.

[5] Chalonnes-sur-Loire, chef-lieu de canton de l'arrondissement d'Angers, autrefois domaine de l'évêché ayant titre de baronnie.

gerie[1] et explectamento eorum et nemoribus quibusdam Ville Episcopi[2], in quibus dicebamus dictum magistrum Johannem ecclesie Andegavensi magna dampna intulisse et injuste, cum regi racione regalium premissa non competerent, cum dicta nemora non essent cedua sed antiquissima et usui episcopi Andegavensis deputata, de quibus episcopi Andegavenses vendere nullatenus consueverant, dicto magistro Johanne contrarium affirmante; retenta etiam regi exequucione super debitis eidem regi racione regalium predictorum de tempore retroacto.

Robertus vero, archidiaconus Transmeduanensis, in capitulo Andegavensi locum decani tunc tenens, vice decani et capituli presentis, dictis litteris receptis, sigilla curie Andegavensis dicto fratri nostro et eciam archipresbitero Burguliensi, procuratoribus a nobis ad hoc constitutis, reddidit et restituit.

Prima visitacio per nos facta post confirmacionem nostram, videlicet in monasterio Mellinensi.

Die dominica sequenti, qua cantatum fuit *Misericordia Domini*, monasterium Mellinense visitavimus et in capitulo predicavimus et in ecclesia dicti loci missam sollempniter celebravimus. Nam illa die religiosi dicti loci habebant festum suum de beato Johanne ante portam latinam, et ibidem convenerant multi priores et fratres ordinis dicti monasterii.

Ibidemque injunximus abbati dicti[3] monasterii, ut monachos monasterii sui qualibet die, certa hora competenti consueta et determinata, insimul comedere faceret qualibet die, in refectorio, et quod inhiberet eisdem, et nosmet eis inhibuimus visitantes, ne ipsi in cameris carnes comederent, ubi silencium non tenent et multa illicita committunt; maxime, cum non sit eis prohibitum, secundum ordinem beati Augustini, quem observare debent, comedere carnes in refectorio predicto.

Item injunximus visitantes canonicis dicti monasterii, ut ipsi aliis

---

[1] Forêt disparue, dont le nom seulement reste à un emplacement en l'île de Chalonnes dit *la Queue de Margerie*.

[2] Villévêque, arrondissement et canton nord-est d'Angers.

[3] Mathieu de Baracé.

canonicis ejusdem ordinis sancti Augustini se et habitum suum conformantes, de cetero tunicam albam et supertunicale nigrum, prout alii ejusdem ordinis nostre dyocesis, induant et publice deferant et talibus vestibus utantur de cetero seu eciam induantur; qui canonici premissis gratanter acquieverunt.

Post hec vero ibidem populo publice predicavimus. Item dicta die quedam alia ibidem fecimus que suprascripta sunt; et ipsa die ibidem comedimus.

Eademque die post comestionem ad manerium nostrum de Villa episcopi[1] accessimus, in quo manerio nostro de Villa Episcopi dicta die pernoctavimus.

Item anno quo supra, dominica qua cantatum fuit *Misericordia Domini*, permisimus usque ad Penthecosten Domini synodum rectori ecclesie de Diceyo[2] fratrem Guillermum, canonicum Mellinensem, de consensu abbatis sui, ad serviendum in officio capellani in ecclesia predicta usque ad synodum predictum tantummodo, injungentes quod ex tunc alium querat ydoneum capellanum.

De Radulpho Tuebof, quondam capellano de Diceyo.

Item non est tradendum oblivioni de Radulpho dicto Tuebof, quondam capellano de Diceyo, qui Julianam, dictam La Torace, ejus concubinam, quam ibidem diu tenuerat, transtulit apud Bremium super Autyon[3] et eam dicitur tenere ibidem.

Die Lune sequenti apud Perrodium Monialium[4] prope Andegav[um] accessimus a manerio nostro de Villa Episcopi mane et cum magistro

---

[1] Le manoir de Villévêque dont le chemin d'intérêt commun de Tiercé à la Loire a traversé une partie des dépendances, autrefois entouré d'un double rang de douves, conservait récemment encore sa chapelle épiscopale, que son style roman faisait attribuer à la fin du xi° siècle.

Dans ce manoir, des crosses sculptées décorent le manteau des cheminées intérieures. Une partie des constructions date du milieu du xv° siècle.

[2] Dissé-sous-le-Lude, canton du Lude, arrondissement de la Flèche (Sarthe).

[3] Brain-sur-l'Authion, arrondissement et canton sud-est d'Angers.

[4] Le Perray-aux-Nonnains, abbaye de Cisterciennes, c⁽ⁿᵉ⁾ d'Écouflant, à 7 kilom. 1/2 d'Angers, entre Éventard et Villévêque.

Johanne de Donno Martino, dictorum regalium custode, super multis tractavimus, presentibus Guillermo thesaurario, Gaufrido, archidiacono Transligerensi, domino Philipo de Plesseiaco, Guillermo, archipresbitero Burguliensi, magistro Johanne de Areolis, canonicis Andegavensibus, et pluribus aliis, et inter cetera cum dicto magistro Johanne, nuper dictorum regalium custode, accordavimus, quod de clericis et viduis tailliandis apud Sanctum Alemandum[1] inquireremus pro rege et pro nobis veritatem, et, si inveniremus eos non tailliandos fore, a taillia regis remanerent immunes; pro qua taillia, si contrarium appareret, plegios posuerant dicti clerici erga dictum magistrum, et dictam tailliam se soluturos promiserant in illum eventum.

Iterum ibidem tractavimus de constituendo officialem in curia nostra Andegavensi, videlicet de discreto viro magistro Stephano de Burgulio[2], legum professore, quem magistrum Stephanum dicta die ad dictum officium curie nostre Andegavensis de consilio proborum retinuimus.

Post hec vero a dicto Perrodio recedentes, fecimus dari monialibus dicti loci viginti solidos de elemosina nostra, et apud Villam Episcopi rediimus, ipsa die comedentes et pernoctantes ibidem. Dicta vero die cum Roberto de Chaufurno[3] accordavimus quod, si jus habebat in manerio de Esventart, racione dominii vel proprietatis, quod Guillermus, thesaurarius Andegavensis, et magister Gervasius Homo Dei, canonicus Andegavensis, super hoc inquirerent, et super dicto jure, si eidem Roberto competeret, satisfactionem decernerent, et istud accordavimus, si capitulo Andegavensi placeret, sine cujus capituli consensu nichil intendebamus facere in premissis.

Die Martis sequenti, in mane, David de Suis Domibus[4], ballivus

---

[1] Saint-Alman, ancien domaine de l'évêché, sur la rive gauche de la Loire, commune de Saint-Jean-des-Mauvrets.

[2] Étienne de Bourgueil, né d'une pauvre famille d'Angers, chanoine de Saint-Maurice de 1291 à 1313, archidiacre d'outre-Loire en l'église de Tours, puis élu archevêque de Tours, après la mort de Geoffroi de la Haye, en mai 1323. (Voy. Rangeard, *Hist. de l'université d'Angers*, t: II, p. 136.)

[3] Chaufour, ferme, commune de Saint-Barthélemi, près Angers.

[4] De Sesmaisons.

Andegavensis, pergens Cenomanis, venit per nos apud Villam Episcopi et super pluribus negociis tractavit nobiscum; coram quo ballivo constitutus dictus Robertus de Chaufor dixit[1], quod non opponebat se, quominus possemus intrare et nancisci possessionem dicti manerii de Esventart; et hoc dixit similiter Mauricius dictus[2] de Beuson[3].

Quibus actis jussit dictus ballivus cuidam servienti suo, quod diceret ex parte dicti ballivi quibusdam servientibus comitis Andegavensis, dictum manerium custodientibus ad procuracionem dictorum Roberti et Mauricii, quod ipsi dictum manerium exirent et permitterent nos libere intrare manerium predictum et nancisci possessionem ejusdem.

Iter ad regem Francie pro juramento fidelitatis.

Die Mercurii sequenti, a Villa Episcopi recessimus, iter nostrum dirigentes ad regem Francie, ut eidem sacramentum fidelitatis faceremus, Guillermo, thesaurario Andegavensi, et Matheo, decano Credonensi, ac domino Gervasio Homine Dei, canonico Andegavensi, nobiscum venientibus ad dictum regem; et ipsa die in manerio nostro de Morenna[4] descendimus et comedimus, pernoctantes ibidem.

Die Jovis sequenti, in mane, a villa Morenne recessimus, iter nostrum arripientes, et viginti quinque equitaturas in tota via eundo et redeundo habuimus in societate nostra vel circa, una cum summariis, et nobiscum quadringentas et quatuor viginti libras vel circa pro via et necessariis querendis detulimus, de quibus parum reportavimus.

Die Mercurii post *Jubilate*, regem Francie apud boscum de Vicennes[5] invenimus, et juramentum fidelitatis eidem fecimus, nichil chambellano suo persolventes, quamvis viginti quinque libras peciisset; cujus juramenti fidelitatis per nos dicto domino regi facti forma inferius sequitur :

---

[1] Le manuscrit porte *dixerit*.
[2] Le manuscrit porte *dictum*.
[3] Château et ferme, commune d'Écouflant, près Angers.
[4] Morannes, arrondissement de Baugé, canton de Durtal, un des plus anciens domaines de l'évêché, où devait être inhumé Guillaume Le Maire. Le curé était de droit l'aumônier de l'évêque.
[5] Vincennes, près Paris.

Forma juramenti fidelitatis facti regi Francie.

Anno Domini m°cc° nonagesimo primo, die Mercurii post festum beati Nicolai estivale, fecimus nos Guillermus Major, Andegavensis ecclesie electus et auctoritate metropolitana confirmatus, domino Philipo, Dei gracia Francorum regi, juramentum fidelitatis in hunc modum, videlicet quod, stola nobis ad collum posita in modum crucis ante pectus et manu ad pectus missa, libro Evangeliorum coram posito, dixit nobis de mandato regis dominus Petrus de Chamberi, miles : « Vos juratis domino regi fidem et legalitatem et filio ejus, regi Franco- « rum post eum, et quod servabitis eisdem corpora, membra et vitam « et jura sua et honorem suum temporalem, et, si petat a vobis consi- « lium bonum et fidele sibi dabitis? Ita juratis? » — Et nos respondimus : « Ita juro. »

Quibus factis, quibusdam gravaminibus ecclesie Andegavensi, sede vacante, illatis coram eo propositis, et requisicione facta de renovando litteram continentem juramentum fidelitatis, quod episcopi Andegavenses debent eidem domino regi Francie facere et sigillo suo sigillandam, serviens quidam[1] ipsius regis a nobis viginti quinque libras Parisiens[ium] racione predicti juramenti fidelitatis peciit, videlicet centum solidos pro rege et viginti libras pro camerariis, cui et alii etiam hoc iterato petenti responsum datum fuit, quod littera nostra predicta nos super hoc liberabat, in qua inter cetera continebatur, quod racione predicti juramenti fidelitatis nichil novi oneris episcopo Andegavensi poterat imponi, et hoc novum onus existeret, cum illud honus alii Andegavenses episcopi alias minime prestitissent; et ita post hec a dicta peticione cessarunt.

Sequitur tenor littere renovate per regem Francie super juramento fidelitatis facto eidem regi a domino Guillelmo dicto Majore, Andegavensis ecclesie electo.

Philipus, Dei gracia Francorum rex, notum facimus universis tam presentibus quam futuris, quod nos litteras inclite recordacionis pre-

[1] Le manuscrit porte *quidem*.

carissimi domini et progenitoris nostri Philipi, Francorum regis, vidimus in hec verba : Philipus, Dei gracia Francorum rex, notum facimus universis, tam presentibus quam futuris, quod nos litteras felicis memorie precarissimi domini et genitoris nostri Ludovici, Francorum regis, vidimus in hec verba : Ludovicus, Dei gracia Francorum rex, universis presentes litteras inspecturis, salutem. Notum facimus universis, tam presentibus quam futuris, nos inclite recordacionis regis Ludovici, genitoris nostri, inspexisse litteras in hec verba : Ludovicus, Dei gracia Francorum rex, universis presentes litteras inspecturis, salutem. Noveritis quod dilectus et fidelis noster Guillermus[1], Andegavensis episcopus, prestitit nobis sacramentum fidelitatis, sicut alii episcopi regni nostri nobis faciunt, et nos recognovimus ei, quod non tenetur ire in exercitum vel equitatum nostrum in propria persona vel aliquem mittere sumptibus suis, neque occasione hujusmodi juramenti ullum honus novum vel gravamen imponetur ei vel ecclesie sue, sed ipse et ecclesia ejus manebunt in illis libertatibus, quas habuerunt tempore bone memorie Philippi, quondam regis Francie, genitoris nostri, et Henrici et Richardi, quondam regum Anglie. Item recognovimus ei quod, quando electus Andegavensis ecclesie erit confirmatus a metropolitano vel ab eo qui potestatem habebit confirmandi, nos reddemus ei regalia sua per nuncios deferentes litteras patentes confirmacionis ejus; ipse tamen electus tenebitur bona fide nos adire, si fuerimus in regno, infra quadraginta dies post suscepcionem regalium, et nobis juramentum fidelitatis prestare; et si infra quadraginta dies ad nos, sicut dictum est, non venerit, nos poterimus sesire regalia sua et ea tamdiu tenere quousque nobis fecerit dictam juramenti fidelitatem. Sciendum est eciam quod, si futuris temporibus comitatus Andegavensis separaretur a regno, episcopus Andegavensis non teneretur facere comiti Andegavensi hujusmodi juramentum. Actum Parisius anno Domini м°сс° vicesimo tercio, mense Novembri. Nos autem ea que superius continentur rata et accepta habentes et a nostris successoribus ea volentes

---

[1] Guillaume de Beaumont.

in posterum inviolabiliter observari, ad peticionem dilecti et fidelis nostri Nicolai, Andegavensis electi, in hujus rei testimonium, presentibus litteris[1] fecimus apponi sigillum. Actum Parisius anno Domini m°cc° sexagesimo, mense Februario. — Et nos predicta, que superius continentur, rata et accepta habemus et a nostris successoribus ea volumus in posterum inviolabiliter observari. In cujus rei testimonium, ad peticionem dilecti et fidelis nostri prefati Nicolai, Andegavensis episcopi, presentibus litteris nostrum fecimus apponi sigillum. Actum apud Lochas anno Domini m°cc° septuagesimo sexto, mense Septembri. — In cujus rei testimonium, nos, ad peticionem dilecti et fidelis nostri Guillermi, Andegavensis electi, presentibus litteris nostrum fecimus apponi sigillum. Actum apud Vicennas anno Domini m°cc° nonagesimo primo, mense Mayo.

Quibus actis, salutato a nobis rege pro recessu, et nobis per eum licenciatis, recessimus a nemore de Vicennis, in quo in domo fratrum Grandimontensium in ecclesia et capella eorumdem prefata omnia facta fuerunt.

Postmodum statim Parisius in nomine Domini revertentes, et ibidem tribus diebus manentes, emimus mitram pulcram et quamdam parvi precii, pannos sericos duos vel tres, quedam necessaria pro capella, ornamenta episcopalia et alios pannos pro nobis, pro octo valletis seu armigeris, item sellas, frena et alia pro equis et summariis necessaria et quedam alia.

Quibus factis, versus patriam revertentes, die Jovis post *Cantate*, per villam de Lezigneio[2], audivimus ibi missam et ibidem fecimus infra scripta. Ipsa die Jovis, apud Villam Episcopi accessimus ac ibi comedimus pernoctantes.

Die Jovis ante festum beati Urbani, transeuntes per villam de Lezigneio, invenimus Johannem, rectorem ecclesie dicti loci, excommunicatum pro decima ecclesie sue non soluta a Nativitate Domini ultimo preterita; cui injunximus quod infra diem Martis proximam faceret se

---

[1] Suppléez *nostrum*. — [2] Lézigné, arrondissement d'Angers, canton de Seiches.

absolvi et nobis suam ostenderet absolucionem, quod facere promisit quamque postmodum nobis ostendit.

Correctio Johannis, rectoris ecclesie de Lezigne.

Item ibidem ipsum correximus super frequentatione tabernarum, inhonesta conversacione, incontinencia et aliis, qui promisit nobis se emendare super premissis. Item injunximus et commisimus socio prioris dicti loci[1], ut de cura dicte ecclesie se intromitteret, donec ipsum ab hoc prohiberemus; et hoc idem priori dicti loci commisimus, propter vitandum periculum animarum. Item injunximus dicto priori, quod ipse diligenter animadverteret[2], quomodo idem rector de cetero se haberet, et ejus conversacionem nobis significaret, ut contra ipsum rectorem, si male se habuerit, procedamus, prout justicia suadebit.

Abjuracio Michaelis Fornil.

Item anno quo supra, die Sabbati post *Cantate*, abjuravit apud Villam Episcopi Michael dictus Fornil, de parrochia Sancti Petri de Precigneio[3], Agatham, filiam deffuncti Johannis Medietarii, absentem tunc, ejusdem Michaelis consanguineam propinquam, cui injunximus tres processiones sollempniter faciendas, unam in die Ascensionis Domini, secundam in festo Penthecostes, terciam in festo beatorum apostolorum Petri et Pauli, preter aliam penitenciam spiritualem; et ipsum ab hujusmodi incestu absolvimus.

Item dicta die, rectori ecclesie Beati Petri de Precigneio litteratorie mandavimus, ut ad nos venire faceret dictam Agatham, quam citius de puerperio, in quo jacebat, surrexisset, mandatum nostrum audituram.

Colinus Forestier incestus.

Item de eadem parrochia sunt in incestu notorio Colinus Le Forestier et Katerina, consanguinea uxoris sue deffuncte in secundo gradu.

---

[1] L'abbaye de Saint-Serge d'Angers y possédait un prieuré simple et régulier.

[2] Le manuscrit porte *averteret*.

[3] Précigné, canton de Sablé, arrondissement de la Flèche.

Sequenti die Dominica comedimus ad convivium cum Philippo, rectore ecclesie de Villa Episcopi.

Radulphus capellanus de Corzeio correctus.

Item die Lune post *Vocem jocunditatis*[1], apud Villam Episcopi, correximus Radulphum, capellanum de Corzeio[2], de Byturia[3] oriundum, ut dicebat, super fornicacione quam commiserat cum Johanna, filia Stephani Beraut, injungentes eidem Radulpho, quod ultra Penthecosten Domini proximam in ecclesia de Corzeio in officio capellani non serviret, nec amplius in Andegavia moraretur; quod facere promisit, maxime cum idem Radulphus dicat se habere in partibus ecclesiam curatam.

Morgenest.

Item dicta die excommunicavimus dictum Mortgenest et dictam La Ligerote, ejus consanguineam in secundo gradu, in incestu notorio manentes. Item dictam Katerinam excommunicavimus dicta die propter defectus suos, quia ipsa citata non comparuit coram nobis.

Abjuracio Johanne, filie Stephani Beraut.

Item die Martis sequenti, apud Villam Episcopi, dicta Johanna, filia Stephani Beraut, abjuravit coram nobis, sollempnitate qua decuit, dictum Radulphum, capellanum de Corzeio.

Colini Forestarii abjuracio.

Item, anno quo supra, die Mercurii in vigilia Ascensionis Domini, abjuravit coram nobis Colinus Forestarius, de parrochia Sancti Petri de Precigneio, Katerinam, consanguineam deffuncte uxoris sue in secundo gradu, pena centum solidorum apposita committenda et nobis persolvenda, si de cetero ad eamdem redierit; cui injunximus, sub pena juramenti super hoc prestiti, quod ipse die Penthecostes Domini proxima

---

[1] Introït et nom du cinquième dimanche après Pâques. En 1291, ce dimanche tomba le 27 mai.

[2] Corzé, arrondissement d'Angers, canton de Seiches.

[3] Du Berri.

publice in ecclesia Beati Petri de Precigneio peram et baculum a sacerdote dicte ecclesie, ut moris est, accipiat, inde iturus nudis pedibus ad Montem Beati Michaelis in Monte Tu[m]ba[1]; qui sacerdos exponet ibidem populo causam quare dictus Colinus sic vadit ad Montem Beati Michaelis, et quod est ei ex parte nostra injunctum in penam dicti publici incestus. Item injunximus eidem Colino quod ipse ultra taxacionem sibi impositam solvat infra festum beati Michaelis quindecim solidos dicte ecclesie ad reparacionem campanarum Sancti Petri. Dicta autem Katerina non venit, sed ob contumaciam fuit excommunicata.

Anno quo supra, die Mercurii in vigilia Ascensionis Domini, abjuraverunt se ad invicem Matheus Beloin et Johanna, filia Herberti de Vernucon[2], pena unius marche argenti apposita contra eum committenda et nobis ad usus pauperum solvenda, si de cetero ad invicem inter se carnaliter commisceantur.

Vigilia nostre consecrationis.

Die Sabbati post Ascensionem Domini, videlicet in vigilia consecracionis nostre, de Villa Episcopi bene mane surgentes, versus Andegavis iter nostrum direximus, occurrentibusque nobis fratre Johanne[3], abbate monasterii Beati Sergii Andegavensis, et aliis venerabilibus personis de ecclesia Andegavensi in via, ad monasterium[4] Sancti Sergii predict[um] more predecessorum nostrorum accessimus, ibidemque comedimus et[5] provisi fuimus expensis abbacie, et ibidem a quam pluribus nobilibus aliisque personis ecclesiasticis et secularibus fuimus visitati.

Dictis autem per nos vesperis et completorio, dicta die recepimus nos in camera nostra, que in monasterio predicto dicitur Camera abbatis, ibidemque rasa barba et corona ablutoque capite, ibidem dicta die fuimus balneati.

---

[1] Le Mont-Saint-Michel, près Tombelaine, diocèse d'Avranches.

[2] Vernusson, hameau, commune des Ponts-de-Cé, près Angers.

[3] Jean Rebours.

[4] L'abbaye de Saint-Serge se trouvait à la porte d'Angers, mais au dehors de l'enceinte, en venant de Villévêque ou d'Éventard. C'est aujourd'hui le grand Séminaire.

[5] Le manuscrit porte *ex*.

Quo facto, nocte sequente, circa ignitegium, intravimus majorem ecclesiam [1] ipsius monasterii, et ibidem ante altare Beate Marie totum psalterium perlegimus singulariter et submisse.

Quo perlecto, matutinas incepimus et complevimus, sociis et capellanis nostris nos juvantibus.

Quibus actis, circa mediam noctem, ad nostram cameram redeuntes, lectum intravimus et ibidem requievimus usque mane.

Sequitur dies consecracionis nostre et ministerium, facte et celebrate in ecclesia beati [2] Andegavensis, ut infra scribitur [3].

Anno Domini ducentesimo monagesimo primo [4].

Die autem Dominica post festum Ascensionis Dominice, surgentes, ad monasterium Beati Albini [5] Andegavensis cepimus dirigere iter nostrum, munus consecracionis nostre recepturi ibidem.

Nota hic officium domini de Brienconio et Sancti Johannis des Mauvereiz, ad quod tenetur circa portas et officium janitoris racione dictorum feudorum.

Circa autem majorem portam ipsius monasterii seu abbacie, per

---

[1] Aujourd'hui église paroissiale de Saint-Serge, récemment restaurée.

[2] Suppléez *Albini*.

[3] Entre ce titre et la ligne qui suit en rubrique, se trouve le petit cadre représentant la cérémonie de la consécration que nous reproduisons.

[4] Dans le D majuscule qui suit est figuré un buste d'évêque qui paraît être le portrait de Guillaume Le Maire.

[5] L'abbaye Saint-Aubin d'Angers, aujourd'hui occupée par la préfecture, se trouvait dans la ville, au sud et non loin de la cathédrale, mais en dehors de la cité.

quam ingressi fuimus eamdem abbaciam, astitit nobis nobilis vir Briencius de Monte Johannis dominusque de Briencon, fidelis et vassallus noster pro terra de Briencon[1], iter faciens ante nos et arcens turbam ac multitudinem hominum una cum multis militibus et armigeris, quos secum adduxerat ad juvandum ipsum in servicio, in quo nobis dicta die tenebatur, racione dicti feudi de Briencon et Sancti Johannis de Malveretis[2], racione cujus feudi dicta die consecracionis episcopi Andegavensis apud monasterium Beati Albini et eciam apud ecclesiam Beati Mauricii et apud palacium tenetur honus janitoris subire portasque custodire et in via a dicto monasterio Sancti Albini usque ad ecclesiam Andegavensem iter episcopo Andegavensi consecrato facere et turbas arcere; que omnia tam per se quam per complices suos, quos ad hoc secum adduxerat, dicta die nobis bene et fideliter exhibuit et implevit.

Postquam autem magnam portam ipsius abbacie prius dictam ingressi fuimus, quam portam idem miles nobis apperi fecit per armigeros et servientes suos, qui eamdem portam intus custodiebant, nobis de palefredo nostro descendentibus, cui insidebamus, idem dominus de Briencon ipsum palefredum capi fecit, quia suus erat, racione obsequii et servicii quod in die consecracionis nostre nobis debebat et exhibere tenebatur et quod exhibuit, ut est dictum et ut sequitur.

Ab illo autem loco ubi descendimus, pedes ivimus ad ecclesiam[3] monasterii antedicti, dicto milite domino de Briencon cum suis complicibus et adjutoribus nos precedente, viam faciente et turbam

---

[1] Briançon, village, commune de Bauné, avec château possédé aux xi°-xii° siècles par une famille du nom, puis successivement par les familles de Montjean, de Beauvau, de Daillon, de Roquelaure et Lefebvre de Laubrière. La terre fut érigée, en février 1725, en marquisat, et la chapelle seigneuriale, par décret épiscopal du 4 septembre 1776, en paroisse; cette paroisse n'a pas été maintenue après la Révolution.

[2] Saint-Jean-des-Mauvrets, commune de l'arrondissement d'Angers, canton des Ponts-de-Cé.

[3] Cette église est détruite. Elle occupait le préau actuel ou petit mail de la préfecture. La sacristie, reconstruite comme l'abbaye, au xvii° siècle, sert de cabinet à l'archiviste du Département.

arcente cum baculis et aliis necessariis ad hujusmodi officium faciendum.

Ipsam autem majorem dicti monasterii Sancti Albini portam cum magna difficultate propter turbam et hominum multitudinem copiosam transeuntes, ante majus altare dicte ecclesie prostrati, oracionem fecimus, et exinde ad capellam abbatis ivimus, et postmodum in quadam camera ipsius monasterii secessimus et ibidem aliquantulum pausavimus. Et tunc decanus, thesaurarius, archidiaconus Transligerensis, scolasticus et alii magni viri ecclesie Andegavensis ceperunt, cum venerabilibus viris magistro Girardo de Monte Rebelli, archidiacono Transvigenensi in ecclesia Turonensi, magistro Petro de Nucariis et domino de Monte Ademari, legum professore, canonicis Turonensibus, vicariis reverendi domini Raginaldi de Monte Basonis, tunc electi Turonensis in concordia, qui pro negocio dicte consecracionis missi a dicto electo venerant, et qui die precedenti, scilicet dicta die Sabbati, in ipso monasterio Sancti Albini comederant, pernoctaverant ac eciam provisi fuerant cum omni familia et equitaturis suis ad sumptus et expensas nostr[as], tractare ceperunt de professione a nobis ecclesie et archiepiscopo Turonensibus facienda.

Et tandem, post multas altercaciones[1] et disputationes super hoc habitas, in hanc formam concordaverunt, que talis est:

Nota hic formam professionis.

Ego Guillermus, sancte Andegavensis ecclesie nunc ordinandus episcopus, subjectionem et reverenciam et obedienciam a sanctis patribus constitutam secundum precepta canonum, ut moris est, sancte sedi, Turonensi ecclesie[2] dominoque Raginaldo electo concorditer Turonensi ejusque successoribus canonice substituendis perpetuo me exhibiturum promitto, et super sanctum altare propria manu firmo et subscribo.

---

[1] Le manuscrit porte *altercacones*. — [2] Le manuscrit porte *sancte sedi Turonensis ecclesie*.

Nota hic de Amaurico, filio primogenito domini de Credonio et de Brioleto, se offerente nobis ad officium faciendum ad quod pater suus tenetur, racione feudi de Brioleto, dicto patre tunc absente.

Interea autem ad nos in dicta camera accedens Amauricus, filius primogenitus et heres nobilis viri domini Mauricii, domini de Credonio et de Brioleto[1], puer undecim annorum vel circa, domino Matheo Quatrebarbes[2] milite pro dicto puero verba faciente, obtulit se nobis ad faciendum servicium et officium in quo pater suus nobis et ecclesie Andegavensi tenebatur racione feudi, videlicet ad portandum nos una cum aliis vassallis nostris, qui ad hoc tenentur, post munus consecracionis nostre ab ecclesia Sancti Albini usque ad majus altare ecclesie Beati Mauricii Andegavensis et ad serviendum nobis de cupa in mensa, gerendo officium picerne, proponens et asserens se ad hoc admitti debere, cum pater suus in Anglia esset absens, eciam ante tempus electionis de nobis facte, maxime ex causa legacionis sibi imposite a rege Francie ad regem Anglorum, ut dicebat, nobis reclamantibus et nos opponentibus in premissis asserentibusque illud officium et servicium adeo esse personale, quod non nisi per dominum de Brioleto fieri et impleri poterat vel debebat; unde, cum dictus puer nundum esset dominus de Brioleto aut vassallus ecclesie Andegavensis, ad illud servicium non debebat admitti, precipue cum adhuc esset idem puer tam tenere et inbecillis etatis quod per se dictum servicium et officium implere non posset.

Hiis et aliis propositis hinc et inde, nichil cum effectu super hoc accordato, ad capellam antedictam recedimus, in qua tunc cepimus nos ornamentis episcopalibus de bougran, exceptis mitra, anulo, ba-

---

[1] Briolay, chef-lieu de canton, arrondissement d'Angers, ancien fief important dont le donjon, célèbre par sa masse, couvrait en partie la butte énorme, encore entourée de larges douves, qui domine le bourg et le passage de la Sarthe. L'ancien *palais* ou auditoire dans le bourg même est un curieux édifice du xi° siècle. La terre fut démembrée et vendue par un Rohan en 1768.

[2] De la famille de Quatrebarbes, dont descendait Théodore de Quatrebarbes, gouverneur d'Ancône dans le dernier siége contre les Piémontais.

culo pastorali et cyrotegis, ornare et parare, reverendis patribus dominis Theobaldo[1] Dolensi et Alano[2] Corisopitensi episcopis nobis assistentibus et juvantibus ad ornandum et parandum.

Parati autem et revestiti, a dicta capella accessimus ad majorem ecclesiam ipsius monasterii, et ante majus altare dicte ecclesie munus consecracionis nostre recepimus a reverendo patre Guillermo[3], episcopo Redonensi, reverendis in Christo patribus Dolensi, Venetensi, Macloviensi, Corisopitensi et Leonensi episcopis assistentibus et ministerium in dicta consecracione prebentibus, ceteris suffraganeis Turonensis provincie se excusantibus. Item professionem fecimus in forma suprascripta super altare predictum.

Finito autem consecracionis et misse officio, benedictionem super populum effudimus, ut est moris.

Quibus omnibus sic peractis, in eodem monasterio paratam habuimus cathedram, duobus sericis coopertam et paratam ad deportandum nos, ut superius continetur.

Nota hic qui tenentur deportare episcopum consecratum a loco consecracionis usque ad majus altare Beati Mauricii in cathedra, scilicet barones infra scripti.

Presentibus et se ad hoc nobis offerentibus baronibus et vassallis nostris, qui ad dictam deportacionem tenentur, videlicet domino Guidone de Camilliaco milite, qui racione terre et feudi de Camilliaco[4] tenebatur nos portare et portavit ex parte anteriori ad sinistram, cum dominus de Brioleto, si presens esset, teneretur ex parte anteriori ad dextram, racione feudi de Brioleto; item Hugone de Baucey, domino de Blodio, qui racione feudi de Blodio[5] tenebatur nos portare et portavit ex parte posteriori ad dextram; item domino Johanne de Bello

---

[1] Thibauld de Pouancé.
[2] Alain Morel.
[3] Guillaume de la Rochetanguy.
[4] Chemillé, chef-lieu de canton, arrondissement de Cholet.
[5] Blou, arrondissement de Baugé, canton de Longué; ancien fief passé successivement des Beaumez aux familles de Laval, de Bourbon-Vendôme, de Léaumont, de Turpin-Crissé et de Lejumeau. L'habitation désignée du nom de *la Baronnie* ne paraît conserver aucune partie antérieure à la fin du xvie siècle.

Monte, domino de Gratequesse, qui racione feudi de Gratequesse[1] tenebatur nos portare et portavit ex parte posteriori ad sinistram; dicto Amaurico, filio domini de Credonio et de Brioleto primogenito, se presentante ac se cum instancia importuna offerente et ingerente ad servicium pro patre suo faciendum et ad nos portandum ex parte anteriori ad dextram, nobis reclamantibus et nos opponentibus in premissis, ac protestantibus, coram dictis reverendis patribus Dolensi et Redonensi episcopis, quod ejusdem Amaurici servicium non admittebamus, nisi de jure admittere teneremur, protestantes quod per talem ingestionem et quasi violenciam non intendebamus ecclesie aliquod prejudicium generari, super qua protestacione a dictis reverendis patribus Dolensi et Redonensi litteras obtinuimus in hec verba[2]:

Sequuntur littere episcopi Dolensis super protestatione in hec verba:

Universis presentes litteras inspecturis et audituris Theobaldus[3], miseracione divina Dolensis episcopus, salutem in Domino. Noveritis quod anno Domini millesimo cc° nonagesimo primo, die Dominica post Ascensionem Domini, nobis in ecclesia Beati Albini Andegavensis, una cum reverendis in Christo patribus Redonensi, Macloviensi, Corisopitensi, Leonensi, Venetensi episcopis, ac viris venerabilibus domino Girardo de Monte Rebelli, archidiacono Transvigenensi, et magistro Petro de Nucariis, canonicis in ecclesia Turonensi, vicariis venerabilis viri magistri Raginaldi de Monte Basonis, electi in concordia in ecclesia Turonensi, et dicte ecclesie Turonensis, congregatis nobis suffraganeis dicte ecclesie Turonensis, ad dictam diem specialiter convocatis pro munere consecracionis impendendo reverendo patri domino Guillermo,

---

[1] Grattecuisse, commune de Chemiré-sur-Sarthe. — *Grata Cossa*, 1094-1102 (2ᵉ cartulaire Saint-Serge, p. 201).— *Grata Coxa*, 1134-1162. (*Ibid.* p. 93 et 299.)— Ancien fief, titré de châtellenie, qui, de la famille de Craon, passa, par le mariage de Marie de Craon, à Robert de Brienne, vicomte de Beaumont, puis dans la maison de Laval de Retz. Gilles de Retz vendit la terre le 28 janvier 1433 à l'évêque Hardouin de Bueil, qui en fit don à l'évêché.

[2] Le copiste a transcrit ici par erreur la protestation de l'évêque de Rennes qu'il reproduit de nouveau à sa place. (Voyez plus bas, p. 253.)

[3] Thibauld de Pouancé.

divina providencia Andegavensi episcopo, munere consecracionis dicto reverendo patri sollempniter impertito a domino episcopo Redonensi, dictis reverendis patribus et nobis eidem ministerium prebentibus omnibusque rite peractis, que in talibus debent et consueverunt observari, cum dictus reverendus pater, ut moris est, ad ecclesiam Andegavensem per suos homines vassallos et fideles suos et ecclesie Andegavensis deberet deportari, ut ibidem missam sollempniter celebraret, Amauricus, filius domini de Credonio et de Brioleto, in nostra presencia se exhibuit et se obtulit cum magna comitiva nobilium dicto patri reverendo ad eumdem deferendum ad ecclesiam Andegavensem, nomine patris sui et pro eo, volens dictus Amauricus et se offerens admitti ad servicium faciendum eidem episcopo nomine patris sui et pro eo, ad quod idem pater suus dicto reverendo patri personaliter, ut dicitur, tenebatur, et eumdem patrem reverendum ad dictam ecclesiam Andegavensem nomine patris sui et pro eo deferre nitebatur, maxime cum dictus dominus de Credonio pater suus absens esset in Anglia, ut dicebat, ex causa legacionis sibi imposite ab illustri rege Francie, qui sibi imponere poterat dictam legacionem, ut dicebat, cui obtemperare necessario tenebatur, dicto reverendo patre Andegavensi episcopo ejusdem filii, nomine quo supra, servicium expresse renuente, et asserente servicium dicta die sibi debitum a dicto domino de Brioleto adeo esse personale, quod per alium quam per ipsum dominum sibi impendi non poterat nec debebat, maxime cum de pluribus predictis ex parte dicti Amaurici propositis non constaret, et cum dictum servicium sibi a domino de Brioleto personaliter deberetur, et, licet idem Amauricus ejusdem domini esset filius, vivente tamen patre suo, ipso in ejusdem patris potestate existente, nullatenus dominus de Brioleto est censendus, et quia idem Amauricus adeo juvenis et in minori etate constitutus est, quod non est habilis ad dictum servicium faciendum, pluribus altercacionibus habitis hinc et inde, dictus Amauricus una cum magna comitiva hominum, presente maxime ballivo Andegavie, quorum potencie, ut dicebat idem episcopus, resistere non valebat, se obtulit ad dictum patrem reverendum deportandum ad ecclesiam ante dictam contra voluntatem dicti reverendi patris, expresse reclamantis et protestantis, quod servicium ejusdem filii pro patre suo nullatenus admittebat, nisi appareret quod de jure admittere teneretur, protestantis eciam quod, in quantum in se erat et contradicere poterat et contradicere tenebatur, delacioni et portacioni dicti filii et suorum complicum contradicebat et eciam resistebat, maxime cum per eorum importunitatem promptam et iminentem posset divinum officium, quod ad diem sibi incumbebat in ecclesia cathedrali, impediri, et sibi et ecclesie Andegavensi magnum prejudicium generari in futurum. Et hoc omnibus quorum interest et quibus significandum est significamus per presentes litteras, sigillo nostro sigillatas, ad supplicacionem dicti reverendi patris sigillatas in testimonio veritatis. Datum anno et die, ut supra.

Sequitur tenor aliarum [litterarum][1] *episcopi Redonensis super dicta protestacione*[2].

Hic episcopus consecratus deportatur ad ecclesiam Beati Mauricii Andegavensis per barones, homines et vassallos suos et ecclesie Andegavensis in cathedra.

Hiis autem non obstantibus, idem puer Amauricus, super humeros cujusdam armigeri equitans, ex parte anteriori cathedre ad dextram, tangens dictam cathedram, sic dictum servicium conabatur implere, domino Theobaldo, domino de Matefelon[3], in ipsa parte dextra cathedre, loco ipsius pueri nos sustinente et portante, et sic egredientes, habentes librum Evangeliorum ad pectus, omnibus ornamentis pontificalibus, eciam casula et mitra, albis videlicet de bougran, revestiti, et eciam propter unctionem cucufati quadam magna cucufa subtus mi-

---

[1] Le mot manque.

[2] 3 juin 1291. — La teneur de ces lettres est absolument identique à celles de l'évêque de Dol qui précède, et nous croyons devoir les supprimer.

[3] Mathefelon, village; c⁻ⁿᵉ de Seiches. — *Matafelon*, 1047-1057, *castrum quod Matefelon dicitur*, 1095 circa (pr. de Daumeray, ch. or. 4 et 23), sur le bord du Loir, ancienne baronnie donnant son nom à une très-puissante famille de chevalerie, alors en même temps seigneur de Durtal. Son dernier représentant périt en 1393 dans la guerre de Hongrie, et l'unique héritière s'allia à la famille Larchevêque de Parthenay.

tram, sic humeris dictorum baronum et vassallorum deferebamur per villam, signantes populum a dextris et a sinistris. Et per hunc modum, populorum innumera multitudine circonstante, ad portam Andegavinam[1] devenimus sic delati; quam portam invenientes clausam per capitulum et firmatam, ibidem traximus longam moram, et post hoc, aperto guicheto dicte porte, Gaufridus, archidiaconus Transligerensis, ex parte capituli veniens, pro se et capitulo a nobis quoddam juramentum exegit.

Nota hic juramentum quod facit episcopus Andegavensis consecratus capitulo et ecclesie Andegavensi ad portam civitatis que dicitur Porta Andegavina, antequam intret civitatem et ecclesiam post ejus consecrationem.

Ad nos verba dirigens idem archidiaconus sub hac forma : « Vis tu « jurare te non infeudaturum de novo? » ad quod respondimus : « Volo. »

At ipse : « Jura. »

Et nos : « Juro. »

Item idem archidiaconus ad nos verba dirigens : « Vis tu jurare « jura et consuetudines antiquas Andegavensis ecclesie approbatas « servare? »

At nos respondimus : « Volo. »

Et ipse : « Jura. »

Et nos : « Juro. »

Quibus sic actis, dicta porta Andegavina reserata et aperta, per dictos barones et vassallos per modum supradictum usque ad portas Andegavensis ecclesie fuimus deportati, et, dum fuissemus in porta portalli, idem archidiaconus, ad nos verba dirigens, talem interrogacionem formavit : « Estne ingressus tuus pacificus? »

Et nos : « Pacificus. »

---

[1] La porte Angevine, sise dans la ville, sous l'évêché et la cathédrale, à l'entrée de la cité, un peu en avant du palais épiscopal, et s'appuyant de l'autre côté sur la maison canoniale dite de *Saint-Pierre*. Vis-à-vis, une pierre longue de 5 pieds 3 pouces, large d'un pied 9 pouces, dite *Pierre de franchise*, appartenait au chapitre de Saint-Laud et servait, le jour des Innocents, aux ébats de ses enfants de chœur.

Quo facto, nobis sic deportatis et ipsam ecclesiam ingredientibus, occurrit nobis processio (*nota hic ingressum episcopi Andegavensis consecrati in ecclesiam Andegavensem*), capis sericis ornata, et ceperunt cantare responsorium quod incipit : *Beatus Mauricius*. Et sic usque ad majus altare per eosdem barones et vassallos fuimus deportati[1], et ante dictum altare in oracione prostrati fuimus, quo usque dictum responsorium fuit percantatum.

Quo completo, surgentes diximus illum versiculum : *Justorum anime in manu Dei sunt*, cum oratione de martiribus : *Deus qui nos concedis*[2].

Quibus actis, inchoata fuit missa de die, scilicet : *Exaudi Domine vocem meam*, sicut est.

Dum autem ad oblacionem ventum fuit, intravimus unam cuvam, ne pressura hominum in oblacione currentium gravaremur. Et tunc nobis oblata fuerunt multa vasa argentea et deaurata, que in aliis scriptis nostris continentur. In tota autem missa non amovimus cucufam neque mitram, in quibus fuimus consecrati, nec eciam tota ipsa die, quo usque intravimus lectum nostrum, qua hora solam mitram amovimus, cucufa remanente.

Post *Agnus*, ante[3] convivium, more solito, fecimus benedictionem sollempnem de festo Ascensionis, que competebat diei.

Missa celebrata, in die consecracionis, episcopus intrat palacium, ut sequitur.

Finito itaque misse officio, palacium nostrum cum omnibus indumentis in quibus missam celebraveramus, propter effrenatam multitudinem et nimiam pressuram hominum, cum difficultate intravimus,

---

[1] Un renvoi au bas de la colonne a ajouté, d'une écriture un peu postérieure, ces trois lignes, qui ont pour but évident d'établir des prétentions contestées plus tard : « Et « dum descendissemus de cathedra in qua « fueramus deportati, thesaurarius Ande- « gavensis accepit duo pallia, quibus erat « dicta cathedra cooperta, et ea retinuit, « quia sibi erant debita. »

[2] Nouveau renvoi de la même main, à la marge, malheureusement rognée : « [et] ob- « tulimus altari ... i unum pannum ... si, « quod ecclesie [rem]ansit. »

[3] La même main qui a écrit les notes précédentes a intercalé *post* : « Post *Agnus*, « ante *post* convivium. »

et sic cameram nostram ingressi, vestimenta omnia deposuimus; in quibus missam celebraveramus, et aliud rochetum novum accepimus, et supertunicale et mantellum habentes, in capite mitram et cucufam memoratas, et sic parati ad prendium in palacio ivimus.

Hic venit episcopus ad prendium in die sue consecracionis.

Cum autem ipsum palacium intrassemus, et manus vellemus abluere[1] (*nota hic officium domini de Grate Quesse*), presentavit se nobis dominus Johannes de Bello Monte, dominus de Grate Quesse, vassallus noster ligius futurus, racione feudi de Grate Quesse, qui fudit nobis aquam super manus ad lavandum in bacinis argenteis; quos fieri feceramus ex proposito ad istud officium, de pondere quatuor marcharum argenti, licet bacini predecessoris nostri non fuissent nisi trium marcharum, ut in scriptis suis[2] vidimus contineri; qua ablucione facta, dictus dominus Johannes de Bello Monte dictos bacinos habuit et manutergia, quibus tunc tersimus manus nostras, que sibi racione dicti feudi et servicii nobis dicta die ab ipso exhibiti debebantur.

Quibus actis, benedictionem fudimus super mensas; qua benedictione facta, sedimus in cathedra magni scanni palacii nostri, nobiscum sedentibus a dextris et a sinistris (*sessio ad prendium. Nota hic officium domini de Camilliaco*), in mensa, reverendis patribus Redonensi, Macloviensi, Venetensi, Corisopitensi et Leonensi episcopis et predictis vicariis electi Turonensis.

Nobis autem assisitis, venit nobilis miles dominus Guido de Camilliaco, in tunica, gerens mapam supra collum, quam ante nos supra mensam posuit, ministris suis eum coadjuvantibus; qua posita, manibus propriis duos panes coram nobis posuit et alios panes in dicta

---

[1] On voit encore au premier étage de l'évêché d'Angers, dans une belle salle du XI° siècle dite *la salle synodale*, vaste rectangle allongé, ouvrant à gauche dans les appartements de l'évêque, à droite dans la cathédrale, une antique piscine, au-dessus de laquelle se lit cette inscription, qui appelle au lavement des mains les clercs et les chevaliers et renvoie plus bas les vilains :

Clericus et miles. Pergant ad cetera viles;
Nam locus hic primus; decet illos vilis et imus.

[2] Ces mémoires sont perdus.

mensa, in qua sedebamus; quod officium eidem incumbebat racione feudi de Camilliaco, quod tenet a nobis, unde dicta die officium panistarii subire tenebatur, quod per se et per suos dicta die in prendio et in cena decenter exercuit, per totum palacium et alia loca in quibus homines comedebant, videlicet in ecclesia, in claustro et refectorio; racione cujus officii, finito prendio, omnes mapas dictorum locorum habuit, quia jus suum erat.

In secunda autem et tercia assisia et cena eas cum magna difficultate commodavit. In sero autem de residuo panis, quod de dicto festo remanserat, contendit, asserens suum esse, racione officii sui predicti, nostris hec negantibus et se opponentibus in premissis; et tandem illud residuum panis non habuit, sed nobis remansit.

Item obtulit se ad dandum pauperibus fragmentum, quod tamen non fecit, sed fuit per nostros erogatum.

Nota hic officium domini de Blodio.

Dum sic autem sederemus in mensa, pane et vino superpositis, venit dominus Hugo de Bauceio, dominus de Blodio, homo noster ligius futurus, racione dicti feudi de Blodio, et primum ferculum in duabus scutellis argenteis, una subtus, altera supra, attulit et coram nobis supra mensam posuit, cum sapore in aliis duabus scutellis minoribus, una subtus, altera supra, et dictas quatuor scutellas argenteas, duas magnas et duas parvas, habuit racione dicti servicii, et de omnibus aliis ferculis post primum, de quo ipse servivit in propria persona coram nobis, fecit per dominum Guillermum de Corcillon militem coram nobis usque ad finem convivii deserviri. Ultra autem quatuor scutellas argenteas, petebat a nostris potos et calderias coquinarias; sed de hiis nichil habuit, cum super hoc nos non potuerit informare.

Servicium domini de Brioleto.

Hiis factis, ministrato nobis primo ferculo, dum bibere vellemus, supra dictus puer Amauricus, filius domini de Credonio et de Brioleto, se obtulit, offerens nobis cupam nostram deauratam cum vino, ad quod officium pater suus, si presens fuisset, nobis tenebatur, racione feudi de Brioleto, cum in dicto festo consecracionis nostre officio picerne fungi teneatur; quod tamen servicium de manu dicti pueri non duximus recipiendum racionibus antedictis; et sic dictus puer dictam cupam supra mensam posuit, et quidam de servientibus nostris illam nobis porrexit, et, cum bibissemus et dictam cupam posuissemus supra mensam, dictus puer dictam cupam cepit et eam asportavit, quia jus patris sui erat, si dictum servicium, prout debebat, explevisset, nobis nos opponentibus dicto puero et reclamantibus in premissis et de jure nostro et ecclesie Andegavensis protestantibus, sicut supra; de qua reclamacione litteras dicti episcopi Redonensis obtinuimus, quarum tenor sequitur in hec verba :

Sequitur tenor litterarum aliarum episcopi Redonensis super protestacione facta per nos Guillermum, episcopum Andegavensem, contra Amauricum, filium domini de Credonio :

Universis presentes litteras inspecturis et audituris Guillermus, permissione divina Redonensis episcopus, salutem in Domino. Noveritis quod, anno Domini m°cc° nonagesimo primo, die Dominica post Ascensionem Domini, munere consecracionis a nobis, Redonensi episcopo, reverendo in Christo patri Guillermo, Dei gracia Andegavensi episcopo, sollempniter impertito, reverendis in Christo patribus G.[1] Leonensi, R. Macloviensi, A. Corisopitensi, H. Venetensi, miseracione divina episcopis, suffraganeis ecclesie Turonensis, ad hoc ministerium presentibus, in monasterio Beati Albini Andegavensis, missaque sollempniter per dictum reverendum patrem Andegavensem episcopum in ecclesia Andegavensi celebrata, nobisque omnibus cum dicto reverendo patre Andegavensi episcopo in suo palacio ad mensam in convivio sedentibus, Amauricus, filius domini de Credonio et de Brioleto, nomine patris sui et pro eo, obtulit se dicto patri reverendo ad servicium faciendum de cupa in dicta mensa ad dandum sibi primum potum, ad quod servicium pater

---

[1] Guillaume de Léon, évêque de Saint-Paul-de-Léon; Robert du Pont, évêque de Saint-Malo; Alain Morel, évêque de Quimper; Henri Tore, évêque de Vannes.

ejus personaliter, ut dicitur, tenebatur, dicto reverendo patre dicente et expresse protestante, quod servicium dicti filii admittere non debebat nomine patris sui, cum ad hoc servicium impendendum idem pater suus personaliter teneretur, ut dicebat; quibus propositis non obstantibus, dictus Amauricus, nomine dicti patris sui et pro eo, una cum pluribus sibi assistentibus, accepit cupam et fecit infundi vinum et obtulit eidem domino episcopo potum nomine patris sui, racione servicii antedicti; cui respondit idem dominus episcopus : « Fili mi, nos non « recipimus a vobis dictum potum racione servicii antedicti seu nomine « patris vestri. » Episcopus accepit cupam et bibit, et postea dictus puer accepit cupam et dixit quod sibi debebatur racione patris sui et servicii antedicti; dicto reverendo patre dicente : « Nos non admittimus « servicium vestrum » et protestante expresse, ut dicebat, quod dictam cupam contra suam voluntatem idem Amauricus deportabat neque sibi debebatur, quia pater suus non impenderat servicium predictum, ad quod, ut dicebat, personaliter tenebatur. In cujus rei testimonium, presentibus litteris sigillum nostrum ad supplicacionem dicti reverendi patris duximus apponendum. Datum die et anno quibus supra.

Hic finitur prendium in die consecracionis.

Finito autem prendio, gracias egimus et benedictionem super populum fudimus et postea cameram nostram intravimus et abluimus manus nostras.

Predicti autem vicarii nobiscum, ut dictum est, in palacio comederunt; sed illis de familia sua, qui apud Sanctum Albinum remanserant, et eisdem vicariis pro cena serotina et toti familie et equis eorum de nostro ministravimus omnes sumptus.

Nota de expensis baronum, ut infra sequitur :

Hugo de Bauceio, dominus de Blodio, decem libras quatuordecim solidos et sex denarios, quia comedit in villa, et cum eo dominus Johannes de Bello Monte, dominus de Grate Quesse, et cum eo multi milites. Item pro expensis domini predicti de Grate Quesse, quatuor libras, quatuor solidos et quatuor denarios; item pro expensis domini de Camiliaco, VIII libras, VII solidos; item pro domino de Monte Johannis, domino de Brienconio, VI libras, septem solidos et VIII denarios. Pro expensis domini de Credonio dominique de Brioleto nichil, quia presens non erat, ut dictum est.

Summa expensarum pro baronibus : viginti novem libre, tresdecim solidi et novem denarii.

Item nota hic expensas vicariorum domini Raginaldi, electi Turonensis, quarum summa est centum septem [libre[1]] *quinque solidi.*

Nota hic diversionem episcopi consecrati, in die crastina sue consecracionis, a civitate Andegavensi, ut infra sequitur :

Anno quo supra, die Lune post Ascensionem Domini, videlicet in crastino consecrationis nostre, recessimus a palacio nostro Andegavensi, summo mane, et eques ivimus ad chalondum subtus castrum Andegavense, in quo chalondo fuimus deportati per aquam usque ad Chalonnam. Ibi vero de chalondo descendimus ante ecclesiam Beati Maurilii[2].

Nota hic accessum episcopi consecrati apud Chalonnam in crastino sue consecracionis.

Et eamdem ecclesiam intravimus, et ibidem missam celebravimus cum cucufa et mitra consecracionis, et post dictam missam celebratam, ad manerium nostrum dicti loci[3] eques ivimus cum cucufa et mitra predictis; quas cucufam et mitram dicta die ante prendium deposuimus et caput nostrum lavari fecimus; que quidem cucufa et *le coton* fuerunt combusta. Postea vero, dicta die, in dicto manerio nostro apud Chalonnam prendidimus et pernoctavimus, et in crastino similiter videlicet die Martis sequenti; qua die Martis assignavimus hominibus nostris

---

[1] Le mot est omis.

[2] La première église de Chalonnes-sur-Loire, dont l'abside remonte au XIIe siècle.

[3] Ce château considérable, reconstruit dans les premières années du XVe siècle par Hardouin de Bueil, n'a guère laissé d'autre trace qu'un pan de mur, en appareil irrégulier, d'une tour ronde éventrée, qui se dresse au bord de la Loire. Un carreau octogone en terre émaillée qui en provient, représentant une Chimère, XIIe siècle, a été recueilli au Musée d'Angers.

dicti loci diem Jovis sequentem ad faciendum nobis homagium et juramentum, ad que faciendum nobis tenentur.

Postmodum vero, quibusdam visitacionibus a nobis factis et pluribus aliis, que in libro [1] visitacionum nostrarum continentur, ad presens pretermissis, nota hic de visitacionibus nostris, quas fecimus Turonis in ecclesia Beati Mauricii et in ecclesia Beati Martini, anno quo supra :

Die Sabbati in crastino apostolorum Petri et Pauli, anno quo supra, apud Langes[2] comedimus et pernoctavimus, et maxima tonitrua ac coruscaciones terribiles ibidem audivimus.

Die Dominica sequenti, videlicet in octabis nativitatis beati Johannis Baptiste, nobis occurrentibus quampluribus venerabilibus personis ecclesie Turonensis, ad civitatem Turonis devenimus, causa visitandi ecclesiam Turonensem, cum nos more majorum teneremur infra tres menses a tempore consecracionis nostre predictam ecclesiam visitare et nos liminibus beatorum Mauricii et Gaciani presentare. Et in domo archiepiscopi descendentes, postmodum ad fores ipsius ecclesie honorifice processionaliter fuimus recepti, et ad majus altare, dicta processione comitante et unum responsorium cantante, deducti, oracioneque dicta et benedictione per nos facta, ad revestorium ivimus, et ibidem sandalis et omnibus pontificalibus ornamentis fuimus revestiti, et post ad majus altare dicte ecclesie missam celebravimus ad supplicacionem decani et capituli. At de licencia vicariorum domini Raginaldi de Monte Basonis, electi Turonensis in concordia, acolitos per decanum et capitulum ac vicarios nobis presentatos ordinavimus, quorum nomina inter alios a nobis ordinatos continentur. Et fuit predicta ecclesia et chorus in dicta recepcione nostra palliis et pannis sericis ornata, ad quam ornaturam in recepcione nostra tenebatur et tenetur dicta ecclesia, ac in recepcione episcopi Cenomanensis, quamvis in recepcionibus aliorum suffraganeorum provincie Turonensis ad id non teneatur, ut a pluribus dicebatur. Missa vero celebrata, in dicta domo archi-

---

[1] Ce *livre* n'est pas autrement connu. — [2] Langeais.

episcopi Turonensis fuimus recepti ac in cibariis et aliis necessariis pro nobis et pro nostris procurati et provisi ad expensas electi Turonensis, nobis in prendio assistentibus et nos concomitantibus majoribus personis et in dignitatibus constitutis necnon et canonicis ecclesie Turonensis ad hoc ex parte dicti electi specialiter invitatis et aliis quamplurimis personis, in dicta domo comedentes, cenantes et pernoctantes una cum sociis nostris, familia et equitaturis ad sumptus et expensas dicti electi.

Die Lune sequenti, in domo archiepiscopi pluribus de civitate et dyocesi Turonensibus tonsuras clericales[1] impendimus seu contulimus, ad supplicacionem dictorum vicariorum; et dicta die comedimus et pernoctavimus invitati penes magistrum de Monte Rebelli, archidiaconum Transvigenensem in ecclesia Turonensi.

Dicta die, venit ad nos apud Rideriam, manerium dicti archidiaconi, religiosus vir abbas Majoris Monasterii Turonensis[2], et cum eo tractavimus de negocio quod vertitur inter dominum de Camilliaco ex una parte et priorem dicti loci ex altera; quod negocium nos et ecclesiam Andegavensem tangit. Et finaliter fuit accordatum quod ipse abbas pro dicto priore mandaret et super hoc cum eo tractaret ac plenius inquireret veritatem.

Die Martis sequenti, in mane, ad presentacionem et supplicacionem dictorum vicariorum, pluribus civitatis et dyocesis Turonensium tonsuras primas contulimus clericales, computatis et numeratis inter alios ad tonsuram promotos in registro nostro contentos.

Item Gaufrido de Mailliaco, rectori ecclesie de Ulmis[3], ad preces

---

[1] Le texte porte *clicut*, qu'on pourrait lire *clericulis*, si la même formule, répétée plus bas, ne portait en toutes lettres *clericales*.

[2] Robert, abbé de Marmoutier. — Le prieuré de Chemillé était la plus importante, sans contredit, des possessions de l'abbaye en Anjou, et qui garda même jusqu'à la fin, sans réforme, les anciens statuts de l'ordre de Saint-Benoît. Ses archives forment un des fonds les plus précieux des Archives de Maine-et-Loire et comprennent, outre deux cartulaires, plus de 500 pièces originales, dont 255 du xie et du xiie siècle, et 88 du xiiie siècle. Je n'y trouve pas trace de cette affaire, relative sans doute au droit de gîte.

[3] Les Ulmes ou les Ulmes-Saint-Florent, canton de Doué, arrondissement de Saumur.

venerabilium virorum Johannis, archidiaconi Transligerensis, Girardi, archidiaconi Transvigenensis in ecclesia Turonensi, ac magistri Johannis Gedoin, canonici Turonensis, concessimus licenciam super residencia in ipsa ecclesia per ipsum Gaufridum non facienda usque ad finem unius anni, ita tamen quod diebus sollempnibus in dicta ecclesia personaliter debeat interesse.

Post hec, ipsa die, apud Sanctum Cosmam de Insula[1] comedimus et pernoctavimus ad sumptus nostros, excepta cena, qua die fratres dicti loci, absente tunc priore, honorifice nos receperunt et nos ad cenandum duxerunt ultra aquam Ligeris ad sumptus prioris in domo seu manerio Molendinorum.

Die Mercurii, in festo translacionis beati Martini estivalis, in mane, cum abbate de Aqua Viva[2] accordavimus, quod nos cum abbate Mellinensi et fratribus de non mutando antiquo habitu tractaremus, cum idem abbas de Aqua Viva quasdam raciones allegaret, quare a dicto habitu non debeant resilire, quamvis in habitu cum fratribus sui ordinis non concordent, abbate Mellinensi et fratribus supertunicale album et albam tunicam deferentibus, aliis tunicam albam et supertunicale nigrum, quamvis antea[3] cum dicto abbate et fratribus de conformacione habitus tractassemus.

Nota hic adventum episcopi Andegavensis ad ecclesiam Beati Martini Turonensis post ejus consecracionem.

Post hec, dicta die Mercurii, a prioratu Sancti Cosme recessimus, et inde accedentes Turonis, pluribus venerabilibus personis et canonicis ecclesie Beati Martini Turonis nobis in via occurrentibus, ut nos usque ad dictam ecclesiam comitarentur, ad quam ecclesiam Beati Martini Turonensis accedebamus, ut inibi more et jure predecessorum nostrorum reciperemus in canonicum et in fratrem, qui predecessores nostri in

---

[1] Saint-Cosme-lez-Tours, d'abord dépendance de Saint-Martin, puis prieuré de Marmoutier, puis prieuré de chanoines de l'ordre de Saint-Augustin.

[2] Aigues-Vives, près Montrichard, abbaye de l'ordre de Saint-Augustin.

[3] Ci-dessus, p. 236, 237.

primo eorum adventu ad dictam ecclesiam post eorum consecracionem recepti fuerunt, et nos similiter recepti fuimus in ipsa ecclesia in canonicum et in fratrem, et ut limina beatissimi Martini visitaremus, in domo a capitulo Beati Martini nobis deputata in claustro Beati Martini descendimus, et post parvam moram a nobis ibidem factam, ecclesiam Beati Martini predictam intravimus, capitulo ipsius ecclesie processionaliter usque ad portas ipsius ecclesie nobis occurrentibus et recipientibus sollempniter in dicta ecclesia, et unum responsorium cantando, usque ad majus altare dicte ecclesie nos honorifice deduxerunt. Oracione vero dicta et benedictione a nobis data, in capitulum ejusdem ecclesie, non mutato habitu nostro, nos duxerunt ibidemque capitulo congregato, decano absente et subdecano locum ejus tenente, primo ecclesie et personis nos recommendavimus, asserentes nos debere recipi in canonicum et in fratrem. Dictus vero subdecanus respondit quod nos, racione episcopatus Andegavensis, canonicus ecclesie Beati Martini predicte eramus, adiciens quod, si aliqua nobis necessitas inmineret, ad ipsos in claustro Beati Martini declinare possemus, in quo domum et alia necessaria, sicut uni canonico, ministrarent, quamvis ab aliquibus diceretur quod, in illo casu, non sicut canonico tantum, immo sicut episcopo ministrare tenerentur. Quibus actis, idem subdecanus exhibuit quemdam librum antiquum, in quo forma juramenti sub littera antiqua erat contenta, quod juramentum ipsi ecclesie facere tenebamur, sicut alii prelati canonici ejusdem ecclesie, videlicet episcopus Pictavensis, archiepiscopus Byturicensis, archiepiscopus Senonensis; que quidem forma juramenti talis est :

Nota hic formam juramenti, quam facit episcopus Andegavensis consecratus in ecclesia Beati Martini Turonensis in recepcione sua in ipsa ecclesia, cujus ecclesie idem episcopus canonicus existit :

Nos talis juramus, quod fideles erimus isti ecclesie Beati Martini, et maxime de rebus existentibus in dyocesi nostra, et quod ipsi ecclesie et capitulo fidele consilium prestabimus quod melius credemus, quocienscumque fuerimus requisiti, et quod consilia capituli non revelabimus, unde dampnum vel dedecus possit ipsi ecclesie vel capitulo provenire. Sic nos Deus adjuvet et hec sancta verba !

Quo quidem juramento a nobis exhibito, recepti fuimus in ipsa ecclesia in canonicum et in fratrem, indutisque nobis habitu competenti, in dextra parte chori fuimus installati. Quibus actis majorem missam ad majus altare celebravimus ; qua celebrata, ad domum predictam rediimus, ibidem comedentes fere cum tocius capituli ecclesie Beati Martini predicti venerabili comitiva, cenantes postmodum ibidem ac pernoctantes ad sumptus dicti capituli et expensas, ad quas nobis tenebantur in recepcione hujusmodi, ut ipsimet confitebantur [1].

Qua die, socius magistri Johannis Bordean, in ecclesia de Noiento [2] Andegavensis dyocesis, rector pro parte ipsius ecclesie, a nobis super residencia licenciam obtinuit usque ad synodum sancti Luce ; ita tamen quod interim ydoneum sacerdotem habeat pro se in dicta ecclesia continue residentem.

Sequntur quedam facta notabilia et memorie digna nostro tempore emergentia, que causa memorie perpetue redigi fecimus in scripturam.

Anno Domini m°cc° nonagesimo primo, die Veneris ante festum beati Luce evangeliste, nobis Guillermo episcopo Andegavensi in prioratu Sancti Melanii [3] prope Brachesaccum [4], causa visitandi, pernoctantibus, ad nos pervenit, quod, cum pons Seii [5], a villa nostra Sancti

---

[1] Ici s'arrête l'extrait publié à la suite des *Statuts du diocèse d'Angers*.

[2] Noyant-sous-le-Lude, chef-lieu de canton de l'arrondissement de Baugé, dont l'église dépendait de la prévôté de Saint-Martin de Tours.

[3] Saint-Melaine, canton des Ponts-de-Cé, arrondissement d'Angers, ancien prieuré de l'abbaye Saint-Serge d'Angers.

[4] Brissac, canton de Thouarcé.

[5] Les Ponts-de-Cé, chef-lieu de canton, arrondissement d'Angers, dont la paroisse antique est Saint-Aubin, dans la grande île de la Loire. La *villa* est nommée *Sabiacus* dans le diplôme de Charlemagne (769), qui en gratifie l'abbaye Saint-Aubin d'Angers, et dans celui de Charles le Chauve (870) qui la lui confirme. (Cartul. Saint-Aubin, f° 3 r° et 5), et l'île, *insula de Saiaço*, 1070 (ibid. f° 44.) Rien ne ressemble moins aux *Pontes Cæsaris* des savants du xvi° siècle.

Maurilii[1] de Esma usque ad domum seu prioratum Fontis Ebraudi[2], ibi prope existentem, protensus, in quadam parte sui reparacione indigens, speraretur in crastino, propter indigenciam dicte reparacionis, fieri inhabilis ad meandum, et quod Egidius, castellanus de Ponte Seii, minabatur in fluvio Ligeris in ea parte se positurum charreriam, nomine comitis Andegavensis, ad transvehendum homines per dictum flumen transvehi volentes una cum equis suis, racione et occasione habendi et exigendi pontonagium seu emolimentum, racione premissorum, consuetum reddi et solvi obveniens ab hominibus supradictis transvehi volentibus ibidem, nos attendentes episcopos Andegavenses, qui pro tempore fuerunt, nomine et racione episcopatus Andegavensis, fuisse maxime ab antiquo et adhuc esse in possessione vel quasi, ita quod nullus alius[3], habendi et ponendi charreriam et chalondum in fluvio Ligeris in dicta parte ipsius fluvii, prout dictus pons protenditur a villa predicta Sancti Maurilii usque ad domum seu prioratum predictum, ad transvehendum et transportandum homines, jumenta et alias res transvectione et transportacione indigentes, et, habendi ac recipiendi pontonagium seu passagium et quodcumque aliud emolimentum obveniens occasione premissorum, eo videlicet tempore quo pontem predictum propter rupturam, refectionem, reparacionem seu alias fieri contigit inhabilem ad meandum, volentes futuris periculis obviare, super premissis taliter duximus providendum, quod nos die Sabbati bene mane sequenti magistros Gervasium Hominem Dei de

[1] Saint-Maurille d'Esme, *villa quæ dicitur Esma*, 969 (Cartul. Saint-Aubin, f° 43 v°), ancien domaine de l'évêché d'Angers, dont la paroisse est réunie à la petite ville des Ponts-de-Cé, formée d'une longue rue dans l'alignement de cinq ponts sur l'Authion, la Loire et le Louet, de 3 kilomètres d'étendue. Le pont principal, sur le grand bras de la Loire, relie les paroisses Saint-Aubin et Saint-Maurille. — Quoique aucun acte ne mentionne ces ponts avant le XI° siècle, des traces certaines, recueillies par l'archéologie, attestent leur existence au moins dès les temps gallo-romains.

[2] Les péages du pont avaient été donnés précisément à l'abbaye de Fontevraud par le comte Foulques Réchin et la comtesse Aremburge, avec tous les droits de justice et de viguerie. Les comtes Henri II et Henri le Jeune confirmèrent ces priviléges, que racheta, en janvier 1294, le comte Charles. Les actes de ces princes ont été publiés par M. Marchegay, *Archives d'Anjou*, t. II, p. 11 et 255.

[3] Le manuscrit porte *nullum alium*.

La Martinière, socium nostrum, et Matheum, decanum de Credonio, canonicos Andegavenses, Marsilium de Pratis, senescallum nostrum, Petrum de Valeiis, presbiterum, familiares nostros, et alios quamplures ad ponendum seu poni faciendum in dicto fluvio Ligeris charreriam ad transvehendum et transportandum homines et res predictas, et ad recipiendum pontonagium, passagium et alium quodcumque emolimentum obveniens racione premissorum, et ad conservandum et defendendum nostram possessionem vel quasi predictam, duximus destinandos; necnon et Mauricio, archipresbytero Andegavensi, per litteras nostras dedimus in mandatis, ut ad locum predictum accederet et dicto castellano inhiberet ac eumdem moneret ex parte nostra sub forma que sequitur :

Guillermus, permissione divina Andegavensis episcopus, discreto viro, Mauricio, archipresbytero Andegavensi, salutem in Domino. Cum episcopus Andegavensis, pro tempore, nomine et racione episcopatus Andegavensis, fuerit maxime ab antiquo et adhuc sit, nomine quo supra, in possessione vel quasi, ita quod nullus alius, habendi et ponendi cherreriam et chalondum in fluvio Ligeris ex parte ville nostre Sancti Maurilii de Esma effluente, quando pons protensus seu extensus a dicta villa Sancti Maurilii usque ad domum seu prioratum Fontis Ebraudi, ibidem prope existentis, rumpitur, reficitur vel alias redditur inhabilis ad meandum, ad transvehendum et transportandum homines, jumenta et alias res transvectione et transportacione indigentes, et habendi ac recipiendi pontonagium seu passagium et quodconque aliud emolimentum tunc temporis obveniens occasione premissorum, que premissa adeo sunt notoria, quod non possunt aliqua tergiversacione celari in partibus illis, et dictus pons ad presens refici et reparari dicatur, adeo quod inhabilis ad meandum existit, sicque casus se offert quo possumus et debemus uti possessione vel quasi premissa, et nos intellexerimus quod Egidius, castellanus de Ponte Seii, in predicta possessione vel quasi, nos, nomine quo supra, perturbare, molestare et impedire nititur et conatur, in nostri et episcopatus predicti prejudicium et gravamen, vobis mandamus, quatinus inhibeatis ex parte nostra dicto

Egidio, sub pena excommunicacionis, et quibusconque aliis personis impedimentum apponere nitentibus in premissis, ne ipsi vel alter eorum nos, nomine quo supra, in predicta possessione vel quasi impedire vel perturbare presumant, et, si ipsi vel alter eorum aliquod impedimentum apposuerint in premissis, moneatis eosdem et ipsorum quemlibet super hoc culpabilem, ut predictum impedimentum amoveant indilate, et quod nos, nomine quo supra, permittant uti possessione vel quasi premissa pacifice et quiete. Quod si inhibicioni et monicioni predictis ipsi vel alter eorum non obtemperaverint seu parere noluerint, contra premissam possessionem nostram vel quasi aliquid temere attemptando, et vobis constiterit de premissis vel altero eorum, quod sufficiat, premissorum, ipsos, quos ob hec ex tunc in scriptis excommunicamus, publice denuncietis excommunicatos. Quo facto, reddite litteras, sigillatas pro inhibicione predicta dicto Egidio facta in secunda cauda, pro monicione eidem facta, in tercia, pro excommunicacione, si eam incurrerit, in quarta; de nominibus vero aliorum impediencium, si qui fuerint, nos certificare curetis, et nichilominus, quid super premissis feceritis, nobis fideliter rescribatis. Datum die Sabbati ante festum beati Luce evangeliste anno Domini m°cc° nonagesimo primo.

Quibus actis, ut premittitur, predicti ex parte nostra ad dictum locum destinati, ad ipsum locum die Sabbati predicta bene mane accedentes personaliter, cum magna multitudine hominum, ponte predicto inhabili ad meandum, in fluvio Ligeris in parte predicta charreriam quamdam, nomine nostro, posuerunt et poni fecerunt, et homines ibidem cum rebus suis transvehi volentes in dicta charreria transvehi fecerunt, necnon pecuniam, nomine passagii seu pontonagii, ab hominibus sic transvectis nomine nostro receperunt et habuerunt, presente, sciente et vidente archipresbitero predicto. Qui quidem archipresbiter dicto castellano, nitenti nos et allocatos nostros predictos nomine nostro in dicta possessione vel quasi turbare et impedire, inhibuit dicto castellano, ac ipsum castellanum ex parte nostra monuit sub forma predicta; super quibus monicione et inhibicione ac processu per ipsum super premissis factis nos certificavit seu nobis rescripsit super premissis in forma qua sequitur :

Sequitur rescripcio archipresbiteri nobis facta per eumdem super premissis in hec verba :

Reverendo patri ac domino G., Dei gracia Andegavensi episcopo, Mauricius, archipresbiter Andegavensis, salutem cum omni reverencia et honore, tamquam patri ac domino debitis et devotis. Litteras vestras recepimus in hec verba : [*Supra inmediate potes videre de verbo ad verbum tenorem littere contente in rescriptione archipresbiteri, videlicet illius littere que dicto archipresbitero fuit directa pro monicione et inhibicione faciendis dicto castellano super premissis; et nota rescripcionem* (sic) *seu relacionem ab archipresbitero super premissis factam, ut infra sequitur.*]

Nos igitur volentes mandatum vestrum nobis directum, ut tenemur, exequcioni debite demandare, ad locum predictum personaliter accedentes, die Sabbati predicta, prefato Egidio castellano, secundum formam et tenorem mandati vestri predicti ore ad os inhibuimus, ne ipse vos in predicta possessione vel quasi ponendi et habendi charreriam et chalondum in fluvio Ligeris, ex parte dicte ville Sancti Maurilii defluentis, ad transvehendum et transportandum homines, jumenta et alias res transvectione et transportacione indigentes et habendi et recipiendi pontonagia seu passagia et quodconque aliud emolimentum, quod obvenire poterat occasione premissorum, perturbaret vel quomodolibet impediret. Verum quia tam per rei evidenciam quam alias legittime nobis constitit atque constat, ponte Seii predicto tunc reparacione indigente et existente inhabili ad meandum, quod idem castellanus, spreta inhibicione predicta, vos existentes in possessione vel quasi premissorum necnon pontonarios et alios homines allocatos vestros, charreriam nomine vestro habentes et per dictam aquam ducentes et reducentes ad transvehendum et transportandum homines, jumenta et alias res et transvehentes eosdem cum rebus suis nec non recipientes, nomine vestro, pecuniam, racione pontonagii seu passagii, ab hominibus sic transvectis, ac possessione predicta vel quasi nomine vestro utentes, perturbavit et eciam impedivit, inhibendo ex parte comitis Andegavie de facto, cum de jure non posset, hominibus dictam charreriam ducentibus et aliis ibidem nomine vestro existentibus, ne ipsi aliquam personam vel alias in dicta charreria transveherent, ducerent vel transportarent, et eis multipliciter comminando necnon et firmando portas castri de Ponte Seii et per hoc impediendo quamplures, ne ipsi, per dictam charreriam transire volentes, possent transvehi per eamdem, et quominus vos et allocati vestri, nomine vestro, pontonagium seu passagium possent habere pacifice et recipere ab hominibus transire volentibus per eamdem, prefatum Egidium castellanum legittime monuimus, quod ipse impedimenta predicta amoveret et ab eisdem desisteret et cessaret, permitteretque vos et allocatos vestros, nomine vestro, uti possessione premissorum pacifice et quiete. Et quia castellanus predictus, a nobis, ut premittitur, inhibitus et monitus, predictis inhibicioni et monicioni obtemperare noluit, in dictis perturbacionibus et impedimentis contumaciter persistendo, ipsum Egidium castellanum ob hoc auctoritate vestra denunciamus publice excommunicatum, et hoc vobis et omnibus quorum interest significamus per presentes litteras sigillo nostro sigillatas. Datum die Lune ante dictum festum beati Luce evangeliste, anno Domini m°cc° nonagesimo primo.

Et quia idem castellanus predicte inhibicioni non paruit, sed, ea spreta, nos et allocatos nostros impedire et perturbare presumpsit, prout in relacione archipresbiteri predicta seu suprascripta continetur, dictus archipresbiter ipsum castellanum ob premissa denunciavit excommunicatum auctoritate nostra. Et licet idem castellanus in dictis perturbacione et impedimentis, quantum in se erat, persisteret, predicti tamen allocati nostri nos in possessione predicta vel quasi conservaverunt et defenderunt per totam ipsam diem Sabbati, quousque eadem die Sabbati dictus pons, circa horam nonam reparatus, factus fuit ad meandum.

Demum, post multas altercaciones et tractatus super premissis et racione premissorum inter nos ex una parte et David dictum de Suis Domibus, tunc temporis ballivum Andegavie, nomine comitis Andegavie, ex altera, habitas, die Martis post festum Omnium Sanctorum, anno quo supra, in camera nostra in palacio nostro Andegavensi, super premissis ordinatum extitit et ipsa ordinacio in scriptis redacta in forma que sequitur :

6 nov

Sequitur tenor cedule in gallico super dicta accordacione.

Acordé est entre Guillaume, évesque d'Angers, et Davy de Ses Mésons, baillif d'Anjou, que Gilet, chatelein dou Pont de Seey, vendra à certein jour, avant que il seit assous, au Pont de Seey, sus le pont e ès autre leus où il mist enpeschement en la possession que les genz l'évesque d'Angers diseient que il aveient de metre et de aveir la charrière en Leire à passer les genz, quant le pont fut dépécié le semadi devant la saint Lucas darrèrement passée, et de receveir e aveir le pontonage e l'émoliment des genz e des chouses qui esteient passées en la charrière; e dira le dit chatelein ileques en apert, que ce que il fist d'empescher e de troubler la charrière au dit évesque e de i mettre l'empeschement que il i mist, que il l'oste e le rapèle et veut estre pour nul, dou commandement dou baillif, ne ne veut ne n'entent que le dit empeschement face préjudice à la possession dou dit évesque ès dites choses; ne cest rapel ne fera prejudice ni au comte en son dreit, se il l'i a.

Presentibus ad hec in camera nostra Andegavensis palacii nobis Guillermo, episcopo Andegavensi, predicto Davide, ballivo Andegav[ensi], magistro Guillermo de Marcilleio[1] et Guidone, clericis comitis Andegavensis, Gaufrido Transligerensi et Roberto Transmeduanensi in ecclesia Andegavensi archidiaconis, magistris Gervasio Homine Dei et Matheo Picot, canonicis Andegavensibus, Gaufrido, archipresbitero de Ludio, Johanne de Mulceio, cantore ecclesie Beati

---

[1] Docteur régent en droit de l'université d'Angers et aumônier du comte. Peut-être quitta-t-il plus tard sa régence et l'état ecclésiastique. Il prend le titre de chevalier dans un acte de 1306, où il intervient comme arbitre, au nom du roi, avec Guill. Bonnet, entre l'évêque et le maire de Beauvais. (Voy. Rangeard, *Hist. de l'univ. d'Angers*, t. I, p. 182; Loisel, *Hist. de Beauvais*, p. 111-112.)

Maurilii Andegavensis, Mauricio, archipresbitero Andegavensi, Marsilio de Pratis, senescallo nostro, Johanne dicto Guillet, rectore ecclesie de Cepia[1]. Qui castellanus Pontis Seii dictam excommunicacionis sentenciam, in ipsum a nobis ob premissa latam, sustinuit a dicto tempore ipsius excommunicacionis late usque ad diem Martis post festum beati Michaelis hyemalis anno quo supra et eciam post.

Qua die Martis post dictum festum, ad requisicionem magistri Roberti de Dordan, subballivi Andegavensis, et dicti Egidii castellani, apud Pontem Seii misimus loco nostri discretum virum magistrum Gervasium Hominem Dei, canonicum Andegavensem, socium nostrum commensalem, Petrum de Valleiis, canonicum ecclesie Beati Petri Andegavensis, et Johannem Guillet, rectorem ecclesie de Cepia, capellanos nostros, pro videndo et audiendo, loco nostri, revocacionem et amocionem impedimenti facti et appositi in dicta charreria, ut supra scribitur, fieri per ipsum castellanum publice in locis in quibus dicta perturbacio et impedimentum facta et apposita fuerant per eumdem, eo modo videlicet quo continetur in cedula, cujus tenor in gallico superius est insertus. Qua die, presentibus dictis missis ex parte nostra, dictus castellanus primo in capite pontis Seii, quod caput contiguum est ville nostre Sancti Maurilii de Esma, ac deinde prope aliud caput dicti pontis, ex alia parte aque, ante et juxta prioratum Fontis Ebraudi Pontis Seii, dicta perturbacionem et impedimentum revocavit et amovit publice et palam, Raginaldo, clerico dicti subballivi Andegavensis, ad hoc misso ibidem ex parte dicti subballivi, in quolibet dictorum duorum locorum, alta voce, in presencia dicti castellani et de mandato ipsius, prius tunc legente gallice contenta in cedula predicta.

Qua cedula sic perlecta in quolibet dictorum duorum locorum, dictus castellanus tunc statim dicebat alta voce et publice : « Ego re-
« voco et amoveo perturbacionem et impedimentum, que apposui in
« charreria domini episcopi Andegavensis ponenda per dictum episco-
« pum et suos hic, in ista aqua, quando pons rumpitur vel alias efficitur

---

[1] Seiches, chef-lieu de canton de l'arrondissement de Baugé.

« inhabilis ad meandum, prout continetur in cedula hic statim lecta,
« et volo dictam perturbacionem et dictum impedimentum haberi pro
« nullis secundum tenorem dicte cedule; et hoc facio et dico de man-
« dato ballivi Andegavensis, et peto absolvi a sentencia a domino epi-
« scopo Andegavensi in me lata, racione seu occasione dictorum per-
« turbacionis et impedimenti. »

Qui castellanus in quolibet dictorum duorum locorum repeciit et repetebat quampluries verba predicta vel consimilia, ad dictam revocacionem seu amocionem dictorum perturbacionis et impedimenti faciencia, ad instanciam et requisicionem dictorum missorum ex parte nostra.

Nota hic nomina testium :

Presentibus ad premissa : dicto castellano Egidio, Raginaldo clerico subballivi Andegavensis, Petro de Caynone, Petro Moysant, priore Pontis Seii, Gervasio Homine Dei, canonico Andegavensi, Petro de Valeiis, Matheo de Lubleio et Johanne dicto Guillet, presbiteris, Matheo Dynoie clerico, Petro dicto Fabro clerico, Johanne Burgondo, Yvone Britone, Petro Picardo, Johanne Polinet, Rogero Britone, Theophania Barbitontrice, Radulpho Sohier marescallo, Stephano Blondelli, Stephano Gadant, Colino de Ruello, Ligerio piscatore, Guilloto de Boveio, Gaufrido Bardoul, Johanne Pinpenel, Johanne Le Puazin, Odino Le Chenu, Symone Barbitonsore, Johanne Coupehart, Johanne Moreau, Egidio Gilleberti, Johanne Coessin, Petro Le Cordier, Petro dicto Buort, Johanne L'Orson, Hemericus (*sic*) Goesson, Jameto Carnifice, Gaufrido Mercerio, Michaele Praeau, Droeto Rege, Radulpho l'Esné, Stephano Saquin, Johanne l'Ointier, Johanne Mercerio Sancti Alemandi, Clemente Rogeran, Gaufrido Britone, Roando Furnerio, Raginaldo Giroart, Dyonisio Beau Ventre, Stephano de Tuscha, Guillelmo Court Jarret, Laurentio de Lalou, Michaele Carnifice, Petro de Fossa, Petro Rosselli, Guillelmo Le Bigot, Gaufrido dicto Ulula gallice *Buort*, Gaufrido Preteseille, Michaele Botart, Johanne Oleario, Dyonisio Carnifice, Petro filio Olive, Johanne filio Chevrier, Johanne Boscheron, Mauricio Claudo, Johanne de Vione, Auberto Carpentario, Guillermo ejus nepote, Blaneloto Carpentario, dicto Cartage, Guilloto de Cleier[is], Guillermo de Bomy, Michaele filio Gaufridi dicti Ulule scilicet *Buort*, Roberto Anglico carpentario, Bigoto de Navarra.

Sequitur absolucio Egidii, castellani de Ponte Seii, a sentencia excommunicacionis a nobis Guillermo, episcopo Andegavensi, in ipsum castellanum lata, pro impedimento per ipsum castellanum apposito in cherreria nostra, ponte Seii rupto seu alias facto inhabili ad meandum.

Die autem Lune in vigilia Nativitatis Domini, anno quo supra, coram nobis comparens idem castellanus in camera nostra Andegavis peciit absolvi a predicta excommunicacionis sentencia; cui diximus, quod juraret stare mandatis Ecclesie; qui, aliquantulum renuens, juravit, tactis sacrosanctis Evangeliis, stare Ecclesie mandatis. Quo juramento prestito, ipsum absolvimus et eidem injunximus in virtute prestiti juramenti, quod jura comitis Andegavensis fideliter conservaret et jura nostra ac possessiones et Andegavensis ecclesie non invaderet aut alias perturbaret scienter; quibus idem castellanus aquievit et hoc observare promisit.

Nota hic de concilio provinciali a viris venerabilibus decano et capitulo Turonensibus, domino Raginaldo, eorum electo confirmato, adhuc in curia Romana agente, Andegavis auctoritate apostolica convocato.

Anno quo supra, convocatum fuit concilium provinciale a venerabilibus viris decano et capitulo Turonensibus, auctoritate apostolica, pro negocio terre sancte Andegavis die Dominica ante Purificacionem beate Marie Virginis, in festo videlicet beati Juliani; in quo concilio octo episcopi convenerunt, videlicet Redonensis, nos Andegavensis, Nannetensis, Dolensis, Macloviensis, Venetensis, Corisopitensis et Leonensis, et Petrus dictus Le Roier, electus Cenomanensis et auctoritate metropolitana confirmatus, et quamplurimi abbates, priores, decani, archidiaconi, archipresbiteri aliique ecclesiarum prelati, tam regulares quam seculares, ibidem affuerunt. Die autem Dominica predicta in navi majoris ecclesie dictum concilium consedit, innumerosa multitudine populorum circonstante, que dictum concilium non modicum perturbavit, et propter hoc, aliis diebus continuatis, videlicet diebus Lune, Martis, Mercurii et Jovis, quibus duravit concilium, usque ad horam terciam dicte diei[1] Jovis, dictum concilium in capitulo Andegavensi convenit et consedit. Ipsa autem die Dominica predicta nos[2] [episcopus] Andegavensis, sermonem fecimus, proposito theumate de beato Juliano, sumpto in Ecclesiastico, L capitulo : *Quasi sol refulgens, sic effulsit in templo Dei*. Die autem Lune sequenti omnes supradicti pontifices et Cenomanensis electus, decani Turonensis et Cenomanensis multeque alie persone honorabiles provincie Turonensis et omnes fere abbates, qui in dicto concilio convenerunt multique alii venerabiles viri, tam seculares quam religiosi, nobiscum in nostro palacio comederunt.

Sequitur tenor litterarum nobis a decano et capitulo Turonensi et ipsis a sede apostolica directarum super dicto negocio et concilio convocando in hec verba :

Venerabili in Christo patri Dei gracia episcopo Andegavensi seu ejus locum tenentibus, G. decanus et capitulum Turonense, salutem in Domino. Noveritis Nos anno Domini M°CC° nonagesimo primo, die Mercurii ante Nativitatem Domini, litteras sanctissimi patris et domini domini Nicolai, divina providencia pape quarti, recepisse, formam que sequitur continentes :

Nicholaus, episcopus, servus servorum Dei, venerabilibus fratribus archiepiscopo Turonensi et ejus suffraganeis ac dilectis filiis electis et abbatibus, prioribus, decanis, prepositis, archidiaconis et aliis ecclesiarum prelatis, capitulis et conventibus universis cujuscumque ordinis Turonensis provincie, salutem et apostolicam benedictionem. Dire[3] amaritudinis calicem super nobis de Syrie partibus propinatum non sine lacrimarum profluvio degustantes, in amara nimis et tristia valde prorumpere cogimur vocesque depromere lugubres ac vehementem, quem sentimus intrinsecus, quo durius perturbamur in intimis, reve-

---

[1] Le manuscrit porte *die*.
[2] Le mot manque.
[3] Raynaldi, t. XIV, p. 1291, c. 24, publie une bulle adressée aux républiques de Gênes et de Venise, dont le début seul est identique.

lare ac insinuare dolorem, quamvis forsitan presentis pagine cursum gressus celerior precurrentis fame prevenerit, et jam rumoris preloquentis affatibus ad noticiam vestram pervenerit, quod nostrarum lingua proloquitur litterarum. Sepe quidem illa orientalis plaga profundas Ecclesie plagas imposuit; sepe illam poculis amaricavit absinthii; sæpe felleo cibo pavit, viciavit vulneribus et turbacionis valide acerrima punctura confodit, ac nunc ei amarissime pocionis austus uberrimos intulit, nunc illam meroris immensi ferculo copioso replevit eamque furoris feralibus gladiis crudelissime pupugit, quin pocius ad ejus usque interiora pervenit. Superfundimus itaque illato calici acrem fletum et tam amaro potui, tam acerbo inundantem lacrimarum pluviam inmiscemus. Audivimus etenim mestisque relatibus aperitur, quod, diebus proximo jam transactis, aucta quam plurimum Babilonici persecutoris inmanitas, christianum sanguinem sicientis et in christianitatis exterminium aspirantis, extremum sue nephande potencie viribus, innumera videlicet multitudine armatorum, machinis plurimis et aliis instrumentis bellicis congregatis contra civitatem Acconensem, pro cujus tuicione continua, sicut vestram non credimus latere noticiam, predicta Ecclesia labores plurimos, curas innumeras et gravia onera pertulit expensarum, sibi ut expectare sufficeret passagii generalis adventum in galeis aliisque vasis maritimis copia bellatorum et eciam pecuniarum summis subveniendo sollicite, prout suggessit exinde nunciata necessitas et series super hoc oblate pluries peticionis exegit, in ira spirituque furoris procedens hostiliter, civitatem ipsam, multo revera populo preditam, multo nobilitatis titulis insignitam et bonorum affluencia opulentam, que universis christicolis, transitum ad partes illas habentibus, potissimum et principale refugium existebat, obsedit, ipsam anguustans arcius ac eam et non modicam fidelium copiam, tunc inibi moram trahentium, sic infestis et validis impugnacionibus machinarum, ictibus missilium modisque aliis bellicis per non modici temporis spacium die noctuque insultibus violentis impeciit cunctisque conatibus indesinenter oppressit, quod eam tandem incolarum ipsius et ceterorum tunc ibidem presentium viribus supperatis in arcu et faretra furentibus gladiis comprehendit[1]. In cujus tam sinistri, tam flebilis tamque dolorosi eventus articulo, cum religionum Christo militancium fratres aliisque armis accincti quam plurimi viri quippe strenui, robusti athlete Domini et propugnatores electi pro defensione civitatis ejusdem, interius vigilantes, tolerare diucius irruentium undique et insiliencium Agarenorum terribiles impetus et aggressiones nepharias non valerent, demum post infandum fidelium multorum excidium, post capcionem miserabilem plurimorum, ut ceteros, quos in terra marique seviens trucidabat gladius, furor devorabat hostilis manusque inimica necabat, quosque pre magnitudine timoris attonitos et in desperacionis angustia constitutos incertis et ambiguis passibus, ut a necis eruerentur exicio, fugientes fluctus obduxit equoreus, silencio relinquamus, civitatem predictam, quod non absque amaritudine copiosa referimus et profundis sedulisve suspiriis recensemus, ausu dampnabili occuparunt, illam flammis voracibus exponentes. Cum igitur ad recuperacionem celerem dicte terre, prout ejus urgentissima neccessitas exigit, ferventibus studiis intendamus, vias et modos diversos et varios per nos et alios sollicicius exquirentes, ut juxta desiderii nostri fervorem terra ipsa recuperari valeat et recuperata in posterum conservari, universitatem vestram monemus, rogamus et hortamur attente, vobis per apostolica scripta in virtute obediencie districte precipiendo, mandantes, quatinus, convocatis per te, frater archiepiscope, ac per eos quibus id commiseris, et, si opus fuerit, ecclesiastica censura coactis ad provinciale consilium provincie tue prelatis, tam regularibus quam secularibus, tam exemptis, quibus ex convocacione tua nullum volumus quoad libertates et inmunitates eorum in posterum prejudicium generari nullumque ipsi contra convocacionem et coactionem hujusmodi, quantum ad hunc spectat articulum, ex privilegiis vel aminiculis libertatum exempcionumve suarum excusacionis seu excepcionis provenire presidium, quam eciam non exemptis, celeriter convenientes in unum et diligenter considerantes et solercius attendentes, quod, etsi hujusmodi negocium universis fidelibus debeat propensius esse cordi, prelati tamen Ecclesie Dei tenentur

[1] 4 mai 1291.

et debent arcius et ab intimis affici circa illud, opem et operam impendendo sollicitam, ut optatum exitum sortiatur, deliberando sollicite, provide et attente, super toto negocio supradicto et precipue qualiter et quomodo circa recuperacionem eamdem celeriter, autore Domino, proventuram et continuacionem subsidii dicte terre ac impugnacionem suorum hostium faciendam et eciam circa alia, negocium ipsum tangencia, possit quantocius et utiliter, sicut expedit, provideri, et, quod super premissis deliberatum fuerit in concilio memorato, nobis per viros ydoneos, providos et discretos ac sufficienter instructos et a vobis plenum mandatum habentes super premissis eciam faciendi, que vos presentes facere valeretis, ad sedem apostolicam usque ad festum Purificacionis beate Virginis primo venturum studeatis, quamtocius intimare, per quos nobis super omnibus supradictis vestre circumspectionis voluntas et consilium innotescant, quorumque communicato consilio sedes ipsa provida deliberacione statuat, discuciat, disponat et ordinet, quod in tam arduo christianitatis negocio publice salutis utilitas postulabit. Nostre preterea voluntatis existit, ut vos, juxta datam vobis ex alto prudenciam, vestros subditos ad pacem et concordiam sollicite reducentes, ipsos ad devocionem ac reverenciam Salvatoris nostri continuam et ad ejus injuriam ulciscendam ac eciam ad ipsius subvencionem negocii in tante neccessitatis articulo excitare, inducere ac hortari sollicite procuretis, illam in hiis diligenciam et efficaciam impensuri, ut a Domino, cujus negocium agitur, eterne beatitudinis consequi premia non inmerito valeatis Nosque proinde vestre devocionis promptitudine[m] condignis laudibus attollamus. Si vero te, frater archiepiscope, abesse vel, quod absit, deesse contingat, vos, filii, Turonense capitulum, auctoritate freti apostolica, hec omnia exequi procuretis. — Datum apud Urbem veterem, xv kalendas Septembris, pontificatus nostri anno quarto.

Item alias litteras, quarum tenor talis est:

Nicolaus, episcopus, servus servorum Dei, venerabili fratri archiepiscopo Turonensi, salutem et apostolicam benedictionem. Dura nimis et amara valde discrimina Terre sancte, que sibi, prout dolentes referimus, nuper intulit vis hostilis, presencium tibi non duximus exprimenda relatibus, cum illa tue prudencie per alias nostras litteras seriosius referamus. Sane ad recuperandam de manibus impii terram ipsam ferventibus studiis, prout ejus urgentissima neccessitas exigit, intendentes et cupientes, ut illa recuperata stabiliter conservetur, ad laudem divini nominis et honorem, vias et modos varios et diversos exquirimus, per quos nostrum in hac parte desiderium valeat adimpleri. Unde cum fide dignorum pandat assercio, quin pocius comunis vox habeat, quod dilectos filios fratres Hospitalis Sancti Johannis et milicie Templi Jerosolimitani ad unius ordinis unitatem seu religionis unionem auctoritate apostolica reducamus, ut, sincerius et uniformius in vinculo caritatis et pacis tendentes, ad unum efficacius possint prosequi negocium memoratum, super quorum unione hactenus, eciam tempore Lugdunensis concilii, specialis mencio et collacio facta fuit, volumus et per apostolica tibi scripta mandamus, quatinus cum suffraganeis tuis in provinciali concilio, quod a te fieri volumus, prout tibi per alias litteras nostras injungimus, habito super hoc consilio diligenti et exacta cum illis deliberacione secuta, nobis, quod per te ac eosdem suffraganeos deliberatum fuerit in hac parte, plene, fideliter, seriatim et expresse per tuas litteras, harum seriem continentes, tuoque sigillo munitas, procures quamtocius intimare. — Datum apud Urbem veterem, xv kalendas Septembris, pontificatus nostri anno quarto.

Nos itaque volentes predictum mandatum apostolicum devote exequi, ut tenemur, absente et in Romana curia agente venerabili viro et discreto domino Raginaldo, cancellario nostro, electo in concordia ecclesie Turonensis confirmato, auctoritate apostolica nobis in hac parte commissa, in virtute obediencie vobis districte precipiendo mandamus, quatinus, vocatis exemptis omnibus et non exemptis vestrarum civitatis et dyocesis, qui secundum formam mandati apostolici predicti fuerint evocandi, et, si opus fuerit, ad id per censuram ecclesiasticam coactis, vos et ipsi instanti die Dominica ante festum Purificacionis beate Marie Virginis cum diebus sequentibus, donec tractatus vestri, immo apostolici, deliberacio finem debitum sorciatur, Andegavis in majori ecclesia, quem locum tanto negocio ydoneum et ad conveniendum facilem, deliberacione habita, duximus eligendum, compareatis et ibidem nobiscum conveniatis, super contentis in mandato apostolico efficaciter processuri, ita quod nec vos nec nos possimus de remissu seu inobediencia in aliquo reprehendi. De nominibus autem citatorum et vocatorum nec non et de recepcione presencium et quid inde feceritis nobis fideliter rescribatis, cum vestrarum testimonio litterarum. Originalia autem litterarum apostolicarum vobis propter viarum pericula non mittimus sed formam et continenciam earumdem, et dicta die Dominica in concilio vobis presentibus eas legi faciemus et eciam, si opus fuerit, publicari. Datum dictis die Mercurii et anno [1].

Littera domini Hemerici de Averio militis super nemore de Chappes.

Universis presentes litteras inspecturis et audituris, Guillermus, permissione divina Andegavensis episcopus, et Hemericus de Averio [2], miles, salutem in Domino.

Noverint universi, quod, cum jamdudum inter bone memorie Nicolaum, quondam Andegavensem episcopum, predecessorem nostrum, ex una parte, et nos militem supradictum ex altera, fuisset exorta materia questionis, super eo videlicet quod dictus Nicolaus, predecessor noster Guillermi episcopi Andegavensis, coram certis judicibus super hoc a sede apostolica deputatis, contra militem supradictum proponebat, quod bone memorie Guillermus [3], quondam episcopus Andegavensis, cum assensu decani et capituli dicti loci, nemus de Chappes [4] cum terris,

---

[1] Ici s'arrête, à proprement parler, le Journal de Guillaume Le Maire, dont nous n'avons pas cru devoir modifier l'ordre des intercalations. Nous rétablissons les documents qui suivent à la date qui convient à chacun d'eux.

[2] Avoir, commune de Longué, ancien fief, dont une famille de chevalerie porte le nom jusqu'au xiv° siècle, avec le titre de baronnie au xv° siècle. Le château, qui sert de ferme, ne date que du xvi° siècle.

[3] Guillaume de Beaumont, évêque de 1202 à 1240.

[4] Chappe, hameau, commune de Longué. La forêt, aujourd'hui disparue, s'étendait le long de l'Authion jusqu'au Fresne et vers Longué jusqu'au Lathan. Le fief dépendait de la terre de Romfort, domaine de l'évêché. Une chapelle de Saint-René, aujourd'hui simple ferme, faisait l'office de fillette de la paroisse de Longué.

pratis et aliis pertinenciis dicti nemoris, ad mensam episcopalem ipsius episcopi pertinentibus, Hemerico quondam de Averio, patri dicti Hemerici, et ejus heredibus, Romani pontificis seu metropolitani loci ad id non accedente consensu, de novo concesserat in feodum, ita quod dictus Hemericus, pater ipsius Hemerici, et sui heredes episcopo Andegavensi, qui esset pro tempore, pro dictis rebus homagium facerent et sex libras monete currentis, servicii nomine, nichilominus solverent annuatim. Quas concessionem et tradicionem factas, ut dictum est, dicebat dictus Nicolaus, predecessor noster, obmissis juris sollempnitatibus factas fuisse et in enormem dicte mense episcopalis lesionem redundare. Propter quod ex parte dicti Nicolay coram judicibus prefatis petebatur res predictas ad jus et proprietatem dicte mense episcopalis, non obstantibus concessione et tradicione predictis, legitime revocari, nobis milite predicto in contrarium opponente in premissis et asserente predicta ad jus et proprietatem dicte mense episcopalis non debere revocari, cum, tempore tradicionis et concessionis predictarum, consideratis, attentis et inspectis industria, diligencia et impensis factis tam a nobis quam a predicto Hemerico, patre nostro, in predictis rebus meliorandis et a quibusdam honeribus rebus ipsis inherentibus liberandis, statu eciam quo res prefate erant tempore concessionis memorate, censu et homagio predicto ac eciam prescripcione legitima et aliis racionibus et causis ex parte nostri Hemerici allegatis et propositis, jam dicte racio et concessio non redundabant in lesionem ipsius mense episcopalis nec debebant aliquatenus revocari. Tandem, pro bono pacis super premissis et singulis, inter dictum Nicolaum, nomine episcopatus et ecclesie Andegavensis et suo, ex una parte, et nos Hemericum prefatum, ex altera, sollempniter extitit compromissum in viros venerabiles et discretos magistrum Theobaldum de Poenceyo[1], tunc temporis cantorem ecclesie Remensis, nunc Dei gracia episcopum Dolensem, et magistrum Guillermum de Nova Villa, archidiaconum Blesensem in ecclesia Carnotensi. Qui quidem arbitri, cognito de meritis negocii memorati, inquisita

[1] Pouancé, chef-lieu de canton, arrondissement de Segré.

super hoc plenius veritate et a dictis arbitris plenarie nota, sententiam arbitralem duxerunt sub forma, que sequitur, profferendam :

Universis presentes litteras inspecturis et audituris magister Guillermus de Nova Villa, archidiaconus Blesensis in ecclesia Carnotensi, et Theobaldus de Poenceyo, cantor Remensis, arbitri seu amicabiles compositores electi a partibus infra scriptis super contencionibus inferius exprimendis, salutem in Domino. Noverint universi, quod, cum contencio verteretur inter reverendum patrem Nicolaum, Dei gratia Andegavensem episcopum, nomine episcopatus sui, ex una parte, et Hemericum de Averio, militem, ex altera, super hoc quod[1], etc. Tandem, dictis partibus contencionem predictam sopiri affectantibus, dictus episcopus, nomine episcopatus sui predicti, ex una parte, et idem Hemericus, ex altera, in nos super premissis contencionibus compromiserunt, promittentes dicte partes se tenere et observare pro se successoribusque suis, quicquid super premissis omnibus et singulis statuendum duceremus alte et basse, modo quocumque, seu etiam ordinacionem, fide super hoc a magistro Guillermo Bonet, canonico Andegavensi, habente super hoc a dicto episcopo presente mandatum speciale in animam dicti episcopi, prestita, et ab eodem Hemerico presente data corporali. Nos vero, proborum communicato consilio, consideratisque et attentis que fuerant super hoc attendenda, in nichilum dictam concessionem et tradicionem a dicto Guillermo episcopo dicto Hemerico, patri presentis Hemerici, factam innovando neque dicti Hemerici presentis juri in aliquo antiquo in premissis detrahendo, eumdem Hemericum nostra arbitrali sentencia condempnamus ad reddendum in perpetuum ab ipso et ejus heredibus episcopo Andegavensi, qui pro tempore fuerit, ultra predicta homagium et sex libras census, alias sex libras annui et perpetui census, in termino quo solvi alie predicte sex libre consueverunt, videlicet in crastino festi Nativitatis beate Marie Virginis, pro bono pacis super predictis rebus et singulis earumdem, quas ad hoc, quemadmodum erant pro primis sex libris afflicte, honeramus,

---

[1] Le texte reproduit ici l'exposé qui précède et que nous supprimons.

adicientes per[1] idem nostrum dictum seu sententiam arbitralem, quod, si dictus miles predictas sex libras ultimas acquireret et eidem episcopo assignaret integre, in feodo dicti episcopi immediato et in uno tenente, in puro redditu absque supercensu, quod predicte res a dicto honere dictarum sex librarum ultimarum releventur, ipsis tamen rebus de premissis homagio et sex libris primis remanentibus honeratis. Illud sane huic nostre arbitrali sentencie adicimus, quod per presens laudum, dictum nostrum seu sententiam non intendimus juri, si quod tam ex concessione et tradicione super premissis dicto Hemerico, patri presentis Hemerici, a bone memorie Guillermo, episcopo quondam Andegavensi, factis, cum assensu et consensu decani et capituli Andegavensis, tam[2] ex presumpcione et recepcione sex librarum predictarum census annui, quam etiam ex industria ipsius Hemerici, patris presentis Hemerici, nec non presentis Hemerici, et melioracione et aliis ex causis variis eidem Hemerico est et erat acquisitum, in aliquo derogetur. Immo jus et dominium utile eidem acquisitum esse pleno jure in premissis, racione et occasione premissorum, cum augmentacione tamen et solucione dictarum sex librarum ultimarum una cum aliis predictis faciendis in perpetuum a dicto Hemerico et ejus heredibus episcopo Andegavensi, qui pro tempore fuerit, prout superius est expressum per nostrum laudum, dictum seu sententiam declaramus, eumdem episcopum per idem dictum laudum seu sententiam condempnantes ad faciendum et procurandum, quod decanus et capitulum Andegavense nec non reverendus in Christo pater archiepiscopus Turonensis, ejus metropolitanus, predicte nostre ordinacioni et statuto consenciant, et quod idem archiepiscopus ipsa confirmabit et ipsis suam auctoritatem interponet et decretum, nec non quod reverendus in Christo pater dominus Symon, Dei gracia titulo Sancte Cecilie presbiter cardinalis, apostolice sedis in Francia legatus, eandem nostram ordinacionem et confirmacionem confirmabit, et super hoc ipsorum litteras dicto militi infra festum Omnium Sanctorum proximum inpetrabit, consencietque idem

---

[1] Le manuscrit porte *quod*. — [2] Le manuscrit porte *quam*.

episcopus et decanum et capitulum Andegavense consentire procurabit dicto militi, si idem miles confirmacionem super hoc vellet impetrare a sede apostolica, et suas et ipsorum litteras ipsi concedet eidemque episcopo suisque successoribus super predictis contencione et molestacione motis, vel que moveri possent ad revocacionem, anullacionem dictarum concessionis et tradicionis spectantibus seu eas tangentibus aut ad augmentacionem dicte pensionis, ultra predictum homagium, sex libras primas et sex ultimas nomine census, per eandem sentenciam, statutum seu dictum, perpetuum sillencium imponentes; de arreragiis vero de primis sex libris debitis a dicto milite ordinantes, cum dictus Hemericus ea diceret de quinque annatis tantum modo se debere, dicto episcopo dicente se credere de pluribus annatis dictum militem debere arreragia, quod de tempore dictas quinque annatas excedente dicti militis juramento credetur; de summa vero dictorum quinque annorum et de ea, quam per suum dictus miles ultra confitebitur juramentum, medietatem dicto episcopo infra festum beati Nicholai hyemalis et infra idem festum, anno revoluto, aliam medietatem tenetur persolvere idem miles. Quibus quidem ordinacioni, composicioni, sentencie seu dicto nostro predicte partes presentes consenserunt, eadem emologantes expresse. Quod omnibus, quibus significandum est, significamus per presentes litteras, sigillis nostris una cum sigillis dictorum episcopi et militis sigillatas. Actum Parisius, die Mercurii ante Nativitatem beati Johannis Baptiste, anno Domini M°CC°LXX°mo quinto. — Cum igitur nos Hemericus supradictus acquisiverimus in territorio de Chappes in parrochia de Longo[1] Vado a nobili viro Gaufrido de Moinne[2], milite, sex libras annui redditus in feodo ipsius episcopi immediate, excepto nobis predicto milite, in uno tenente, in primo redditu, absque supercensu, super octo arpentis tam in terris arabilibus quam pratis, salliciis et fossatis sitis in loco predicto, una cum fide et homagio predicti militis, que premissa idem miles tenet a nobis predicto Hemerico ad

---

[1] Longué, chef-lieu de canton, arrondissement de Baugé.

[2] Sans doute Monnet, château, commune de Brion, canton de Beaufort, actuellement à M. d'Andigné.

fidem et homagium et ad predictas sex libras annui redditus, volentes relevare res nostras predictas ab honere sex librarum ultimarum, prout ex sentencia arbitrali predicta facere possumus, prout superius est expressum, predictas sex libras annui et perpetui redditus, pariter fidem et homagium predict[a], quas (*sic*) a predicto Gaufrido acquisivimus in feodo ipsius episcopi super rebus predictis, prout superius est expressum, eidem Guillermo, nunc episcopo, suisque successoribus pro dictis sex libris ultimis integre assignamus solvend[as] et reddend[as] ipsi episcopo suisque successoribus a dicto milite et quibuscumque aliis res predictas tenentibus annis singulis in futurum in crastino festi Nativitatis beate Marie Virginis, ad quam diem sex libras primas solvere tenemur episcopo memorato, volentes et consencientes expresse, quod super rebus predictis idem miles et ejus heredes seu res predictas possidentes in predictis sex libris eidem episcopo suisque successoribus solvere teneantur, dicto Gaufrido milite rebusque predictis ac possessoribus seu detentoribus earumdem a prestacione dictarum sex librarum a nobis acquisitarum ac dicto homagio a nobis acquisito, que nobis facere et nostris heredibus tenebatur, et quocumque alio jure vel honere nobis in ipsis octo arpentis, tam terris arabilibus, quam pratis, salliciis, fossatis, competentibus, quitis, exhoneratis ac penitus liberatis, transferentes in ipsum episcopum suosque successores quicquid juris, possessionis, proprietatis, dominii, districtus et juridicionis in predictis octo arpentis habebamus et habere poteramus quoquo modo, cedentes et concedentes ipsi episcopo suisque successoribus omnes acciones et omnia jura nobis competentia et competitura contra dictum militem ejusque heredes, successores seu causam habentes racione premissorum, nichil nobis in ipsis rebus penitus retinentibus (*sic*), promittentes contra premissa vel aliquod premissorum, racione fraudis, lesionis aut decepcionis seu qualibet alia racione, per nos aut per alium in futurum non venire, fide a nobis super hoc prestita corporali. Nos vero episcopus predictus, cognito de acquisicione predicta, scientes prudentesque prefatum Hemericum predictas sex libras annui redditus, pariter fidem et homagium in nostro feodo immediate et in uno tenente integre et in puro redditu absque supercensu acquisisse, prout in sentencia arbitrali cavebatur, dictarum sex librarum, fidei et homagii assignacionem ratam et acceptam habentes, a predictis sex libris ultimis et earum prestacione dimittimus penitus et quitamus, et predictas res de Chappes, quas a nobis tenet ad fidem et homagium, ab honere sex librarum ultimarum volumus relevari et quitari ac eciam relevamus et quitamus, fatentes veraciter ipsum Hemericum nobis dictas sex libras ultimas, secundum sententiam arbitralem dictorum arbitrorum, competenter assignasse et sententie dictorum arbitrorum sufficienter paruisse, salvis tamen nobis et successoribus nostris in rebus predictis premissis sex libris et homagio, in quibus idem Hemericus heredesque sui nobis et nostris successoribus tenebantur; de quibus sex libris premissis res predicte, quas a nobis tenet in feodo, remanent, prout prius, honerate, promittentes, quod contra tradicionem et concessionem predicti nemoris de Chappes cum suis pertinenciis, factas a predecessore nostro Guillermo supradicto patri ipsius Hemerici, ac etiam assignacionem predictarum sex librarum ultimarum non veniemus per nos aut per alium in futurum, sed eas pocius confirmamus et eis expresse consentimus, ratas habentes easdem penitus et acceptas; juramento eciam prestito a Johanne Majore, presbitero, fratre ac procuratore nostro, habente super hoc et ad hoc a nobis speciale mandatum jurandi in animam nostram, quod racione decepcionis aut alicujus lesionis, restitucionis in integrum seu racione juris dicentis res ecclesiasticas de novo infeodari vel alienari non posse, aut quolibet alio remedio speciali, que pro expressis volumus hic haberi, contra premissa aut aliqua premissorum in perpetuum per nos aut per alium non veniemus, nec istius juramenti vel hujus modi ordinacionum relaxacionem seu restitucionem aliqua[m] impetrabimus, nec eis impetratis aliquatenus utemur, fatentes veraciter prefatam assignacionem dictarum sex librarum ultimarum in lesionem nostram nec ecclesie Andegavensis sed ad ejus et nostram utilitatem pocius redundare. — Nos vero Egidius decanus et capitulum Andegavense, facti tocius predicti veritatem attendentes, veritate super hoc a nobis plenius comperta et inquisita, prout superius est expressa, predictis omnibus et singulis nostrum prebemus assensum pariter et consensum, promittentes nos contra premissa vel aliquod premissorum, racione lesionis, decepcionis, restitutionis in integrum seu alia quacumque racione, quas hic volumus pro expressis haberi in posterum, non venire nec assensum prebere, quod aliquid in contrarium attemptetur, supplicetur ac eciam impetretur. In cujus rei testimonium, nos predicti episcopus, decanus et capitulum et Hemericus presentibus litteris sigilla nostra duximus apponenda, supplicantes nos episcopus, decanus et capitulum humiliter reverendo in Christo patri ac domino archiepiscopo Turonensi, nostro metropolitano, ut ipse presentibus composicioni et ordinacioni consensum et decretum suum benigniter interponat et premissa benigne [1] confirmare dignetur, et ad hoc predictum Johannem Majorem, presbiterum, procuratorem nostrum constituimus specialem, consentientes eciam nos predicti episcopus, decanus et capitulum, quod dictus Hemericus premissa omnia et singula, prout superius sunt ordinata, possit per dominum legatum in Francia nec non per sedem apostolicam facere confirmari, promittentes eidem eciam bona fide nos eidem patentes nostras litteras supplicacionis ad dominum papam et legatum predictum super confirmacione predicta impetranda concessuros; et ad majorem confirmacionem presentium presentes litteras sigillis venerabilium virorum Normanni, archidiaconi Andegavensis, Gaufridi, archidiaconi Transligerensis, Roberti, archidiaconi Transmeduanensis in ecclesia Andegavensi, ad supplicacionem nostri, episcopi, et nostri, Hemerici militis, fecimus et procuravimus sigillari. — Datum die Martis ante festum beate Marie Magdalene, anno Domini millesimo cc° nonagesino primo.

Littera domini Hemerici de Averio militis super grangia de Chapes et rebus de la Beloinere sitis in feodo de la Grassa.

Universis presentes litteras inspecturis et audituris, Guillermus, permissione divina Andegavensis episcopus, decanus et capitulum ecclesie Andeg. et Hemericus de Averio, miles, salutem in Domino.

---

[1] Le manuscrit porte *begnine*.

Noverint universi, quod, cum inter bone memorie dominum N., predicte ecclesie episcopum, predecessorem nostri Guillermi, episcopi Andegavensis, nomine et racione ecclesie Andegavensis ex una parte, et nos Hemericum predictum ex altera, super eo quod nos miles predictus asserebamus quamdam grangiam de novo edificatam et constitutam ab eodem episcopo in territorio de Chappe [1] in solo seu dominio nostro proprio vel fundo, cum area et ambitu suo, continentem duo arpenta terrarum vel circa, prout per fossata propinquiora dicta grangia clauditur circumquaque, fore sitam, item super eo quod, cum idem episcopus terras, vineas, sallices, census, prata et quasdam alias res, que quondam fuerunt Mathei Beloin [2] in feodo et retrofeodo de la Grasse [3] nostrisque retrofeodis de novo acquisisset, eundem episcopum compellere nictebamur, quod regal[iter] constitutas res predictas ponere extra manum aut prestare nobis financiam pro eisdem, ut eidem episcopo predictas res tenere permitteremus, cum easdem res nomine ecclesie Andegavensis acquisivisset, dictoque Nicolao, predecessore nostri Guillermi, contradicente et opponente se in premissis et singulis premissorum, rursum super eo quod dictus predecessor nostri Guillermi asserebat dictum militem sibi teneri in certa quantitate peccunie ex arreragiis servicii annui redditus, in quo sibi ipsum militem teneri dicebat pro rebus quas ab ipso tenebat in territorio de Chappe, ac eciam super eo quod dictus predecessor nostri Guillermi asserebat ipsum militem sibi teneri in sexaginta et quindecim libras monete currentis pro quadam financia seu emenda ab eodem milite sibi facta pro redempcione bonorum ipsius mobilium, que erga ipsum, ut dicebat, inciderant in commissum, ac eciam super pluribus aliis questionibus, accionibus et obligacionibus, quas, ut dicebat predictus predecessor nostri Guillermi, habebat contra ipsum militem, et

---

[1] Voyez la note ci-dessus, p. 280.

[2] Aujourd'hui la Blunière, ferme, c^{ne} de Villévêque, dépendance, jusqu'à la Révolution, du domaine de l'évêché d'Angers, vendue nationalement le 16 février 1791.

[3] «La terre, fief, seigneurie, mestairie, «domaine de la Grâce,» appartenant à Macé de Macon en 1491, à Louis de Créquy en 1750, aujourd'hui simple ferme, commune de Villévêque, arrondissement d'Angers.

ipsum earum racione sibi obligari, nobis Hemerico predicto contradicente et nos opponente in premissis et singulis premissorum, contentio verteretur, tandem, post multas altercaciones hinc inde habitas, proborum virorum mediante tractatu habitoque super hoc diligenti consilio, ad pacem et concordiam devenimus in hunc modum, videlicet quod nos miles predictus grangiam, cum area et ambitu superius expressis, predicto episcopo ejusque successoribus, licet diceremus quod esset in nostro feodo seu dominio, tamen quicquid feudi, proprietatis vel juris in dictis grangia, area et ambitu superius expressis habemus et habere possumus, racione quacumque, illud eidem episcopo ejusque successoribus in episcopatu Andegavensi concedimus, remittimus penitus et quitamus, nichil in eis penitus retinentes, maxime consideratis et attentis dacione, remissione et curialitate a predicto episcopo seu ab alio, ejusdem procuratione et precibus intervenientibus, nobis factis, prout inferius continetur, alias non facturi. Insuper nos miles predictus, nec non heredes aut successores nostri seu causam a nobis habentes aut habituri, non inquietabimus, molestabimus aut opponemus[1], quominus dictus episcopus, et successores ipsius in episcopatu et firmarii et causam ab eisdem habentes et habituri, possint habere vinum venale in grangia memorata, eciam durante banno nostro de Averio, per xl dies, ita quod nec nos miles predictus nec successores nostri predictum episcopum nec ejus successores, firmarios nec causam habentes vel habituros possimus compellere bannum nostrum observare, quin vinum possint dictus episcopus seu ejus successores et causam ab eis habentes et habituri in dictis grangia, area et ambitu, prout superius exprimuntur, durante banno nostro predicto, operariis suis, nomine suo operas vel operam exercentibus in quibuscumque rebus suis sive decimis colligendis, preparandis sive pratis, terris, pascuis, domibus et rebus aliis, quas in dicto territorio habet episcopus predictus, tradere, aliis extraneis non, durante banno predicto. Preterea volumus et concedimus, quantum in nobis est, quod idem episcopus et sui successores

---

[1] Le manuscrit porte *apponemus*.

in episcopatu predicto res superius memoratas, que quondam fuerunt Mathei Beloin, quas idem episcopus in feodo et retrofeodo de la Grasse eisdemque nostris retrofeodis acquisivit, tempore retroacto teneant et possideant, nomine episcopatus Andegavensis, pacifice et quiete, ita quod per nos vel heredes aut successores nostros seu causam a nobis habentes et habituros non possit compelli dictus episcopus vel ejus successores ponere extra manum seu financias aliquas prestare pro eisdem, salvo in omnibus jure nostro nec non jure inferiorum dominorum in rebus predictis, prout prius, quibus non intendimus nec volumus prejudicium generare. Que premissa omnia et singula dicto episcopo concedimus et dimittimus in recompensacionem concessionis et remissionis a dicto episcopo et ab alio, ipso procurante, nobis factarum, prout superius continetur, alias non facturi. Nos autem episcopus predictus concessionem, remissionem, quitacionem, curialitatem dicti Hemerici nobis exhibitas in premissis ipsi remunerare volentes, predictas pecunie summas, videlicet sexies viginti libras, in quibus dicebatur ipsum dicto Nicolao, predecessori nostro, teneri ex arreragiis servicii prefati, et alias sexaginta quindecim libras, in quibus predictus miles dicebatur predicto predecessori nostri Guillermi teneri et obligari ex finacione memorata, eidem militi, in quantum in nos est, donamus, remittimus penitus et quitamus et procuravimus ipsum quitari et premissas pecunie summas remitti, donari et concedi eidem militi ab executore dicti Nicolai, predecessoris nostri, et ipsum ab omnibus exactionibus, questionibus, emendis et obligacionibus quibuscumque et quocumque nomine censeantur et in quibus nobis et ecclesie Andegavensi et predecessori predicto tenebatur et obligabatur, seu quoquo modo poterat obligari vel teneri, quacumque racione, a tempore retroacto usque ad diem obitus dicti Nicolai, predecessoris nostri, quitamus penitus et liberamus, in quantum in nos est et ad nos pertinet, salvis et retentis nobis feudo, fide et homagio et aliis nostris redevanciis, censibus[1], prestacionibus et tributis pro tempore futuro nobis solvendis, et liberari et quitari et

---

[1] Le manuscrit porte *sensibus*.

exonerari procuravimus erga executores dicti predecessoris nostri, exceptis sexaginta libris monete currentis debitis tam nobis quam predecessori nostro, quas sub obligacione omnium bonorum suorum tenetur idem miles nobis reddere ex arreragiis servicii memorati; promittimusque, quod nos predicti episcopus et Hemericus bona fide, pro nobis heredibusque successoribus nostris seu eciam a nobis causam habentibus et habituris, quod contra premissa, in toto vel in parte, per nos vel per alium non veniemus in futurum, sed ea omnia et singula tenere promittimus et inviolabiliter observare, fatentes nos predictus episcopus veraciter premissa vel aliqua premissorum non in lesione ecclesie Andegavensis sed ad ejus utilitatem pocius redundare, juramento etiam prestito a Johanne dicto Majore, presbytero, fratre et procuratore nostro, habente super hoc et ad hoc speciale mandatum jurandi in animam nostram, de omnibus premissis et singulis observandis et quod racione decepcionis aut alicujus lesionis, restitucionis in integrum aut quolibet alio remedio speciali, que pro expressis volumus hic haberi, et quod contra premissa vel aliqua premissorum in perpetuum per nos vel per alium non veniemus nec istius juramenti seu ordinacionis relaxacionem aliquam seu restitucionem impetrabimus, nec eis impetratis aliquatenus utemur, fide a nobis, predicto milite, de premissis tenendis et observandis prestita corporali. Nos vero Egidius decanus et capitulum Andegavense, tocius facti predicti veritatem attendentes, predictis omnibus et singulis nostrum prebemus assensum pariter et consensum, promittentes quod nos contra premissa vel aliquod premissorum racione decepcionis, lesionis, restitucionis in integrum seu alia quacumque racione, quam pro expressis volumus hic haberi, in posterum non veniemus nec[1] assensum prestabimus, quod aliquid in contrarium attemptetur, supplicetur vel eciam impetretur. In cujus rei testimonium, nos, predictus episcopus, Hemericus, decanus et capitulum Andegavense, presentibus litteris sigilla nostra duximus apponenda, supplicantes nos, episcopus, decanus et capitulum

---

[1] Le manuscrit porte *ne*.

humiliter reverendo in Christo patri ac domino archiepiscopo Turonensi, quod ipse presenti ordinacioni et composicioni consensum suum interponat pariter et decretum, et ut premissa benigne confirmare dignetur. Et ad hoc dictum Johannem procuratorem nostrum constituimus specialem, consencientes eciam quod dictus Hemericus premissa omnia et singula, prout sunt superius ordinata, possit per sedem apostolicam seu dominum legatum in Francia facere confirmari, promittentes eciam nos eidem Hemerico bona fide patentes nostras litteras supplicacionis ad dominum papam et ad dominum legatum super confirmacione predicta impetranda concessuros. Et ad majorem rei confirmacionem, presentibus litteris sigilla discretorum virorum Normanni, Gaufridi Transligerensis et Roberti Transmeduanensis archidiaconorum in ecclesia Andegavensi, apponi fecimus, in testimonium premissorum. — Datum die Martis ante festum beate Marie Magdalene anno Domini м°cc° nonagesimo primo.

Littera Roberti de Calido Furno super manerium (sic) *de Esventart.*

Universis presentes litteras inspecturis et audituris Gaufridus Transligerensis, Robertus, Transmeduanensis archidiaconi in ecclesia Andegavensi, et Bernardus de Balneo Regio, gerens vices venerabilis viri Normanni archidiaconi Andegavis, salutem in Domino. Noveritis quod, cum recolende memorie dominus Nicolaus, quondam Andegavensis episcopus, contemplatione episcopatus Andegavensis, quoddam manerium construxisset, quod vulgaliter Esventart[1] nuncupatur, quod manerium cum terris, vineis, nemoribus eidem manerio adjacentibus, maxime que sunt in cinctura et intra clausuram fossatorum dicti manerii, in feodo quod Robertus de Calido Furno tenet a nobili viro Mauricio, domino de Bosonio[2], pro parte situatur, dictus Robertus, in nostra presentia constitutus, considerans et attendens prefatum Nicolaum de bonis episcopatus et contemplatione ejusdem episcopatus dictum manerium[3] construxisse, ac predictorum manerii, vinearum, terrarum,

---

[1] Voyez la note, p. 204. — [2] Beuson, château et ferme, commune d'Écouflant, près Angers. — [3] Le manuscrit porte *manererium*.

nemorum adjacencium eidem manerio ab inclite recordacionis domino Karolo, quondam Sicilie rege, duce Apulie, principe Capue, alme Urbis senatore, Andegavie provincie ac Folchacorum (*sic*) comite ac Romani imperii per sanctam Romanam ecclesiam in Tuscia vicario generali, jam pridem amortizacionem impetrasse, considerans eciam idem Robertus se et suos a prefato Nicolao et Andegavensi ecclesia multa beneficia, curialitates quamplurimas habuisse, temporibus retroactis, et eciam recepisse ob reverenciam Dei beatorumque Mauricii, Maurilii et Renati ac contemplacione Andegavensis ecclesie, reverendo in Christo patri G., divina providencia Andegavensi episcopo, suisque in dicto episcopatu successoribus dictum manerium, una cum predictis vineis, terris, nemoribus eidem manerio adjacentibus, que sunt in cinctura seu clausura fossatorum dicti manerii sita, in suo dominio seu feodo, quamtum in se erat et esse poterat, amortizavit et eciam amortizat, salvo jure superiorum dominorum, quibus per premissa non intendit aliquod prejudicium generare. Dedit insuper idem Robertus et nomine donacionis concessit, dimisit penitus et quitavit et adhuc dat, dimittit penitus et quitat dicto reverendo patri Andegavensi episcopo suisque in dicto episcopatu in Andegavensi ecclesia successoribus quicquid in dicto manerio et predictis terris, vineis, nemoribus adjacentibus eidem, intra tamen cincturam seu clausuram dicti manerii fossatorum, habebat et habere poterat ex quacumque causa seu racione, habendum, tenendum et perpetuo possidendum a dicto reverendo patre suisque successoribus in episcopatu antedicto, salvis tantummodo sibi et retentis in premissis suo feodo et duobus solidis annui redditus, quos consuevit habere et percipere annuatim semel in anno, in crastino nativitatis beate Marie virginis, a religiosis viris abbate et conventu monasterii de Ponte Otrandi[1], ordinis Cisterciensis, transferens idem Robertus in dictum reverendum patrem suosque in dicto episcopatu successores quicquid in dicto manerio predictis terris, vineis, nemoribus adjacentibus dicto manerio, intra tamen cincturam seu clausuram fossatorum dicti mane-

---

[1] Pontron, commune du Louroux-Béconnais, arrondissement d'Angers.

rii, juris, proprietatis, dominii, districtus, juridictionis habebat et habere poterat, per presentis instrumenti tradicionem, cedens idem Robertus eidem reverendo patri suisque successoribus in eodem episcopatu omnes actiones et omnia jura [etc.][1]. Et ad servandum ipsos indempnes ab omnibus et contra omnes, et specialiter ad defendendum et garantizandum premissa erga Guillermum Le Vigoreus et erga quoscumque alios heredes prefati Nicolai, obligavit dictus Robertus se et heredes suos specialiter et expresse [etc.]. In cujus rei testimonium, presentibus litteris sigilla nostra, quibus utimur, ad peticionem et supplicacionem ejusdem Roberti, una cum sigillo dicti Roberti, duximus apponenda, in testimonium veritatis. — Datum die Martis post festum Omnium Sanctorum, anno Domini m°cc° nonagesimo primo.

Sequitur alia littera.

11. Universis presentes litteras inspecturis et audituris, Gaufridus Transligerensis, Robertus Transmeduanensis archidiaconi in ecclesia Andegavensi, ac Bernardus de Balneo Regio, gerens vices venerabilis viri Normanni, archidiaconi Andeg[avensis], salutem in Domino.

Noveritis quod, in nostra presencia personaliter constitutus, supponens se nostris et nostrum cuilibet juridictionibus, quoad ea que in presentibus litteris continentur, Robertus de Calido Furno confessus fuit se habuisse et recepisse a reverendo in Christo patre G., divina providencia Andegavensi episcopo, centum quinquaginta libras monete currentis, pro amortacione manerii quod vulgariter nuncupatur Esventart, et vinearum, terrarum, nemorum adjacencium dicto manerio, que sunt in cinctura seu clausura fossatorum dicti manerii, in feodo quod idem Robertus tenet a nobili viro Mauricio [2], domino de Bosonio, et in recompensacionem donacionis, cessionis, quitacionis et dimissionis facte ab eodem Roberto predicto reverendo patri suisque in dicto episcopatu successoribus de predictis manerio, vineis, terris, nemoribus adjacentibus predicto manerio, que sunt tamen in cinctura seu

---

[1] Nous supprimons les formules. — [2] Maurice Leboine.

clausura fossatorum dicti manerii, et de juribus quibuscumque pertinentibus ad eumdem, seu que ad ipsum possent pertinere in premissis; de quibus centum quinquaginta libris monete currentis se tenuit idem Robertus coram nobis penitus pro pagato. Quas amortacionem, cessionem et donacionem, quitacionem et dimissionem idem Robertus dicto reverendo patri suisque in episcopatu predicto successoribus fecit et adhuc facit coram nobis, prout in quibusdam aliis litteris sigillatis sigillis nostris una cum sigillo dicti Roberti continetur [etc.]. In cujus rei testimonium, sigilla nostra una cum sigillo Roberti presentibus litteris duximus apponenda. — Datum die Martis post festum Omnium Sanctorum anno Domini m°cc° nonagesimo primo.

De molendinis de Rocha Fulconis.

Anno Domini m°cc° nonagesimo secundo, die Mercurii ante Penthecosten Domini, apud Villam Episcopi convenientes cum domino Girardo de Socelle[1], milite, tractavimus cum dicto milite super molendinis, que de novo, ut dicebamus, construxerat juxta seu prope portum de Ruppe Fulconis[2], in prejudicium ecclesie Andegavensis, removendis et destruendis totaliter, cum calceiis eorumdem, ita quod cursum aque nullatenus impedirent, cum essemus dampnificati multipliciter, dictorum molendinorum occasione, in molendinis, portu, et pratis nostris de Villa Episcopi, et homines nostri et vicini. Et super hiis composuimus cum eodem milite in hunc modum, quod idem miles promisit nobis et tenetur dicta molendina penitus destruere propriis sumptibus et expensis, ita quod in perpetuum non licebit ei vel ejus heredibus ibidem vel circa molendina reedificare, et, si de facto reedificata fuerint per se vel per ejus heredes, illa sic reedificata iterum demolire et destruere propriis sumptibus tenebuntur. Item promisit et tenetur idem miles dictas calceias dictorum molendinorum destruere vel saltem in statu tali reponere et tenere in perpetuum, quod liberum aque cursum nullatenus impediant et quod nos et successores nostros et homines nostros

---

[1] Soucelles, canton de Briolay, arrondissement d'Angers.

[2] La Roche-Foulques, village, commune de Soucelles, sur la rivière du Loir.

et vicinos in molendinis, portu, pratis et rebus aliis quibuscumque, occasione aque retente et cursus ipsius aque impediti, in aliquo non dampnificent; et super hiis idem miles promisit nobis dare litteras sigillo cujuscumque judicis voluerimus sigillatas. Pro bono autem hujus pacis, eidem militi dedimus, mera liberalitate, et dari fecimus hominibus nostris, quorum intererat, viginti libras monete currentis. Presenti composicioni interfuerunt in ecclesia de Villa Episcopi Gaufridus, archidiaconus Transligerensis in ecclesia Andegavensi, magister Matheus Piquot, decanus Credonensis et canonicus Andegavensis, Gaufridus de Cleers, Philippus de Chivre, Johannes Trenchant, dictus Girardus, milites, Gaufridus, archipresbiter de Ludio, Philippus, rector ecclesie de Villa Episcopi, Johannes Major, rector de Baune, Petrus de Valleiis, rector de Argenton, et Johannes Guillet, rector de Cepia, presbiteri, et plures alii. Dudum vero postea, mense Augusti anni predicti, virtute et racione composicionis predicte, maxime cum molendina nostra de Villa Episcopi de novo de lapidibus, calce et sabulo faceremus et edificaremus, et in eis magni lapides pro fondamentis et viis seu cheminis ipsorum molendinorum in fondo aque essent reponendi et assisiandi, impediente aqua et ejus magnitudine, occasione dictarum calceiarum ipsius militis, regurgitante et redundante, quominus premissa commode fieri possent, fecimus dictas calceias in sex locis vel amplius frangi et in eis magna foramina fieri, dicto milite hoc sciente et sufferente et parente composicioni memorate, ut sic aqua liberum transitum habere valeret et sine retinaculo cursu solito laberetur.

Littera Mauricii Le Boyne, domini de Beuson, super manerio de Esventart.

Universis presentes litteras inspecturis et audituris, Gaufridus Transligerensis, Robertus Transmeduanensis in ecclesia Andegavensi archidiaconi, ac magister Giraudus, officialis seu gerens vices venerabilis viri Normanni, archidiaconi Andegavensis, et Mauricius, archipresbiter Andegavis, eternam in Domino salutem.

Noveritis quod, in nostra et nostrum cujuslibet presencia constitutus Mauricius dictus Le Boyne, dominus de Beuson, scienter et prudenter juridicioni nostr[i] Gaufridi ac nostr[i] Roberti, archidiaconorum predictorum in ecclesia Andegavensi, se supponens, quoad ea que inferius continentur, non vi, non dolo nec metu ad hoc inductus, sed sua mera liberalitate et spontanea voluntate, ac contemplacione episcopatus Andegavensis, dedit penitus et dimisit reverendo in Christo patri G., Dei gratia episcopo Andegavensi, quatuor solidos monete currentis annui et perpetui redditus, quos consueverat percipere et habere semel in anno, in qualibet nativitate beate Marie Virginis, a religiosis viris abbate et conventu Omnium Sanctorum Andegavis, super quodam buronno seu quadam domuncula, sita retro manerium d'Esventart, extra clausuram murorum dicti manerii, intra tamen clausuram magnorum fossatorum ipsius manerii, ex parte Meduane[1], et super uno arpento terre vel circa eidem domuncule adjacenti, in qua terra pro parte de novo est viridarium complantatum, et omnes alios census, redevancias et redditus, quos habere consueverat et habebat aut habere poterat, in rebus et super rebus quibuscumque intra clausuram dictorum magnorum fossatorum et cincturam situatis, nec non trans dominia et quicquid juris, possessionis, proprietatis, dominii, feodi, retrofeodi, districtus, juridicionis alte et basse et eciam justicie, census, supercensus, redevancie cujuscumque, servitutis seu alterius cujuscumque juris corporalis et incorporalis habebat et habere poterat, quacumque ex causa, in dicto manerio d'Esventart, pertinenciis et adjacenciis ejusdem manerii, tam domibus, vineis, terris, ortis, nemoribus, virgultis et virgulto, ante portallum ipsius manerii situato, et nemore eidem virgulto contiguo et propinquo, usque ad nemora[2] religiosorum virorum abbatis et conventus Sancti Sergii protenso et extenso, quam aliis quibuscumque rebus, intra clausuram seu cincturam dictorum magnorum fossatorum, dudum factam per recolende memorie Nicolaum, episcopum Andegavensem, situatis, maxime prout eadem clausura per quasdam metas seu terminos, circumcirca dictam clausuram ex magnis lapidibus

---

[1] La rivière de la Mayenne, autrement dite de la Maine, qui passe à 1 kilomètre d'Éventard, vers le nord.

[2] Le bois qui a laissé son nom à la terre du Bois-L'abbé, domaine de Saint-Serge d'Angers, à 600 mètres au sud-est d'Éventard.

confixos, distinguitur. Dedit eciam idem Mauricius, cessit penitus et dimisit eidem reverendo patri G., contemplacione episcopatus Andegavensis, quicquid juridicionis, justicie alte et basse et districtus habebat et habere poterat in chemino seu via protenso a portallo dicti manerii, extra clausuram magnorum fossatorum, usque ad trivium, per quod itur ex una parte dicti trivii per juxta dictam clausuram ad manerium religiosorum virorum abbatis et conventus [1] de Oratorio, quod vocatur vulgariter Plancha [2], et ex alia parte ipsius trivii ad civitatem Andegavensem declinatur; que quidem via a dicto portallo, ut est dictum, protensa usque ad dictum trivium, infra dictas metas seu terminos contenta, dictam clausuram magnorum fossatorum ex illa parte tangit usque ad trivium memoratum; transferens ex nunc in dictum reverendum patrem, nomine dicti episcopatus, per presentis instrumenti tradicionem, possessionem, proprietatem, dominium et quicquid penitus habebat [etc.] In cujus rei testimonium, sigilla nostra nos, prefati archidiaconi, et nos, archipresbiter predictus, et nos, predictus Giraudus, sigillum archidiaconi predicti una cum sigillo dicti Mauricii, domini de Beuson, ad peticionem et supplicacionem ejusdem, presentibus litteris duximus apponenda. — Datum die Mercurii ante festum beati Clementis, anno Domini M°CC° nonagesimo secundo.

Sequitur alia littera plenissimum jus continens.

Universis presentes litteras inspecturis et audituris, magister Giraudus, gerens vices venerabilis viri Normanni, Andegavis archidiaconi, Gaufridus Transligerensis et Robertus Transmeduanensis archidiaconi in ecclesia Andegavensi, ac Mauricius, archipresbiter Andegavis, salutem in Domino.

Noveritis quod in nostra et nostrum cujuslibet presencia constitutus Robertus de Calido Furno, prepositus Sancti Albini Andegavensis, sciens

---

[1] L'abbaye du Louroux, de l'ordre de Cîteaux, aujourd'hui château, commune de Vernantes, canton de Longué, arrondissement de Baugé.

[2] La Planche, ferme, commune de Saint-Silvin, à 500 mètres au nord-est d'Éventard, au passage du ruisseau dit *du Pont-aux-Filles* ou *d'Écharbot*.

prudensque se non esse de juridicione nostrum dictorum Gaufridi et Roberti archidiaconorum et se supponentem juridicioni nostre et cujuslibet nostrum sponte subiciens, ad ea que in presentibus litteris continentur, non vi, non metu nec dolo ad hoc inductus, sed mera liberalitate et spontanea voluntate ac contemplacione episcopatus Andegavensis, dedit et nomine donacionis concessit penitus et dimisit reverendo in Christo patri domino G., divina providencia episcopo Andegavensi, quicquid juris, possessionis, proprietatis, dominii et sesine, juridicionis, villicarie et districtus idem Robertus habebat et habere poterat et debebat, quibuscumque de causis, in manerio d'Esventart cum domibus, ortis, virgultis, nemoribus, haiis, terris et aliis dicti manerii pertinenciis et edificiis quibuscumque, sitis tam intra clausuram dicti manerii quam extra clausuram ejusdem, intra tamen clausuram magnorum fossatorum ipsius manerii ex parte Meduane, et in virgulto ante portallum dicti manerii situato, et nemore eidem virgulto contiguo et propinquo, usque ad nemora religiosorum virorum abbatis et conventus Sancti Sergii Andegavis protenso et extenso, et in aliis quibuscumque rebus, intra clausuram seu cincturam dictorum magnorum fossatorum dudum factorum per recolende memorie dominum Nicolaum, quondam episcopum Andegavensem, situatis, maxime prout dicta clausura per quasdam metas seu terminos circumcirca dictam clausuram ex magnis lapidibus confixos distinguitur, nec non quicquid juris..... [*Comme dans l'acte précédent*]. In cujus rei testimonium, presentibus litteris sigilla nostra duximus apponenda. — Datum die Mercurii ante festum beati Clementis, anno Domini m°cc° nonagesimo secundo.

De molendino de Villa Episcopi et de domino Petro de Rocha, milite.

Cum nos, Guillermus, episcopus Andegavensis, anno Domini m°cc° nonagesimo secundo, apud Villam Episcopi molendina nostra ibidem existencia reparassemus, immo de novo reedificaremus, fondamenta in duobus ex eis molendinis ad bladum ex lapidibus, calce et sabulo inibi constitui faciendo de novo, et quia magnos sumptus feceramus in istis, petebamus a domino Petro de Rocha[1], milite, homine nostro, certam partem in dictis molendinis habente, utpote cum sit multor feudalis seu *feié* dictorum molendinorum, quod pro rata sue partis in dictis sumptibus poneret et nobis refonderet, alioquin, secundum aliarum aquarum consuetudinem, emolumentum dictorum molendinorum in solidum caperemus, quousque nobis satisfaceret in premissis pro rata contingente ipsum in dictis molendinis, emolumento sue partis in attenuacionem debiti sui, racione dictorum sumptuum, nullatenus computato, idem miles respondit, quod alia erat sua condicio in molendinis predictis et aliorum in aliis aquis partem in molendinis habencium, quam obtinuerat et explectaverat ab antiquo, videlicet talis, quod nos et episcopi Andegavenses, qui pro tempore fuerint, tenemur omnes sumptus et misias facere in dictis molendinis, quando opus erit et oportunum fuerit; ipse autem nichil de propria bursa apponere tenetur; verumptamen, opere consummato et de sumptibus et misiis fideliter computato, emolumentum partis sue molendinorum predictum habemus et episcopi Andegavensis percipere in solidum, in attenuacionem et diminucionem sue partis dictorum sumptuum, pro dicta rata contingente eumdem in dictis sumptibus, quousque nobis super dicta rata fuerit plenarie satisfactum, dicto emolumento in attenuacionem et satisfactionem dicti debiti computato, ut est dictum, quamvis de consuetudine in aliis aquis aliud observetur; unde supplicavit nobis idem miles, quod placeret nobis super hiis nos plenius informare. Nos vero, audita et recepta supplicacione ipsius, super hiis fuimus per fide dignos et sumus informati ad plenum, maxime per dominum Garinum Le Raalle, canonicum Andegavensem, quondam senescallum predecessoris nostri, quod ea, que nobis respondit idem miles, eidem et antecessoribus suis competunt in molendinis predictis, secundum modum superius annotatum, ab eodem milite nobis relatum et responsum, ut est dictum, et eciam predecessor noster super hiis plene fuerat informatus, prout nobis per dictum Garinum et alias sufficienter constitit atque

---

[1] La Roche-Foulques, voyez ci-dessus, p. 295.

constat. Idcirco a molestacione ipsius militis destitimus, et emolumentum sue partis in dictis molendinis capere cepimus et capiemus, in attenuacionem et satisfactionem sue partis sumptuum predictorum, quousque nobis fuerit plenarie satisfactum, ipso milite maxime suum in hoc prebente consensum.

Littera quedam abbatis Omnium Sanctorum super buronno et virgulto noviter plantato, eidem adjacenti.

Universis presentes litteras inspecturis et audituris, Guillermus, permissione divina Andegavensis episcopus, et Michael, eadem gracia monasterii Omnium Sanctorum Andegavis abbas humilis, ejusdemque loci conventus, salutem in Domino sempiternam. Noveritis quod, cum abbas et conventus predicti acquisivissemus per fratrem Stephanum de Villa Episcopi, nunc concanonicum nostrum prioremque de Bello Forti[1], certas res immobiles, in parrochia de Villa Episcopi sitas, in feodo dicti reverendi in Christo patris domini G., divina providencia Andegavis episcopi, et Andegavensis episcopatus, videlicet unum herbergamentum cum tribus quarteriis vinearum, quod vulgaliter nuncupatur herbergamentum de la Jollaynière[2], cum suis pertinenciis et juribus, a Johanna, relicta defuncti Jollani Guitier, item unum quarterium et dimidium vinearum, situm in clauso de Ourle[3], a Gregorio Jollani, nunc defuncto et ejus uxore, item unum quarterium et dimidium vinearum, situm in predicto clauso de Ourle a Symone Thorin et ejus uxore, item duo quarteria terre arabilis, sita in clauso, qui vocatur Courtin[4], a Stephano Thorin et ejus uxore, item medietatem cujusdam domus, site in burgo de Villa Episcopi, a sorore defuncti Mathei Bechet, pro quibus omnibus premissis debebantur dicto reverendo patri, nomine et racione episcopatus Andegavensis, et consueverant reddi undecim solidi, unus denarius et unus obolus monete currentis annue redevancie seu census, in

---

[1] Beaufort-en-Vallée, chef-lieu de canton de l'arrondissement de Baugé.

[2] Aujourd'hui la Joulainerie, ferme, commune de Villévêque.

[3] Aujourd'hui Oulle, hameau et lande, commune de Villévêque.

[4] *Le lieu de Cortin, en Crotin*, 1500 (arch. de Maine-et-L. 6190), auj. les Conilleaux, f.

quolibet festo beati Mauricii, et dictus reverendus pater peteret a nobis, quod, si res predictas habere amortizatas et tenere vellemus in perpetuum, ipsum et episcopatum predictum super premissis perpetuo servaremus indempnes, et interesse pro futuris temporibus resarciremus eidem, habita debita consideracione multifariorum emolumentorum, vendarum et exituum, retrocensuum aliarumque obvencionum et casuum, que possent in dictis rebus contingere et obvenire in futurum et ad magnum ipsius episcopi et episcopatus Andegavensis commodum cedere, si laicaliter seu in manu layca tenerentur, et que premissa emolumenta, si ab ecclesia vel personis ecclesiasticis teneantur res predicte amortizate, non est dubium ipsi episcopo et episcopatui in posterum deperire, volentes itaque super premissis eidem reverendo patri et episcopatui Andegavensi providere circa res ante dictas et in premissis eorum indempnitatem servare, considerantes et attendentes, quod idem reverendus pater, racione episcopatus Andegavensis predicti, nobis singulis annis tenebatur in viginti quinque solidis annue redevancie seu census, super quodam buronno seu parva domuncula, sita retro manerium de Esventart, extra clausuram murorum dicti manerii, in qua domuncula consueverunt poni dolia vino evacuata, et super quodam virgulto, de novo edificato et complantato, eidem domuncule contiguo et adjacenti, continente unum quarterium terre vel circa, super quibus Mauricio, domino de Beuson, quatuor solidos et dimidium annui redditus debebamus in recompensacionem indempnitatis predicte, et ut res predictas teneamus et habeamus in perpetuum amortizatas adeo quod non possimus compelli aliquo tempore eas ponere extra manum vel inquietari, racione indempnitatis cujuscumque, ad duodecim denarios annui redditus seu census eidem reverendo patri, racione episcopatus Andegavensis, singulis annis a nobis reddendos pro omni redevancia et redditu, nos abbas et conventus predicti dimittimus, quitamus et concedimus eidem reverendo patri et episcopatui Andegavensi dictos viginti quinque solidos redditus predicti in perpetuum, ita quod idem reverendus pater vel successores ipsius in perpetuum ad dictum redditum viginti quinque solidorum, nobis vel successoribus nostris persolvendum, nullatenus teneantur. Volumus tamen, quod dictus reverendus pater teneatur nos et successores nostros liberare, acquitare et indempnes servare erga dictum dominum de Beuson, super dictis quatuor solidis et dimidio; quicquid juris, accionis et juridicionis, racione dictorum viginti quinque solidorum redditus, habebamus et habere poteramus, in eumdem reverendum patrem et episcopatum Andegavensem transfundendo et transferendo, tradicione presencium litterarum, secundum formam et modum superius annota[ta]. Nos vero predictus G., Andegavensis episcopus, cum consensu et voluntate virorum venerabilium et discretorum decani et capituli Andegavensis, indempnitatem nostram et episcopatus Andegavensis fore servatam, exoneracionem eciam ipsius episcopatus et utilitatem attendentes, dictas res in dicto feodo nostro acquisitas eisdem abbati et conventui amortizamus, ita quod dictas res teneant et possideant in perpetuum pacifice et quiete amortizatas, et quod nos vel successores nostri non possimus ipsos vel successores eorum compellere dictas res ponere extra manum vel alias inquietare, racione indempnitatis episcopatus Andegavensis aut alias quoquo modo, salvis tamen nobis et successoribus nostris duobus denariis annui et perpetui redditus seu census reddendis pro rebus predictis, pro omni redevancia et redditu, in festo beati Mauricii. Decem autem solidos unum denarium et unum obolum de dictis undecim solidis uno denario et uno obolo, ab olim super dictis rebus episcopatui Andegavensi debitis, ut est dictum, quitamus et remittimus eisdem in perpetuum et eosdem ab illis penitus liberamus; ita quod ad duodecim denarios predictos redditus solummodo in perpetuum teneantur nobis et successoribus nostris, racione rerum predictarum. Promittimus eciam et tenemur dictos abbatem et conventum acquitare, deliberare et indempnes servare erga dictum dominum de Beuson super dictis quatuor solidis et dimidio annui redditus in futurum. Nos autem, episcopus predictus, abbas et conventus memorati, obligamus nos ad invicem ad omnia premissa et singula tenenda, observanda et adimplenda, et ad non veniendum in contrarium aliqua racione, et in ecclesiis nostris successores. — In cujus rei testimonium, nos G., Andegavensis episcopus, abbas et conventus predicti, sigilla nostra, una cum sigillo dictorum venerabilium virorum decani et capituli Andegavensis, presentibus litteris duximus apponenda. — Datum mense Januarii anno Domini M°CC° nonagesimo secundo.

De venacione et fuga ferarum nemoris de Boucheto.

1292. 1293. Anno quo supra, die Jovis post invencionem beati Stephani, ad castrum Andegavense accedentes, super certis negociis nostris et ecclesie Andegavensis, cum magistro Laurencio Vicini, capicerio Carnotensi, et domino Johanne de Deuisi[1], milite, consiliariis domini Karoli comitis Andegavensis, tractaturi, intuentes Stephanum, segrearium dicti comitis, qui nuper nobis denunciaverat, quod, si nos in bosco nostro de Boucheto[2] juxta Villam Episcopi venaremur, ibidem venantes caperet, inter cetera diximus eidem, in presencia dictorum consiliariorum, quod nos in dicto bosco nostro venaremur, quando videremus expedire, esto quod comes presens esset, cum in dicto boscho dictus comes nichil juris habeat, ut pote cum de regalibus illustrissimi regis Francie existat et ad ipsa regalia spectare inter cetera dignoscatur. Qui quidem consiliarii nobis responderunt quod, si crederemus nobis jus competere in premissis, audacter venaremur in bosco prelibato, presentibus ad hoc Guillermo, thesaurario Andegavensi, David ballivo, Raginaldo, abbate Sancti Florentii[3], domino Guillermo de Marcilliaco, Gaufrido et Roberto, archidiaconis in ecclesia Andegavensi, subballiv[is] Andegavens[ibus], Guillermo, archipresbitero Burguliensi, Gaufrido, archipresbitero de Ludio, Johanne, rectore de Baune, Johanne, rectore de Cepia, domino Stephano, segreario, Godefredo, Johanne de Coceio[4], all[ocato] comitis, et pluribus aliis.

2. Parum autem postea, videlicet die Mercurii ante festum Assump-

---

[1] Probablement Dieusie, ancien château fort, commune de Rochefort, dont les ruines forment un des sites les plus pittoresques de la Loire angevine.

[2] Aujourd'hui les Bouchets, village, c⁽ⁿ⁾ de Villévêque. Il ne reste pas trace du bois.

[3] Renaud de Saint-Rémy ou de Beaulieu, abbé de Saint-Florent près Saumur.

[4] Un des premiers ancêtres connus des Cossé-Brissac.

tionis beate Marie Virginis, aliqui de nostris, de mandato nostro ad dictum boscum accedentes cum canibus, retibus, arcubus et sagittis et aliis pro venacione necessariis, in eo palam et publice et magnis clamoribus venati fuerunt, et duas cervas repererunt, que, ruptis quibusdam reptibus, evaserunt. Dicte venacioni interfuerunt Petrus de Rocha, miles, Petrus de Valleiis, presbiter, Forrerius de Villa Episcopi, Raginaldus de Charnace, clerici, Johannes de Plessa. Eodem autem anno dudum postea, parum ante Natale Domini, dum aliqui de nostris palam et publice in dicto bosco cum canibus, cornubus et retibus venarentur, ibidem Stephanus, segrearius domini comitis, veniens, dictos venatores alloquens, quesivit ex parte cujus venabantur ibidem. Qui responderunt quod ex parte domini nemoris, videlicet episcopi Andegavensis. Qui quidem Stephanus dixit ad illa verba : « Et ego capio vos ex parte domini « comitis. » — Et tunc quidam de dictis venatoribus, ad illum Stephanum verba dirigens, quesivit ab eo : « Domine, si inveniretis nos capientes « vos vel alios servientes comitis in terra ipsius comitis vel aliter ser- « gentantes, quid nobis faceretis ? » — Et respondit : « Certe ego cape- « rem vos. » — Et tunc alter : « Nos igitur pari racione capimus vos, quia « nos capitis et capere vultis ac sergentatis in terra domini episcopi « Andegavensis, in qua feudum nec retrofeudum habet comes. » Et tunc precepit eidem Stephano, quod redderet se in prisione domini episcopi Andegavensis apud Villam Episcopi; quod fecit idem Stephanus. Et fuit ibidem in castro per unum diem et unam noctem, et postea, ad mandatum domini episcopi, exivit et liberatus fuit. Ad hoc presentes fuerunt Matheus de Lubleio, presbiter, Raginaldus de Charnace, clericus, Petrus Forrarius, Stephanus de La Roussiere, Matheus Le Vigrous et Radulfus Badier et quam plures alii.

Sequenti vero anno, videlicet anno Domini m°cc° nonagesimo tercio, die Sabbati post festum beati Barnabe apostoli, aliqui de nostris cum quibusdam aliis sibi associatis, ad dictum boscum de Boucheto, venandi causa, circa primam diei horam, palam et publice cum canibus, cornubus, arcubus et retibus accedentes, dimissis abire et querere feras in dicto bosco canibus venaticiis, magnis clamoribus vocum et cornuum

13 juin

pro dictis canibus excitandis et ad melius querendum provocandis dictum boscum querentes et investigantes, protensis undique retibus, feram aliquam non invenerunt ibidem, et inde recedentes, ad boscum alium, qui dicitur Laudinaye[1], pervenerunt, ut ibidem feras quererent, ibidemque retia sua pro feris capiendis tetenderunt et, dimissis abire canibus venaticiis in dicto bosco, dicti canes, dictum boscum querentes, unum magnum cervum et pinguem, signatum de XIII[2], de dicto bosco levari fecerunt. Quem cervum dicti venatores insequentes cum dictis canibus et magnis clamoribus vocum et cornuum, eumdem cervum usque ad dicta retia perduxerunt, et eum captum et retentum ibidem in uno rete mactaverunt et apud Villam Episcopi, in manerio nostro, in quadam quadriga, palam et aperte, per villam predictam, circa horam diei terciam, audientibus et videntibus qui audire et videre volebant, libere et absque contradicione et reclamacione cujusquam, asportaverunt eumdem, habentem serta de rosis circa cornua, quia tempus rosarum erat. Quem cervum Girardus de Soucelle[3] et Petrus de Rocha, milites, et quidam alii in predicto manerio defformaverunt seu *deffirent*, nobis Guillermo, Andegavensi episcopo, Guillermo, thesaurario Andegavensi, et pluribus aliis presentibus et videntibus. Predicte autem venacioni interfuerunt[4]....

Littera domini de Grassa super rebus de La Beloymière[5].

3. Universis presentes litteras inspecturis et audituris Gaufridus, archidiaconus Transligerensis in ecclesia Andegavensi, Johannes, officialis seu vices gerens venerabilis viri Normanni, archidiaconi Andegavensis in dicta ecclesia Andegavensi, Guillermus, archipresbiter Burguliensis, Mauricius, archipresbiter Andegavis, et Gaufridus, archipresbiter de Ludio, salutem in Domino.

Noverint universi, quod, cum recolende memorie dominus Nicolaus,

---

[1] L'Andinaie, hameau, commune de Villevêque.

[2] Il s'agit sans doute ici d'un cerf ramé de 14 cors.

[3] Soucelles, canton de Briolay, arrondissement d'Angers.

[4] Le texte reste ainsi interrompu.

[5] Voyez ci-dessus, p. 288.

quondam Andegavensis episcopus, nomine et racione episcopatus Andegavensis, dudum, viginti annis videlicet et amplius jam elapsis, acquisiisset certas res apud La Beloynière prope Villam Episcopi, in feodo de La Grasse et retrofeodo domini Hamerici de Averio, militis, que quidem res fuerant Mathei Beloyn, nunc deffuncti, certa pecunia inde data a dicto domino Nicolao et a reverendo in Christo patre domino Guillermo, divina providentia nunc episcopo Andegavensi, jam dudum inconcusse possessas, dicteque res, sufficienter jam diu est, per dictum Hamericum, quantum in eo erat, sufficienter amortizate fuissent, nomine et racione predicti episcopatus Andegavensis, et Petrus de Grassa, nunc se primo evigilans in dictumque reverendum patrem Guillermum primo consurgens, super dictis rebus, ut dictum est, acquisitis eumdem reverendum patrem Guillermum impeteret et impetere niteretur, ut pote in suo feodo, ut dicebat, vel retrofeodo situatis, super eo videlicet quod dicere et asserere satagebat dictum reverendum patrem res predictas, nomine et racione episcopatus Andegavensis, eo invito, tenere et possidere non posse, cum in hoc esset dicti feodi vel retrofeodi sui et ipsius Petri condicio longe facta deterior, et per hoc quodam modo niteretur eumdem compellere ponere extra manum vel saltem super indempnitate sua financiam facere cum eodem, quedamque alia diceret et proponeret contra dictum reverendum patrem ob premissa sic acquisita, ut est dictum, dicto reverendo patre, nomine et racione episcopatus Andegavensis, se in contrarium opponente et dicente, quod idem Petrus ad premissa dicenda vel proponenda audiri vel admitti de cetero non debebat, maxime cum tot annorum curricula jam fluxissent, quibus inconcusse et pacifice res predictas idem reverendus pater et predecessor ejusdem, dominus Nicolaus predictus, nomine et racione episcopatus Andegavensis, hactenus tenuissent, explectassent et libere possedissent, et dictus Petrus vel alius, loco ipsius, ordinarium redditum, servicium seu censum, racione dictarum rerum debitum, durante dicto tempore, a dicto reverendo patre et predecessore predicto libere et pacifice recepisset; quod jus, si quod competebat eidem in premissis, expirasset et eciam ab illo remissum tacite videbatur; tandem constitutus in jure coram nobis idem Petrus, sciens prudensque se non fore juridicionum nostrarum, supponens se juridicionibus nostris, quoad ea que in presentibus litteris continentur, de jure suo non confidens usquaque, immo deffidens (*sic*) pocius, quicquid juris, dominii, proprietatis, possessionis, feudi vel retrofeodi, juridicionis, justicie alte vel basse, et quicquid juris, feudi, retrofeodi, dominacionis in dictis rebus habebat vel habere poterat, quoquo jure vel consuetudine quacumque vel alia racione, amore et contemplacione episcopatus Andegavensis et pro remedio anime sue, si que vel quod sibi competebant in premissis vel racione premissorum, eidem reverendo patri nomine episcopatus Andegavensis, absque aliquo retinaculo condonavit, quitavit, dimisit penitus ac remisit, et fidem et homagium, si que sibi competebant racione et occasione premissorum, salvo tamen sibi et heredibus et successoribus suis ordinario redditu tresdecim solidorum et sex denariorum annui census, quem censum sibi et heredibus et successoribus suis, racione dictarum rerum, solummodo retinuit a dicto reverendo patre et successoribus ejusdem in episcopatu Andegavensi, singulis annis, semel in anno, persolvendum eisdem, hoc salvo insuper eidem Petro et heredibus et successoribus suis, quod vindicare se poterunt in rebus predictis auctoritate propria, absque reclamacione alicujus, si census predictus non fuerit sua die solutus. Dedit eciam, quitavit penitus et remisit eidem reverendo patri et successoribus illius decem et octo denarios monete currentis annui et perpetui redditus eidem Petro, ut asserebat, debitos ultra dictos tresdecim solidos et sex denarios, super grangia dicti reverendi patris, que est apud Villam Episcopi, in qua fenum reponitur, sita juxta magnam portam dicti episcopi, per quam itur ad pratum dominicum, quod tamen ex parte dicti reverendi patris negabatur. Et donavit plene et libere eidem, si quod jus competebat dicto Petro vel poterat competere in dictis decem et octo denariis redditus, adeo quod, pro omni censu et redevancia pro rebus predictis, dicto redditu tresdecim solidorum et sex denariorum est contentus et erit in perpetuum et heredes et successores ejusdem; dictusque Petrus res predictas, in quantum in se erat, eidem reverendo patri plene amortizavit, salvo tamen jure superiorum dominorum; ita quod de cetero ipse vel heredes aut successores sui non poterunt quoquo modo dictum reverendum patrem vel successores ipsius inquietare super premissis vel compellere ponere extra manum aut aliquam financiam pro premissis facere vel altero premissorum, aut quicquid aliud prestare, salvis tamen eidem predictis censu dictorum tresdecim solidorum et sex denariorum et vindicacione seu *la venjance* retentis superius, ut dictum est, cedens eidem reverendo patri et ejus successoribus in episcopatu Andegavensi omnes actiones et omnia jura sibi competentia et competitura in premissis, salvis sibi ejus heredibus et successoribus retentis superius nominatis, transferens in ipsum et ejus successores in episcopatu antedicto proprietatem, possessionem premissorum per presentis instrumenti tradicionem. Dictus vero reverendus pater, attenta bona voluntate ipsius Petri, et pro jure quocumque, si quod habebat et eidem competebat in premissis vel racione premissorum, dedit eidem Petro decem libras et decem et septem solidos monete currentis; de quibus se tenuit idem Petrus penitus pro pagato. Et ad deffendendum et garantizandum eidem et ejus successoribus in episcopatu sepe dicto premissa, prout superius sunt expressa, secundum jus, usus et consuetudines Andegavenses approbatas, obligavit idem Petrus se et heredes et successores suos et omnia bona sua mobilia et immobilia, presencia et futura, ubicumque existencia, specialiter et expresse, renoncians..... In cujus rei testimonium, presentibus litteris sigilla nostra nos archidiaconus Transligerensis et archipresbiteri predicti et ego dictus Johannes, officialis seu gerens vices venerabilis viri Normanni, archidiaconi Andegavensis, sigillum curie dicti Normanni archidiaconi, una cum sigillis dicti reverendi patris et dicti Petri, duximus apponenda. — Datum Andegavis, die Sabbati post festum beati Luce evangeliste, anno Domini m°cc° nonagesimo tercio.

De publicanis et pedagiorum exactoribus.

Guillermus, permissione divina Andegavensis episcopus, omnibus hoc visuris, salutem in Domino sempiternam. Quante audacie quanteque temeritatis sint publicanorum, id est exactorum pedagiorum et vetigalium, factiones, nemo est qui nesciat, quorum effrenata et sitibunda cupiditas, pacis emula, mater litium, materia jurgiorum, corrumpit jura, exterminat privilegia, inmutat consuetudines, novitates inducit. Cum igitur sedes apostolica excommunicacionem suam in omnes nova constituentes pedagia olim duxerit promulgandam, ipsam annis singulis in certis festivitatibus sollempniter innovando, et nonnulli iniquitatis filii, proprie cupiditatis vicium tolerare nitentes, non nova, ut asserebant, constituentes pedagia, antiqua ad clericos pedagia et ipsorum res, quas non racione mercature per terras vel aquam defferri faciebant, prorogabant et eciam extendebant, in elusionem memorate sentencie et prejudicium ecclesiastice libertatis; quorum fraudibus et exquisitis maliciis volens obviare, Bituricense concilium [1], jam elapsis multorum annorum curriculis, in Andegavensibus civitate et dyocesi per predecessorem nostrum hactenus sollempniter publicatum, cupiensque tam presumpte caliditatis astuciam pena debita castigare, statuit, ut, nisi infra duos menses a tempore sollempnis publicacionis dicti concilii facte in civitatibus et dyocesibus, in quibus ipsa consistunt pedagia, numerandos, ab ipsis illicitis pedagiorum exactionibus in totum desisterent, excommunicacionis sentencie ex tunc ipso facto auctoritate dicti concilii subjacerent; et nos quam plurimorum relatu acceperimus, quod nonnulli domini temporales civitatis et dyocesis Andegaven[sium] et eorum allocati, qui et publicani dicuntur, eorum pedagia, vetigalia, monogia [2] et coustumas colligentes a clericis et personis ecclesiasticis secularibus et religiosis pro rebus suis propriis, quas per illorum districtum non causa negociacionis defferunt seu defferri faciunt vel transmittunt, et insuper de rebus, quas in mercatibus et nondinis vel alibi dicte persone eccle-

---

[1] Le concile tenu à Bourges le 13 septembre 1276, par le cardinal légat Simon de Brion, a promulgué 16 articles pour réglementer la juridiction et les immunités ecclésiastiques sans en laisser restreindre l'étendue.

[2] Le texte porte ainsi partout, et c'est le seul exemple qu'en cite Ducange, en référant à *monagia*, *monetagia*, monnages, droits de vendre et d'acheter perçus sur les marchands.

siastice ad proprium usum comparant, contra juris auctoritatem et antiquam consuetudinem, pedagia, vetigalia, monagia et coustumas exigunt et extorquent in prejudicium et enervacionem ecclesiastice libertatis, sic dicti concilii sentenciam dampnabiliter incurrendo; et quod nonnulli viri ecclesiastici, timidi ut lepores, fatui ut mutones, per insipienciam et vehecordiam suam nervum ecclesiastice discipline rumpentes, premissa pocius eligunt persolvere quam contendendo suo privilegio se tueri, sic toti ordini clericali ac ecclesiastice libertati, prestando talia, derogando. Et nos, ad quos sollicitudine pastoralis officii spectat privilegia ecclesiarum nostre dyocesis et ecclesiasticam libertatem deffendere et tueri, licet, dictis personis ecclesiasticis super premissis propter suam imprudenciam et negligenciam, ut est dictum, minime conquerentibus, non possimus talia absque consciencie remorsu et scrupulo tollerare volentesque in hac parte nostram animam liberare, vobis precipiendo mandamus, quatinus ad certum diem et locum vel ceteros dies et loca, rectoribus ecclesiarum ceterisque personis ecclesiasticis archidiaconatus vestri per vos vel per alios, quibus injungendum duxeritis, convocatis, eisdem premissa in persona propria insinuare, exponere et intimare curetis, eisdem personis districte sub pena suspensionis et excommunicacionis inhibentes, ne pro rebus suis, quas non negociacionis vel mercature causa, quod eis non licet, per aquam vel terram defferri faciunt aut transmittunt, aut pro rebus quas in mercatibus et nondinis vel alibi ad proprium usum comparant, contra privilegium toti clero indultum, vetigalia, pedagia, monogia aut coustumas persolvere aut prestare presumant. Quod si sibi in res vel personas a publicanis et premissorum exactoribus, racione premissorum aliqua violencia inferatur, nobis aut officiali nostro conquerendo insinuare procurent, eisdem nichilominus personis ecclesiasticis injungentes, quatinus dictos publicanos et exactores predicta vetigalia, pedagia, monogia et coustumas a predictis personis ecclesiasticis illicite, ut predicitur, exigentes in ecclesiis suis publice excommunicatos denoncient auctoritate concilii memorati; et si quos dictam sentenciam incurrere aut incurrisse noverint, ad noticiam nostram vel officialis nostri defferant indilate. Sane quare nonnulle de predictis personis ecclesiasticis, maxime beneficiate, fumo fornacis magne, cupiditatis et avaricie, que est omnium malorum radix et origo, ut verissime testatur Apostolus[1], oscurate, pulvere terrenorum, fimo voluptatum, stercoribus yrundinum excecate, non Deo sed Manmone, non creatori, qui est benedictus in secula, sed creature pocius servientes, Deum propter nummum, quo nichil est miserius, contempnentes, laicis predicti fomentum erroris plerumque ministrare noscuntur, dum contra juris divini et humani prohibiciones et precepta, Deum obliti, sue salutis et eciam subditorum, quibus per suum malum exemplum iniciunt laqueum, immemores, negociaciones publice exercentes, turpia lucra sectantes, et, quod dolentes referimus, plerumque contractus fenebres ineuntes, nunc per aquas, nunc per terras, nunc per mercatus et nondinas, lucris temporalibus inhiantes, obmissis divinis ministeriis, tanquam mercatores laici discurrentes, emendo villius, ut revendant carius, res sic causa negociacionis et mercimonii comparatas per aquas et terras defferunt et transmittunt, a quibus predicta vetigalia, pedagia, monagia et coustume merito exiguntur. Quare cum legem offendant, non sunt legis auctoritate tuendi; et justum est, ut qui suos excedunt terminos, a non suis terminis excedantur. Et dicit decretalis Alexandri tercii : « Dignum est, quod, qui similem cum aliis vitam suscipiunt, « similem sentiant in legibus disciplinam. » Et inde occasione sumpta, ad alios clericos, licite contrahentes et res suas in casu permisso et licite transferentes, trahitur per abusum. Quare vobis, ut supra, precipiendo mandamus, quatinus dictis personis ecclesiasticis, sub eadem pena suspencionis et excommunicacionis, districte inhibeatis, ne negociaciones, mercimonia, emendo villius et revendendo carius, et super omnia, ne contractus fenebres, quod eciam laicis est dampnabile et prohibitum utriusque pagina Testamenti, inhire de cetero aut exercere presumant. Per hec enim et similia totus ordo ecclesiasticus deturpatur, populus laicalis scandalizatur et dampnatur, dum illi qui debent esse lux mundi,

---

[1] *Paulus ad Timoth.* I, VI, 10.

oculi Ecclesie, speculum laicorum, duces populi Christiani, arietes gregis dominici, tenebrescentes et, ut premittitur, amore temporalium excecati, una cum grege suo, cui ducatum prestare debent, in precipicium baratri dilabuntur, eisdem certissime intimantes, quod, nisi a premissis prohibitis et illicitis destiterint, si quem super premissis convincere culpabilem poterimus, in ipsum intendimus canonicam infringere ulcionem. Absit enim a nobis, quod, talia in Dei Ecclesia tolerando, cum ipsis simus participes supplicii gehennalis. Presentis cedule decanis in vestro archidiaconatu constitutis copiam faciatis, ut per ipsos fiat aliis rectoribus et prelatis.

Nota hic quoddam factum apud Pontem Seii[1].

Cum episcopus Andegavensis pro tempore et maxime nos, Guillermus dictus Major, tunc temporis episcopus Andegavensis, nomine et racione episcopatus Andegavensis, fuissemus maxime ab antiquo et adhuc essemus, nomine quo supra, in possessione vel quasi, ita quod nullus alius, habendi et ponendi charrereiam et chalondum in fluvio Ligeris, ex parte ville Sancti Maurilii de Esma effluentis, quando pons protensus seu extensus a dicta villa Sancti Maurilii usque ad domum seu prioratum Fontis Ebraudi, ibidem prope existentem, rumpebatur, reficiebatur vel alias reddebatur inhabilis ad meandum, ad transvehendum et transportandum homines, jumenta et alias res transvectione et transportacione indigentes, et habendi et recipiendi pontonagium seu passagium et quodcumque aliud emolumentum, tunc temporis obveniens, occasione premissorum; que premissa adeo erant notoria, quod non poterant aliqua tergiversacione celari in partibus illis; et nos dictus Guillermus intellexissemus, quod David de Suis Domibus, ballivus Andegavensis; Egidius, castellanus Pontis Seii; Robertus L'Armeurier et quidam alii juxta magnum pontem predictum et antiquum quemdam pontem novum fieri faciebant super naviculas et chalondos, maxime in aqua nostra, ut dicebamus, dicto ballivo contrarium asserente et di-

---

[1]. Voyez ci-dessus p. 265.

cente dictam aquam ad comitem Andegavie pertinere; cujus pontis novi primum caput in terra nostra, ex parte ville nostre predicte, firmabatur et fundabatur ad meandum et transportandum homines, jumenta et alias res, transitu et transportacione indigentes, quousque dictus magnus pons antiquus, qui tunc reficiebatur, reparatus esset et habilis ad meandum, in prejudicium nostrum et Andegavensis episcopatus non modicum et gravamen et enervacionem ac adnichilacionem charrerie nostre et emolumenti inde nobis proventuri, quam in dicta aqua, dicto ponte magno antiquo rupto vel alias existente inhabili ad meandum, debebamus ponere et habere et emolumentum pontonagii seu passagii tunc temporis obveniens recipere et habere, prout superius continetur, maxime cum nobis et ecclesie predicte ex hoc dampnum et prejudicium non modicum generaretur, et per hoc domino comiti nichil lucri, emolumenti, utilitatis aut commodi afferretur, et nos talia, conniventibus oculis, pertransire nolentes, vellemus nos opponere et jus nostrum prosequi in premissis, proborum virorum communicato consilio, nobis convenientibus et dicto ballivo ad locum predictum, die Veneris ante Ramos palmarum, anno Domini m°cc° nonagesimo tercio, habitis inter nos et dictum ballivum pluribus altercacionibus in premissis, presentibus viris venerabilibus magistris Johanne, scolastico Andegavensi, Gervasio Homine Dei, Andrea de Haya, legum professoribus, necnon Johanne Majore, archipresbitero Salmuriensi, fratre nostro, canonicis Andegavensibus, et eciam Gaufrido Regis, capellano nostro, archipresbitero tunc de Ludio, Mauricio, archipresbitero Andegavensi, Petro de Valleiis, canonico Sancti Petri Andegavensis, magistro Guillermo de Marcilleyo, legum professore, tunc temporis clerico domini comitis, gardiano Minorum Andegavis, Petro dicto Cuer de Rey et Laurencio de Lambale et pluribus aliis, inter nos et dictum ballivum super premissis extitit accordatum, quod dictus ballivus dictum pontem novum faceret poni in tali statu, quod homines, jumenta et alia supra dictum novum pontem pertransire non possent; ita quod charreria nostra per dictam aquam curreret, durante refectione et reparatione dicti pontis magni, et homines, tam pedites quam equites, et alias res transveheret et pertransiret, et emolumentum inde obveniens perciperemus et haberemus. Quibus actis, die Sabbati sequenti in mane, dictus pons novus adbreviatus fuit et per allocatos domini comitis, ex parte ville nostre Sancti Maurilii superius nominate, adeo quod homines pedites vel equites, jumenta et alie res, dicta die Sabbati nec die Dominica sequenti, supra dictum novum pontem non transierunt nec pertransire potuerunt, et quod charreria nostra, dictis diebus Sabbati et Dominica, per dictam aquam cucurrit libere, et homines pedites et equites, jumenta et alie res, transvectione indigentes, in eadem transierunt, et emolumentum seu pontonagium inde obveniens percepimus et habuimus pacifice et quiete. Die vero Lune sequenti dictus ballivus, per dictum locum transitum faciens, dictum novum pontem iterum in tali statu poni fecit, quod homines, jumenta et alie res per dictum novum pontem, durante reffectione dicti magni pontis, transibant et transire poterant, ita quod charreria nostra occiosa manebat et quod pontonagio et passagio dicte charrerie fraudabamur[1].

Super quo facto indignati, proponebamus facere dictum ballivum moneri super premissis, precipue ut dictum pontem novum, in aqua nostra sic factum, ut est dictum, destrueret aut destrui faceret, ut emolumento dicte charrerie libere gauderemus, quod presentiens dictus ballivus dictum novum pontem fecit destrui et penitus amoveri, et ex tunc, durante refectione dicti magni pontis, quando non poterat haberi aditus vel accessus per eumdem, charreria nostra libere cucurrit per dictam aquam, homines, jumenta et alias res transvehendo et transportando, et allocati nostri passagium et emolumentum inde obveniens percipiebant et habebant. Animadvertendum[2] est tamen, ne error posteris relinquatur, quod super proprietate et justicia prenominate aque, effluentis, ut est dictum, inter villam Sancti Maurilii predictam et prioratum Fontis Ebraudi, inter comitem ex una parte et nos ex altera contendebatur et altercabatur, et eciam tempore predecessoris nostri diucius fuerat altercatum, nobis et predecessore nostro asserentibus

---

[1] Le manuscrit porte *fraudebamur*. — [2] Le manuscrit porte *advertandum*.

proprietatem dicte aque et justiciam in eadem ad nos, racione episcopatus Andegavensis, pertinere, allocatis domini comitis contrarium asserentibus et dicentibus premissa ad comitem pertinere. Et super premissis et eciam super jure[1] charrerie ponende, ex parte nostra in dicta aqua, ponte rupto vel inhabili ad meandum, ut superius continetur, facte fuerunt informaciones et apprisie, per quas ex parte dicti comitis dicta charreria nobis extitit liberata et expedita, contencione super proprietate dicte aque et justicia adhuc tempore presentis scripti perdurante. Quamquam aliqui de consiliariis dicti comitis, visis aprisiis et informacionibus supradictis, voluerunt dicere episcopum Andegavensem nichil habere in proprietate aque aut justicia ejusdem. Cui dicto non acquievimus, ymo semper contendimus et protestantes fuimus premissa omnia ad solum episcopum pertinere, requirentes quod super hoc fieret inquisicio, positis aliquibus personis ex parte ecclesie et aliis ex parte comitis ad dictam inquisicionem faciendam, cum apprisie et informaciones, de quibus supra fit mencio, facte fuissent per solos allocatos dicti comitis, nulla persona pro ecclesia ibidem existente.

Et notandum, quod, tempore horum gestorum, dominus Karolus, frater ex utroque parente domini Philippi, illustrissimi regis Francorum, erat comes Andegavie, quorum pater extitit bone memorie Philippus, qui mortuus fuit in Arragonia[2] prosequendo negocium Ecclesie contra Petrum, quondam regem Arragonie, excommunicatum ab Ecclesia et condempnatum. Hujus Philippi pater fuit felicis et inclite recordacionis sanctissimus Ludovicus, qui mortuus fuit apud Tunicium, gerens negocium crucis et fidei Christiane contra perfidos Sarracenos; cujus sanctitatem, devocionem erga Ecclesiam et fidem orthodoxam non possemus paucis sermonibus explicare.

Scripta sunt hec anno Domini m°cc° nonagesimo quarto, ad informacionem posterorum super negocio dicte aque pontis Seii, occasione cujus episcopi Andegavenses multas contenciones, litigia et altercacio-

---

[1] Le manuscrit porte *jus*. — [2] Le 6 octobre 1285.

nes semper, a longevis retro temporibus, habuerunt, et pro uno denario lucri, quem de dicta aqua habuerunt, mille nummos dampni et dispendii retulerunt.

Littera Mauricii de Bella Villa, militis, super manerio d'Esventart.

Sachent touz présenz e à venir, que, comme matière de contenz fust entre révérent père Guilleaume, par la graice de Dieu évesque de Angiers, de une partie, e noble home Morice, seignor de Belle Vile et seignor de Candé[1], par réson de son fiz de sa première fame, chevalier, de l'autre partie, sus ce que le dit chevalier, en non de luy e dou dit effant, dyseit e proposeit contre le dit évesque, que le herbergement de Esventart, lequel le dit évesque porsiet, et les appartenances dou dit herbergement, contenues dedenz la cloeyson des granz fossez dou dit herbergement, e toutes les autres choses, qui appartiennent audit évesque à domaine, e toutes les autres, dom il est enséisiné par réson doudit herbergement, estayent en lors fiez ou en lors réreffiez, les quèles chouses Morice de Beuson, vallet, o plusors autres chouses, soleit tenir dou dit chevalier, por laquèle chouse il diseyt, en non de luy e dou dit effant, que il vouleyt que ledit évesque meist hors de sa main les chouses desus dites. E diseyt et proposeyt ledit chevalier, ès nons desus diz, contre ledit évesque, que tout seyt ce que le dit Morice de Beuson eust donné e otraié, quité, vendu e délessié audit évesque, tout le dreit que il aveit ès chouses desus dites, le fié, la seignorie, la soveryneté e tout autre chouse, sans rienz i retenir, ledit chevalier, ès nons desus diz, en poayt aveir le retraict, si il li pléseit, e tout ne le vousist il retraire, les treis granz meffez e les treis grans cas, e sa quenoyssance d'iceux apartenaient audit chevalier e audit effant ou à aucun de eux ès chouses devant dites, e que ledit Morice ne les i aveit pas ne ne les pot otraier ne délessier audit évesque. E diseyt que le ressort et la soverainté lor apparteneit en toutes les chouses que le dit Morice de Beuson aveit otrayées, quitées e délessées au dit évesque ès chouses desus dites,

---

[1] Candé, chef-lieu de canton, arrondissement de Segré.

le dit évesque aff[er]mant le contrayre en plusors choses, disent et proposent, que le dit chevalier, ès nons desus diz, ne le poayt pas porforcier ne ne deveit à mètre hors de sa main, comme les dites chouses fussent et sayent soffisamment amorties dou soverain au dit chevalier e au dit effant ès dites chouses, c'est à saveir de Challes, jadis [conte[1]] de Angeou e rey de Sezille, frère de très saint prince Loys, jadis rey de France, e disant que il n'avaient ne ne poaient avoir point de retraict en nulle des chouses devant dites, comme il eust tenu e porsis les dites chouses o soffisant titre par an e par jour e plus, e que les treis granz cas e les treis granz meffez e la connoysance d'iceux e tout autre destreit, juridicion e justice haute e basse appartenaient au dit évesque ès dites choses par l'otray e par le délessement dou dit Morice de Beuson, les quieux il li aveit fez sanz riens i retenir, e lesquieux granz cas e les grans meffez e la cognicion d'iceux e toute la justice haute e basse appartenayent au dit Morice, e les aveit plusors feiz espleitiez, avant que il les eut otrayez et délessiez au dit évesque. En après en pès toutes ces chouses establi en nostre cort à Angiers ledit chevalier, en non de luy e dou dit effant, se somettant luy e touz ses biens, où que il saient, à nostre juridicion quant à toutes les chouses contenues en cestes lestres, recognoissant le descort ès chouses desus dites aveir esté entre ledit évesque e luy, ès nons devant diz, si comme il est dit desus, recognut par devant nous, que il, por bien de pez, par le conseil de prodes homes, por luy e por le dit effant e pour chascun de eux, aveit donné e otrayé, quité e délessié dou tout en tout e donnayt e otrayet, quiteit e délesseyt enquores audit évesque e à ses successors e à qui auront cause de luy, à touz jorz mès, tout quanque il avayent et poent aveir, e checun de eus, ès chouses devant dites, sanz riens i retenir, fié ne rèrefié, justice haute et basse, ne les trays granz meffez ne la cognicion ne l'exéqucion d'iceux, ne resort ne soverainneté, ne autre chouse, quèle que elle seit, por quatre vinz livres de monaye corant, les quèles le dit évesque li aveit donnèes por toutes cestes chouses, e desquèles le

---

[1] Ce mot manque.

dit chevalier se tient et tint, ès nons desus diz, por bien payé, renonciant quant à ce à excepcion de peccune non pas paiée, non pas nombrée. E fist cession ledit chevalier, ou non de luy e dou dit effant e de chacun d'eux, au dit évesque de tout le dreit, de toutes les actions de fié, de rèrefié, de haute justice et de basse, de resort, des trays granz meffez e de la cognicion e de l'exéqucion de iceux, de toute soveraineté e de toutes autres chouses, que il avaient et poent aveir, e chacun de eux, ès chouses desus dites e par réson de icèles, sanz riens i retenir, en transportant où dit évesque toutes les chouses desus dites e tout le dreit, que il i avaient e poent aveir. E à ce tenir e garder, sanz jamès venir encontre, e à défendre e garantir au dit évesque e à ses successors segont dreit e segont costume, e à garder ledit évesque e ses successors de tout demage envers ledit effant e envers les heirs e les successors dou dit effant e qui auront cause de luy, e envers touz autres, le dit chevalier, en non de sey e dou dit effant e de chacun d'eux por le tout, obligea luy e le dit effant e chacun d'eux por le tout e lors heirs e lors successors e touz lors biens espéciaument assis en la conté de Angeou e touz les autres meubles et immeubles, où que il saient. E fut enquores accordé entre eux par devant nous, se il aveneit par aucun cas de aventure en temps à venir, que le dit effant morist sanz heirs de luy et de fame espouse en mariage, e ses heirs, qui auraient cause de luy, demandassent riens au dit évesque ne à ses successors ès chouses desus dites, e le dit chevalier ou ses heirs ne peussent garantir ne défendre au dit évesque ne à ses successors les dites chouses envers ceux qui cause auroient dou dit effant, le dit chevalier e ses heirs, les quieux il oblige à ce, seraient tenuz rendre e paier au dit évesque ou à ses successors les quatre vinz libres de monaie corant desus dites, en purs deniers contanz, sans solucion de denrées. E en oblige à ce sey e ses heirs e tous ses biens meubles e immeubles présenz e à venir, renunciant quant à ce à excepcion de tricherie, de lésion e de circonvencion e à toutes autres excepcions e allégacions, que il porreit obicer contre cestes présentes letres. Et nous, le dit Morice, seignor de Belle Ville e de Candé, se sometant à nostre juridicion, si comme il est dit par desus, présent et consentent, jugeames et condempnames par le jugement de nostre [cort[1]], à sa requeste, à toutes les chouses devant dites tenir, garder e acomplir par touz articles, sanz jamès venir encontre par sey ne par autre, en aucune manière ne par aucune réson. En tesmoing de laquèle chouse, nous, à sa requeste, meimes e apposames le seau de nostre cort à cestes présentes letres, ensemble o le seau dou dit Morice, en plus grant confirmacion de vérité.

Ce fut fet e donné à Angiers, le jor de Semadi devant l'Ascension nostre Seignor, en l'an de graice mil dous cenz quatre vinz e quatorze. Nous semes certains des rasures desus escriptes qui sont tèles : ès . de. e à ce . assis. Ce fut donné e feict ou jour e en l'an desus diz.

Littera gracie, domino regi concesse in concilio Salmuriensi.

94. Extollenda dignis laudum preconiis, benedicti regni Francorum mira devocio ineffabilisque regum ejusdem regni benignitatis ac liberalitatis in ecclesias munificencia, clerum regni memorati ac omnem ecclesiasticum ordinem, naturalis racionis instinctu, provocat et inducit ipsum regnum prosequi sincero caritatis affectu; eidem cura vigilanciori consulere ejusdemque necessitatibus non tantum oracionum suffragiis sed eciam bonorum temporalium subsidiis, condicione temporis exigente, liberaliter subvenire. Ipsum nampe (sic) regnum, pre regnis ceteris ubique terrarum longe lateque diffusis, semper sacre religionis extitit fundamentum, columpna et scutum Ecclesie, tutamentum fidei, fons sapiencie, irrigans totum orbem fluentis plenissinis scripturarum; cujus eciam principes Christianissimi Francorum reges, pre cunctis terre regibus, puriori fidei lumine radiantes, fundaverunt monasteria, mirifice dotaverunt ecclesias, eas multiplicibus immunitatum ac libertatum privilegiorumque insigniis decorando, et quia semper, pre cunctis terre principibus, Deo et Ecclesie devoti et humiles perstiterunt, Deum pie colendo, ecclesias et Ecclesie ministros, sicut decet principem Christianum, devocius honorando, gloriosus princeps regum terre, per quem ceteri

---

[1] Le mot manque.

reges regnant, eis recompensavit, eciam in hac vita, regnum Francorum per feliciora successivis temporibus incrementa super omnia regnorum climata sublimando, eisdem victoriam et triumphum de hostibus largiendo terrasque ipsorum hostium in ipsos sua irrefragabili potencia transferendo. Cum itaque quidam iniquitatis filii, tocius Christianitatis ac fidei catholice turbatores, quorum rex Anglorum, ore vulgi celebrante ac fama celebri referente, noscitur esse caput, regni memorati felicibus prosperitatis proventibus invidentes, ac venenum, quod diucius venenatis visceribus latuit, modernis temporibus evomentes, ipsum regnum, multifariis conspiracionum et conjuracionum factionibus adhibitis, impugnare et subvertere presumptione dampnabili molliuntur, jam in diversa ipsius regni loca insanienti furia hostiliter irruentes, quorum perversis ac virosis machinacionibus, nisi maturius obvietur, eorum callidam ac subdolam demenciam armorum potencia repulsando, ipsi regno et ejus habitatoribus, non tantum laicis sed eciam clericis, ac ecclesiis universis posset grave periculum inminere. Quocirca nos, necessitatem regni ac ecclesiarum ejusdem pariter attendentes, illustrissimo domino Philippo Francorum regi, ob deffensionem dicti regni et ecclesiarum ejusdem, nimiis expensarum oneribus pregravato, ad que onera supportanda, sine regnicolarum ac ecclesiarum subsidio, proprie non sufficerent facultates, de bonis nostris mobilibus dignum duximus succurrendum. Concedimus itaque dicto domino regi, hac vice, communi consensu cleri nostri, in nostro provinciali concilio, apud Salmurium nuper celebrato, congregati, super hoc accedente, ob necessitatem dicti regni, ut premittitur, verissimiliter imminentem et propter deffensionem et tuicionem regni ecclesiarum et personarum ecclesiasticarum et bonorum earumdem et de bonis mobilibus nostris et personarum ecclesiasticarum nostrarum dyocesum non exemptarum, usque ad biennium dumtaxat, tantam pecunie summam, quantam a nobis et aliis personis ecclesiasticis predictis, nomine decime, pro tempore quo decimam habebat, ex concessione sancte Romane Ecclesie, deductis sumptibus, percipere consuevit; ita tamen quod per istam concessionem nullum prejudicium ecclesiis, nobis et aliis personis ecclesiasticis generetur, nec

aliqua servitus domino regi in predictis ecclesiis acquiratur, et qu[e]
si, durante tempore concessionis predicte, decimam seu majus onus
simile in eodem regno per sedem apostolicam concedi vel imponi c[on]-
tingerit (*sic*), vel jam eciam sit concessum, seu, Domino inspirante,
non est difficile dijuncta conjungere, pax inter dictos reges, dura[nte]
dicto biennio, reformetur, ex tunc cessabitur a solucione concessi[onis]
supra dicte. Si vero dicto tempore treugam inter dictos reges iniri c[on]-
tingerit, pro illo tempore quo treuga duraverit antedicta, hujus c[on]-
cessionis prestacio ex tunc totaliter suspendetur, et si duces, comites[,]
barones dictarum dyocesum vellent, durante dicto tempore, aliqu[am]
subvencionem vel subsidium non debitum ab ecclesiis et personis ec[cle]-
siasticis predictis exigere vel habere, dominus rex faceret ipsos cess[are]
cum effectu. Et colligetur dicta summa per illos quos nos predicti [ar]-
chiepiscopus et episcopus, quilibet in sua dyocesi, ad hec duxerin[t]
deputandos, terminis infra scriptis, ita quod medietatem in insta[nti]
festo resurrectionis Dominice et aliam medietatem in festo Omni[um]
Sanctorum postea subsequente et eisdem terminis anni immediate s[e]-
quentis prefatis receptoribus quilibet, modo quo supra, solvere ten[e]-
tur. Et, si forte aliqui in predictis terminis porcionem ipsos continge[n]-
tem solvere distulerint, ad id per censuram ecclesiasticam et aliter co[m]-
pellentur, nec justiciarii seculares, regales vel alii se de hoc ullater[us]
intromittent, nisi a nobis vel a receptoribus, super hoc a nobis dep[u]-
tandis, specialiter fuerint requisiti, idemque receptores peccunia[m]
quam inde exegerint et receperint, nobis tradent, ut eam domino r[egi]
possimus post modum assignare.

Actum apud Salmurium, durante predicto concilio provinciali, [die]
Martis post festum beati Michaelis in Monte Gargano, anno Domini M°c[c°]
nonagesimo quarto.

Datum hujus littere die Sabbati et anno predicto. In cujus rei test[i]-
monium sigillum nostrum presentibus litteris duximus apponendum.

Gravamina domino regi Francie exposita.

Hec gravamina, primo prefacione habita et gravaminibus et oppre[ssionibus]

sionibus que inferuntur ecclesiis hiis diebus generaliter propalatis', domino regi specialius exponantur, occasione inde sumpta, quomodo ecclesie et persone ecclesiastice decimis et financiis sint oppresse, afflicte, excoriate et depilate.

Post primos exactores decime supervenerunt secundi et tercii superexactores, qui, iterum et iterum reliquias decime perscrutantes, pauperes sacerdotes et alias personas ecclesiasticas miserabiliter depauperaverunt, interdum illum qui non debebat nisi quinque solidos, aut interdum nichil, dampnificantes in viginti quinque vel triginta, capiendo potos et patellas et culcitras et alia utensilia villiora. Supervenerunt eciam alii acerrimi scrutatores legatorum indistincte relictorum et legatorum factorum subsidio Terre sancte; que legata, licet domino regi usque ad certum tempus dumtaxat fuissent concessa, quod tempus, jam diu est, est elapsum, tamen pro omni tempore dicta legata exigebant et violenter, non sine gravi scandalo, rapiebant, super hoc tam clericos quam laycos gravissime molestando. Unde accidit, quod quidam Lombardus, ad premissa deputatus, ut dicebat, Andegavis veniens, post multa alia mala que in partibus illis intulit, que de facili explicari non possent, ad ecclesiam Andegavensem accedens, occasione cujusdam legati a quodam capellano dicte ecclesie subsidio Terre sancte, ut dicebatur, facti, minatus fuit publice in ecclesia, quod revestitorium dicte ecclesie et archas ejusdem frangeret, et dictum legatum inde, invicto (*sic*) sacrista, asportaret.

Qualiter autem hiis diebus opprimatur et torqueatur Ecclesia, ymo usque ad fundamentum exinaniatur, occasione rerum noviter acquisitarum, non est nostre facultatis evolvere. Certe ad hoc non sufficeret Salomonis sapiencia aut Demostenis facondia, eloquentissimi oratoris. Licet enim persone ecclesiastice parate sint finare dulciter et benigniter, juxta statutum [1] domini regis super noviter adquisitis, tamen ministri tartarei, ballivi, servientes et senescalli omnia capiunt nova et vetera, asserentes omnia esse nova, nisi persone ecclesiastice probent

---

[1] Dans l'assemblée du Parlement de la Toussaint 1291. V. *Rec. des Ordon.* t. I, p. 322-324.

coram eis sua feuda antiqua et possessiones suas, quas a tempore cujus non extat memoria possederunt, nova veteribus discernendo, quod certe impossibile existit, [cum][1] procul dubio, labente hominum memoria, vergente eciam ad finem fragilitate humana annorumque brevitate conclusa, titulus decem annorum vix hodie valeat comprobari.

Insuper compellunt dicti ballivi, servientes et senescalli ecclesias et personas ecclesiasticas financiam prestare de rebus in suis feudis antiquissimis et fundamentis acquisitis, eciam in quibus dominus rex vel comes nullum commodum pecuniarum habere noscuntur.

Proth dolor ! de decimis, quod ceteris est gravius, mirabilius et nefsandius, compellunt dictas personas ecclesiasticas finare. Quid enim spiritualius est decima ? Quis sane mentis dubitat decimas, tam de jure divino quam humano, Novo et Veteri Testamento, ad ecclesias et ministros Ecclesie pertinere, licet a quibusdam laicis in divini Testamenti injuriam detineantur cum gravi periculo animarum ? Unde, si ecclesia maxime parochialis ab aliquo laico suam decimam ad se trahat, non videtur aliquid noviter adquirere, sed ad se jus suum et dominium revocare. Quare ergo de suo et quod semper fuit suum compelletur finare.

Aliud.

De regaliatoribus seu regalium custodibus, vacantibus ecclesiis, non est pretermittendum. Que enim dampna et usurpationes, ecclesiis viduatis, quas deberent defendere et tueri, unde et racione garde debentur regalia, irrogent, satis nuper patuit in ecclesiis Turonensi et Andegavensi, pastorali solacio destitutis. Custos enim regalium forestas permaximas, vendicioni a tempore cujus non extat memoria nonquam expositas, vendicioni exposuit, carpentatores et scisores arborum undique perquirendo, ut ante electionem posset totum extirpare, dando duas denariatas pro obolo. Ymo certe firmiter credo, quod de foresta[2] ecclesie Andegavensis, quam, ea vacante, vendicioni exposuit, nichil

---

[1] Mot ajouté entre lignes par une main plus récente.

[2] Le bois d'Angers, dépendance de la terre de Saint-Alman, et dont le nom reste à un village de la commune Saint-Jean-des-Mauvrets.

lucri reportavit, ymo plus constitit ad scindendum et explectandum, quam fuerit emolumentum quod inde habuit, sic ecclesiam graviter dampnificando et nullum lucrum aut modicum domino regi afferendo. Que omnia premissa, etsi in presenti seculo punita non fuerint, in districto tamen examine non pertransibunt inulta.

Aliud.

Addendum est aliud gravamen permaximum, super quo maxime dolet et tristatur Ecclesia. Cum enim, tam de jure quam de antiqua consuetudine, persone ecclesiastice in malefactores suos et injuriatores, utpote raptores rerum ecclesiasticarum, invasores et perturbatores, consueverint coram judice quo maluerint, ecclesiastico vel seculari, convenire, jus sue ecclesie prosequendo, hodie, si persona ecclesiastica contra malefactores aut injuriatores suos, raptores, invasores, turbatores rerum ecclesiasticarum, qui, testante divina et humana scriptura, homicide et sacrilegi sunt censendi, in foro ecclesiastico seu per forum ecclesiasticum jus suum prosequatur, potestates seculares per captionem bonorum temporalium compellunt easdem personas ecclesiasticas a prosequcione juris sui desistere, et eciam judicem, videlicet episcopum vel officialem, qui procedit justiciam exhibendo, tales processus revocare, forma juris minime observata, alioquin bona episcopi sesiant. Id est, si quis claro oculo intueatur, Ecclesie suum gladium spiritualem auferre et potestatem clavium penitus absorbere, asserentibus dictis potestatibus secularibus, quod judex ecclesiasticus suam temporalem juridicionem per juridicionem spiritualem perturbat, quod non est verum. Ymo Ecclesia sua jura et libertates, juxta jus et antiquam consuetudinem, per suam spiritualem juridicionem nititur conservare. Ne autem res exemplis careat, proferuntur exempla in medium.

Exemplum.

Primo anno creacionis nostre in episcopum Andegavensem, orta quadam contencione inter capitulum et ballivum Andegavensem, idem ballivus portas civitatis Andegave firmari fecit, adeo quod ad dictam urbem non patebat aditus vel egressus, nisi per quoddam parvum guichetum, per quod pedites vix transibant, equi autem et quadrige ibidem transire non poterant, et hoc in injuriam capituli memorati, sic includens canonicos, capellanos et clericos ecclesie memorate. Unde accidit, quod, cum nos ad Andegavensem ecclesiam, visitacionis causa, accederemus illis diebus, venientes ad portam que dicitur Andegavina, et eam clausam et firmatam invenientes, compulsi descendimus de equo, una cum gentibus nostris, et per dictum guichetum intrantes, ad domum nostram episcopalem perreximus peditando. Unde cum dictus ballivus super premissis injuriis et inclusione canonicorum ad instanciam capituli per officialem Andegavensem fuisset monitus, dictus ballivus procuravit erga ballivum Turonie omnia bona temporalia dicti capituli per dictum ballivum Turonie capi et sesiri. Nostra etiam sesiri mandavit idem ballivus Turonie, licet tunc sesita non fuerint et ex causa.

Exemplum.

Item, cum officialis noster, Quadragesima ultimo preterita, ad halas Andegavenses, alicujus negocii causa, accessisset, tempore nundinarum, videns in dictis halis quemdam clericum de homicidio suspectum, per quemdam apparitorem suum dictum clericum capi fecit, ut eum ad prisionem suam mitteret, facturus de eo quod justicia suaderet. Quod videntes servientes domini comitis eumdem clericum excusserunt, et eumdem apparitorem ceperunt, et, eumdem carceri mancipantes, diucius eum captum detinuerunt sic carceri mancipatum, portas eciam halarum clauserunt, dictum officialem ibidem includentes et diu inclusum detinentes. Cum itaque dictus officialis ipsos servientes fecisset ob premissas injurias excommunicatos a canone nonciari, procurante ballivo Andegavie, ballivus Turonie quemdam servientem suum misit Andegavis ad capiendum et sesiendum omnia bona nostra, occasione premissa. Hec et similia mirabilia et importabilia gravamina usque ad hec tempora fuerunt inaudita; et nulli juris perito est dubium, quin tales, qui talia precepta faciunt et qui ea exequntur, excommunicacionis sentenciam incurrant, auctoritate constitucionis edite in concilio Lugdunensi, que incipit : Quicumque pro eo quod in reges.

Item, cum servientes domini comitis Andegavie multas molestias nobis inferant in terras nostras, ad regalia spectantes, ibidem capiendo, sesiendo, serjantando, justiciando, et hoc contra voluntatem domini comitis et speciale mandatum, cum dictus comes in dictis terris nostris non habeat dominium aut feudum, si aliquando contra dictos servientes facimus aliquem processum juxta jus et antiquam consuetudinem ecclesie Andegavensis, que contra invasores et turbatores terre sue, ad regalia spectantis, a tempore cujus non extat memoria, juridicione sua spirituali consuevit se tueri, ballivus Turonie per capcionem bonorum temporalium nostrorum nititur nos compellere ad processus hujusmodi revocandos. Ex quo sequitur mirabilis assurditas, quod ille qui deberet nos juvare ad defensionem regalium nos impugnat, non tantum in prejudicium eccclesie Andegavensis, sed eciam domini regis, ad quem, vacante ecclesia, dicta regalia pertinere noscuntur. Si enim ex una parte a servientibus domini comitis et ex alia parte a ballivo Turonie in dictis nostris regalibus impugnemur, sequitur necessario quod dicta regalia, non tantum in prejudicium ecclesie sed eciam in prejudicium juris regalis, penitus amittantur.

Inductio.

Hiis et similibus ineffabilibus oppressionibus, angariis, perangariis, decimis, financiis ita hodie persone ecclesiastice multipharie multisque modis affliguntur, angariantur et torquentur, quod non datur eis, die ac nocte, alicujus requiei intervallum. Unde deterioris condiciomis videtur esse hodie sacerdocium ortodoxum, quam sub Pharaone fuerit, qui legis divine noticiam non habebat. Ille quidem, omnibus aliis servituti subactis, sacerdotes et possessiones eorum in pristina libertate demisit et de publico eis alimoniam ministravit; sed hodie, vice versa, ceteris personis immunitati donatis, Ecclesia adhicitur servituti. Deploret ergo Ecclesia, videns adimpletum Jeremie[1] vaticinium : *Domina gentium,*

---
[1] *Thren.* I, 1.

princeps provinciarum, facta est sub tributo. Heu! apud Christicolas deterioris et vilioris condicionis habentur ministri Christi et cultores ecclesiarum, quam apud Gentiles, qui colebant sculptilia, fuerint ministri et sacerdotes ydolorum. Hodie enim ministri ecclesiarum, qui debent, juxta sacratissimas imperiales et canonicas ac theologicas sanctiones, omnibus derelictis, omnipotentis Dei inherere misteriis, sic angariati, sic distorti et distracti, a debitis officiis avocati, Deo vacare non possunt nec ejus ecclesie deservire; sed modo per curias, modo per assisias, nunc per aquam, nunc per terras discurrere compelluntur, propter angariaciones et molestias prelibatas, a ballivis, senescallis et aliis ministris tartareis ita excoriantur, exinaniuntur, depopulantur, quod vix remanet eis unde possint vitam inopem, que esset pocius mors dicenda, miserabiliter sustentare. An autem premissa regi et regno expediant, contempletur et ponderet subtilis et providus perscructator. Procul dubio ymo premissa in maximum regis et regni prejudicium racione apertissima vergere dignoscuntur. Per hoc enim consuetis oracionum suffragiis, in quibus sanctissimi principes et maxime Christianissimi Francorum reges, retroactis temporibus, magnam habebant fiduciam, defraudantur. Insuper predicte persone ecclesiastice, sic excoriate et depauperate, non habebunt, loco et tempore, unde possint regni[1] necessitatibus subvenire. Expedit enim rei publice subjectos locupletes habere, et thesaurus regni et regis est habundancia subditorum. Quantumcumque enim habundent regis eraria, si subditi laborent inopia, regnum pauper et inops procul dubio judicatur. Si queratur, quomodo regno maxime hiis temporibus consulatur, ego, tanquam fidelis regis et regni et qui per sacramentum regi teneor dare bonum et fidele consilium juxta posse, juxta modicam discrecionem a Deo mihi datam, respondeo quod occurrit ante omnia, expedit regi et regno habere pacem cum subditis, si velit de hostibus triumphare, eos mittius tractare, juga gravia et honera, quasi importabilia, eis per ballivos, senescallos et alios officiales regis imposita, alleviare et sic

---

[1] Le manuscrit porte *regem*.

animum subditorum sibi alicere, recogitans quod accidit Roboam, filio Salomonis[1], qui populo suo supplicanti et dicenti : « Levius fac jugum, « quod imposuit pater tuus super nos, » spreto consilio seniorum, sequens consilium juvenum, stulte respondit dicens : « Minimus digitus « meus grossior est dorso patris mei. Et nunc pater meus posuit super « vos jugum grave; ego autem addam super jugum vestrum. Pater meus « cecidit vos flagellis; ego autem cedam vos scorpionibus. » Qua de causa, decem tribubus recedentibus ab eodem, due tantum eidem adheserunt, et ita scissum est regnum ejus. Cesset et desistat a molestatione ecclesiarum et ecclesiasticarum personarum, que contra morem suis temporibus gravissime sunt oppresse, excoriate et expilate. Det pacem ecclesiis et Ecclesie ministris, ut possint ipsum regem et regnum tam orationum suffragiis, quam bonorum temporalium subsidiis, adjuvare. Conservet ecclesiis suas libertates et antiquas consuetudines, sicut sub beato Ludovico, avo suo, et precedentibus eum principibus Christianissimis regibus Francorum fuerunt observate. Qui sacratissimi principes dotabant ecclesias, fundabant monasteria, que, proth dolor ! modernis temporibus destruuntur, enervantur et confunduntur. Et quia dicti sacratissimi principes fuerunt devoti et humiles Deo et Ecclesie, ipsorum temporibus Deus super omnia regna exaltavit regnum Francorum. Postquam autem cessavit ista devocio et successit ecclesiarum oppressio, qualiter regno Francorum in omnibus suis agendis successerit, taceo; hoc enim omnibus per se patet. Sit ergo dominus rex more majorum devotus et humilis Deo et Ecclesie. Ista enim competunt principi Christiano, videlicet quod sit in eo humilis obediencia respectu Dei et Ecclesie ejus; Deum pie colendo, Ecclesiam et ministros ejus devote honorando. Accipiat humilitatis et devocionis ac liberalitatis in ecclesiis ac tocius bonitatis exemplum a sanctissimis Romanis principibus, Constantino magno ac Theodosio, Justiniano, Karolo Magno, de quorum magna devocione et liberalitate in ecclesiis, tam in hystoria ecclesiastica quam in hystoria tripartita, quam in cronicis approbatis mirabilia

---

[1] *Regum* lib. III, c. XII, v. 10-14.

referuntur; unde et hiis principibus sanctissimis gloriosus princeps regum terre, per quem ceteri reges regnant, recompensavit eciam in vita presenti, tribuens eis quasi arram glorie. Nam de felici prosperitate Constantini narrat Augustinus : quamdiu imperavit, universum orbem Romanum tenuit et defendit, in gerendis bellis victoriosissimus fuit, in tyrannis oprimendis per omnia prosperatus, et grandevus senectute deffunctus est, filios imperatores reliquit, etc. De prosperitate vero Theodosii sibi collata a rege regum narrat idem Augustinus, qualiter scilicet ipse devicit hostes et qualiter tela hostium a vento in ipsis retorquebantur. De prosperitate Karoli Magni et ejus mirabilibus victoriis ac triumphis loqui non oportet, quia, fama celebri referente et ore vulgi celebrante, adhuc ejus preclara facta toti mundo innotescunt. Humiles ergo principes et devotos Deo et Ecclesie, ut est dictum, in presenti elevat Deus et in futuro glorificat; superbos vero et sibi et Ecclesie rebelles humiliat et dampnat. Exemplum de Saule et de David, unde Sapiens[1] : « Sedes ducum superborum destruxit Dominus et sedere fecit « mites pro eis. »

Item caveat dominus rex, ne injusta bella indicat maxime contra Christianos. Belli enim illati a principe debet esse justa necessitas et debet esse ejusdem justicie equitas. Debet esse eciam in exercendo intencionis ordinabilitas. In bello non justo reprehenduntur ista : nocendi cupiditas, ulciscendi crudelitas, inpacatus atque inplacabilis animus, feritas debellandi, libido dominandi et, si qua sunt similia, que in bellis reprehenduntur, de quibus satis loquitur Aug[ustinus].

Item caveat dominus rex, precipue in bellis, a Dei et Ecclesie ejus offensa, et ante omnia eisdem reconcilietur. Summe enim in bellis providere debent principes et sui, ut habeant Deum secum, quod erit, si obediunt mandatis ejus et illa impleant, prout ait Achyor, alloquens[2] Olofernem, qui, cum recitasset beneficia Dei exibita populo Israhelitico, conclusit dicens : « Nunc ergo, domine mi, perquire, si est aliqua ini« quitas eorum in conspectu Dei eorum, et ascendamus ad illos, quo-

---

[1] *Eccli.* x, 17. — [2] *Judith*, v, 24.

« niam tradens tradet illos tibi Deus eorum et subjugati erunt sub jugo
« potencie tue. Si autem non est offensio populi hujus coram Deo suo,
« non poterimus resistere illis ; quoniam Deus eorum defendet illos et
« erimus in opprobrium universe terre. » Sicut enim ait ille strenuissi-
mus miles Judas Macabeus[1] : « Facile est concludi multos in manus
« paucorum ; et non est differencia in conspectu Dei celi liberare in
« multis et in paucis ; quia non in multitudine exercitus victoria belli,
« sed de celo fortitudo est. »

Secuntur littere per nos impetrate a rege.

Philipus, Dei gracia Francorum rex, ballivo Turonensi salutem.
Dilectus et fidelis noster Andegavensis episcopus nobis fecit exponi,
quod tu de die in diem ad capcionem bonorum Andegavensis ecclesie
pro tue voluntatis arbitrio, nulla causa racionabili subsequente, proce-
dis, quod in gravem, ut asserit, frequenter ipsius redundat lesionem.
Quocirca mandamus tibi, quatinus id facere de cetero non presumas,
absque nostro speciali mandato ; nisi casus tantam acceleracionem requireret, quod nos de facili non posses adire.

Actum apud Pontis[aram][2], die Mercurii in vigilia beati Martini
hyemalis, anno Domini m°cc° nonagesimo quarto.

1294
10 novembre.

Sequitur alia littera.

Philipus, Dei gracia Francorum rex, ballivo Andegavensi ceterisque
prepositis et justiciariis Andegavensibus salutem. Ex conquestione dilecti et fidelis nostri episcopi Andegavensis accepimus, quod vos terras
ipsius, possessiones et jura, feuda seu retrofeuda, ad regalia jura nostra spectancia, occupatis, usurpatis ac in terris ipsius, in quam (*sic*)
omnimodam juridictionem se habere asserit, serjantare ac justiciare
presumitis, licet vobis nullum jus competat talia attentandi. Quocirca
mandamus vobis, quatinus a premissis usurpacionibus et indebitis novitatibus desistatis omnino, talia de cetero nullatenus presumentes ; alio-

10 novembre.

---

[1] *Machab.* I, 18, 19. — [2] Pontoise.

quin ballivo nostro Turonensi damus, tenore presentium, in mandatis, ut, que circa hec invenerit indebite esse facta, ad statum debitum faciat revocari, et coherceat, prout faciendum fuerit, contrarium presumentes. Visis presentibus, eas reddatis latori.

Actum apud Pontis[aram], die Mercurii in vigilia beati Martini hyemalis, anno Domini m°cc° nonagesimo quarto.

Sequitur alia littera.

1294
10 novembre.

Philipus, Dei gracia Francorum rex, ballivo Turonensi salutem. Ex conquestione dilecti et fidelis nostri Andegavensis episcopi accepimus, quod servientes karissimi germani et fidelis nostri comitis Andegavie plures molestias eidem episcopo inferunt in terra ipsius, ad regalia nostra spectante, serjantando et justiciando ibidem, licet nullam ibi juridictionem habere noscantur; et, si aliquando contra tales fiant processus aliqui in foro ecclesiastico, tum per capcionem temporalium ipsius eumdem compellere niteris ad processus hujusmodi revocandos. Quocirca mandamus tibi, quatinus non permittas, quod gentes dicti comitis justicient vel aliquam cohercionem faciant in terra episcopi supradicti, nec episcopum ipsum impedias nec permittas per gentes dicti comitis impediri, quin juridicione sua libere possit uti suasque ac ecclesie sue libertates atque franchisias sibi servari facias illibatas.

Actum apud Pontis[aram], die Mercurii in vigilia beati Martini hyemalis, anno Domini m°cc° nonagesimo quarto.

Sequitur alia littera.

10 novembre.

Philipus, Dei gracia Francorum rex, ballivo Turonensi salutem. Ex parte dilecti et fidelis nostri Andegavensis episcopi nobis est intimatum, quod ballivus et gentes carissimi germani nostri K., Andegavensis comitis terras ipsius, possessiones et jura, feuda et retrofeoda, ad regalia nostra spectancia, occupant et usurpant, ac in terris ipsius, in quam (*sic*) omnimodam juridicionem habere dicitur, serjantare ac justiciare presumunt, licet ipsis nullum jus competat talia faciendi. Quocirca mandamus tibi, quatinus ipsos a premissis usurpacionibus et indebitis novitatibus desistere facias et cessare, et, si quid circa hec inveneris indebite esse factum, ad statum debitum reduci facias et reponi et coherceas, prout faciendum fuerit, contrarium attemptantes, visis litteris, eas reddens latori.

Actum apud Pontis[aram], die Mercurii in vigilia beati Martini hyemali (*sic*), anno Domini м°cc° nonagesimo quarto.

Sequitur alia littera.

Philipus, Dei gracia Francorum rex, senescallis, ballivis, prepositis ceterisque justiciariis nostris, ad quos presentes littere pervenerint, salutem. Intellectis gravaminibus que dilecto et fideli nostro Andegavensi episcopo ac sue Andegavensi ecclesie aliisque ecclesiis, ecclesiasticis personis sue dyocesis asseruntur illata, et que de die in diem a gentibus nostris, ut dicitur, inferuntur injuste, mandamus vobis, quatinus ipsum episcopum, ecclesias et personas ecclesiasticas sibi subditas pace et quiete fovere et servare curetis, eos mittius et curialius pertractrando, ab eorum indebita molestacione cessantes et cessari, prout ad vos pertinuerit, facientes.

1294
10 novembre.

Actum apud Pontis[aram], die Mercurii in vigilia beati Martini hyemalis, anno Domini м°cc° nonagesimo quarto.

Sequitur alia littera.

Philipus, Dei gracia Francorum rex, ballivo Turonensi salutem. Intelleximus quod receptores et servientes deputati ad levandum decimam, quondam nobis concessam, et ejus reliquias, multa extorserunt et adhuc extorquent a pauperibus personis ecclesiasticis dyocesis Andegavensis, exigendo ultra quam debeant et eorum bona minus racionabiliter devastando. Quocirca mandamus tibi, quatinus, si est ita, tales exactores punias, secundum quod ipsos inveneris in hujusmodi deliquisse, compellens ipsos de plano ad taliter extorta reddend[um] et a talibus extorsionibus desistendum.

10 novembre.

Actum apud abbatiam Beate Marie juxta Pontis[aram], in vigilia hyemalis festi beati Martini, anno Domini м°cc° nonagesimo quarto.

Sequitur alia littera.

1294
10 novembre.

Philipus, Dei gracia Francorum rex, ballivo Turonensi salutem. Mandamus tibi, quatinus non permittas, quod lombardi et servientes, deputati ad colligendum pecuniam legatorum indistinctorum in dyocesi Andegavensi, intromittant se de cognicione hujusmodi legatorum, que sint et que non indistincta; sed illi, ad quorum spectat officium, de talibus cognoscant. Et de legatis indistinctis, que, durante quadriennio nobis concesso, per negligenciam gentium nostrarum non fuerunt exacta, non permittas executores vel heredes deffunctorum de cetero molestari et super illis, que per fugam et maliciam ipsorum executorum vel heredum non fuerunt levata, illi, ad quorum officium id pertinet, jus nostrum prosequantur et conservent, absque sacrorum violacione locorum.

Actum apud abbatiam Beate Marie juxta Pontisaram, in vigilia hyemalis festi beati Martini, anno Domini м°сс° nonagesimo quarto.

Sequitur alia littera.

10 novembre.

Philipus, Dei gracia Francorum rex, ballivo Turonensi ceterisque justiciariis nostris, ad quos presentes littere pervenerint, salutem. Mandamus vobis, quatinus dilectum et fidelem nostrum episcopum Andegavensem et ejus officiales non impediatis[1], quominus ipsi cognicione sua ecclesiastica et spirituali gladio possint uti contra raptores et invasores ecclesiasticarum rerum et incendiarios ac violatores ecclesiarum, nec impediatis eos, quominus ipsi per se vel per ministros suos possint capere flagiciosos clericos in civitate et dyocesi Andegavens[ibus] ubique, maxime secundum quod hactenus extitit usitatum.

Actum apud abbatiam Beate Marie juxta Pontis[aram], in vigilia hyemalis festi beati Martini, anno Domini м°сс° nonagesimo quarto.

[1] En marge : *Episcopus et officiales non impediantur in capcione clericorum et flagiciorum.*

Bona littera contra malos judices, ballivos et eorum satellites.

Serpentina viperarum progenies judicum iniquorum ac satellitum pessimorum, corrosis matris Ecclesie visceribus, sic hodie vi erumpit, quod matrem Ecclesiam, que ipsos genuit, more pediculorum, qui ex carne procreantur et, a matre procreati, postmodum eam mordent, adeo excruciant et infestant, quod ipsa, dum servituti, morti civili comparate, adicitur, perimitur et necatur.

Horum enim sitibunda cupiditas ac insaciabilis supra naturam ferarum edax voracitas, leonum rugiencium et ursorum esuriencium seviciam superans, omnia devorat, omnia exterminat, decimas, bona, jura et res ecclesiarum invadit, occupat et usurpat, privilegia, immunitates et antiquas Ecclesie consuetudines violat, adnichilat, destruit et immutat.

Astuta eciam ac sophistica machinacione et callida calumpniarum adinvencione laqueum imittit ad illaqueandum et excoriandum et devorandum populum pauperem, sicut escam panis, iniquas leges statuendo, perversas consuetudines inducendo. Sed juxta Ysaie[1] sentenciam : « Ve, qui condunt leges iniquas, et scribentes injusticiam « scripserunt, ut opprimerent in judicio pauperes et vim facerent cause « humilium populi mei, ut essent vidue preda eorum et pupillos diri- « perent. »

[Et quare tales iniquissimi ac improbissimi religionis Christiane nec non totius rei publice vastatores summi patris, scilicet Dei, persequutores ac matris Ecclesie impiissimi patricide, eam servituti adiciendo, ejus bona, ex quibus debent pauperes sustentari rapiendo, aufferendo, fraudando, occupando, invadendo, testante divina et humana scriptura, homicide et sacrilegi sunt censandi (*sic*); unde dicit Sapiens[2] : *Panis egencium vita pauperis est; qui defraudat illum, homo sanguinis est.* Et rursum : *Qui aufert in sudore panem, quasi qui occidit proximum suum.* Non in sinu matris Ecclesie retinendi; quia, sicut mus in pera, ignis in sinu, serpens

---

[1] *Isaiæ*, x, 1-2. — [2] *Eccli.* xxxiv, 25.

in gremio, male hospitem remunerant, sed pocius eliminandi et expellendi; et, tanquam membrum putridum, a corpore Christi mistico, quod est Ecclesia, gladio sancte matris Ecclesie resecandi, ne totum corpus eorum contagio corrumpatur. Ferro enim abscindenda sunt vulnera, que fomenta non senciunt; pastoris [enim] necessitas habet, ne per plures serpant dira contagia, separare ab ovibus sanis ovem morbidam, ab illo, cui nichil impossibile est, forsitan ipsa separacione sanandam. Tradendi sunt itaque, juxta sentenciam apostoli, hujusmodi Sathane in interitum carnis, ut spiritus eorum in die judicii salvus fiat][1].

Exclamet ergo cum vate Ysaia sancta mater Ecclesia, a filiis vipereis lacerata : « Audite, celi, et auribus percipe, terra, quod Dominus locu- « tus est : Filios enutrivi et exaltavi; ipsi autem spreverunt me. Cogno- « vit bos possessorem suum et asinus presepe domini sui; Israel me non « cognovit; populus meus non intellexit me. Ve ergo genti peccatrici, « populo gravi iniquitate, semini nequam, filiis sceleratis ! » Heu ! hodie ministri Christi sic ineffabilibus oppressionibus, angariis, perangariis, decimis, financiis multifarie multisque modis, hiis periculosis temporibus, affliguntur, angariantur et torquentur, quod non datur eis die ac nocte alicujus requiei intervallum; unde deterioris condicionis videtur esse hodie sacerdocium orthodoxum, quam sub Pharaone fuerit, qui legis divine noticiam non habebat. Ille quidem, omnibus aliis servituti subactis, sacerdotes et possessiones eorum in pristina libertate dimisit et de publico eis alimoniam ministravit; sed hodie, vice versa, ceteris personis immunitati donatis, Ecclesia adicitur servituti. Deploret ergo mater Ecclesia lacrimis irremedialibus (*sic*), videns adimplectum Jeremie [2] vaticinium : *Domina gentium, princeps provinciarum, facta est sub tributo!* Proth dolor! apud Christicolas deterioris et villioris condicionis habentur hodie ministri Christi; quam Christum persequentes et negantes Judei, et cultores ecclesiarum, quam apud Gentiles, qui colebant sculptilia, fuerint ministri et sacerdotes ydolorum.

---

[1] Tout ce paragraphe entre crochets est compris, par le manuscrit, dans un renvoi formé des deux syllabes du mot *vacat*, pour indiquer sans doute que le paragraphe doit être supprimé.

[2] *Thren.* I, c.

Hiis [enim] malis diebus ministri ecclesiarum, qui deberent, juxta sacratissimas imperiales et canonicas ac theologicas sanctiones, omnibus derelictis, omnipotentis Dei inherere misteriis, sic angariati, sic distorti et distracti, a divinis officiis avocati, Deo vacare non possunt nec ejus Ecclesie deservire, nec parvulis, id est, fidelibus populis, petentibus panem sacre doctrine, pabulum verbi Dei, maxime populo Christiano necessarium, queunt, prout incumbit eorum officio, ministrare. Unde implectum est Amos prophete[1] testimonium, sic dicentis : « Ecce dies « veniunt. Dicit Dominus : Et mittam famem in terra, non famem pa- « nis neque sitim aque sed audiendi verbum Domini. » Modo enim per curias, modo per assisias, nunc per aquam, nunc per terras discurrere compelluntur, propter angariaciones et molestias prelibatas, a ballivis, senescallis et aliis ministris tartareis ita excoriantur, exinaniuntur, depopulantur, quod vix remanet eis, unde possint vitam inopem, que esset pocius mors dicenda, miserabiliter sustentare. Clamet ergo Ecclesia, que mamillis regum, primitivis temporibus, lactabatur, ad filios suos, videlicet principes Christianos : O filii dulcissimi, quos per fidem concepi et in lavacro sancti baptismatis parturivi ac sacramentis meis celestibus educavi ac cotidie porrectis maternis uberibus alimentare non cesso, attendite et videte, si est dolor sicut dolor meus. Olim enim mei fideles filii, videlicet principes sacratissimi, dotabant ecclesias, fundabant monasteria, que proth dolor! a filiis infidelibus et impiis, modernis temporibus, destruuntur, enervantur ac eciam confunduntur. Et quia dicti sacratissimi principes fuerunt devoti et humiles Deo et Ecclesie, rex regum et dominus dominantium ipsos mirifice sublimavit, eisdem victoriam et triumphum de hostibus largiendo, terrasque ipsorum hostium in ipsos sua irrefragabili potencia transferendo. Postquam autem cessavit ista devocio et successit ecclesiarum oppressio, qualiter principibus christianis in omnibus suis agendis successerit, taceo, quia rem hujus facti evidencia manifestat. O filii karissimi, sitis, more majorum, Deo et Ecclesie humiles et devoti; ista enim compe-

---

[1] *Amos*, VIII, 11.

tunt principi christiano, videlicet quod sit in eo humilis obediencia, respectu Dei et Ecclesie ejus, Deum pie colendo, Ecclesiam et ministros ejus devocius honorando. Accipite humilitatis et devocionis ac liberalitatis in ecclesiis ac tocius bonitatis exemplum a sanctissimis Romanis principibus, Constantino magno ac Theodosio, Justiniano, Karolo Magno necnon beatissimo Ludovico, nuper regnum Francorum prospere ac felicissime gubernante; de quorum mira devocione ac stupenda in divino cultu pietate ac viscerosa in ecclesiis liberalitate, tam in diversis hystoriis quam in chronicis approbatis, mirabilia referuntur. Unde et hiis principibus sacratissimis gloriosus princeps regum terre, per quem ceteri reges regnant, recompensavit etiam in vita presenti, tribuens eis quasi arram glorie. Nam de felici prosperitate Constantini narrat Augustinus, quod diu imperavit, universum orbem Romanum tenuit et deffendit, in gerendis bellis victorissimus (*sic*) fuit, in tyrannis oprimendis per omnia prosperatus, et grandevus senectute deffunctus est, filios imperatores reliquit, etc. De prosperitate vero Theodosii sibi collata a rege regum narrat Augustinus, qualiter scilicet ipse devicit hostes et qualiter tela hostium a vento in ipsis retorquebantur. De prosperitate Karoli Magni et ejus mirabilibus victoriis ac triumphis loqui non oportet, quia, fama celebri referente et ore vulgi celebrante, adhuc ejus preclara facta toti mundo innotescunt. Sanctitatem autem ac devocionem in Deum et in ecclesias gloriose recordacionis sanctissimi Ludovici, nuper regis Francorum, ac prosperitatem dicti regni et pacis transquilitatem, que suis temporibus floruerunt, facti adhuc recens memoria ineffabiliter preconizat. Humiles ergo principes et devotos Deo et Ecclesie, ut est dictum, in presenti elevat Deus et in futuro glorificat. Superbos vero et sibi et Ecclesie rebelles humiliat et dampnat; unde[1] Sapiens : « Sedes ducum superborum destruxit Dominus et sedere fe« cit mittes pro eis. » Cum itaque nos qui sumus, quasi signum, positi ad sagittam et quibus, racione pastoralis officii, incumbit jura ac libertates nostre Andegavensis ac ceterarum ecclesiarum nostre dyocesis

---

[1] *Eccli.* x, 17.

pro posse deffendere ac tueri, a primordio nostre creacionis, a David de Suis Domibus[1], ballivo Andegavensi, ceterisque allocatis, officialibus et consiliariis magnifici principis domini Karoli, filii regis Francorum ac comitis Andegavie, multifarias ineffabilesque injurias, molestias, oppressiones, ad quas explicandas Salomonis sapiencia et Demostenis facondia minus sufficiens videretur, tam racione Andegavensis quam ceterarum ecclesiarum nostre dyocesis, absque alicujus requiei intervallo, incessanter perpessi fuerimus et cotidie, rupto pacis vinculo ac relegata justicia, perferamus, dictis ballivis, officialibus et consiliariis semper proficientibus in pejus, vulnera vulneribus nequiter infligendo et novis gravaminibus veteribus cumulatis, semper de die in diem contra nos et Ecclesiam aggravantibus manu sua, nos tamen attendentes quamdam interrogacionem[2] in introitu nostro, dum in Andegavensi ecclesia in die nostre consecracionis recepti fuimus nobis factam talem videlicet : Estne ingressus tuus pacificus? et responsionem quam fecimus ad eamdem, hanc videlicet : Pacificus, pensantesque pacem esse legatum, ymo hereditatem Christianorum, testante Salvatore[3] dicente : « Pacem meam do vobis; pacem relinquo vobis » et rursum : « Beati pacifici, quoniam filii Dei vocabuntur[4]; » et si filii, igitur et heredes; unde et columba, de archa Noe emissa, ramum olive retulit ore suo, oliva pacem insinuante, columba vero Sancti Spiritus graciam representante ad significandum, quod viri spirituales debent portare in ore pacem et ad ea que pacis sunt ceteros admonere; nolentesque, extracto furoris gladio, ingredi terram nostram, premissaque gravamina paciencier ac humiliter multo tempore perferentes, credentes humili paciencia adversarios superare, juxta consilium Psalmiste, pacem inquisivimus eamque multis annis, multis locis, multis vicibus persequentes, non enim statim ad excommunicacionum aut interdictorum fulminaciones processimus, sed omnia premissa gravamina humiliter, ut premittitur, tollerantes, ipsum dominum comitem, primo nostre creacionis anno, apud Chateillon in Byturia, non sine magnis sumpti-

---

[1] Voy. ci-dessus, p. 313.
[2] Ibid. p. 253.
[3] Johann. xiv, 27.
[4] Math. v, 19.

bus, pro dicta pace querenda adivimus, et postmodum, pro eadem pace persequenda, Cenomannis bis personaliter profecti fuimus, ad tractandum pacifice cum consiliariis domini comitis antedicti. Tandem demum, in festo Omnium Sanctorum ultimo preterito, apud Compendium, ipsum dominum comitem pro pace in Andegavia conservanda inter ipsum, officiales suos ex una parte et ecclesias et personas ecclesiasticas ex alia, utriusque partis juribus conservatis, repetitis vicibus suppliciter studuimus exorare. Quantum autem nuper et quot diebus, primo apud Salmurium, ubi dictus dominus comes presens erat, et postmodum, eo veniente Andegavis, eodem presente in castro suo, pro dicta pace habenda instit[er]imus, et quantis cordis affectibus et supplicacionum interventibus eam obtulerimus, sciunt, qui presentes fuerunt, qui super hoc possunt testimonium perhibere. Tocius eciam vulgi opinionem super hoc credimus testem esse, ipso domino comite semper dulciter et benigne respondente, volente et jubente jus Ecclesie conservari illesum, si dicti ballivi ceterique officiales et consiliarii ipsius prebuissent assensum. Qui, ut serpentes, accuentes linguas suas, virus mendaciorum in tanta habundancia effuderunt, quod veritas corruit in plateis, et equitas non potuit ingredi, astute iniquitatis jaculis et acutis gladiis linguarum mendacium superata. Sed speramus in Domino, qui est via, veritas et vita, quod veritati porrigens manum suam eamque a terra erigens, victoriam ei dabit, quia veritas semper vincet. Unde scriptum [1] est : « Veritas valet et invalescit in eternum; vivit et obtinet in secula secu- « lorum. ». Perpendentes igitur quod nostra humilitas dictis ballivis, officialibus et consiliariis dat occasionem superbie, et nostra paciencia eisdem tribuit audaciam jura ecclesiarum invadendi, paulatim enim serpendo totum usurpare contendunt, ut pro eis videatur esse dictum illud vetus proverbium : Frustratim comedit lupus agnum, considerantesque quod, absque remorsu consciencie nostre et periculo anime ac subversione Ecclesie ac deffectu justicie, premissas injurias, molestias et gravamina non possumus amplius tollerare, amonicione

---

[1] III *Esdr.* IV, 38.

divine Scripture sic dicente[1] : « Usque ad mortem certa pro justicia et
« Deus expugnabit pro te inimicos tuos. » Et rursum[2] : « Beati qui per-
« sequcionem patiuntur propter justiciam, quoniam ipsorum est regnum
« celorum, admodum roborati ad vos dirigimus presens scriptum, de-
« bite exequcioni tradendum. »

Sequitur alia littera domini regis.

Philipus, Dei gracia Francorum rex, ballivo Turonensi salutem. Mandamus tibi et districte precipimus, sicut et alias mandasse meminimus, quatinus ministris et servientibus karissimi germani et fidelis nostri K. comitis Andegavie inhibeas, [ne] in feodis et locis, in quibus dilectus et fidelis noster Andegavensis episcopus omnimodam justiciam habere dignoscitur, cum episcopus ipse in nostra speciali garda existat, sergentare aut justiciare presumant, ipsos, si secus fecerint, adnimaversione (*sic*) debita puniendo.

1295
19 novembre.

Actum Parisius Sabbato post octabas hyemalis festi sancti Martini, anno Domini m°cc° nonagesimo quinto.

Sequitur alia litera.

Philipus, Dei gracia Francorum rex, ballivo Turonensi salutem. Conquesti sunt nobis dilectus et fidelis noster episcopus ac decanus et capitulum Andegavense, in nostra speciali garda existentes, quod, cum super revocandis gravaminibus et indebitis novitatibus, que sibi per ballivum et alios officiales et ministros carissimi germani et fidelis nostri K., comitis Andegavensis, in prejudicium garde nostre inferri contingit, nostra eisdem ballivo, officialibus et ministris mandata per te diriguntur interdum, tu ipsos ad revocacionem gravaminum et novitatum hujusmodi compellere non curas, nisi per dictos episcopum, decanum et capitulum, parte fundata, super hiis in figura judicii procedatur; ideoque mandamus tibi, quatinus ad revocacionem gravaminum predicto-

3 décembre.

---

[1] *Eccli.* IV, 33. — [2] *Math.* V, 10.

rum non in forma vel figura judicii sed summarie et de plano procedas, cum in hoc casu ex nostro sit officio procedendum.

Actum Parisius Sabbato ante festum sancti Nicolai, anno Domini m°cc° nonagesimo quinto.

Sequitur alia littera.

1296 N. S.
8 février.

Philipus, Dei gracia Francorum rex, ballivo Turonensi salutem. Exposuit nobis dilectus et fidelis noster episcopus Andegavensis, quod tu ipsum et ejus offic[ialem] indebite impedis juridicione sua uti inter curatum ecclesie de Jarzeyo[1], Jametum de Rogeyo[2] et quosdam alios homines parrochiales ecclesie predicte, sue dyocesis, et justiciam facere inter ipsos super decimis non feodalibus, occasione quarumdam litterarum nostrarum ad dictorum Jameti et hominum parrochialium predictorum[3] tibi directarum, continencium quod compelleres ipsos episcopum et officiales et curatum desistere, per capcionem bonorum suorum temporalium, a trahendo et molestando ipsos homines super decimis feodalibus coram ipso episcopo et ejus officiali. Quare tibi mandamus, quatinus occasione ipsarum litterarum dictum episcopum et ejus offic[ialem] inter prefatas personas justiciam facere et juridicione sua uti super decimis non feodalibus impedire, quomodo libet, non presumas.

Actum Parisius, in die Cinerum, anno Domini m°cc° nonagesimo quinto.

Sequitur alia littera.

8 février.

Philipus, Dei gracia Francorum rex, universis presentes litteras inspecturis salutem. Noveritis, quod, cum dilectus et fidelis noster episcopus, decanus et capitulum Andegavense et alii dignitates in ipsa ecclesia habentes, pro necessitate urgente et eminente tocius regni nostri, ad defensionem regni ipsius et incolarum ejusdem, consenserunt, ut valoris partis centesime bonorum hominum suorum laicorum, in

---

[1] Jarzé, canton de Seiches, arrondissement de Baugé.

[2] Rougé, ferme, commune de Jarzé, ancien fief annexé dès le xvi° siècle à la seigneurie de la Fresnaie.

[3] Suppléez le mot *requestam*.

feodis et retrofeodis suis existencium, haberemus levandam per manus eorumdem, dum modo ultra decem libras ab aliquo non levaretur, nobis ad dictam causam seu mandato nostro assignand[as], nolumus quod per hoc ipsis, eorum successoribus, dignitatibus, hominibus et ecclesie aliquod prejudicium nunc vel in posterum generetur nec nobis vel successoribus nostris jus novum contra ipsos acquiratur.

Actum Parisius, die Mercurii ante Brandones, anno Domini m°cc° nonagesimo quinto.

Sequitur alia littera.

Philipus, Dei gracia Francorum rex, ballivo Turonensi ceterisque justiciariis et ministris nostris, ad quos presentes littere pervenerint, salutem. Sicut vobis alias injunxisse recolimus, iterato, districte precipiendo, mandamus, quatinus dilectum et fidelem nostrum episcopum necnon et ecclesiam Andegavensem, in nostra speciali garda existentes, manu teneatis in suis justis et antiquis possessionibus ac libertatibus et inmunitatibus conservetis, et defendatis ab injuriis et violenciis manifestis et novitatibus indebitis, prout justum fuerit et ad vos noveritis pertinere, ipsum episcopum et gentem ejus in hiis, que vobiscum habent vel pro tempore habuerint facere, benignius audientes, curialiter pertractantes et favorem impendentes eisdem, quem poteritis, absque justicie lesione.

Datum apud Ferr[erias]¹, die xiii Februarii, anno Domini m°cc° nonagesimo quinto.

Sequitur alia littera.

Philipus, Dei gracia Francorum rex, ballivo Turonensi ceterisque justiciariis nostris, ad quos presentes littere pervenerint, salutem. Mandamus vobis, quatinus in terra dilecti et fidelis nostri episcopi Andegavensis, in qua omnimodam habet altam et bassam justiciam, aliquos servientes nostros morari continue nullatenus permittatis, nec ad jus-

---

¹ Ferrières en Gatinais (Loiret).

ticiandum in terram predictam mittatis eosdem, nisi in casibus ressorti vel aliis ad nos pertinentibus, et tunc cum patentibus litteris casum exprimentibus, propter quem fuerint specialiter destinati.

Actum apud Vicennas, die viii Augusti, anno Domini m°cc° nonagesimo sexto.

Littera facta super contencione mota inter Guillermum, Andegavensem episcopum, et dominum G. de Courcillon pro feudo de Mota Pendu.

1296
6 septembre.

Universis presentes litteras inspecturis et audituris Egidius decanus, Gaufridus Transligerensis, et Robertus Transmeduanensis archidiaconi in ecclesia Andegavensi, Johannes, scolasticus, Gervasius, major capellanus episcopi, Johannes de Bosco, Guillermus, archipresbiter Burgoliensis, et Matheus, decanus Credonensis, canonici Andegavenses, Hugo, archipresbiter Salmuriensis, et Gaufridus, de Inter Sartam et Meduanam decanus, salutem in Domino.

Dudum inter bone memorie dominum Nicolaum, quondam episcopum Andegavensem, nomine episcopatus et ecclesie Andegavensis, ex parte una, et nobilem virum deffunctum Hugonem de Corcillon, militem, dominum de Mota de Pendu[1] et ipsius episcopi ligium hominem de loco predicto et feodo ipsius, ex altera, gravi contencione mota super medietate omnium emendarum hominum coustumariorum commorantium in territorio de Morenna, eciam de feudo de Podio[2], judicatarum in curia dicti episcopi, quam idem miles ad se pertinere dicebat absque ulla relaxacione, quitacione, diminucione, remissioneve, quam dictus episcopus posset facere de parte emende ipsum militem contingentis, postquam fuisset per senescallum aut allocatum episcopi in curia seculari

[1] *Terra que dicitur Apendutum*, dit une charte du Cartulaire de Saint-Aubin (fol. 25), vers 1036-1049. — *Molendinus de Pendu* 1114-1120, dans le 2ᵉ Cartulaire de Saint-Serge, p. 169. — Aujourd'hui *Pendu*, village, commune de Morannes, ancien fief et seigneurie dont le manoir était ruiné déjà depuis longtemps au xvᵉ siècle. «Ma Mote de Pendu, où jadis avoit maisons et demourance, douves et fossez,» dit l'aveu de 1493. La terre appartenait, à la Révolution, aux Ursulines d'Angers par acquêt du 6 juillet 1676.

[2] Le Pé, aujourd'hui Notre-Dame-du-Pé (Sarthe).

de Morenna judicata, et super jure exigendi et petendi auxilium, quod idem miles ab hominibus suis in omnibus, in quibus de consuetudine Andegavensi domino temporali est auxilium seu *ayde* faciendum, exigebat et petebat, item super eo quod idem miles vendicabat justiciam et villicariam in dominico suo de Mota et in hominibus ad fidem tenentibus ab eodem, et super multis aliis articulis inter eos contenciosis et in dubium revocatis; tandem nonnullis ex ipsis inter predictos episcopum et militem ordinatis amicabiliter et penitus terminatis, fuit super dicta justicia seu villicaria, quam idem miles dicebat se habere in dominico suo de Mota et homines tenentes ad fidem ab ipso, et super articulo adjutorii seu *ayde* ac emendis feudi de Podio sexaginta solidorum et unius denarii et intra, post varia compromissa, que nullum effectum habuerunt, in venerabiles viros Guillermum, thesaurarium Andegavensem, tunc archidiaconum Transligerensem in ecclesia Andegavensi, et dominum G[uillermum] Majorem, legum professorem, canonicos (*sic*) Andegavens[es], nunc divina providencia episcopum Andegavensem, tamquam in arbitros a partibus communiter electos, et super quibusdam aliis articulis unanimiter compromissum, juramento ab eodem milite personaliter et a procuratore ejusdem episcopi, de mandato ipsius, prestito de tenendo et inviolabiliter observando quicquid ipsi arbitri circa articulos supra dictos ordinarent et facerent et de non veniendo in contrarium aliqua racione. Qui quidem arbitri, diligenter inquisicione prehabita circa predictos articulos, ordinaverunt et per suam sentenciam diffinierunt circa articulum justicie seu villicarie, quod idem miles et sui in feodo de Mota successores in tribus magnis casibus et dependenciis et sequelis ex eisdem, in quibuscumque personis accidant, nichil possint petere nec eciam reclamare nec in explectamentis eorumdem magnorum casuum, scilicet *rat, multre et encys*, sed dicti magni casus et eorum dependencie, sequele et explectamenta ad episcopum et successores suos pertineant in futurum, et quod dictus miles et sui in dicto feudo de Mota successores omnem villicariam aliam et explectamenta ejusdem habeant in hominibus ab eodem milite tenentibus ad fidem in territorio de Morenna. In hominibus vero coustumariis dicti territorii idem miles et successores ipsius nullam villicariam, eciam simplicem vel bassam, petent aut eciam reclamabunt, hoc excepto, quod, si in dominico proprio seu in domanio feudi de Mota aliqui malefactores invenirentur per dictum militem, allocatos aut successores suos, idem miles aut sui in dicto feudo successores vel allocati possent eos capere, in ipso dominico dumtaxat et non extra, eciam in feudo suo, et eos detinere in prisione sua, per quatuor dumtaxat dies, si eos tantum detinere vellent. Non tamen possent eos super forefacto judicare vel justiciare vel aliquam penam eis imponere aut de forefacto cognoscere; sed elapsis quatuor diebus tenerentur eosdem reddere episcopo aut ejus allocatis apud Morennam justiciandos, judicandos, puniendos per curiam ipsius episcopi de Morenna, prout requireret qualitas forefacti. Quam diffinicionem et sentenciam, super hiis et quibusdam aliis articulis prolatam, idem episcopus et miles laudantes et approbantes, expresse tenuerunt verbo et facto et, quamdiu vixerunt, inviolabiliter observaverunt. Sane predictis episcopo et Hugone ab hac luce subtractis, et prefato domino Guillermo in episcopum ordinato, ac domino Guillermo de Courcillon seniore, fratre dicti Hugonis et herede, terram et feudum de Mota obtinente, contigit quod quidam quadrigarius, domesticus familiaris dicti Guillermi mansionariusque in herbergamento de Mota, clam et furtim archam unam in domo de Mota aperuit et bladum exinde furtive subtraxit. Quem pro furto hujuscemodi captum et in prisione apud Motam detentum prefatus miles confessum de furto et convictum condempnavit et morti adjudicavit et, furcas de novo erigens, eumdem quadrigarium intra quatuor dies indeliberate suspendi fecit. Quod cum ad noticiam Marsilii de Pratis, clerici, senescalli domini episcopi, pervenisset, admirans valde quod idem miles, homo ligius episcopi, jura episcopi et episcopatus Andegavensis usurpare volebat et episcopum de possessione vel quasi exercendi et explectandi justiciam spoliare intendebat, tollerare non valens injuriam et violenciam quam idem miles domino suo episcopo conabatur inferre, convocatis hominibus de Morenna, locum, in quo erant furche, statim adiit et prefatum latronem una cum furchis exinde evulsis ad locum, ubi justicia Andegavensis episcopi apud

Moremnam exerceri consuevit, apportari fecit et ad furchas episcopi eumdem suspendi et dimitti jussit. Quod audiens idem miles dominum Andegavensem episcopum adiit, supplicans et petens ab eo, quod latronem et furchas, de quibus seneschallus ipsius eumdem spoliaverat, sibi restitueret et injuriam sibi faceret emendari. Ad quod ex parte episcopi fuit ex adverso responsum, quod idem miles, qui nunquam in possessione exercendi vel explectandi justiciam fuerat, dici non poterat spoliatus; et cum per composicionem factam inter predictos Nicolaum, bone memorie episcopum Andegavensem, et deffunctum Hugonem, fratrem dicti Guillelmi, qui terram et feudum de Mota jure hereditario possidebat et tenebat, liquido appareret et manifeste, quod ad episcopum Andegavensem predicta justicia et non ad dictum militem pertinebat, non erat eidem militi restitucio facienda, sed pro violencia, quam domino suo episcopo intulerat, et jure ipsius, quod indebite usurpare volebat, emendam domino et episcopo facere et gagiare debebat. Cumque super hiis inter predictos dominum episcopum et Guillermum fuisset diucius altercatum, tandem idem Guillermus, ductus consilio procerum, ballivi Andegavensis et multorum nobilium cum eo ibidem assistencium, super predictis voluntati, arbitrio dicto et ordinacioni domini episcopi se supposuit et omnino commisit, promittens tenere pro se et heredibus suis quicquid idem dominus episcopus diffiniret, diceret seu eciam ordinaret, et ad id voluit per judicium secularis curie episcopi judicari, ad quod Johannes Pointelli, allocatus episcopi, tenendum et inviolabiliter observandum judicavit et condempnavit eumdem. Ipse vero episcopus, facti et juris episcopalis non ignarus, utpote qui alias, una cum prefato thesaurario, de jure et possessione episcopi Andegavensis et prefati Hugonis, domini de Mota, diligenter inquisiverat et per fide dignos in hiis erat instructus fideliter, pronunciavit predictam justiciam et villicariam ad ipsum et episcopatum Andegavensem pertinere, et prefatum Guillermum et heredes suos condempnavit ad tenendum et inviolabiliter observandum composicionem inter dominum Nicolaum episcopum Andegavensem, predecessorem suum, et deffunctum Hugonem, fratrem dicti Guillermi, et ad non veniendum in contrarium in futurum. Cujus domini episcopi dicto, diffinicioni et sentencie prefatus Guillermus acquiescens, et ad gremium ipsius veniens, emendam gagiavit pro causa et facto predictis ad voluntatem et arbitrium domini episcopi supradicti. Ipse autem dominus episcopus predictum Guillermum, hominem suum ligium, benigne suscipiens, ad preces magnorum nobilium, ballivi Andegavensis et nostras, prefatam emendam Guillermo quitavit et penitus remisit.

Actum Andegavis in camera episcopi Andegavensis, nobis ibidem et multis aliis presentibus, die Jovis ante festum Nativitatis beate Marie Virginis; et nos in testimonium premissorum litteris presentibus sigilla nostra duximus apponenda, anno Domini m°cc° nonagesimo sexto.

Forma juramenti, quod debet facere episcopus Andegavensis ecclesie Sancti Laudi Andegavensis in primo adventu dicte ecclesie.

1297 N. S.
9 janvier.

Noverint universi, quod, cum inter nos Guillermum, divina permissione episcopum Andegavensem, ex una parte, et venerabiles viros decanum et capitulum ecclesie Sancti Laudi Andegavensis[1], ex altera, quedam ambiguitas verteretur super quodam juramento, quod in prima visitacione nostra ecclesie Sancti Laudi predicte, juxta morem predecessorum nostrorum, ut dicti decanus et capitulum asserebant, facere tenebamur, nobis respondentibus, quod parati eramus dicte ecclesie facere juramentum, si et prout predecessor noster fecerat, super hoc sufficienter ex parte ipsorum informati, tandem productis testibus ex parte dictorum decani et capituli coram examinatore curie nostre Andegavensis, de communi concordia plene et sufficienter probatum extitit, quod predecessor noster in prima sua visitacione dicte ecclesie ante portas ipsius ecclesie, antequam ingrederetur eamdem, memorate ecclesie quoddam prestiterat sacramentum, sed sub qua forma factum fuisset, ignorabant testes super hoc producti et examinati, ut predicitur; et sic de juramento constitit, forma ejusdem non probata et in dubio remanente. Super forma autem dicti juramenti a nobis dicte

---

[1] L'église Saint-Germain en Saint-Laud, où avait été transféré, en 1234, le chapitre fondé par les comtes dans leur château, alors reconstruit par saint Louis.

ecclesie faciendi diucius altercato, finaliter, de voluntate et consensu capituli nostri Andegavensis et dicti capituli Sancti Laudi, in nostra prima visitacione, quam in eadem ecclesia Sancti Laudi fecimus, die Mercurii post Epiphanyam Domini, anno ejusdem m°cc° nonagesimo sexto, ante fores ipsius ecclesie Sancti Laudi clausas, antequam ingrederemur eamdem, quoddam juramentum fecimus sub hac forma :

« Nos Guillermus, episcopus Andegavensis, juramus nos prestituros
« bonum consilium et fidele pro posse nostro ecclesie Sancti Laudi
« Andegavensis, cum ex parte decani et capituli ejusdem ecclesie fueri-
« mus requisiti. »

Presentibus ad hoc ibidem venerabilibus viris Egidio, decano ecclesie Andegavensis, Johanne de Bosco, scolastico Andegavensi, Guillermo, archipresbitero de Burgulio, Gervasio Homine Dei, Stephano de Burgulio, officiali Andegavensi, Andrea de Haya, magistro Matheo Piquot, canonicis Andegavensibus, Hugone Odardi [1], archipresbitero de Salmuro, socio nostro, domino Philipo de Plessiaco, decano sepedicte ecclesie Sancti Laudi, Johanne Agni, canonico ejusdem ecclesie, et Herberto, rectore ecclesie de Chatelein [2], capellano nostro, multisque aliis ibidem congregatis.

Littera anathematis.

Universis presentes litteras inspecturis et audituris Guillermus, permissione divina Andegavensis episcopus, salutem et sinceram in Domino caritatem. Prout sacrorum canonum et sanctorum patrum protestatur auctoritas, pastoris necessitas habet, ne per plures serpant dira contagia, separare ab ovibus sanis morbidam, ab illo, cui nichil est impossibile, ipsa forsitan separacione sanandam. Nescientes enim quis pertineat ad predestinatorum numerum, quis non pertineat, sic affici debemus caritatis affectu, ut omnes velimus salvos [3] fieri. Prelati precipue, curam animarum habentes, summam deberent ha-

1298.
23 octobre.

---

[1] C'est le futur successeur de notre évêque. — [2] Châtelain, canton de Bierné, arrondissement de Châteaugontier (Mayenne). — [3] Le mot est répété dans le manuscrit.

bere curam de hiis qui pereunt, quatinus eorum redargucione aut corrigantur a peccatis, aut, si incorrigibiles apparuerint, tanquam ovis scabiosa a caulis, et velut menbrum putridum a corpore Christi mistico, quod est Ecclesia, separentur, ne eorum contagione sive consorcio grex fidelium corrumpatur. Ferro enim excommunicacionis abscindenda sunt vulnera et putride carnes corporis resecande, que fomenta non sentiunt medicine. Cum itaque David de Suis Domibus, ballivus Andegavie, et Darianus dictus Bidoyn, subballivus Andegavis, eorum matrem, Andegavensem ecclesiam, more prolis vipereæ, crudeliter lacerantes eamque tam spiritualitate quam temporalitate sua exheredare conantes eidemque inenarrabiles injurias, gravamina et molestias inferentes, tam ex parte nostra quam officialis nostri pluries requisiti et moniti, resipiscere noluerint a premissis, sed tanquam incorrigibiles et in sua malicia perseverantes et dicte ecclesie semper pejora pejoribus inferre non cessantes, pluribus excommunicacionum sentenciis, tam autoritate canonum quam conciliorum provincialium, quam eciam officialis nostri predicti, fuerint et adhuc sint innodati et a corpore Christi mistico, quod est Ecclesia, tanquam oves morbide et membra putrida, segregati, pro eo maxime quod nostram juridictionem ecclesiasticam impediendo et perturbando, Johannem dictum Le Chapelier, civem Andegavensem, occasione litis mote ex parte ipsius coram officiali nostro predicto super hiis de quibus ad nos tam de jure quam de antiqua et approbata consuetudine juridictio dignoscitur pertinere, ceperunt et capi fecerunt et adhuc ipsum detinent carceri mancipatum, ac iterum dictus ballivus, pro eo quod in terris nostris de Villa Episcopi et de Bauneyo, in quibus omnimoda juridictio tam temporalis quam spiritualis ad nos, nomine episcopatus Andegavensis, pertinet pleno jure, Matheum de Vineis, hominem nostrum mansionarium et estagiarium in dicta terra de Villa Episcopi, et penes quosdam alios mansionarios et estagiarios nostros dicte terre duos boves et quedam alia bona mobilia, ac Michaelem Carnificem, hominem nostrum mansionarium in dicta terra de Bauneio, cepit et cepi fecit et adhuc captum detinet et detentum, nittendo (*sic*) de novo juridictionem temporalem in dictis terris nostris usurpare et easdem terras nostras de novo subicere et supponere juridictioni temporali domini comitis Andegavie, in prejudicium et exheredacionem episcopatus et ecclesie predicte, ac insuper dictus ballivus, pro eo quod, cum dictus officialis noster, occasione premissorum, contra ipsum et contra quosdam alios allocatos et servientes domini comitis Andegavie predicti super multis violenciis et injuriis, nobis et episcopatui Andegavensi predictis ab eisdem illatis, per nostram juridicionem ecclesiasticam procederet, secundum quod eidem officiali incumbebat et facere poterat et debebat, tam de jure quam de antiqua consuetudine optenta et approbata a tempore cujus memoria non existit, temporalitatem nostram, quam habemus, nomine episcopatus predicti, apud Bustam[1] et in hallis Andegavensibus per manum regiam capi et sesiri fecit et procuravit et adhuc captam et sesitam facit et procurat detineri injuste; et hiidem ballivus et subballivus, dictas excommunicacionum sentencias diu dampnabiliter sustinentes, cum sollempnitate qua decet et que consuevit in Andegavensi dyocesi in talibus observari, fuerint aggravati dictasque excommunicacionum et aggravacionum sentencias diu sustinuerint et adhuc sustineant cordibus et animis induratis, claves sancte matris Ecclesie villipendentes, in suis maliciis obstinati, offensionem divinam incurrere et in eadem perseverare non verentes, immo pro suis usibus accumulantes mala malis, Dei timore postposito, contra nos et dictam Andegavensem ecclesiam, occasione dictarum sentenciarum, manum regiam et suam de die in diem aggravent et procurent aggravari, maxime faciendo nos bonis nostris omnibus temporalibus et, quod gravius est, spiritualibus, scilicet decimis, spoliari, et a maneriis nostris, ibidem custodibus ex parte domini regis appositis, ipsis procurantibus, relegari; adeo quod extra civitatem Andegavensem non habemus ubi caput reclinare possimus; nos attendentes ipsos ballivum et subballivum in profundo malorum constitutos, et quod invasores rerum ecclesiasticarum collatarum ecclesiis pro remedio peccatorum, tanquam sacrilegi sunt, ana-

---

[1] Probablement La Boueste, commune de la Daguenière.

themati usque ad satisfacionem congruam supponendi, ut quos timor Dei a malo non revocat, saltim cohercere debeat severitas ecclesiastice discipline, cum capitulo nostro deliberacione prehabita diligenti, dolentes et cum cordis amaritudine, cum istis duodecim probis viris et honestis sacerdotibus, inductis sacerdotalibus ornamentis, lucernas in manibus ardentes tenentibus, assistentibus nobis in pontificalibus constitutis in hac presenti synodo, quam hodie in hac nostra Andegavensi ecclesia celebramus, presente clero et populo, eosdem ballivum et subballivum, secundum sanctorum patrum instituta, tanquam exortes (sic) a regno Dei, a liminibus sancte matris Ecclesie et consorcio omnium fidelium et tocius celestis curie eliminantes et excludentes ipsosque Sathane tradentes in interitum carnis, ut eorum spiritus in die judicii salvi fiant, in hiis scriptis anathematizamus, cum sollempni pulsacione campanarum, ipsas candelas accensas in terram proicientes ac pedibus conculcantes et extinguentes, ac anathematizatos et a communione Dei et Sanctorum sancte matris Ecclesie et omnium fidelium separatos publice nunciamus et in ecclesiis civitatis et dyocesis Andegaven[sis] precipimus publice et sollempniter nunciari, presentibus ad hoc clero in dicta synodo congregato et populo civitatis Andegavensis voce preconia ad hoc specialiter evocato, et specialiter religiosis viris Johanne Sancti Sergii, Michaeli Omnium Sanctorum Andegav[is], Gaufrido de Rota et Matheo de Mellineys monasteriorum abbatibus, ac venerabilibus Egidio decano, Johanne cantore, Gaufrido Transligerensi archidiacono in ecclesia Andegavensi, necnon Stephano de Ludio, Hugone Salmuriensi, Gaufrido Burgoliensi, Mauricio Andegavensi et Johanne de Fixa archipresbiteris, Matheo de Credonio et Petro de Inter Sartam et Meduanam decanis, et aliorum virorum ac mulierum multitudine copiosa. In cujus rei testimonium, ad perpetuam memoriam posterorum, presentem litteram sigillo nostro, una cum pluribus sigillis dictorum abbatum et venerabilium virorum et archipresbitorum et decanorum superius nominatim expressorum, fecimus consignari.

Datum et actum die synodi predicte, que fuit die Jovis post festum beati Luce evangeliste, anno Domini m°cc° nonagesimo octavo.

Hic inseruntur gravamina ecclesiis provincie Turonensis illata, per G. Majorem, episcopum Andegavensem, domino Philipo, regi Francie, Senonis exposita, die Ram[is] palm[arum], anno m°cc° nonagesimo nono[1].

Hec sunt gravamina et prejudicia, que prelatis et ecclesiis ac personis ecclesiasticis provincie Turonensis, tam in spiritualitate quam in temporalitate, ab officialibus domini regis et aliis potestatibus secularibus inferuntur, dicto domino regi, de cujus consciencia, ut scimus, talia non emanant, et ejus consiliariis exponenda.

1299 N. S.
12 avril.

Et primo loco tangenda sunt gravamina que in spiritualibus irrogantur; deinde illa que temporalitatem tangunt, quam brevius fieri poterit, annectentur.

Articulus spiritualitatis dividitur, quia primo de prejudiciis et gravaminibus, que jurisdicionem contingunt ecclesiasticam, disseretur, et postmodum de decimis et aliis spiritualibus subjungetur.

Primo circa juridicionem spiritualem ecclesiasticam de novo maximum et intolerabile gravamen infertur, super quo inter cetera maxime dolet et amaricatur Ecclesia. Cum enim tam de jure scripto, quam de antiqua consuetudine in eadem Turonensi provincia usitata et approbata a tempore cujus memoria non existit, persone ecclesiastice malefactores suos et injuriatores, ut pote invasores, occupatores, raptores et perturbatores rerum ecclesiasticarum, collatarum ecclesiis a fidelibus pro remedio peccatorum, qui, testante Scriptura, sacrilegi sunt censendi atque anathemati usque ad satisfacionem congruam supponendi, possint et consueverint, coram quo maluerint judice ecclesiastico vel seculari, convenire, jus sue ecclesie prosequendo, hodie, si heedem persone ecclesiastice contra tales malefactores et invasores in foro ecclesiastico jus suum prosequantur, potestates seculares per capcionem bonorum temporalium et quandoque eciam personarum compellunt easdem personas ecclesiasticas a prosequcione juris sui desistere et eciam judicem, videlicet episcopum vel officialem, qui procedit justiciam exhi-

[1] Une note de la main de Cl. Gab. Pocquet de Livonnière dit que d'Achery n'a pas publié ce document : *ne judices regii offendantur, quos optime colunt monachi Meuriani*.

bendo, per similes capciones rerum et personarum, tales processus revocare, forma juris minime observata. Quod est, si quis claro oculo intueatur, sancte matris Ecclesie suum gladium spiritualem auferre et clavium suarum potestatem penitus absorbere. Utrum tales varias excommunicacionum sentencias evadere queant, lector studiosus, maxime juris peritus, diligenter advertat; et ne res exemplis careat, factum quod nuper in persona episcopi Andegavensis accidit in medium proponatur.

Cum enim officialis dicti episcopi contra quosdam servientes domini comitis Andegavie, qui res, jura, bona et homines ipsius episcopi et ecclesie sue maxime ad gardam domini regis et ejus regalia pertinentia capiebant, occupabant, invadebant et perturbabant, quosdam processus faceret, per suam juridicionem ecclesiasticam procedendo super causis, questionibus et querelis, que ad eamdem juridicionem ecclesiasticam de jure et antiqua consuetudine approbata et obtenta a tempore cujus non extat memoria, pertinere noscuntur, dictus episcopus ad procuracionem ballivi Andegavie per quemdam servientem domini regis, qui dicitur Petrus de Bonay, a ballivo Turonie missum, ex arrupto et sine cause cognicione, suis bonis omnibus temporalibus extitit dessesitus et a suis domibus et maneriis relegatus innominiose et ejectus, quibusdam garcionibus male fame et deterioris vite per dictum Petrum custodibus appositis in eisdem, qui redditus et proventus tocius temporalitatis sue per decem et octo septimanas receperunt et miseros homines dicti episcopi ineffabiliter molestarunt, eosdem diversis exaccionum generibus affligendo, ita quod non habebat dictus episcopus domum propriam, in qua caput reclinare valeret. Et quod est dictu mirabile et horrendum, dictus Petrus domum ipsius episcopi episcopalem, quam habet Andegavis, conjunctam et contiguam ecclesie Andegavensi, ex qua dictus episcopus ipsam ecclesiam ingreditur, causa audiendi missas, vesperas et matutinas, et in qua ipse consuevit abbates confirmare, causas spirituales audire, et in qua officialis et sigillator ipsius habitant et habitare consueverunt, in manu domini regis sesivit, ibidem custodem apponendo, precipiendo officiali et sigillatori dicti episcopi in dicta domo manentibus, ut inde exirent et domum eamdem vacuarent.

Cum vero dictus episcopus sic a propriis domibus relegatus, eo tempore, causa suam celebrandi synodum, Andegavis accedens, apud quemdam civem Andegavensem tribus diebus aut quatuor secessisset, dictus civis jussus fuit per dictum servientem se reddere in castro Andegavensi et ibi prisionem tenere; quod videns episcopus memoratus nolensque dictum civem, occasione ipsius, indebite molestari, a dicto loco recessit.

Item dictus Petrus de Bonay et custodes in dictis domibus et maneriis appositi ab eodem compulerunt dictum episcopum domos suas et maneria bonis suis mobilibus vacuare et garnimenta sua et utensilia, vina, blada et hujusmodi ad alia loca transferre cum summariis et quadrigis, magnis laboribus et expensis; et cum temporalitas predicta eidem episcopo post modum deliberata fuisset, dictus Petrus retinuit de redditibus et proventibus temporalitatis predicte, per ipsum et ejus ministros predictos receptis, durante tempore supradicto, fere ducentas libras, et adhuc ipsas eidem episcopo reddere contradicit. Majora gravamina et ultragia dicto episcopo irrogari non possent, si fuisset proditor regni aut reus criminis lese majestatis. Non ita agitur cum baronibus et militibus, quorum cum bona temporalia in manu domini regis sesiuntur, ad castra sua et maneria accedere et ibidem manere non prohibentur, nec bona sua inde transferre coguntur, nec in ipsis maneriis custodes et comestores apponuntur; item bona sua omnia, non nisi ex maxima causa, capiuntur, sed aliqua villa vel predium. Bona vero prelatorum pro modica causa, immo pro nulla, capiuntur omnia.

Secundo, ecclesiastica juridicio per easdem potestates seculares et judices hiis diebus fere totaliter enervatur. Nam ipsi judices seculares suis clam et palam inhibent subditis, ne quis eorum laicum coram ecclesiastico judice conveniat. Trahentes vero multifarie multant necnon carceri mancipant; et ubi in eos animavertere non valent, modis quibus possunt, amicos ipsorum carnales offendunt.

Tercio, si aliquis laicus ad instanciam laici vel eciam persone ecclesiastice, que sub juridicione potestatis secularis aliqua temporalia bona possideat, excommunicatus fuerit, actor ad absolucionem excommunicati procurandam, expensis propriis, per suorum bonorum temporalium et plerumque proprii corporis capcionem, compellitur, licet de antiqua, approbata et hactenus pacifice observata consuetudine judices ecclesiastici inter laicos consueverint in civilibus personalibus actionibus cognoscere et judicare; qui ecclesiastici judices ad suarum revocacionem sentenciarum plerumque supradictis modis coguntur.

Quarto, judices seculares omnem interpretantur actionem esse realem, in qua de re quacumque mencio habetur, et ad suum forum contendunt pertinere.

Quinto, licet confessio facta a clericis coram judice seculari non valeat, ipsi tamen seculares judices, propter confessiones et litterarum suarum obligaciones, a clericis coram ipsis emissas, ipsos clericos ad solvendum compellunt et in bonis mobilibus et immobilibus eorumdem execucioni demandant.

Sexto, si sint contra aliquem duo judicata, unum factum in foro ecclesiastico de priori tempore, aliud in foro seculari de posteriori, tamen ipsi illud posterius judicatum priori, in foro ecclesiastico facto, de facto preferunt, per hoc juridicionem ecclesiasticam, quantum in se est, adnullantes.

Septimo, dicti justiciarii seculares sepe nuncios, deferentes litteras domini pape et legatorum ejus necnon et ordinariorum, verberant, capiunt et incarcerant, litteras ab eis aufferentes et eciam ipsas litteras comedere quandoque compellunt.

Octavo, non nisi ad semiplenam probacionem solum coram se litteras ordinariorum admittunt, quibus debet adhiberi plena fides de consuetudine et de jure; et ita fuit semper hactenus observatum.

Nono, ubi coram eis excommunicacionis excepcio ad repellendum agentem vel ferentem testimonium opponitur, nichilominus excommunicatum ad agendum et testimonium ferendum admittunt.

Decimo, excommunicatos, qui hactenus ad mandatum ordinariorum, maxime in Turonensi, Cenomannensi et Andegavensi dyocesi[bus] compelli consueverunt, per justiciarios seculares pro sua absolucione petenda non compellunt, prout consueverunt; et si forsan excommunicatorum bona asserunt se cepisse, frivolus aut nullus communiter sequitur effectus, cum plus verbo faciant quam re ipsa; et sic de die in diem hereses pullulare non cessant.

Sequntur alia gravamina, que per easdem potestates seculares in aliis spiritualibus Ecclesie inferuntur.

Et primo de decimis est agendum. Compellunt enim personas ecclesiasticas de decimis acquisitis financiam prestare aut eas ponere extra manum; quod est mirabile et horrendum. Quid enim spiritualius est decima? Quis sane mentis dubitat decimas tam de jure divino quam humano, Novo et Veteri Testamento, ad ecclesias et ministros Ecclesie pertinere, licet a quibusdam laicis in divini Testamenti injuriam detineantur, cum gravi periculo animarum. Unde, si ecclesia maxime parrochialis ab aliquo laico decimam ad se trahat, non videtur aliquid noviter adquirere sed ad se jus suum et dominium revocare. Quare ergo de suo et quod semper fuit suum compelletur finare.

Secundo, si persone ecclesiastice in casu licito decimas de manu redimunt laicorum, proximi illius laici in genere dictas decimas nituntur retrahere, offerendo redempcionis precium infra annum, juxta consuetudinem patrie in rebus temporalibus approbatam; et ad hoc faciendum compelluntur dicte persone ecclesiastice per potenciam justicie secularis.

Tercio, laici decimas, quas cum animarum periculo detinent, in alios laicos transferunt, empcionis aut alio quovis titulo, contra canonica instituta; et super tali abusu a seculari justicia deffenduntur.

Sequuntur gravamina, que in temporalitate dictis personis ecclesiasticis inferuntur.

Primo, cum archiepiscopus Turonensis et suffraganei ipsius provincie coram domino rege Francie aut coram ejus consiliariis, officialibus vel ballivis in pallamentis ipsius domini regis vel alibi nonquam consueverint respondere, dicti prelati sepe citantur coram dicto domino rege aut coram consiliariis, senescallis, officialibus vel ballivis predictis; et quia non respondent, sicut nec facere consueverunt nec possunt sine offensa juris et periculo sui status, bona eorum temporalia per eosdem consiliarios, ballivos et alios officiales dicti domini regis sesiuntur, capiuntur, a suis domibus et maneriis villissime expelluntur, custodibus ex parte domini regis appositis in eisdem, qui redditus et proventus, ad eadem maneria pertinentes, recipiunt, omnia dilapidant et consumunt, dampna gravia et prejudicia, que de facili explicari non possent, eisdem prelatis et suis ecclesiis infligendo; et ista vel similia in personis Briocensis, Corisopitensis et Leonensis episcoporum acciderunt. Et sicut dictum est de majoribus prelatis, ita contigit multociens de quibusdam abbatibus et prioribus ac nonnullis aliis personis ecclesiasticis dicte provincie, que coram potestatibus secularibus nunquam litigando consueverunt respondere.

Secundo, cum dominus rex Francie in quibusdam ecclesiis cathedralibus dicte provincie vacantibus habeat regalia, de excessu regaleatorum est inserendum. Que enim dampna et gravamina ecclesiis viduatis, quas deberent deffendere et tueri, unde racione garde debentur regalia, irrogent, satis patuit in ecclesiis Turonensi, Cenomannensi et Andegavensi, pastorum solatio destitutis. Custodes enim regalium forestas permaximas, vendicioni a tempore, cujus extet memoria, nonquam expositas, vendicioni exposuerunt, carpentatores et cisores arborum undique perquirendo, ut ante electionem totum possint extirpare, dando duas denariatas pro obolo. Immo firmiter creditur, quod de foresta ecclesia Andegavensis, quam, ea vacante, vendicioni exposuerunt, nichil lucri reportaverunt, immo plus constitit ad explectandum et scindendum, quam fuit emolumentum quod inde habuerunt[1], sic ecclesiam graviter dampnificando et nullum lucrum aut modicum domino regi afferendo. Tempore vacacionis stanna piscium evaquant et vendicioni, immo perdicioni, exponunt; garennas cuniculorum dissipant et denudant, et breviter, quicquid possunt, eo tempore destruunt et devastant.

[1] Voy. ci-dessus, p. 324.

Qualiter per easdem potestates seculares gravate fuerint et adhuc graventur ecclesie, super rebus a quinquaginta annis citra ab eisdem acquisitis, non est facile explicare. Aut enim cogebantur et coguntur res sic acquisitas ponere extra manum, aut financiam prestare, valorem rei aut empcionis precium excedentem.

Item, si aliquis laicus contra personam quancunque ecclesiasticam coram judicibus secularibus super aliqua re eciam ecclesiastica se aplegiet, nisi ipsa persona ecclesiastica se complegiaverit, illius rei possessione privatur et in applegiantem transfertur, licet ecclesiastica persona se aplegiare non possit, alioquin excommunicacionis sentenciam incurreret ipso facto.

Item in casu, in quo, pro delicto unius laici, sesiendo unum ipsius predium essent contenti, omnia bona persone ecclesiastice sesiunt, et in earum plerumque ponunt maneriis comestores, et incomparabiliter in peccuniariis emendis laicis plus gravantur.

Item, ubi precipitur per secularem potestatem capi temporalitas alicujus ecclesie, omnia tam spiritualia quam temporalia, que habet ecclesia, sesiuntur, et omnia premissa contineri sub temporalitatis appellatione decernunt.

Item, sunt aliqui barones et alii domini temporales, qui de fructibus beneficiorum personarum ecclesiasticarum, quos per terras vel aquas defferri faciunt, de novo pedagia exigunt, in prejudicium ecclesiastice libertatis.

Item, si laicus nobilis res quascumque, ab Ecclesia juste ab antiquo possessas, eciam decimas a rege vel comite se tenere advoat, in manu domini regis vel comitis sesitur statim, et possessio advoanti traditur, nisi persona ecclesiastica se aplegiet et in foro seculari de hoc litigare velit; quod tamen non potest, ut superius continetur.

Item, si aliquod delictum committatur in feudo Ecclesie aut in loco, ubi ipsa Ecclesia habeat omnem juridicionem altam et bassam, si pretendatur, licet falso, predictum delictum fuisse factum in chemino regis, quantumcumque patenter alibi factum fuerit, eciam in loco sacro, regales cognicionem, punicionem et justiciam sibi vendicant et usurpant, non cognito vel alias probato, quod in chemino factum fuerit, quanquam notorium sit delictum alibi fuisse perpetratum, oblata probacione super hoc non admissa; et ista consuetudo a viginti annis citra extitit introducta.

Quam gravia onera, tallias, angarias et perangarias hominibus prelatorum et ecclesiarum imponant, eosdem homines, qui ab eorum potestate consueverint esse liberi et immunes, ceteris gravius onerando et affligendo, non potest breviter explanari. Adeo enim dictos miseros homines talliis et aliis variis exactionibus onerant et affligunt, quod oportet eos a dominio ecclesiarum recedere et ad districtum laicorum se transferre. Cotidie enim capiuntur, distringuntur, carceri mancipantur, et ibi tamdiu detinentur, quousque tallias et exactiones gravissimas et importabiles solverint, adeo quod necesse habent possessiones suas et facultates ad qualecumque precium alienare; et postea oportet eos, mendicando per orbem, panem hostiatim quiritare. Quot enim vidimus ante quadriennium divites et potentes, qui modo fame pereunt, panem per hostia mendicantes! Unde dicte potestates seculares hiis diebus juridicionem et auctoritatem prelatorum et aliarum personarum ecclesiasticarum adeo evacuant et enervant, ut nichil potestatis videatur eis in suis terris et hominibus remansisse. Per terras enim ecclesiarum discurrentes, in eisdem justiciant et sergentant, bona capiunt, omnia devorant et absorbent, dictas terras et homines earum servituti subigendo et potestati sue de novo submittendo.

Qualiter autem se habeant servientes domini regis circa exactionem duarum decimarum, quas a personis ecclesiasticis petunt, non esset absque profundis suspiriis referendum. Dicti enim servientes cum multitudine armatorum per abbatias, domos canonicorum et aliarum personarum ecclesiasticarum discurrentes, frangunt domos et hostia, celaria, archas et orrea, secum ferunt quod inveniunt, vendunt ad magnum forum, ut statim pecuniam habere possint, non servantes modum debiti petiti aut decime reddi aliter consuete. Heu heu! quis posset lacrimas continere, videns sarcinas et troussellos ac involucra pannorum, vestimentorum, linteorum, coopertoriorum et aliorum utensilium, que penes miseras personas ecclesiasticas, non habentes quod solvant, rapiunt, et per civitates et opida defferri faciunt cum summariis et quadrigis. Equos dictarum personarum ecclesiasticarum, ubicumque inveniunt, capiunt et secum ducunt et eis utuntur, immo abutuntur, eosdem equitando vel al[ias] suis usibus applicando. Unde nuper accidit Andegavis, quod quidam archipresbiter, valens homo, capellanus Andegavensis episcopi, et quidam clericus suus, ad domum ipsius episcopi episcopalem Andegavis pro suis negociis venientes, de equis suis descenderant. Quibus descensis, vix amotis pedibus de stripudiis, affuerunt quidam servientes domini regis, ut dicebant[1], qui dictos equos statim ceperunt et secum adduxerunt, quos dictus archipresbiter sequenti die vix habere potuit sub pignoribus argenti ab eo datis; et pro gagiis sive stipendiis dictorum servientium oportuit dictum archipresbiterum solvere decem solidos, preter expensas equorum. Quibus excessibus non contenti, post paucos dies, ad domum ipsius archipresbiteri accedentes et ejus cameram violenter frangentes, libros suos inde asportaverunt. Que omnia injuriosissime facta sunt, cum dictus archipresbiter ad nullam decimam teneretur, cum anno precedenti, pro quo petuntur due decime, vacasset beneficium suum per mortem, et pro eo finasset cum collectoribus domini regis super annalibus beneficiorum recipiendis deputatis, et pro dicta finacione centum decem libras dictis collectoribus persolvisset. Quid plura? Dicti servientes non adeo sunt soliciti de dictis decimis colligendis, quam de suis gagiis seu stipendiis exigendis; unde pro qualibet vice, qua dicti servientes veniunt ad domum miseri sacerdotis, prioris vel alterius persone ecclesiastice pro decima requirenda, ante omnia quinque solidos pro suis gagiis exigunt et extorquent, pro quatuor vicibus viginti solidos reportantes, et sic quinque gagia eorum adequantur quantitati decime vel excedunt. Insuper a multis personis ecclesiasticis et eciam laicis donaria et exennia recipiunt, ut a peticione subvencionum, quas ab eisdem requirunt in totum quandoque vel ad tempus

---

[1] Le manuscrit porte *dicebat*.

supersedeant vel desistant. Preterea ad ecclesias, de quibus nonquam fuit soluta decima propter tenuitatem reddituum, accedunt, ut saltem, si non decimam, tamen sua gagia valeant extorquere. Sic totum devorant ministri detestabiles et miserum populum degluciunt, sicut escam panis, unde, qui nuper erant garciones pauperes et egeni, nunc equitant magnos equos et induuntur vestibus preciosis, replent spoliis pauperum domos suas, vasa argentea et deaurata faciunt fabricari ac de iniquitatis mamonna thesaurizant. Per hunc modum depauperatur regnum, subditi clerici et laici ad miserabilem et ineffabilem inopiam et paupertatis ergastulum demerguntur. Que utrum regi et regno expediant, ponderet sapiens indagator. Expedit enim rei publice subditos locupletes habere; et thesaurus regni est habundancia subditorum.

Supplicant ergo persone ecclesiastice dicte provincie Turonensis regie majestati, quod de benignitate solita super premissis adhibeat et adhiberi faciat remedium oportunum;

Item, quod ecclesiis et personis ecclesiasticis dicte provincie observet et observari faciat suas franchisias et libertates ac antiquas consuetudines, sicut observate fuerunt temporibus predecessorum suorum et maxime diebus beatissimi Ludovici, avi sui;

Item, quod ipse mittat viros Deum timentes, in quibus sit veritas et qui oderint avariciam, ad partes dicte provincie Turonensis, ad inquirendum et corrigendum excessus officialium suorum et aliarum secularium potestatum et statum dicte provincie reformandum;

Item, quod velit per suas dare litteras in mandatis collectoribus annalium proventuum beneficiorum ecclesiasticorum, ex parte domini regis in dicta provincia constitutis, ut nichil exigant de annalibus beneficiorum vacantium aliter quam per mortem aut al[ias], contra declaracionem domini summi pontificis circa privilegium, domino regi super dictis annalibus concessum, nuper factam, et quod si quid receperint, illud restituant eis quibus restituendum fuerit, juxta dicte declaracionis tenorem;

Item, supplicat Andegavensis episcopus, quod peccuniam receptam de redditibus et proventibus terre sue, quam Petrus de Bonay, gerens se pro serviente domini regis, injuste sesivit et sesitam tenuit per decem et octo septimanas vel amplius in manu domini regis, integre faciat sibi reddi, et excessus et injurias dicto episcopo et ecclesie sue per dictum Petrum et suos complices, quos custodes maneriorum dicti episcopi constituit et suorum reddituum receptores, irrogata, faciat emendari, et ea, que per eos male acta sunt, in statum debitum reformari.

Epistola per dictum episcopum dicto domino regi directa[1].

Quia misericordia et veritas custodivit regem et «roboratur clemencia domus ejus[2],» prout ait ille rex sapientissimus Salomon, *Prov.* xx, sic debet esse clemens princeps, ut sit in eo equitatis justicia, sine qua nulla potest res publica bene regi. «Remota enim justicia, «quid sunt regna, nisi magna latrocinia,» ait Aug[ustinus], IIII *De Civitate Dei,* cap. IIII. Cum enim princeps sit fundamentum populi, pater patrie, caput rei publice, prout dicunt sapientes et philosophi, a sua justicia debet aliorum justicia emanare et ab eo debet regi omnis alia justicia et eciam gubernari. Rex enim justus erigit terram, vir avarus destruet eam, prout ait idem Salomon, *Prov.* xxix, et rursum xxv. Aufer impietatem de vultu regis et firmabitur justicia thronus ejus. Attendat princeps sapiens qualiter differat rex a tyranno. Verus princeps est qui, legittime constitutus, jure divino et humano principatur et qui, virtutibus preditus, se ipsum bene regit. Tyrannus vero est qui contrariis modis se habet; sed «numerus annorum incertus est tyrannidis ejus[3].» *Job*, xv, ibi mora xii. Tyrannus dicitur qui in qualibet republica non jure principatur et in *Policrato*, libro IIII, cap. I. Que differencia est tyranni et principis? Quia hic legi obtemperat et ejus arbitrio populum regit, cujus se credit ministrum; tyrannus vero, qui contrariis modis se habet. Unde omnis princeps, licet sit legitime institutus;

1299.

---

[1] Cette lettre a dû accompagner ou suivre immédiatement l'exposé qui précède, et provoquer, dans le même temps, les lettres royaux qui suivent.

[2] *Prov.* xx, 28 : «Roboratur clementia «thronus ejus.»

[3] *Job*, xv, 20 : «Cunctis diebus suis im-«pius superbit et numerus, etc.»

cavere debet ab operibus tyrannicis, que sunt injustis legibus populum subjectum opprimere, indebitis tributis et talliis aggravare, propriis rebus expoliare, operibus non debitis angariare, ab aliis invadentibus non deffendere, prepositos et ballivos injustos ad excoriandum populum preficere, et sic de aliis, quia, ut ait Augustinus, I *De Civitate Dei*, cap. xx : « Rex cum est injustus, tyrannus est; » et Sapiens in Ethicis ponens differenciam inter regem et tyrannum : « Tyrannus « est qui, quod sibi conferens est, intendit, rex, qui quod est utile « subditorum. » De principantibus modo tyrannico dicitur *Prov.* xxviii : « Leo rugiens et ursus esuriens princeps impius super populum paupe- « rem. Dux indigens prudencia multos opprimet calumpnia. Qui autem « oderit avariciam, longi fient dies ejus [1]. » De talibus conqueritur Dominus Ysaie [2] : « Principes tui infideles, socii furum, etc. » Princeps ergo nobilis et justus caveat a predictis, cogitans quod est pater patrie, ut dictum est supra. Ut enim ait Sapiens in Ethicis : « Similis est comparacio regis ad subditos et patris ad filios et pastoris ad oves; modo ergo paterno debet populum regere et clementer. Sit justus, juste et recte judicando, leges justa [3] precipientes et contraria prohibentes sanciendo; — « Per me, inquid (*sic*) divina Sapiencia [4], reges regnant « et legum conditores justa decernunt, per me principes imperant et « potentes decernunt justiciam. » *Prov.* viii, pauperes exaudiendo, eorum causas examinando, injurias propellendo et ad satisfaciendum injuriatores compellendo. Hoc enim debet eis facere, exemplo egregii imperatoris Trajani, nulli auferendo quod suum est, nec auferri permittendo, furta cohibendo, transgressores legum puniendo. Regum enim, ut dicit Jero[nymus], proprium est facere judicium atque justiciam et liberare de manu calumpniantium vi oppressos, sophisticas machinaciones et calumpniosas adinvenciones malorum officialium et curialium ad illaqueandum et excoriandum et spoliandum populum cohibendo, verbis eorum adulatoriis et mendacibus, suadentibus extorsiones et rapinas, fidem non adhibendo, quia « princeps, qui libenter audit

---

[1] *Prov.* xxviii, 15, 16.
[2] *Ysa.* i, 23.
[3] Le manuscrit porte *justas.*
[4] *Prov.* viii, 15, 16.

« verba mendacii, omnes ministros habebit impios. » *Prov.* xxix[1]. Respondere debet talibus bonus princeps, sicut de illo optimo principe Tyberio imperatore narratur in hystoriis, quod, cum sibi suaderetur a malis consiliariis tributa augenda esse provinciis, respondit boni pastoris non esse pecus deglutire. Tales mali consiliarii, presides et ballivi assimilantur canibus latrantibus, lupis devorantibus oves sive ancipitribus devorantibus et deglutientibus columbas. Cogunt enim, quasi canes latrantes, pauperes ad judicium, in quo spoliantur[2]. Ysa. ɪ : « Omnes sequntur retribuciones, diligunt munera. » Et ideo sequitur : « Pupillo non judicant, et causa vidue non ingreditur eos. » Adeo sunt obdurati impietate et aviditate capiendi et voracitate avaricie excecati, quod nec bonorum innocencia nec pupillorum infancia nec viduarum ignorancia vel insciencia nec pauperum inedia, quos premit famis, sitis et nuditatis angustia, movent eos ad pietatem. *Eccl.* ɪɪɪɪ[3] : « Vidi ca« lumpnias que sub sole geruntur, et lacrimas innocencium, et conso« latorem neminem, nec posse resistere eorum violencie, cunctorum « auxilio destitutas. » Hii sunt similes lupis, de quibus ait Sapiens, vɪɪɪ, de animalibus, quod lupi, cum venatores piscium dant eis aliquid, non nocent illis; sed cum non dant illis, corrumpunt rectia, cum extenduntur ad siccandum. Sic est de talibus, nisi preveniantur muneribus, nocent causas habentibus et negocia. Immo sunt crudeliores lupis, quia legitur de lupabus, quod nutrierunt infantes expositos bestiis, sicut fuit de Romulo, quem nutrivit lupa, prout dicit hystoria Romanorum ; predicti autem pupillos excoriant et infantes.

Item crudeliores sunt leonibus esurientibus. Ut [enim] ait Solinus[4], libro IIII, cap. ɪ : « Clemencie multa sunt indicia in leonibus; prostratis « parcunt, in viros pocius quam in feminas seviunt, infantes, non nisi « in magna fame, perimunt nec a misericordia separantur. » Predicti autem nullis parcunt, ut est dictum ; et sicut est de lupis, qui quanto habent plures filios, tanto rapaciores et avidiores ad predam fore dignoscuntur, sic in talibus manifestissime comprobatur. Sunt et similes

---

[1] Cap. xɪɪ.
[2] *Ysa.* ɪ, 23.
[3] *Eccli.* ɪv, 1.
[4] P. 75. Édit. de Bâle, 1543, in-fol.

castori, de quo ait Solinus, quod, « cum hominem invaserit, conventu « dentium non prius relaxat, quam[1] cumcrepent ossa lassa sub dentibus « ejus; » sic tales non cessant, donec pauperes conterant et confringant, quos Dominus exprobrat, Michee, III, dicens[2] : « Comederunt carnem po- « puli mei, et pellem eorum desuper excoriaverunt, et ossa eorum con- « fregerunt, et conciderunt, sicut in lebete et quasi carnem in medio « olle. » Et sequitur, paucis interpositis, notabile verbum : « Si quis non « dederit in ore eorum quidpiam, sanctificabunt super eum prelium. » Hii sunt etiam crudeliores lincibus, de quibus Jeronymus[3], quod, licet ore rapido dormiant, tamdiu predandi memoriam habent, quamdiu venter est vacuus ; ubi vero sanguine pasta est feritas, cum saturitate succedit oblivio, donec memoriam renovaverit esuries. Predicti autem, saturati spoliis pauperum, non cessant alios spoliare. Quid plura! Serpentina viperarum progenies officialium iniquorum, ut verbis beati Johannis Baptiste Christi precursoris utamur, Mathei, III : « Progenies « viperarum, quis[4] demonstrabit vobis fugere a ventura ira? » Ad modum vipere venenosi serpentis, qui utrumque parentem perimere dicitur et necare, patrem, dum generat cum femina coeundo, matrem, dum parit, ejus latera unguibus et dentibus lacerando, patres suos spirituales, prelatos videlicet et doctores Ecclesie, animarum suarum curam habentes, et matrem suam Ecclesiam perimere et necare dentibus et unguibus laniare conatur, bona sua spiritualia et temporalia eisdem, relegato pietatis officio, crudeliter sustrahendo. Horum enim sitibunda cupiditas ac insatiabilis supra naturam ferarum edax voracitas, leonum rugientium et ursorum esurientium seviciam superans, omnia devorat, omnia exterminat, decimas, bona, jura et res ecclesiarum invadit, occupat et usurpat, privilegia, immunitates et antiquas Ecclesie consuetudines violat, anichilat, destruit et immutat[5]. Exclamet ergo, cum vate Ysaia[6], sancta mater Ecclesia, a filiis vipereis lacerata :

---

[1] « Quam concrepuisse persenserit ossa fracta. » (Édit. de Bâle, etc. p. 47.)
[2] *Mich.* III, 3, 5.
[3] Sous-entendu *ait.*
[4] Le ms. porte *quid.*
[5] Tout ce qui suit se retrouve à peu près identiquement ci-dessus, p. 336.
[6] *Is.* 1, 2.

« Audite, celi, et auribus percipe, terra. Filios enutrivi et exaltavi;
« ipsi autem spreverunt me; » immo pocius necaverunt, bona mea et
privilegia mihi nequiter auferendo, ministros[1] meos a meis divinis
officiis diurnis et nocturnis incessabilibus molestiis avocando. Hodie
enim ministri mei sic ineffabilibus oppressionibus, angariis, perangariis, decimis, financiis, subvencionibus et aliis importabilibus oneribus
multipharie multisque modis hiis periculosis temporibus affliguntur,
angariantur et torquentur, quod non datur eis die ac nocte alicujus
requiei intervallum. Unde deterioris condicionis videtur esse hodie
sacerdocium ortodoxum, quam sub Pharaone fuerit, qui legis divine
noticiam non habebat. Ille quidem, aliis servituti subactis, sacerdotes
et possessiones eorum in pristina libertate dimisit et de publico eis
alimoniam ministravit; sed hodie, vice versa, ceteris immunitati donatis, ecclesia adicitur servituti. Unde impletum est Jer[emiæ] vaticinium[2]:
« Domina gentium, princeps provinciarum, facta est sub tributo! » Proth
dolor! Apud Christicolas deterioris et vilioris condicionis habentur hodie ministri Christi, quam Christum persequentes et negantes Judei,
et cultores ecclesiarum, quam apud Gentiles, qui colebant sculptilia,
fuerunt ministri et sacerdotes ydolorum. Hiis enim malis diebus ministri ecclesiarum, qui deberent, juxta sacratissimas imperiales et canonicas et theologicas sanctiones, omnibus derelictis, omnipotentis Dei
inherere misteriis, sic angariati, sic distorti et distracti, a divinis avocati,
Deo vacare non possunt nec ejus Ecclesie deservire, nec parvulis, id
est fidelibus populis, petentibus panem sacre doctrine, pabulum verbi
Dei, maxime populo christiano necessarium, queunt, prout incumbit
eorum officio, ministrare. Unde impletum est[3] Amos prophete testimonium sic dicentis : « Ecce dies veniunt, dicit Dominus, et ponam
« famem in terra, non famem panis et sitim aque sed audiendi verbum
« Domini. » Modo enim per curias, modo per assisias, nunc per aquam,
nunc per terras discurrere compelluntur, propter angariaciones et molestias prelibatas. A ballivis, senescallis et aliis officialibus et ministris

---

[1] Le manuscrit porte *ministro*. — [2] *Jérém.* thren. I, 1. — [3] *Amos*, VIII, 2.

ita excoriantur, exinaniuntur, depopulantur, quod vix remanet eis unde possint vitam inopem; que esset pocius mors dicenda, miserabiliter sustentare.

Lamentetur ergo mater Ecclesia, que mamillis regum primitivis temporibus lactabatur, gemens cum Jeremia [1] atque dicens : « O vos « omnes qui transitis per viam, attendite et videte, si est dolor sicut « dolor meus. » Olim enim mei fideles filii, videlicet principes sacratissimi, dotabant ecclesias, fundabant monasteria, que modernis temporibus destruuntur, enervantur ac eciam confunduntur; et quia dicti sacratissimi principes fuerunt devoti et humiles Deo et Ecclesie, rex regum et dominus dominantium ipsos mirifice sublimavit, eisdem victoriam et triumphum de hostibus largiendo terrasque ipsorum hostium in ipsos sua irrefragabili potencia transferendo. Postquam autem cessavit ista devocio et successit ecclesiarum oppressio, qualiter principibus Christianis in omnibus suis agendis successerit, taceo, quia rem hujusmodi facti evidencia manifestat. O filii ergo karissimi, sitis more majorum Deo et Ecclesie humiles et devoti. Ista enim competunt principi christiano videlicet, quod sit in eo humilis obediencia respectu Dei et Ecclesie ejus, Deum pie colendo Ecclesiam et ministros ejus devocius honorando. Accipite humilitatis et devocionis ac liberalitatis in ecclesiis ac tocius bonitatis exempla a sanctissimis romanis principibus Constantino magno, Theodosio, Justiniano, Karolo Magno necnon et beatissimo Ludovico, nuper regnum Francorum prospere ac felicissime gubernante; de quorum mira devocione ac stupenda in divino cultu pietate ac viscerosa in ecclesiis liberalitate tam in diversis hystoriis quam in cronicis approbatis mirabilia referuntur. Unde et ipsis principibus sacratissimis gloriosus princeps regum terre, per quem ceteri reges regnant, recompensavit eciam in vita presenti, tribuens eis quasi arram glorie. Nam de felici prosperitate Constantini narrat Augustinus, quod diu imperavit universum orbem romanum, tenuit et deffendit, in gerendis bellis victoriosissimus fuit, in tyrannis opprimendis

---

[1] Thren. 1, 12.

per omnia prosperatus, et, grandevus senectute defunctus, filios imperatores reliquit. De prosperitate vero Theodosii sibi collacta (sic) a rege regum narrat idem Augustinus, qualiter scilicet ipse devicit hostes et qualiter tela hostium a vento in ipsos retorquebantur. De prosperitate Karoli Magni et ejus mirabilibus victoriis ac triumphis loqui non oportet, quia, fama celebri referente et ore vulgi celebrante, adhuc ejus preclara facta toti mundo innotescunt.

Sanctitatem autem ac devocionem in Deum et in ecclesias gloriose recordacionis sanctissimi Ludovici, nuper regis Francorum, ac prosperitatem dicti regni et pacis transquilitatem, que suis temporibus floruerunt, facti adhuc recens memoria ineffabiliter preconizat.

Humiles ergo principes et devotos Deo et Ecclesie, ut est dictum, in presenti elevat Deus et in futuro glorificat; superbos vero et sibi et Ecclesie rebelles humiliat et dampnat. Unde Sapiens[1]: « Sedes ducum « superborum destruxit Dominus et sedere fecit mittes pro eis. » Quod autem sit premium principum justorum et bene regentium temporaliter, determinatur *Deuteronomi* xvii[2], ubi dicitur de rege : « Non « multiplicabit sibi equos, etc. (sic); » et sequitur[3] : « Nec elevetur cor « ejus in superbiam super fratres suos neque declinet in partem dexte- « ram sive sinistram, ut longo regnet tempore ipse et filius ejus super « Israel; » et *Prov.* xxix[4] : « Rex qui judicat in veritate pauperes, thronus « ejus in eternum firmabitur. »

Quale vero sit dampnum tyrannice regentium, dicitur *Ecclesi*[*astici*] x[5] : « Regnum a gente in gentem transfertur propter injusticias et injurias « et contumelias et diversos dolos, » prout patuit de Saule, qui regnum amisit, quia Deo et mandatis ejus inobediens fuit, [id est] *Reg.* xv[6], unde propheta Samuel ei dixit : « Pro eo quod abjecisti sermonem Domini, abjecit te Dominus, ne sis rex super Jerusalem; » et in Roboam, filio Salomonis, qui, spreto consilio seniorum, sequens consilium juvenum, de aggravando jugo super populum respondit, populo dura

---

[1] *Eccli.* x, 17.
[2] Cap. xvi.
[3] Cap. xx.
[4] V. 14.
[5] V. 8.
[6] I *Reg.* xv, 23.

dicens[1] : « Minimus digitus meus grossior est dorso patris mei. Pater « meus aggravavit jugum vestrum; ego addam jugo vestro. Pater meus « cecidit vos flagellis; ego cedam vos scorpionibus. » Propter que decem tribus recedentibus ab eodem, duabus sibi duntaxat adherentibus, scissum est regnum ejus.

Non credat ergo rex sapiens et nobilis, maxime a sanctorum progenitorum prosapia derivatus, dantibus malum consilium de jugo super populum et ecclesias aggravando, ne Deus, cui nichil est impossibile, videns afflictionem et clamorem populi, importabilibus oneribus oppressi, ad iracundiam provocatus, transferat aut dividat regnum ejus.

Eterna vero merces bene regentium principum est regnare cum rege regum in eternum, sicut fuit de David et de rege sanctissimo Ludovico; injuste vero principantium dampnacio eterna. Durissimum enim judicium in hiis, qui presunt, fiet et potentes potenter tormenta patientur. *Sapi.* vi[2].

Sequntur littere regie, impetrate a dicto episcopo, super gravaminibus memoratis.

23 avril 1299.

Philipus, Dei gracia Francorum rex, Turonensi et Constancienci ballivis vel eorum locum tenentibus, salutem. Ex dilectorum nostrorum archiepiscopi Turonensis ejusque suffraganeorum gravi querimonia ad nostrum pervenit auditum, quod vos et alii justiciarii, ministri et officiales nostri, in vestris constituti[3] balliviis, ipsos, ecclesias et personas ecclesiasticas provincie Turonensis, molestacionibus et oppressionibus variis contra immunitatem ecclesiastice libertatis incessanter opprimitis et diversis jugiter injuriis et gravaminibus molestatis. Nos autem, qui in eorum quiete quiescimus, ipsos a predictis gravaminibus preservari et libertatem hujusmodi, regiminis nostri temporibus, illibatam servari plenis desideriis affectantes, mandamus vobis, quatinus, si temporalitas prelati per curiam nostram sesiri ex causa mandetur, sitis a principio sesina unius manerii vel alterius pauce partis contenti, nisi ad majorem forsitan partem successive post modum sesinam extendi

---

[1] III *Reg.* xii, 10-14. — [2] V. 7. — [3] Le manuscrit porte *constitutis*.

indurata contumacia vel protervitas inobedientis exposcat, non tamen ad sesiendam totam temporalitatem procedentes, nisi in nostris litteris de tota contineatur expresse vel nisi facti atrocitas hoc requirat. Quod si custodes in talibus sesinis poni contingat, uno sitis contenti a principio, nisi magna rebellio aliud requirat vel de pluribus in litteris nostris expressa mencio habeatur, ab hiis et similibus processibus et gravaminibus abstineri in sesinis temporalitatis aliarum personarum ecclesiasticarum predicte provincie facientes, attentius provisuri, ut in sesinis hujus modi servientes ponatis ita providos et fideles, ne de ipsorum administracionibus atque gestis a vobis racio exigatur vel super hoc alias possitis redargui vel puniri. Subditis quoque vestris non inhibeatis, quin in casibus, ad juridicionem Ecclesie de jure vel consuetudine spectantibus, suos adversarios coram ordinariis ecclesiasticis locorum conveniant, nec aliquos per capciones corporum vel bonorum ad impetrandum pro adversariis suis absoluciones compellatis, nec compelli eciam permittatis, neque litteras ecclesiasticorum judicum deferentes incarceretis nec verberetis propter portacionem ipsarum, nec litteras ipsas auferatis eisdem. Quod si aperta littera et indubitata ordinariorum ecclesiasticorum locorum judicum, majorem excommunicacionem continens, vobis ostendatur pre manibus, et non fuerit appellatum, excommunicatos ad agendum vel patrocinandum non recipiatis, ubi consuetum est hoc servari, excommunicatos siquidem obstinatos ad petendum absolucionem, ad requisicionem ordinariorum, compellatis, sicut ab antiquo fuerit consuetum. Personas insuper ecclesiasticas ad nova pedagia vel inconsueta solvi a personis ecclesiasticis de fructibus beneficiorum suorum ecclesiasticorum solvenda compelli minime permittatis; custodes autem regalium, per nos positos vel ponendos, excessus vel usurpaciones facere prohibemus. Hujusmodi ergo mandatum nostrum sic diligenter et fideliter exequi procuretis, quod tam ipsi prelati quam ecclesie et persone ecclesiastice supradicte, injuriarum et molestacionum quarumlibet turbinibus relegatis, pacis actori, cujus mancipantur obsequiis, eo devocius quo transquillius debitum impendere valeant famulatum, nosque ipsorum in hac parte cessantibus querimoniis et querelis, quarum revera iterata relacio nos turbaret acerbius et offenderet animum, obedienciam et sollicitudinem vestram proinde merito commendare possimus, presentes litteras predictis prelatis vel eorum mandato reddentes.

Actum apud Angleuram, die Jovis post festum resurrectionis Dominice, anno Domini m°cc° nonagesimo nono.

Sequntur littere exequtorie ad premissa.

23 avril 1299. Philipus, Dei gracia Francorum rex, dilectis magistro Radulpho Rousseloti, clerico nostro, et Gaufrido de Aniseyo, vicecomiti Baiocensi, salutem et dilectionem. Ex dilectorum nostrorum archiepiscopi Turonensis ejusque suffraganeorum gravi querimonia ad nostrum pervenit auditum, quod collectores decime et annalium ecclesiasticorum beneficiorum, nobis pro regni nostri defensionis subsidio concessorum, et alii officiales et ministri nostri, superintendentes negocio collectionis hujusmodi et alias in ejusdem et aliarum subvencionum, impositarum diversis retroactis temporibus, pro negocio defensionis, predicte collectionis officio illudque contingentibus in Turonensi provincia deputati, plus illicitis questibus et propriis commodis inhiantes, quam utilitati et execucioni fideli negociorum sue fidei commissorum et alias potestate sibi tradita nequiter abutentes, prelatos, ecclesias et personas ecclesiasticas provincie Turonensis ac homines eorumdem, sub umbra subvencionum hujusmodi, indebitis exactionibus, extorsionibus et rapinis diversimode gravaverunt, quodque tam predicti quam alii officiales, justiciarii et servientes nostri balliviarum ipsarum prelatos, personas ecclesiasticas et homines supradictos molestacionibus et oppressionibus variis contra immunitatem ecclesiastice libertatis et ordinaciones nostras super hiis editas opprimere et diversis injuriis et gravaminibus afficere presumpserunt, et alias graves et enormes priscis temporibus commiserunt et jugiter committere non verentur excessus. Nos autem, qui in eorum quiete quiescimus, predicta gravamina, eis, ut premittitur, jam illata, moleste ferentes, et cupientes ab hiis, que inferri possent, in posterum preservari, vobis de quorum

industria et fidelitate plenam in Domino fiduciam gerimus, presentium tenore committimus et mandamus, quatinus, ad partes illas vos personaliter conferentes, de exactionibus, extorsionibus, rapinis, gravaminibus, injuriis et excessibus antedictis inquiratis, vocatis evocandis, summarie et de plano diligenter et sollicite veritatem, que taliter inveneritis extorta, plene restitui, dampna restaurari, injurias emendari et gravamina submoveri, prout justum fuerit, facientes, et quos in premissis constiterit deliquisse, castigacione debita eciam per privacionem ipsorum ab officiis vel serviciis suis perpetuo vel ad tempus et alias, prout expedire videritis, taliter punientes, quod eorum pena tam sibi quam aliis presumpcionis similis interdicat exempla. Illos eciam, quos culpabiles inveneritis in hac parte, ad refundendum predictis prelatis et ali[is] expensas, quas ipsos in hujusmodi prosequcione negocii fecisse constiterit, racione previa compellatis. Hujusmodi ergo mandatum nostrum sic diligenter et fideliter exequi procuretis, quod tam ipsi prelati, quam ecclesie et persone ecclesiastice supradicte, injuriarum et molestacionum quarumlibet turbinibus relegatis, pacis actori, cujus mancipantur obsequiis, eo devocius, quo tranquillius, debitum impendere valeant famulatum, nosque ipsorum in hac parte cessantibus querimoniis et querelis, quarum revera iterata delacio nostrum turbaret acerbius et offenderet animum, obedienciam et sollicitudinem nostram proinde merito commendare possimus. Damus autem fidelibus justiciariis et subditis nostris tenore presentium in mandatis, ut vobis in premissis et ea tangentibus diligenter et efficaciter pareant et intendant.

Actum apud Angleuram, die Jovis post festum resurrectionis Dominice anno Domini m°cc° nonagesimo nono.

Sequuntur alie littere domini regis.

Philipus, Dei gracia Francorum rex, ballivo Turonensi vel ejus locum tenenti salutem. Mandamus tibi, quatinus Petrum de Bonayo, servientem nostrum, ad reddendum de hiis, que de terra dilecti et fidelis nostri episcopi Andegavensis, que ad manum nostram, racione

23 avril 1299.

dissensionis, inter ipsum et carissimum germanum et fidelem nostrum K. comitem Andegavensem exorte, sesita et aliquamdiu retenta extitit per eum et deputatos ab ipso, levata et recepta fuerunt, plenam, fidelem et integram racionem et ad reddendum eidem episcopo levata et recepta hujusmodi, deductis racionabiliter deducendis, summarie et de plano compellas.

Actum apud Angleuram, die Jovis post festum resurrectionis Dominice anno Domini M°CC° nonagesimo nono.

Quedam responsio facta domino regi a prelatis provincie Turonensis.

9 avril 1302. Universis presentes litteras inspecturis et audituris R. Dei gracia archiepiscopus Turonensis, R. Cenomannensis, G. Andegavensis, H. Nannetensis, B. Macloviensis, A. Corisopitensis et G. Briocensis eadem gracia episcopi, salutem et sinceram in Domino caritatem. Noveritis quod nos ab excellentissimo principe domino Philipo, Dei gracia rege Franc[ie] illustri, anno Domini M°CCC° primo, Dominica in Passione Domini, Parisius evocati super quibusdam negociis ipsum regem et statum regni, ut dicebat, tangentibus, nostra consilia prebituri, et super eisdem negociis cum eodem aliisque prelatis et ipsius regni proceribus tractaturi, expositisque dicta die ex parte ipsius regis negociis, super quibus fueramus, ut predicitur, evocati, petitoque a nobis, ex parte ipsius regis presentis, ut ipsum juvare ad deffensionem jurium suorum ac honoris et regni sui super expositis negociis curaremus, die Lune sequenti convenientes in unum, communicato consilio ac deliberacione prehabita diligenti, protestato ante omnia a nobis, quod per predictum tractatum et responsionem nostram non intendebamus nos nec ecclesias nostras in aliquo de novo subicere vel submittere ipsi regi, respondimus in hunc modum, videlicet quod ipsum ad deffensionem jurium statusque et honoris suorum et regni, salvis juribus et libertatibus ecclesiarum nostrarum, statibus nostris animarumque salute, in quantum possemus, commode juvaremus. In cujus rei testimonium sigilla nostra presentibus duximus apponenda.

Actum Parisius die Lune et anno predictis.

Lictera missa domino Bonifacio pape VIII° a prelatis regni Francie[1].

Sanctissimo patri ac domino suo karissimo domino Bonifacio, divina providencia sacrosancte romane ac universalis Ecclesie summo pontifici, sui humiles ac devoti archiepiscopi, episcopi, abbates, priores conventuales, decani, prepositi, capitula atque collegia ecclesiarum cathedralium et collegiatarum, regularium et secularium totius regni Francie, Parisius congregati, devotissima pedum oscula beatorum. Non absque dolore cordium et amaritudine lacrimarum beatitudini vestre significare compellimur, quod serenissimus princeps dominus noster karissimus[2], Philipus, Dei gracia Francorum rex illustris, auditis que per venerabilem virum archidiaconum Narbonensem, notarium et nuncium vestrum, nuper sibi ex parte vestra relata fuerunt, ac inspectis apostolicis litteris clausis, ei per eumdem archidiaconum presentatis, et quibusdam, licet paucis, de baronibus suis tunc sibi assistentibus, earum communicato tenore, ex hiis tam dominus rex quam barones ipsi, ex ingenti admiracione et vehementi turbacione commoti, statim idem dominus rex, de baronum ipsorum consilio, barones ceteros tunc absentes ac nos, videlicet universos archiepiscopos, episcopos, abbates, priores conventuales, decanos, prepositos, capitula, conventus atque collegia ecclesiarum tam cathedralium quam collegiatarum, regularium et secularium, nec non universitates et communitates villarum regni sui ad suam mandavit presentiam evocari, ut prelati, barones, decani, prepositi ac duo de peritioribus uniuscujusque collegiate vel cathedralis ecclesie personaliter, ceteri[3] vero per yconomos, syndicos ac procuratores ydoneos, cum plenis et sufficientibus mandatis, statutis loco et termino [comparere][4] curaremus. Porro nobis ceterisque personis ecclesiasticis supradictis necnon et baronibus, yconomis, syndicis et

10 avril 1302.

---

[1] Cette pièce est publiée par Dupuy, *Preuves de l'hist. du différend de Boniface VIII*, p. 67-71, avec quelques variantes. Nous ne relevons que celles qui intéressent le sens.

[2] Le manuscrit porte en abrégé, comme à la première ligne, *kmͥs*. Dupuy lit *christianissimus*.

[3] Le manuscrit porte *ceteris*.

[4] Le mot est omis.

procuratoribus communitatum et villarum et aliis sic, juxta premisse vocacionis formam, ad mandatum regium, hac die Martis decima presentis mensis Aprilis, in ecclesia beate Marie Parisiensis, in prefati regis presentia constitutis, idem dominus rex proponi fecit, cunctis audientibus palam et publice, sibi ex parte vestra fuisse inter alia per predictos archidiaconum et litteras intimatum, quod de regno suo, quod a solo Deo ipse et predecessores sui tenere hactenus recognoscunt[1], temporaliter vobis subesse illudque a vobis tenere deberet; nec contenti verbis hujusmodi sic mirabilibus sicque novis et inauditis a seculo apud incolas dicti regni, sed ea producere satagentes exequcionis in actum, prelatos dicti regni ac magistros in theologia et professores utriusque juris, oriundos de regno predicto, pro corrigendis excessibus necnon et pro culpis, insolenciis, injuriis atque dampnis, que prelatis, ecclesiis, ecclesiasticisque personis regularibus et secularibus, in regno constitutis eodem et alibi per ipsum dominum regem ac officiales seu ballivos suos, ac paribus, comitibus, baronibus aliisque nobilibus, universitatibus et populo dicti regni inferri pretenditis, emendandis, ad vestram presenciam evocastis, ut sic regnum prefatum preciosis jocalibus incomparabilibusque thesauris, clipeis fortium preferendis, sapiencia videlicet prelatorum et sapientum eciam aliorum, quorum fideli maturitate consilii ac providencia circonspecta regi habet et dirigi regnum ipsum, firmari fides, sacramenta ecclesiastica exhiberi[2], ministrari justicia et per eos facultatibus et diviciis vacuatum penitus et exhaustum, dubii casus eventibus, mirabilis ruine periculis et desolationis extreme dispendiis exponatur; in quibus et aliis diversis gravaminibus, que per vos et romanam ecclesiam sibi, regno et ecclesie Gallicane, tam in reservacionibus et ordinacionibus voluntariis archiepiscopatuum et episcopatuum et collacionibus beneficiorum insignium dicti regni personis extraneis et ignotis et nonnonquam suspectis, nullo tempore residentibus in ecclesiis vel beneficiis supra dictis; ex quibus divini cultus diminucio sequitur, pie fundantium seu donantium voluntates, propulso pietatis

---

[1] Dupuy: *recogniti sunt*. — [2] Le manuscrit porte *exberi*.

officio, defraudantur, pauperibus dicti regni elemosinarum largicio consueta substrahitur, regni depauperacio provenit et ecclesie jacturam deformacionis incurrunt, dum, stipendiorum percepcione substracta, obsequiis destitute remanent servitorum, earum proventibus exterorum commoditatibus deputatis, et prelati, dum non habent quid pro meritis retribuant nobilibus, quorum progenitores ecclesias fundaverunt, et aliis litteratis personis, non inveniunt servitores, ac ex causis hujusmodi devocione tepescente fidelium, non est hodie, qui ad ecclesias manum libertatis extendat. Et alias in premissis perniciosum prebetur exemplum, necnon pensionibus novis et censibus Ecclesie de novo impositis immoderatis serviciis aliisque exactionibus et extorsionibus variis, prejudicialibus siquidem et dampnosis novitatibus, ex quibus generalis status Ecclesie inmutatur prelatis superioribus dandi coadjuctores suffraganeis episcopis et alias tam ipsis quam suffraganeis ea que ad suum spectant officium exequendi facultas adimitur, ut pro eis ad apostolicam sedem cum muneribus recurratur aliisque diversis casibus et nonnullis articulis, a longe retrolapsis, et nostris presertim temporibus, illata fuisse et continue inferri conqueritur, suam et successorum suorum et regni exheredacionem tam enormem et gravem tamque manifestam, sui et regni honoris dispendium et evidens detrimentum non intendens, sicut nec poterat, diucius tollerare, et se certum asserens, quod superiorem in temporalibus, sicut nec sui progenitores habuerant, prout est toti mundo notorium, non habebat, ac fovere in presenti negocio, sicut doctorum in theologia, magistrorum in utroque jure de regno suo oriundorum et al[iorum], qui inter doctores al[ios] et peritos orbis periciores et famosiores habentur, relacione concordi habuerat justam causam, nos universos et singulos, tam prelatos quam barones et ali[os] instancius requisivit, precepit, ut dominus, rogavit et precibus institit, ut amicus, ut, cum ad conservacionem libertatis antique, honoris et status regni predicti ac incolarum ipsius relevacionem, gravaminum predictorum reformacionem, regni, ecclesie gallicane, de nostro et baronum ipsorum consilio, ad laudem divini nominis, exaltacionem catholice fidei, honorem universalis Ecclesie et divini cultus augmentum, salutaria disponat inire consilia et efficacem operam adhibere, presertim circa gravamina per officiales suos et alios de regno predicto ecclesiis ecclesiasticisque personis illata, super quibus debite correctionis remedium, ante adventum prefati archidiaconi, ordinaverat adhibere. Quod jam duxisset in exequcionis effectum, nisi quod id ex metu vel ad mandatum vestrum fecisse forsam (sic) aliquibus videretur, idque vobis ascribere non possetis, et ad hoc non solum omnia, que in bonis forent ipsius, sed et personam et liberos, si casus exigeret, exponendo similiter in hiis, in quibus singulariter omnium et generaliter singulorum res agi dignoscitur, causa provehitur et proprium uniuscujusque tangitur interesse, prout ex debito fidelitatis astringimur, curaremus adesse consiliis et auxiliis oportunis, petens sibi statim super hiis ab universis et singulis precise ac finaliter responderi. Barones vero, cum sindicis et procuratoribus supradictis, secedentes in partem ac demum, deliberato consilio, redeuntes, prefato domino regi de hujusmodi suo laudabili proposito et beneplacita voluntate, ad multa laudum preconia et graciarum actiones exuberes assurgentes, unanimiter responderunt se ad ea paratos nedum exponere res et bona, que ex tunc ad hoc totaliter offerebant, sed et personas usque ad mortis supplicium, tormentorum quorumlibet genera non vitando, adicientes expressius una voce, quod et si prefatus dominus rex premissa, quod absit, eligeret tollerare vel sub dissimulacione transire, ea ipsi nullatenus sustinerent. Itaque subsequenter a nobis responsione petita, licet, longiores inducias postulantes, ipsum dominum regem et majores ex baronibus memoratis, quod non ea intencione ad eumdem dominum regem apostolice littere processissent, ut vestre voluntatis existeret in regni prefati libertatem impingere vel quicquam honori regio contrarium in hac parte vel quomodolibet innovare, multa lenitate verborum, persuasionibus studiosis et multiplicatis excusacionum presidiis, nisi fuerimus informare ipsum regem ad servandum speciale vinculum unionis, quod inter sanctam Romanam ecclesiam et predecessores suos et ipsum regem usque ad hoc tempus viguisse dinoscitur, multipliciter inducendo, ulteriori tamen dilacione negata, ac predicto patenter et publice universis, quod, si quis voluntatis contrarie appareret, ex tunc pro inimico regis et regni notorie habebatur, consultius attendentes et conspicientes appertius, quod, nisi dominus rex et barones predicti ex nostra forent responsione contenti, preter alia pericula et scandala gravia, quorum non esset numerus neque finis, tam Romane quam Gallicane ecclesie devocio et obediencia omnimoda laicorum et totius populi ex tunc irrecuperabiliter tollebatur, non sine multe prolixitatis angustia, sic duximus respondendum, quod ipsi domino regi in conservacione persone sue suique terreni honoris ac libertatis et jurium dicti regni, prout quidam nostrum, qui ducatus, comitatus, baronias, feoda et alia membra nobilia dicti regni tenemus, ex forma juramenti, et ceteri, quasi omnes, debito sumus fidelitatis astricti, adessemus eidem debitis et auxiliis oportunis, eidem domino regi humiliter supplicantes, ut cum apostolice sanctitati ad obedienciam teneamur, ad beatitudinis vestre pedes, juxta premisse vocacionis vestre tenorem, permitteret nos conferre. Ex parte cujus et baronum est sequta responsio, quod nullo casu abire permitteret regnum sic periculose, sic deformiter, sic irrecuperabiliter vacuari, quam pocius exhauriri totaliter nullatenus sustinerent.

Considerantes[1] igitur tam vehementem connexionem et turbacionem tam periculosam et gravem, immo gravissimam, regis, baronum et aliorum laicorum regni predicti, et jam cognoscentes appertius, quod antiqui hostis, pacis emuli zinzanieque satoris, qui a suo principio ruine conatur, ut Ecclesie unitatem pacis turbacione rescindat, caritatem vulneret, sanctorum dulcedinem operum invidie veneno fellis inficiat humanumque genus avertat modis omnibus et perturbet, faciente nequicia amabilis federis unitatis et amicicie singularis, que inter sepedictam Romanam ecclesiam ac prefatum dictum nostrum regem ac predecessores ipsius et regnum, ad laudem Altissimi, fidei christiane profectum et tam Ecclesie quam regis et regni hono-

---

[1] C'est ici que commence l'extrait de Raynaldi jusqu'à la fin de l'acte.

ris et exaltacionis incrementa felicia, hactenus viguerunt, dissolucioni et separacioni flebili et lugubri, proth! dolor! orta patet ac insurgunt undique frementia scandala, excrescunt angustie ecclesiis ecclesiasticisque personis, exposicionis ac rerum et bonorum direpcionis pericula intentantur, cum jam abhorreant laici et prorsus effugiant consorcia clericorum, eos a suis omnino consiliis et actionibus abdicando, ac si contra eos proditorie factionis conscii vel participes extitissent et ad contempnendum censuram ecclesiasticam et processus, si quavis auctoritate fierent contra eos, jam se parant et muniunt, in grave periculum animarum et alia varia et diversa pericula, que nec lingua refferre sufficeret nec posset scriptura disserere, sunt in promptu, ad sanctitatis vestre providenciam circonspectam in hoc summe necessitatis articulo providimus recurrendum; flebilibus vocibus et lacrimosis singultibus paternam clementiam implorantes ac supplicantes humiliter, quatenus salubre remedium in premissis, per quod firmata fides tam longi decursu temporis inter sacram Ecclesiam, regem et regnum fructuose unionis et mutue dilectionis integritas in antique caritatis dulcedine conservetur, status ecclesie Gallicane in pulcritudine pacis et quietis optate remaneat, prospiciatur nobis nostrisque statibus circa vestre predicte vocacionis edictum ac predictis periculis et scandalis obvietur, apostolice providencie studio ac paterne pietatis officio dignemini providere. Conservet Altissimus beatitudinem vestram Ecclesie sue sancte per tempora longiora.

Datum Parisius die Martis predicta.

Isti sunt articuli pro quibus dominus Bonifacius papa VIII misit dominum Johannem monachum, tituli Sanctorum Marcellini et Petri presbiterum cardinalem, ad dominum Philippum, regem Franc[orum], anno Domini m°ccc° secundo[1].

Infrascripti sunt articuli super quibus mittitur dilectus filius noster Johannes, tituli Sanctorum Marcellini et Petri presbiteri cardinalis.

I. Super revocacione constitucionis, prohibicionis, precepti et im-

---

[1] Imprimé dans Raynaldi, t. XIV, mais incomplétement.

pedimenti cujuslibet, prestitorum directe vel indirecte per magnificum principem Phillipum, regem Franco[rum] illustrem, et per senescallos, ballivos, officiales et familiares suos, venientibus ad Romanam curiam seu redeuntibus ab eadem, specialiter venerabilibus fratribus nostris archiepiscopis, episcopis et dilectis filiis electis, abbatibus et capitulis ecclesiarum cathedralium et magistris in theologia et in jure canonico et civili et aliis personis ecclesiasticis dicti regni, vocatis a nobis, quod in kalendis Novembris proximo preteritis nostro se conspectui presentarent; et super amocione cujuslibet occupacionis, facte per eum vel de ejus mandato aut per aliquem predictorum et satisfacione plenaria impendenda, non obstantibus, quibuscumque penis, multis, comminacionibus seu processibus, per ipsum regem factis vel auctoritate ipsius.

II. Item, ad denunciandum eidem, quod, in quibuscumque ecclesiasticis beneficiis conferendis, vacantibus in curia vel extra curiam Romanus pontifex legitimam et pociorem obtinet potestatem, et quod per collacionem cujusvis laici in ipsis vel eorum aliquo non potest alicui jus acquiri sine auctoritate vel consensu apostolice sedis tacitis vel expressis.

III. Item, ad denunciandum et declarandum eidem, quod Romanus pontifex legatos de latere et non de latere ac nuncios libere mittere potest ad quevis imperia, regna vel loca, prout vult absque peticione cujuslibet vel consensu, usu vel consuetudine contrariis nequaquam obstantibus.

IV. Item, quod ecclesiasticorum bonorum et proventuum administracio non quibusvis laicis sed personis ecclesiasticis noscitur attributa, et quod summa potestas administracionis et dispensacionis eorum ad apostolicam sedem spectat, et quod ipsa sedes, nullorum requisitis assensibus, de illis disponere potest, et nunc centesimam, nunc deciniam seu quamvis quotam imponere, petere et exigere, prout viderit expedire.

V. Item, quod ipsi regi aut aliis principibus seu laicis quibuscumque non licet sesire vel occupare ecclesiastica jura, vel bona in casibus non concessis ab homine vel a jure vel prelatos seu alias personas ecclesiasticas super personalibus accionibus, juribus seu immobilibus bonis, que ab eis non tenentur in feudum ad suum judicium trahere et artare aut inquestas facere fieri ipsasque quomodolibet detinere.

VI. Quomodo etiam impeditur spiritualis gladius prelatorum, ut eo libere uti non possint et specialiter in monasteriis sive locis, quorum gardiam rex recepit aut predecessores ipsius.

VII. Item, cum in presencia domini regis, nec, sicut potuit, prohibentis, multis presentibus, bulla nostra et littere quibus erat appensa, cum ymaginibus beatorum apostolorum Petri et Pauli et nomine nostro sculpto in ipsa, combuste et destructe fuerunt, in dicte sedis contumeliam et contemptum, per procuratorem ydoneum cum sufficienti mandato compareat coram nobis, suam, si poterit, innocenciam ostensurus et nostris pariturus beneplacitis et mandatis, et quomodo nos concepimus revocare omnia privilegia, bullata bulla nostra et predecessorum nostrorum, sibi, liberis, fratribus et posteris aut officialibus suis concessis, ut pena tanti facinoris transeat posteris in exemplum.

VIII. Item, quod gardia et custodia ecclesiarum cathedralium vacantium, quas vocant regalia per abusum, non abutatur, nec vacacionis tempore extendantur manus ad cedendas silvas non ceduas vel ad vacuanda seu destruenda vivaria et ad alia illicita ecclesiis ipsis dampnosa, quodque habitationes, domus et maneria non depereant, sed in statu congruo conserventur, et massarie ovium et aliorum animalium debito teneantur in statu et, deductis expensis oportunis necessariis et moderatis ad custodiam seu gardiam et percepcionem proventuum, quod residuum fuerit, reservetur futuris prelatis resignandum, et quod qui secus fecerit, non solum coram competenti judice sed eciam in tremendo judicio tenebitur reddere racionem.

IX. Item de gladio spirituali reddendo prelatis et personis ecclesiasticis, non obstantibus privilegiis, regi, liberis, fratribus et posteris suis aut officialibus suis concessis, cum non obstantibus oportunis.

X. Item aperiendi sunt oculi regis super mutacione monete, bis a temporibus paucis facte, in magnum dampnum prelatorum, ecclesiarum, baronum et ecclesiasticarum personarum et secularium, et quo modo ad restitucionem tenetur, et quod faciat emendari.

XI. Item renovanda est ejus memoria super suis et suorum malefactis et excessibus, de quibus fit mencio in littera nostra clausa, quam portavit dilectus filius Jacobus, notarius noster.

XII[1]. Item quod nos testamur, non tantum ut privata persona sed eciam papaliter, et decernimus hujusmodi nostro dicto et testimonio esse standum, quod civitas Lugdunensis ejusque suburbia et contingentia edifficia sive orti non sunt infra terminos, fines seu limites regni Francie constituta, nec eciam ecclesia et villa Sancti Yrenei et ecclesia seu locus qui dicitur Sanctus Justus super seu prope Lugdunum, et quod predicta civitas, castra, terre, possessiones, ad dictam Lugdunensem ecclesiam pertinencia, merum et mixtum imperium et juridicio in eisdem sunt juris et proprietatis prefate ecclesie Lugdunensis et pertinent ad eamdem; quodque rex ipse et quivis alii reges Francie non habent nec habere debent in ipsis vel eorum aliquo jus aliquod vel resortum, et quod dicte civitatis universitas, communitas sive cives singulares vel speciales persone ipsius nec merum nec mixtum imperium nec juridicionem habent in civitate, suburbiis, ortis vel edifficiis contingentibus aut in castris, bonis, possessionibus predictis nec eciam in ecclesiis seu villis vel locis Sancti Yrenei vel Sancti Justi prefatis, et quod per concessionem vel commissionem, qualitercumque ipsis vel eorum alicui a prefato rege Francie factam, sub quavis forma vel concepcione verborum, aut eciam faciendam, mero aut mixto imperio ac juridicione in predictis civitate, suburbiis, edifficiis contingentibus, territorio seu districtui, castris, villis, possessionibus, terris seu bonis aut in ipsorum aliquo nullatenus uti possunt ipsosque universitatem, communitatem, cives singulares vel speciales personas Lugdunenses commissione vel concessione hujusmodi vel quavis alia non posse ipsa vel ipsorum aliqua vel aliquid exercere; quibus eciam omne jus omnemque potestatem condendi ordinaciones et statuta municipalia nos penitus interdicimus,

---

[1] Tout ce paragraphe XII est omis ici dans Raynaldi; mais cet auteur l'imprime au t. XV, à l'année 1311, c. xxxv.

maxime cum spirituales persone civitatis ejusdem sint excommunicacionis sentencia innodate et civitas ipsa ecclesiastico supposita interdicto; et quod archiepiscopo et capitulo Lugdunensibus, clericis et vassallis seu hominibus ipsorum de dampnis et injuriis eis illatis satisfacio plena fiat, nec impedimentum prestetur, quominus auctoritate Lugdunensis ecclesie merum et mixtum imperium et juridicio in dictis civitate, suburbiis, villis, castris, terris, possessionibus, bonis et locis valeat exerceri.

Item[1] expresse denunciandum est regi per cardinalem eumdem, quod, si rex predicta non correxerit et emendaverit taliter infra certum tempus, quod nos et apostolica sedes merito contentemur, quod a nobili viro Karolo, Andegavie comite, fratre ejus, et ab ejusdem regis nunciis datum est nobis intelligi, ex tunc nos et sedes eadem super premissis providebimus, statuendo, declarando, ordinando et procedendo spiritualiter et temporaliter, prout et quando videbimus expedire[2].

De garda sive custodia monasterii Beate Marie[3] Andegavensis tempore vacacionis ejusdem.

Omnibus hec visuris magistri Herveus de Henon, Matheus Picot, Guillelmus Odardi, Petrus de Valleiis, canonici Andegavenses, Guillelmus Mauhuyon, archipresbiter de Ludio, et Johannes Pictavensis, decanus de Camilliaco, salutem. Noveritis, quod anno Domini M°CCC° quarto, die Sabbati post festum beati Dionisii, in presencia reverendi patris domini Guillermi, divina providencia Andegavensis episcopi, et nostra constitutus Andegavis, in camera dicti reverendi patris, Gaufridus, sacrista Beate Marie Andegavensis, confessus est et recognovit quod, jam diu est, vacante monasterio Beate Marie Andegavensis abbatissa, per mortem defuncte Aanordis, abbatisse monasterii memorati, idem reverendus pater et nullus alius dicto Gaufrido tradiderat et commiserat custodiam et administracionem omnium bonorum et rerum,

---

[1] Le texte de Raynaldi reprend ici.

[2] Le roi prit l'avis de son conseil et répondit sur chaque article au pape, qui n'eut pas lieu d'en être content. Il s'en plaignit au comte d'Alençon, Charles, qui lui avait promis d'intervenir au profit de la paix commune. (Voy, Raynaldi, 1303, ch. 34.)

[3] L'abbaye du Ronceray, à Angers.

et maxime temporalium ad dictum monasterium spectancium, quodque idem Gaufridus dictam custodiam et administracionem receperat a reverendo patre predicto et nullo alio, ipsasque custodiam et administracionem dicto Gaufrido tradidit et commisit. adhuc ex habundanti idem reverendus pater, nobis ad hoc presentibus, dicta die, prestito ab eodem Gaufrido sollempniter juramento, quod... fideliter se habebit et quod de receptis... reddat fidelem... racionem [etc.]... Actum nobis et magistris Matheco Chevroul, Sancti Johannis et Radulpho de Fixa, Sancti Petri Andegavensis canonicis, Herberto Rotarii, de Villa Episcopi et Guillermo de Brenio, Vadi Danielis rectoribus ecclesiarum, et Thoma Gouyllays nostro et Johanne de Sancto Supplicio clericis presentibus, die et anno predictis.

De eodem.

In nomine Domini amen, anno ab incarnacione ejusdem M°CCC° quarto, indicione tercia, die x mensis Octobris, in presencia mei notarii et testium..., Gaufridus, sacrista Beate Marie Andegavensis, confessus fuit se recepisse et habuisse administracionem monasterii Beate Marie Andegavensis et adhuc recipit a reverendo in Christo patre ac domino G., Dei gracia Andegavensi episcopo, cui dicta die promisit reddere racionem dictorum bonorum... [etc.]

10 oct. 1304.

[*Bail à rente par l'évêque d'Angers, Guillaume Le Maire, et par son Chapitre à Guillaume Coysic, de Loudun, d'un herbergement, sis à Loudun et nommé Le Four de la Saunerie.*]

Sachent tuit présenz et avenir que en la court le rey de France à Loudun, par devant nous en dreit personement establi Guillaume Coysic, de Lodun, recognut et confessa davant nous et encores cognoist et confesse, que il a pris et prent encores à tourjoursmès, pour sey et pour ses hers et pour ses successours, de révérent père en Dé Guillaume, par la grace de Dé évesque d'Angiers, o l'asentement e o la volenté de son Chapitre, si comme il diseit, un her-

21 déc. 1306.

bergement, que le dit évesque aveit, sis à Lodun, qui est apelé le four de la Saunerie, o le four qui en celui herbergement esteit e est, e o les esmolumenz de celui four e o les estaux, qui sunt ou herbergement desus dit, à aveir, à tenir, a porsairs e à esplaitier perpétuelment, peysiblement e quittement..., pour seipt livres de petiz tornays ou de petiz angevins, c'est à saveir chescun denier de la value qui esteit e qui coreit au temps monsegnour saint Lois, e pour treys setiers de froment bon e pur e léau, à la mesure de Lodun, e pour seix deniers de annuel cens e de annuel rente [etc.]...; retenu toutevays à l'évesque d'Angiers desus dit e à ses successours toute manière de destrayngnement e de[1] suseréneté e de toute justice, quele que elle seit, haute e basse, ès chouses desus dites, e o tout ce retenu, o l'asentement e o la volenté dou dit Guillaume, à l'évesque d'Angiers desus dit e à ses successours e à leurs genz, toutes feiz que il yront à lours despens e seront à Lodun, lour descense e lour demorer ou herbergement desus dit, e que l'évesque, qui pour le temps sera, puisse feire tenir ses pleiz par ses serjant e par ses alloez ou lou desus dit e y mestre ses prisons e les y tenir e le y faire garder, tant comme ils verront que bon sera. Et promist e est tenuz le devant dit Guillaume..... [etc.]

Ce fut fait e donné à Lodun, à la requeste dou dit Guillaume Coysic e saellé dou seal le rey, dou quel l'en use à Lodun, le Mescredi avant Naau, l'an de grace mil treys cenz e seix.

Processus contra exactores et levatores tributarie funcionis, que vulgariter dicitur adjutorium sive aide aut quarteragium[2].

Littera generalis.

5 juill. 1307.   Guillermus, permissione divina Andegavensis episcopus, archipresbitero Andegavensi et ejus vices gerenti salutem in Domino. Cum tam

---

[1]. Le ms. porte *de de*.
[2]. Le surlendemain 7 juillet, une lettre de rédaction identique, sauf des variantes insignifiantes, fut adressée d'Éventard au doyen. C'est celle qu'a publiée intégralement D'Achery, t. X, p. 351. C'est pourquoi un extrait de notre acte nous paraît suffire.

humanarum quam divinarum auctoritate scripturarum, ecclesie et pia loca personeque et possessiones ecclesiastice ab oneribus munerum sordidorum extraordinariis et superindictis talliis, collectis seu exactionibus, angariis et perangariis libere sint et immunes..... etc.; et ad aures nostras devenerit... quod nonnulli, gerentes se pro servientibus et allocatis domini comitis Andegavensis seu substitutis vel deputatis ab eis, quorum nomina nobis penitus sunt ignota, ab ipsis, ab ecclesiis, piis locis et personis ecclesiasticis, religiosis et secularibus, nostrarum predictarum civitatis et dyocesis quamdam impositionem seu exactionem, talliam vel collectam, quam adjutorium seu *aide* sive carteragium appellant, de bonis, rebus, possessionibus et proventibus suis ecclesiasticis de novo exigere et extorquere conantur... et extorquent..., vobis et vestrum cuilibet, in virtute obediencie districte percipiendo, mandamus, quatinus, alter alterum non expectans, inhibeatis ex parte nostra publice et in generali in omnibus et singulis ecclesiis et aliis locis archipresbiteratus Andegavensis, de quibus expedire videritis, per vos vel per alios quos ad hoc duxeritis deputandos, per tres dies dominicos vel festivos, universis et singulis exactoribus, levatoribus et receptoribus imposicionis seu exactionis predicte deputatis et deputandis, in quibuscumque locis et parrochiis vestri decanatus predicti, sub pena excommunicationis, ne ipsi aut alter ipsorum imposicionem seu exactionem hujusmodi ab aliqua persona ecclesiastica, seculari vel religiosa, nostrarum civitatis et dyocesis, de rebus, bonis et possessionibus et proventibus suis ecclesiasticis exigere, recipere seu levare presumant, monentes ipsos nichilominus et eorum fautores quoscumque ex parte nostra publice et in generali, in locis superius declaratis, diebus quibus supra, quod ipsi super exactis, levatis, extortis et receptis per eos et ipsorum quemlibet a personis ecclesiasticis supradictis, occasione imposicionis seu exactionis predictarum, sibi satisfactionem competentem impendant indilate et cum effectu; alioquin omnes et singulos..... excommunicamus, excommunicatos publice et in generali in locis superius declaratis, tam auctoritate juris quam nostra, nonciare curetis et faciatis sollempniter nonciari, a denonciacione hujusmodi non cessantes, donec a nobis aliud receperitis in mandatis............

Datum Andegavis, die Mercurii post Sancti Martini estivalis [festum][1], anno Domini m°ccc° septimo.

[*Lettre du roi Philippe, portant défense aux commissaires de la dîme d'exiger rien de toute personne ecclésiastique, n'ayant pas un revenu de 12 livres.*]

9 janvier
1308 N. S.

Philipus, Dei gracia Francorum rex, superintendentibus negocio decimalis subsidii proventuum ecclesiasticorum a sede apostolica nobis concessi, in civitate et dyocesi Andegavensi, et collectoribus dicti subsidii, salutem. Quamquam a personis ecclesiasticis civitatis et dyocesis predictarum, quarum quelibet habet beneficium ecclesiasticum valoris septem librarum, juxta tenorem concessionis apostolice, super hoc nobis facte, pro nobis exigi valeat subsidium decimale, volumus tamen et vobis mandamus, quatinus ab exigendo et levando subsidium decimale a personis predictis, quarum quelibet non habet in proventibus ecclesiasticis ultra duodecim libras Parisiensium, supersedeatis, quamdiu nostre placuerit voluntati.

Actum Parisius, die ix^a Januarii, anno Domini m°ccc° septimo.

[*Lettre du Roi aux maires, échevins, consuls et comtes des lieux notables du royaume, pour leur dénoncer la corruption de l'Ordre du Temple et prescrire l'envoi à Tours de deux députés dans un délai déterminé*[2].]

25 mars
1308 N. S.

Philipus, Dei gracia Francorum rex, omnibus majoribus, scabinis, consulibus ac comitibus[3] locorum insignium regni nostri, ad quos presentes lictere pervenerint, salutem. Semper nostri progenitores ad hereses et errores alios ab Ecclesia Dei pellendos, et specialiter in regno Francie, pre ceteris principibus suorum temporum fuerunt solliciti, preciosam fidei catholice margaritam, utpote thesaurum incomparabilem, a furibus et latronibus egregie defendentes. Attendentes igitur, *etc.*

---

[1] Le mot est omis.

[2] Cette pièce a été publiée récemment par M. Boutaric dans le t. XX, p. 163-165, des *Notices et extraits des manuscrits*. Pour cette raison nous n'en donnons qu'un extrait.

[3] Pour *communitatibus*.

Pro dolor! Templariorum error abhominabilis tam amarus, tam flebilis vos non latet. Jesum Christum nedum in sui professione negabant, sed ingredientes suum prophanum ordinem negare cogebant et ejus opera, que sunt vite nostre necessaria sacramenta, necnon omnia quecumque sunt a Deo creata, super crucem ejus, qua sumus redempti, spuebant, et calcabant pedibus, et, in creature Dei contemptum, loca villia per osculum visitabant, ydola adorabant, contra naturam sibi licere, quod animalia bruta recusant, ritu suo tam reprobo dicebant. Celum et terra moventur tanti flatu sceleris et elementa turbantur! Enormitates hujusmodi per partes regni nostri singulas commisisse probantur ac ex deposicionibus majorum ejusdem ordinis, si sic appellari valeat, clare patent..... Contra tam sceleratam pestem debent insurgere leges et arma, pecudes et omnia quatuor elementa. Nos igitur... ad sedem apostolicam conferre nos personaliter proponimus in proximo, cujus operis sancti vos volumus esse participes, qui participes estis et fidelissimi zelatores fidei christiane, vobisque precipimus, quatinus de singulis villis predictis insignibus duos viros, fidei fervore vigentes, Turonis ad tres septimanas instantis festi Paschalis mittere non tardetis, qui nobis assistant in premissis, communitatum vestrarum nomine ad ea, que sunt dictis negociis opportuna.

Datum Meld[uni] die xxv° Marcii, anno Domini m°ccc° septimo.

[*Lettre du roi à l'évêque d'Angers, pour lui mander d'assister à l'assemblée de Tours, qui doit aviser sur le fait des Templiers, ou de s'y faire représenter.*]

Philipus, Dei gracia Francorum rex, dilecto et fideli nostro episcopo Andegavensi, salutem et dilectionem. Fidei zelus catholice nos quiescere non permittit, quominus continuis actibus insudemus, ut inimici nominis Jesu Christi, nisi per veram penitenciam convertantur, de regni nostri finibus expellantur, immo ut Ecclesie Dei vulnera ab eis illata sanentur. Error sane tam abhominabilis Templariorum, nuper in lucem deductus a Domino, vobis innotuit. Ad quem extirpandum ab Ecclesia sancta Dei tenetur quisque catholicus; sed potissimum presidentes ac vigiles ecclesiarum prelati hiis jubentur esse solliciti pre ceteris. Quapropter nos, progenitorum nostrorum inherentes vestigiis, qui negocium hujusmodi ferventer ad fidei defensionem assumpsimus, fervencius ipsum prosequi proponimus, cum ejus auxilio, cujus res agitur in hac parte, et ad sedem apostolicam trahere nos disponimus ad hec et alia, prout nostrum decet institutum, promovenda, que ad honorem Dei, sancte matris Ecclesie salutem ac sustentacionem[1] jurium ac libertatum ecclesiarum regni Francie debeant pertinere. Vestram igitur sollicitudinem excitamus, vos hortamur, in Domino vobis sub fidelitatis vinculo, quo nobis estis astricti, nichilominus injungentes, quatinus, ad tres septimanas instantis festi Paschalis apud Turonis nobiscum personaliter intersitis, nobis ad premissa exequenda consilium opere et auxilium prestituri, nisi forte in instanti congregacione, quam fieri jussimus in octabis festi predicti, vestri vestrorumque comprovincialium de communi consensu vos, simul omnes comprovinciales, unum ex vobis ad nos ad premissa mittatis, qui vicem in hac parte omnium representet et omnium habeat plenariam potestatem.

Actum Meleduni, die xxv^a Marcii, anno Domini m°ccc° septimo.

[*Lettre du roi à l'évêque d'Angers, qu'il requiert et exhorte d'accepter la mission, s'il est élu, de siéger dans l'affaire des Templiers.*]

31 mars
1308 N. S.

Philipus, Dei gracia Francorum rex, dilecto et fideli nostro episcopo Andegavensi, salutem et dilectionem. Considerantes attentius uberes fructus, qui in prosequcione negocii, quod ad tollendos nephandos Templariorum errores, pro honore sancte matris Ecclesie duximus assumendum, ex vestre sollicitudinis prudencia poterunt provenire, sinceritatem vestram requirimus et hortamur, in eo, cujus negocium prosequimur in hac parte, quatinus, si a comprovincialibus vestris ad hoc vos eligi contingat, onus Domini leve non verentes, sed ejus jugo suavi vos securo animo submittentes, nobiscum in dicto negocio assistatis, nobis auxilium et consilium impensurus.

Actum ultima die Marcii anno Domini, etc. (*sic*).

---

[1] Le ms. porte *sustacionem*.

[*Gravamina a Guillermo, Andegavensi episcopo, Caroli comitis consiliariis exposita.*]

In nomine Domini. Amen. — Anno ejusdem trecentesimo octavo, pontificatus sanctissimi patris ac domini domini Clementis, sacrosante ac universalis Ecclesie pape quinti, anno quarto, die quarta mensis Maii, indictione sexta, in mei notarii publici et testium transcriptorum, ad hoc, quod inferius continetur, vocatorum et rogatorum, presencia constitutus reverendus pater in Christo G. Major, Dei gracia Andegavensis episcopus, per venerabilem virum et discretum dominum Stephanum de Borgolio, archidiaconum Transligerensem in ecclesia Turonensi, in galico fecit exponi consiliariis excellentis et manifici (*sic*) principis, domini Karoli comitis Andegavensis, videlicet dominis Gaufrido de Vindocino, militi, capicerio Carnotensi, subdecano ejusdem ecclesie[1] domino G. de Pertico, legum professori ac decano Cenomanensi, gravamina que idem reverendus pater dicebat sibi et episcopatui Andegavensi fuisse et esse illata per gentes, allocatos servientesque dicti principis, quorum tenor sequitur in hec verba :

Cum episcopus Andegavensis et ejus predecessores fuerint ab antiquo, videlicet a tempore a quo non extat memoria, notorie in possessione, quod, dum banna in villa Andegavensi proclamabantur, banna illa nomine dicti comitis et episcopi Andegavens[ium] proclamabantur, videlicet per talia verba vel similia : *Audite bannum domini comitis et episcopi Andegavens[ium]* de novo gentes predicti domini comitis prohibuerunt preconi, ne ipse banna faceret vel clamaret nomine dicti episcopi, et plura banna fecerunt fieri nomine dicti domini comitis, nulla facta mencione de dicto episcopo in ejsdem, et preconem Andegavensem, qui vocatur Raginaldus, ceperunt gentes dicti domini comitis, et diu tenuerunt carceri mancipatum, pro eo quod ipse bannum quoddam proclamaverat[2] in villa Andegavensi nomine dicti comitis et episcopi Andegavens[ium], secundum morem antiquum.

Item, gentes dicti domini comitis, jam decem anni sunt elapsi, non

---

[1] Le ms. porte *professore*. — [2] Le manuscrit porte *proclaverat*.

permiserunt et adhuc impediunt indebite dictum episcopum uti usagio suo, quod habet idem episcopus notorie, a tempore a quo non extat memoria, in foresta de Moneys[1] pro terra sua de Ramo Forti[2], tam ad comburendum quam ad edifficandum, et ex hoc multum est damnificatus episcopus predictus et episcopatus, cum manerium episcopale, cohue, pressorium et alia edificia episcopatus predicti dicti loci, propter istud impedimentum adeo ad magnam ruinam devenerunt, quod pro quingentis libris reparari non possent et, nisi in brevi opponatur remedium, sunt funditus peritura.

Item, dominus Gaufridus de Orelleio, miles, et Johannes de Bria alias de Dordan, castellanus de Bello Forti[3], cum magna multitudine armatorum scilicet aliorum servientium domini comitis et aliorum quam plurimum, ad villam dicti episcopi de Ramo Forti, que est de regalibus et garda spirituali domini regis, et in qua ad eundem episcopum spectat omnimoda jurisdiccio alta et bassa, venientes, duos clericos, in habitu clericali existentes et clericaliter venientes ad quemdam servientem dicti episcopi, mansionarios et estigiarios, cubantes et levantes in villa et terra de Ramo Forti predictis, ceperunt, et maxime dictum servientem, existentem in pressorio dicti episcopi, et eosdem super jumenta compellentes sedere, ligatis pedibus subtus ventres jumentorum ipsorum et manibus post terga, per predictam villam de Ramo Forti, quadem (*sic*) die Jovis, populo congregato ad mercandum, inominiose duxerunt, facientes stationes longas in quadriviis vicorum, ut melius possent videri[4], et vituperari a populo congregato ibidem, dictosque clericos compulerunt, antequam possent evadere, ad permittendum[5] domino comiti quingentas libras et ad dandum super hoc fidejussores in prejudicium ecclesiastice libertatis, et dictum servientem diucius tenuerunt carceri mancipatum, nitendo in dicta villa de novo usurpare

---

[1] Monnais, c^{ne} de Jumelles, c^{on} de Longué.

[2] Ramefort, ferme, c^{ne} de Blou, canton de Longué, autrefois baronnie et l'un des plus anciens et des plus importants domaines de l'évêché d'Angers.

[3] Beaufort-en-Vallée, château dépendant du comté d'Anjou.

[4] Le manuscrit porte *vidi*.

[5] *Sic* en toutes lettres, pour *promittendum.*

jurisdictionem et justitiam indebite et injuste, in prejudicium episcopi et episcopatus Andegavens[ium] et eciam domini regis et garde ipsius, et maxime contra privilegia et immunitates ecclesie et episcopatui Andegavensibus concessas a Romanis imperatoribus regibusque Francie, qui eamdem ecclesiam fundaverunt et pluribus privilegiis et immunitatibus decoraverunt, et inter cetera, quicquid de prefate ecclesie rebus jus fisci exigere poterat, totum et ad integrum Andegavensi ecclesie concesserunt, distrittius inhibentes, ne quis judiex (sic) publicus vel quilibet ex judiciaria potestate in ecclesias aut loca vel agros seu reliquas possessiones, quas temporibus eorundem in quibuslibet pagiis (sic) vel territoriis infra ditionem regni Francie memorata Andegavensis tenebat vel possidebat ecclesia, vel ea que deinceps in jure ipsius ecclesie divina pietas vellet augere, ad causas audiendas vel freda exigenda aut mansiones seu paratas faciendas aut fidejussores tollendos[1], aut homines ipsius ecclesie distringendos aut ullas redibiciones seu illicitas occasiones requirendas, ullis unquam temporibus, ingredi auderet seu suprascripta exigere presumeret, quoquomodo scire liceret, episcopis Andegavensibus futuris pro tempore res predicte Andegavensis ecclesie cum omnibus sibi subjettis et rebus et hominibus ad se pertinentibus vel aspicientibus, remota totius juridictione potestatis, inquietudinem quieto ordine possidere, prout hec in privilegiis eorumdem eidem ecclesie concessis continentur ad plenum, que usque ad hec tempora fuerunt inconcusse et illibate servata.

Item, castellanus de Bello Forti, in domo Petri Michaelis clerici, estiagiarii cubantis et levantis in terra predicta de Ramo Forti, cepit unum potum cupreum, quandam patellam heris et quandam securim et penes Petrum barbitonsorem, mansionarium et ostagiarium cubantem et levantem in villa predicta de Ramo Forti, recia seu *resex* et res alias in domo predicta existentes; et premissa secum asportaverunt exinde et ea detinent[2] indebite et injuste, nittendo ibidem de novo usurpare justiciam et juridictionem, in prejudicium episcopi et episco-

---

[1] Le manuscrit porte *tallendos*. — [2] Le manuscrit porte *detinet*.

patus Andegavens[ium] et eciam domini regis et garde ipsius, maxime contra privilegia supra scripta.

Item, dominus Gaufridus de Oreilleio, miles, quinque homines mansionarios et ostagiarios, cubantes et levantes in terra episcopatus Andegavensis de Ramo Forti predicta, capi fecit et apud Molihernam[1] in prisionem duci, pro quodam puero, qui inventus fuerat submersus in quodam rivo aque fluentis per terram de Ramo Forti predictam, et qui jam capti erant per gentes dicti episcopi pro eadem causa, cum ad ipsum spectaret, tam racione loci in quo fuit inventus puer ille, quam pro eo quod sub juridictione temporali dicti episcopi iidem homines consistebant; et ab eisdem hominibus dictus miles purgationem accepit, nitendo de novo in dicta terra et homines predictos usurpare juridictionem sive justiciam in prejudicium dicti episcopi et episcopatus Andegavens[ium] et etiam domini regis et garde ipsius, maxime contra privilegia supra scripta.

Item, servientes predicti domini comitis in nemoribus dicti episcopi de terra sua Sancti Alemandi[2], que sunt de regalibus et speciali garda domini regis, venati sunt contra voluntatem dicti episcopi, et nituntur eundem prohibere, quominus ipse et gentes ipsius venentur ibidem, nitendo ibi usurpare garannam et superioritatem de novo, in prejudicium dicti episcopi et episcopatus Andegavens[ium] et eciam domini regis et garde ipsius, et maxime contra privilegia supra scripta, et, quod valde videtur assurdum, cum idem episcopus non debeat esse deterioris condiccionis quam homines fideles ipsius, qui tenent ab eo in terra predicta de Sancto Alemando magna dominia, in quibus venantur[3] publice et aperte sine contradictione alicujus.

Item, Girardus de Sancto Justo, subbaillivus Salmuriensis, veniens ad villam de Tuffellis[4], quam dominus de Baueeio tenet in fide et ligencia sua ab episcopo supra dicto et que villa est de pertinenciis castellanie de Ramo Forti et regalium episcopatus Andegavensis et speciali

---

[1] Mouliherne, canton de Longué, arrondissement de Baugé.

[2] Saint-Alman. (Voy. ci-dessus, p. 238.)

[3] Le manuscrit porte *venentur*.

[4] Les Tuffeaux, ancienne paroisse, aujourd'hui réunie à la commune de Chênehutte.

garda domini regis, et prisionem domini de Baucay, in qua dominus de Baucay quamdam mulierem estagiariam cubantem et leventem (*sic*) in villa predicta de Tufellis et sub juridictione temporali dicti episcopi et domini de Baucay notorie existentem, pro suspictione cujusdam delicti detinebat, per violentiam fregit et dictam prisionariam inde extraxit et apud Salmurum duxit, nittendo de novo in dicta villa usurpare juridictionem seu justiciam et superioritatem in prejudicium dicti episcopi et episcopatus Andegavens[ium] et eciam domini regis et garde ipsius et contra privilegia supra scripta.

Item, gentes dicti domini comitis quendam hominem, dictum Johannem de Sauleya, mansionarium in castellania de Brioleto[1], quam dominus de Credonio tenet ad fidem et ligenciam a dicto episcopo et que est de pertinenciis regalium in speciali garda domini regis, ceperunt, imponentes eidem quoddam forefactum, quod ipse negabat, et ita cognitio ad ipsum episcopum vel ad dominum de Brioleto, ejus vassalum, pertinebat; et licet senescallus ipsius episcopi pluries dictum hominem baillivo Andegavensi requisisset, justiciandum per curiam ipsius episcopi vel domini de Brioleto, ut jus esset, idem baillivus hoc facere recusavit injuste, et dictum hominem compulit gagiare emendam, nitendo de novo usurpare in dicta castellania et mansionariis[2] ejusdem juridictionem et superioritatem, in prejudicium dicti episcopi et episcopatus Andegavens[ium] et eciam domini regis et contra privilegia sepedicta.

Item, quidam servientes et allocati domini comitis, videlicet Johannes Gruau, Johannes Dougaut, Gaufridus Vernerii, Thomas Torelli, Fouquetus de Goulovres et quidam eorum complices ad quamdam terram que vocatur Briançon[3], quam dominus de Monte Johannis[4] tenet ad fidem et ligentiam a dicto episcopo et que est de pertinenciis regalium episcopatus Andegavensis et speciali garda domini regis, super ve-

---

[1] Briolay. (Voy. ci-dessus, p. 249.)
[2] Le manuscrit porte *mansionarios*.
[3] Voy. ci-dessus, p. 247.
[4] Montjean, commune du canton de Saint-Florent-le-Vieil, ancienne baronnie, qui donnait son nom jusqu'au xvi° siècle à une des plus puissantes familles de France.

nientes ibidem, homines estagiarios cubantes et levantes in dicta terra sub juridictione temporali dicti episcopi et domini de Monte Johannis notorie existentes, videlicet Herveum Gigou, servientem dicti domini de Monte Johannis, Michaelem de Brolio, Johannem ejus filium, Martinum de Coudreia, Michaelem Perraut, Johannem Normahni, Guillermum de Bosco, Colinum dictum Multon, Petrum Berangier, Petrum, servientem Johannis de Bruyeria[1], et Gaufridum Charboniau, violenter ceperunt, verberaverunt et dictos homines captos apud Baugeium in prisionem domini comitis innominiose duxerunt, et dictum Herveum, servientem dicti domini de Monte Johannis, in foveam latronum detruxerunt, nitendo de novo usurpare in dicta terra de Briancio et mansionariis[2] ejusdem juridictionem sive justiciam et superioritatem, in prejudicium dicti episcopi et episcopatus Andegavens[ium] et etiam domini regis et garde ipsius, et contra privilegia sepedicta.

Item, in villa Sancti Laurancii[3] de Morteriis, in qua communitatem habent dominus comes et dominus de Malo Leporario[4], est quidam vicus, qui est de pertinenciis dicte castellanie de Brioleto, quam dominus de Credonio tenet a dicto episcopo in fide et ligencia sua, et est de pertinenciis regalium episcopatus Andegavensis et speciali garda domini regis; et in dicto vico semper ab antiquo consueverunt currere et esse mensure de Brioleto, que ab episcopo predicto tenentur. Nunc autem de novo servientes dicte ville in eodem vico nituntur prohibere poni mensuras de Brioleto predictas, et ibi nituntur ponere mensuras dicte ville, injuste nitendo ibidem usurpare juridictionem et superioritatem in prejudicium dicti episcopi et episcopatus Andegavens[ium], a quo tenentur mensure consuete ibi poni ab antiquo et etiam domini regis et garde ipsius, et contra privilegia sepedicta.

Item, servientes domini comitis predicti quedam nemora, sita in parrochia de Valle Christiani[5], existencia de castellania de Brioleto et

---

[1] Les Bruères, ancien fief en la paroisse de Baune.

[2] Le manuscrit porte *mansionarios*.

[3] Saint-Laurent-des-Mortiers (Mayenne).

[4] Maulévrier, canton et arrondissement de Cholet.

[5] Vauchrétien, canton de Thouarcé, arrondissement d'Angers.

que a dicto episcopo tenet dominus de Credonio in fide et ligencia sua, et de quibus tam ipse quam domina de Valle Christiani, cui ipse predicta nemora servit, in paragio erga dictum episcopum et episcopatum Andegavenses, se advoant et semper advoaverunt ab antiquo, et quod nemus est de pertinenciis regalium episcopatus Andegavensis et speciali garda domini regis, de novo volunt et nituntur appropriare ad dominium dicti domini comitis indebite et injuste, in prejudicium dicti episcopi et episcopatus Andegavens[ium] et etiam domini regis et garde ipsius, et contra privilegia supra dicta.

Item, inter res quas idem dominus comes per excambium habuit[1] ab abbacia Fontis Ebraudi, est quidam locus apud Pontem Seii[2] situs in feodo dicti episcopi, super quo sibi debentur sex denarii annui census et quos ipse et predecessores sui semper consueverunt habere, quousque locus ille ad manum dicti domini comitis devenit, sed ex tunc cessatum est in solucione dicti census facienda.

Quibus expositis et coram dictis consiliariis propositis, supplicavit cum instancia debita dictus archidiaconus Transligerensis, vice et nomine dicti reverendi patris et sui episcopatus predicti, ipsis consiliariis, quatenus vellent dicta gravamina, dicto reverendo patri et episcopatui predicto indebite et injuste per gentes, allocatos servientesque suos illata, emendare aut facere emendari et ad statum antiquum et debitum retroduci, ita quod dictus reverendus pater et episcopatus ejusdem conservarentur illesi, asserens quod libenter eadem proponeret et exponeret dicto domino comiti, si copiam ejusdem commode posset habere.

Acta sunt hec Parisius, in domo discreti viri magistri Gaufridi Cenglier, archidiaconi in ecclesia Baiocensi, prope Sanctum Germanum, ubi tunc erat dictus dominus comes hospitatus, anno Domini, pontificatus, die, mense, indictione predictis, presentibus ad hec dominis Stephano de Borgolio, Matheo de Haia, Egidio de Mez, legum profes-

---

[1] L'acte a été publié par M. Marchegay, *Archives d'Anjou*, t. II, p. 255. — [2] Les Ponts-de-Cé. (Voy. ci-dessus, p. 265.)

soribus, G. de Bremio, Guillelmo de Souvigneio, presbiteris et Alano de Chemereio, testibus ad hoc vocatis et rogatis.

Et ego Johannes Dauli, clericus Andegavensis diocesis, publicus auctoritate imperiali notarius, predictis proposicioni et exposicioni dictorum gravaminum presens interfui, et ea proponere et exponere audivi, una cum testibus ante dictis, et de hoc presens publicum instrumentum feci, eaque in publicam formam redegi, et manu propria scripsi, et signo meo signavi rogatus.

[*Bulle du pape Clément V, adressée à l'archevêque de Reims et à ses suffragants, pour leur recommander d'exhorter les fidèles à contribuer à l'entreprise du passage d'outre-mer sous la direction des chevaliers de Saint-Jean de Jérusalem, leur faire connaître les indulgences accordées et réglementer la perception des offrandes*[1].]

11 août 1308. Clemens, episcopus, servus servorum Dei, venerabilibus fratribus archiepiscopo Remensi ac ejus suffraganeis necnon aliis episcopis exemptis et non exemptis, si qui fuerint in Remensi provincia constituti, salutem et apostolicam benedictionem. Exurgat Deus et inimici dissipentur ipsius. Exurgant cum eo fidei zelatores; apprehendant arma timoris Domini; induant se fidei orthodoxe lorica; divini amoris scutum assumant, et sub potencia virtutis Altissimi roborentur. Obprobri[or]um etenim Crucifixi, que fiunt ei ab insipientibus tota die, vindices ejus sint memores, et erga statum miserabilem Terre Sancte plenitudinem miseracionum exerceant, compassionis fluenta detineant et misericordis aperiant viscera pietatis, quia venerunt gentes in hereditatem Domini et sanctum ejus tabernaculum polluerunt. Accendantur quidem, ut ignis, corda fidelium ad ipsius Terre necessitatibus succurrendum et affectus auctis pie considerationis[2] ardoribus inflammentur. Prebeant quoque promptas manus ad opera et, sub spe celestis auxilii, prelium Domini preliantes, ad juvandum illius causam ferventi magnanimitate

---

[1] Il s'agissait de prêter aide et secours au kan des Tartares, qui, bien qu'infidèle, avait reçu les légats du pape et leur avait promis de reconquérir et de restituer la Syrie aux chrétiens. Cette pièce est publiée, en partie seulement, par Raynaldi, t. XV, ann. 1308, c. 32.

[2] Le manuscrit porte *considerationibus*.

consurgant, qui multos in paucis sue potencie virtute concludit, non obdormiens nec dormitans in eventibus gerencium bellum ejus, ipsorum custos pervigil et magnificus triumphator; seque accingant gladio potentissimo circa femur ad ipsius injurias ulciscendas.

Voce quidem assidue lamentationis exclamat et improperat terra ipsa fidei orthodoxe cultoribus, quod recordari non desinant, quid eis in partibus transmarinis acciderit. Intueantur et attente [1] considerent totius Christianitatis obprobrium, quoniam preclara nostri Salvatoris hereditas versa est ad alienos, et locus ille sanctissimus, ubi celi regem virgo puerpera genuit, locus redemptoris nostri preciosissimo cruore perfusus, locus ubi poni meruit sepulcri dominici fundamentum, et locus quem resurgens Christus a mortuis sue resurrectionis gloria multipliciter illustravit, alienarum subvertitur imperio nationum. Recenseant etiam, effusis lacrimis multiplicibusque singultibus, infra claustra pectorum diligenter, qualiter dudum ille perpetue maledictionis alumpnus, Babilonicus persecutor, Christianorum sanguinem sitiens, de fedis cubilibus contra renatos fonte baptismatis animis furibundis exiliens, Tripolitanam et demum Acconensem civitates, fidelium populorum multitudine preditas, magne nobilitatis titulis insignitas, refertas [2] opibus et bonorum ubertate fecundas, potenter angustans, et incolarum ejus aliorumque Christi fidelium inibi tunc presencium viribus superatis; civitates easdem [3] et nonnulla alia loca solempnia in archu et faretra furentibus gladiis comprehendit, et fideles ipsos, velud (sic) occisionis oves, in terra marique seviens ejus gladius interemit, civitates et loca predicta redigens in cinerem et favillam.

Cujus igitur pectus adeo posset incallere duricie? Quem pro terre ipsius afflictionibus relevandis non emolliret pie consideracionis affectus? Quis etenim, nisi ferreum pectus habens vel adamantis durissimi corda gerens, eidem terre non aperiens viscera pietatis, quis non provocetur ex intimis? quis non accendatur ad iram? et quis non animetur ad actum debite ultionis? Absit enim, ut a tam salutari Christi servitio

---

[1] Le manuscrit porte *attende*. — [2] *Refectas* dans le manuscrit. — [3] Le manuscrit porte *eisdem.*

quisque se retrahat! Absit, ut relinquat arma rubigini! Absit, quod animum neget victorie, cum non desit victoribus corona per gratiam et meritum in presenti et per gloriam et premium in futuro! Et quidem illatas quisque subditis suis offensas ulciscitur et Dei sui non vindicabit injurias tam atroces! Ad hereditatem quislibet suorum manus invasorum extendi non sustinet et patietur hereditatis dominice tanto tempore detentores! Ne igitur, qui crucem adorant, et in crucifixo dissimulent, quod juste non tollerarent in homine. Pungat eorum mentes et animos contumelia Redemptoris eosque zelus accendat fidei memorate. Dum enim miserabilis et plenus amaritudine status ejus lugubrisque condicio se nostris considerationibus offerunt, dum ejus diram horrendamque calamitatem vocibus sue flebilis lamentationis audimus, eo turbamur amarius acerbiusque laceramur in intimis, quo sibi subducte quietis dulcedine magis ac magis desideranter appetimus et transquillitatis deperdite tempora propensius affectamus. Sentimus quidem per effectum uberem pie mentis ejus afflictiones innumeras; palpamus suarum multiplicium incendia passionum et per compassionis intime pietatem non absque lacrimarum profluvio ejus deploramus angustias et secum doloris sui tormenta patimur. Tristatur quoque ac turbatur in intimis pia mater Ecclesia, tantis intrinsecus confossa doloribus. Profunditur lacrimis vultus ejus; sibi undique lamenta consurgunt, dum quos regeneravit in filios, efferi hostis laceravit impietas et in fidei orthodoxe cultores dire sevit gladius impiorum. Se nichilominus mater ipsa pro juvanda terra predicta semper multis sollicitudinibus anxiam exhibens et ostendens ferventibus studiis operosam, et, quanto sibi extitit ex alto permissum, manus et mentem ab ejus auxilio non retraxit. Profecto copiosus in misericordia Dominus, qui de sue habundancia pietatis animos regum et principum devocionis igne succendit ad salubrium exercicium actionum, precordia carissimi in Christo filii nostri Philippi, regis Francorum illustris, celestis benedictionis rore perfudit; sicque ipsum fidei zelus ejusdem succendit, ut in terre predicte afflictionibus et pressuris pio affectu compaciens, ad ulciscendas in illa ipsius Salvatoris injurias et ejusdem terre gravamina relevanda adeo ferventer desiderium dirigitur mentis sue, quod ducimur in Domino firma fiducia, et in illo qui mari et ventis imperat et post nubilum tempora serenitatis indulget, devote speramus, quod per ipsius ministerium studiosum, auxiliante illo cujus agitur in hac parte negocium, eidem terre proveniat passagii generalis auxilium et optate recuperationis claritas illucescet. Quia vero tam arduum tanteque profunditatis negocium non potest sub brevi temporis spacio, prout desideramus et expedit, debitam et congruam ordinationem suscipere, nosque timore gravissimo in mente perterriti, ne Cipri et Armenie regnorum nobilium, que crucis hostium premuntur incursibus et usque intrinsecus ad intima lacerantur ac ipsarum invalescente perfidia affliguntur, varietate multiplicis cruciatus, prout insinuatur eorumdem regnorum fidelium vocibus expressorum, sub rabie persecucionis ipsorum decidat fortitudo, et per hostium ipsorum seviciam, eisdem regnis positis in desolacionis excidium, fideles ipsi dire mortis casibus exponantur, vias et modos studiis diligentis indagacionis exquirimus, quibus terre ac regnis eisdem opportuni manum auxilii porrigere valeamus. O quam gravem confusionem reciperet, si, quod Deus advertat! talis casus emergeret, tota religio christiana! O quam obprobriose dispendium deformitatis incurreret, si per ipsorum hostium rabiem truculentam tam nobilibus membris eam, quod absit, contingeret mutilari! quis etenim posset eis misericordie viscera claudere? quis denegabit ea et suppliciter illis pulsantibus aperire? quis a se sic virtutum misericordie relegabit, quod super turbam fidelium eorumdem nesciunt misereri? credimus enim, quod, cum eis in hujusmodi necessitatis articulo subvenitur, gratum Deo servicium immolatur. Verum levantes in circuitu oculos nostros, ut videremus, si quos pugiles et si quos repperiremus athletas Domini ad bellum paratos ipsius, tandem ad dilectos filios, magistrum et fratres Hospitalis sancti Johannis Jerosolimitani nostre mentis replectentes intuitum, et sperantes, quod ad defensionem terre ac regnorum ipsorum, ad quam sunt specialiter deputati, afficiantur ex corde et pro liberacione terre ipsius de manibus impiorum mortis pericula non formident, cortum per eos equitum et peditum armatorum passagium prius, cum ipsius Hospitalis et milicie Templi magistris et majoribus preceptoribus, antequam magister ipsius milicie caperetur, et quam pluribus aliis secularibus magnis et prudentibus viris, qui statum et condicionem terre ac regnorum ipsorum plenius cognoverunt, diutina ac matura deliberacione prehabita, prout tanti negotii gravitas exigebat, habitoque super hoc karissimorum in Christo filiorum nostrorum, Cipri et Armenie regum illustrium, pleniori nobis per ipsorum litteras destinato, et subsequenter ejusdem regis Francie ac novissime fratrum nostrorum consilio, ad dictorum Cipri et Armenie regum instantem instanciam, pro illius modici residui, quod fidei predicte cultoribus in eadem terra remansisse dignoscitur ac ipsorum terre et regnorum defensione ac secura custodia, et ad opportuna preparanda obstacula perfidis Christianis, ne victualia et merces prohibitas eisdem defferant Sarracenis, et Sarracenos ipsos et, prout possibile fuerit, impugnandum, non de decime vel partis cujuslibet ecclesiasticorum impositione facta reddituum, sed de thesauro nostre camere ejusdem regis Francorum affluenti, ad hoc pecuniario adjuncto subsidio in proximo vernali tempore, providimus ordinandum et prosequendum, Deo duce, per ipsos per quinquennium sequtivum, per hoc ipsius camere attenuando erarium, et semitas quodam modo, pontes et vias ad idem generale passagium preparando; ex quo quidem passagio, Deo favente, uberioris fructus eisdem terre et regnis commoda proventura sperantur, quam de quovis passagio in ipsorum terre et regnorum facto subsidium provenerit a longis temporibus retroactis [1]. Et quia fidelium subsidia ad hujusmodi passagium sunt multipliciter opportuna, nos, considerata in hiis eorum salute, quorum animas illi cujus locum, quamvis immeriti, tenemus in terris, lucri facere multipliciter delectamur, quam plurium graciarum et indulgenciarum beneficia copiosa fidelibus ipsis duximus concedenda. Ut autem dictum subsidium valeat eidem terre celerius provenire, volumus, quod vos

---

[1] Ici s'arrête le texte de Raynaldi.

et singuli vestrum fideles quoslibet vestrarum civitatum et dyocesium, cum vos confessiones eorum audire contigerit eisque proponere verbum Dei, moneatis attentius, et efficaciter inducatis, et nichilominus omnes ecclesiasticas seculares et regulares personas exemptas et non exemptas vestrarum civitatum et dyocesium, confessiones audiendi et proponendi verbum Dei potestatem habentes, juxta datam vobis a Deo prudenciam, studeatis efficaciter exortari, quod fideles ipsos, confitentes eisdem et sermones ac predicaciones audientes ipsorum, sollerter moneant et diligencius exhortentur, quod ipsi, dum vixerint et demum tempore obitus eorumdem, pias elemosinas et grata caritatis subsidia dictis magistro et fratribus pro hujusmodi passagio in ipsius terre subsidium studeant erogare. Nos enim, ut negocium hujus modi eo libencius, eo fervencius prosequi studeatis, quo vos et exhortatores ipsi ex vestris laboribus potioris salutis fructum noveritis percepturos, de omnipotentis Dei misericordia, beatorum Petri et Pauli apostolorum ejus auctoritate confisi, et illa, quam[1] nobis, licet indignis, Deus ipse ligandi et solvendi contulit, potestate, singulis vestrum et exhortancium predictorum vere penitentibus et confessis, diebus singulis, quibus exhortacionis hujusmodi exercebitis pium opus, unum annum de injunctis vobis et eis penitenciis misericorditer relaxamus. Omnibus quoque personis ecclesiasticis, regularibus et secularibus, necnon et quibuscumque aliis Christi fidelibus debilibus et impotentibus ac inhabilibus ad bellandum et mulieribus non intendentibus in personis propriis transfretare in dicto passagio generali, que tantum de bonis eorum memoratis magistro et fratribus erogabunt, quantum essent in uno anno, si personaliter proficiscerentur in terre predicte subsidium, expensure, plenam, eis insuper, qui medietatem illius quod per tempus anni predicti expenderent in terre jam dicte personaliter proficiscendo subsidium, sepedictis magistro et fratribus exhibebunt, mediam suorum, de quibus fuerint corde contriti et ore confessi, concedimus veniam peccatorum. Illis vero qui prefatis magistro et fratribus in

---

[1] Le manuscrit porte *qua*.

dicto passagio de subsidio majori vel minori subvenient, secundum magis et minus juxta hujusmodi subsidii quantitatem et devocionis affectum, remissionis esse participes volumus antedicte[1], subvenientibus quoque diebus Veneris majoris edomade pro eodem passagio magistro et fratribus memoratis in viginti quatuor denariis parvorum Turonensium vel ipsorum valore viginti m^{or} annorum. Illis vero qui in aliis diebus Veneris duodecim denariorum subvencionem prestabunt, duodecim annorum; et eis qui aliis diebus de sex denariis monete predicte aut eorum valore eisdem magistro et fratribus de bonis eorum impendent subsidium, sex annorum indulgenciam misericorditer elargimur; ita quod, pro quolibet denario dato in subsidium ante dictum, juxta ordinationem hujusmodi, largitor ipse unius anni; qui vero tantum noluerit vel nequiverit exhibere sed dederit tantum obolum vel pictam, juxta hujusmodi quantitatem subsidii et devocionis affectum, eamdem indulgenciam consequatur. Volumus autem quod predicta subsidia, infra dictum quinquennium, largientes predictas indulgencias assequantur. Concedimus etiam quod omnes qui totum subsidium exhibebunt insimul uno die, quod singulariter singulis majoris edomade vel aliis Veneris aut singulis diebus quinquennii memorati impensuri essent pro subsidio ante dicto, totam illam indulgenciam, prout eam per eosdem dies secundum magis et minus diverso modo concessimus, integra assequantur, quam assequerentur singulariter diebus singulis, quibus hujusmodi subsidium exhiberent. Quod quidem et omne aliud subsidium dictis magistro et fratribus pro dicto passagio impendendo, per manus ordinariorum locorum vel aliorum deputandorum ab eis ipsis magistro et fratribus volumus exhiberi. Intendentes itaque, ut elemosine ac emolumentum, que ex predictis indulgenciis provenire contigerit pro ipsius passagii commodo diligencius conserventur, volumus quod tu, frater archiepiscope, in tua metropolitana, vosque, fratres episcopi, in singulis vestris cathedralibus ecclesiis in aliquo intra ipsas accommodo et tuto loco una ponatur archa vel truncus

---

[1] Le manuscrit porte *andicte*.

fortis et firmus, in quo elemosine et emolumentum hujusmodi et alia per manus vestras, occasione cujusvis per nos concesse indulgencie, ipsis magistro et fratribus pro hujusmodi passagio in singulis vestris civitatibus et dyocesibus proventura recipienda per manus vestrum cujuslibet in sua civitate recondantur. Similem quoque archam vel truncum in qualibet parrochiali ecclesia cujuslibet dyocesis, in quo elemosine et emolumentum in singulis parrochiis ecclesiarum ipsarum ex indulgenciis proventura predictis securius conserventur, poni volumus et mandamus, auctoritate presencium ordinantes, quod in singulis eisdem archis vel truncis tres serature, totidem habentes claves diversas et omnino dissimiles, apponantur; quarum clavium videlicet arche vel trunci positi in ipsis metropolitana et cathedralibus ecclesiis tu, archiepiscope, et quilibet vestrum episcoporum in sua ecclesia unam, aliam vero procurator Hospitalis predicti et reliquam aliquis de civitate bone opinionis et fide dignus homo fideliter custodiant et conservent. Archarum autem vel truncorum eorumdem, in dictis parrochialibus ecclesiis dictarum dyocesium positorum, una a rectore ipsius ecclesie, secunda vero a procuratore predicto et tercia ab una fide digna et devota persona parochie, magistro et fratribus ac passagio eisdem propicia, conservetur. Archas autem vel truncos predictos, videlicet in eisdem parrochialibus ecclesiis consistentes, in quindena festivitatis resurrectionis Domini proxime venture, quoad presentem annum, propter passagii necessitatem ejusdem, per eosdem rectores et procuratores et personas, que claves, ut predicitur, dictorum archarum vel truncorum habebunt, aperiri jubemus et peccuniam in eis inventam cum moderatis expensis Hospitalis ejusdem per illos qui claves tenebunt, vel per ipsorum duos, tercio impedito legitime, vobis, archiepiscopo et episcopis, integraliter assignari. Quam quidem peccuniam necnon et aliam quam quilibet vestrum episcoporum predictorum in archa vel truncis ecclesie sue cathedralis invenerit, tunc prefato procuratori tradat integraliter et assignet, faciens de assignatione ipsa et hujusmodi tradita sibi summa peccunie patentes licteras fieri, suo et procuratoris ejusdem sigillis munitas, dicto archiepiscopo festinanter et sine dilacione qualibet destinandas. Simili quoque modo, tu, archiepiscope supradicte, de peccunia, ex hujusmodi indulgenciis per te in tua civitate et dyocesi recepta, procuratori assignata predicto, juxta prescriptam formam licteras confici facias, tuo et dicti procuratoris sigillis sigillatas, ipsas necnon et easdem licteras episcoporum ipsorum camerario nostro, quam cicius poteris, per fidelem nuncium transmissurus. Ceterum intendentes rectorum earumdem ecclesiarum parrochialium in hac parte laboribus providere, volumus quod in singulis mi^{os} dictum festum Resurrectionis sequentibus annis, tempore synodi, per quemlibet vestrum in sua civitate et dyocesi celebrande, arche vel trunci apperiantur predicti, et peccunie in illis invente per dictum procuratorem et alios qui claves archarum et truncorum ipsorum habebunt, cuilibet vestrum in sua synodo assignentur, tuncque per quemlibet vestrum fiat dicto procuratori peccunie predicte tradicio, et fiant similiter de traditione et quantitate hujusmodi tradite peccunie lictere camerario nostro, quantocius destinande, ut supra proximo in casu alio est expressum. Si vero ex indulgenciis ipsis tantam contingeret peccuniam provenire, quod tutum non esset eam in archis vel truncis retinere predictis, quilibet vestrum circa custodiam peccunie in archis vel truncis in ecclesiis cathedralibus, ut predicitur, positis ac rectores ecclesiarum ipsarum circa custodiam alterius peccunie in eisdem archis vel truncis in eisdem ecclesiis parrochialibus recondite, de consilio et consensu dictorum procuratoris et aliorum tenencium claves easdem, sic caute provideant et attente prospiciant, quod peccunia ipsa dictum passagium non fraudetur. Illos vero qui archas seu truncos fecerint aut concesserint supradictos, quique ipsos et claves easdem fideliter custodiverint, nobiles quoque et ignobiles et quosvis alios, cujuscumque condicionis existant, qui eorum in ultimis voluntatibus equos, arma et quevis alia bona in subsidium dicti passagii, eodem durante quinquennio, magistro et fratribus largiverint supradictis; omnes etiam et singulos, arma, equos et victualia seu fodrum et quecumque mercimonia in terra vel in mari ad exercitum dicti passagii quomodolibet deferentes, omnium operum pietatis et aliorum spiritualium bonorum et beneficiorum, que fiunt et fieri contigerit in Hospitali et passagio supradictis, participes esse volumus et consortes. Vobis insuper auctoritate apostolica districtius injungimus, ut quocienscumque vos missarum officia celebrare contigerit, oraciones contra paganorum perfidiam per Ecclesiam ordinatas, quarum prima : *Omnipotens sempiterne Deus*, secunda deputata specialiter ad secretam : *Sacrificium, Domine*, et tercia diei post communionem precipue consuetam : *Protector*, incipiunt, devotis mentibus effundatis et per singulas personas ecclesiasticas in sacerdotio constitutas, vobis subjectas, pio cordis affectu dici in missarum earumdem officiis faciatis. Personis autem ecclesiasticis volentes plenius providere, dyocesanis earum dispensandi cum eis qui a canone vel ab homine latam excommunicationis sentenciam incurrissent, irregularitatis notam, inmiscendo se divinis officiis, contraxerunt, vel ob id infra dictum quinquennium contrahere ipsos contingeret, dum modo tantum de bonis eorum magistro et fratribus ipsis pro subsidio memorato persolverint, quantum expenderent in veniendo ad Romanam curiam et morando in ipsa pro dispensacione hujusmodi obtinenda et redeundo etiam ab eadem, nisi forte in episcopos vel abbates vel alios superiores proprios injecissent manus temere violentas, postquam ab excommunicacionum sentenciis, quas incurrerant vel incurrere ipsos contigerit, tempore supradicto, juxta formam Ecclesie fuerint absoluti, plenam auctoritate presencium concedimus facultatem. Omnibus insuper et singulis, tam clericis quam laicis, cujuscumque dignitatis, preminencie, ordinis, condicionis vel status existant, sub interminacione maledictionis eterne districtius inhibemus, ne quempiam volentem quodvis subsidium in dicto passagio eisdem magistro et fratribus exhibere ab hujusmodi voluntate retrahere vel in quodvis aliud etiam pium opus commutare vel quominus hujusmodi largiatur subsidium, verbo vel opere impedire presumat. Si quis vero contra nostram inhibicionem hujusmodi attemptare presumpserit, eandem et apostolorum ipsorum ac nostram, a qua nullum absolvi volumus, preterquam in mortis articulo, quousque duplum exhibuerit ejusdem subsidii, quod per impedimenti prestacionem hujusmodi dicte terre sustractum extiterit, se noverit incursurum. Ideoque fraternitatem vestram monemus et hortamur in filio Dei patris, vobis nichilominus, in virtute sancte obediencie districte precipiendo, mandantes, quatinus tenorem et formam indulgenciarum hujusmodi Christi fidelibus, eis proposito verbo Dei, singulis dominicis et festivis et aliis diebus, de quibus expediens fuerit, in ecclesiis et locis vestrarum civitatum et dyocesium, in missarum sollempniis et aliis horis congruentibus publicetis, et per rectores ecclesiarum et Predicatorum et Minorum ordinum fratres et alios religiosos et personas ecclesiasticas earumdem civitatum et dyocesium in eisdem solempniis et horis faciatis sollicite in vulgari cujuslibet patrie publicari; et nichilominus tu, archiepiscope supradicte, statim receptis presentibus, premissa omnia per tuas patentes licteras de verbo ad verbum harum seriem continentes, cum omni celeritate qua poteris, prout tam pio negocio videris expedire, dictis episcopis studeas intimare eisque mandare districtius, quod illa eorum subditis, hujusmodi tuo mandato recepto, omni dillatione precisa, intimare aliquatenus non omittant. Sic igitur hujusmodi pium opus et gratum Altissimo sollicite ac laudabiliter juxta datam a Deo vobis prudenciam exequi studeatis sicque ad subveniendum terre predicte necessitatibus efficaciter fideles ipsos inducere, quod de vestris laboribus, divina favente clementia, fructus sperati proveniant, et vestre sollicitudinis studium palmam glorie, que causam Dei gerentibus pro digna retribucione impenditur, mereatur.

Datum Pictavis, iii° idus Augusti, pontificatus nostri anno tercio.

[*Bulle du pape Clément V adressée aux frères de Saint Jean de Jérusalem, pour leur faire connaître qu'à leur prière il conserve à tous les clercs, qui prendront part avec eux au passage d'outre-mer, tous leurs revenus ecclésiastiques pendant deux ans.*]

1308.
11 août.

Clemens, episcopus, servus servorum Dei, dilectis filiis magistro et fratribus Hospitalis Sancti Johannis Jerosolimitani, salutem et apostolicam benedictionem. Dignum et congruum reputamus, ut eos qui ad Christi obsequia prosequenda se offerunt, spiritualibus graciis honoremus. Intendentes igitur ut passagium, quod per vos in subsidium

Terre sancte providimus faciendum, tanto libencius personarum ecclesiasticarum fulciatur auxilio, quanto magis persone ipse favorem apostolicum sibi senserint gratiosum, vestris supplicacionibus inclinati, vobis auctoritate presencium indulgemus, ut singuli clerici seculares, qui vobis personaliter accesserint in dicte terre subsidium in passagio memorato, dictum prosequendo passagium, omnes fructus, redditus et proventus omnium prebendarum et beneficiorum suorum ecclesiasticorum, eciam si dignitates vel personatus existant, cum ea integritate per biennium percipere valeant, cotidianis distribucionibus dumtaxat exceptis, cum qua illos perciperent, si in ecclesiis, in quibus prebendas, beneficia et dignitates ac personatus hujusmodi obtinent, personaliter residerent, ipsosque per idem biennium, et, demum ipso finito biennio, si per aliud biennium in dicte terre subsidium remanere contingat, percipere, arrendare, vendere, locare vel pignori obligare similiter possint, prout eis videbitur expedire, volentes arrendationem seu vendicionem vel locationem hujusmodi, eciam si eos infra dictum biennium mori contingeret, in suo robore permanere, nec interim ad faciendum in eisdem ecclesiis personalem residenciam vel susceptionem sacrorum ordinum sive ad prestacionem alicujus decime, regibus vel principibus seu quibusvis aliis personis per sedem apostolicam ex quacumque causa concedende, aliquatenus teneantur, nec ad id a quoquam compelli possint inviti, non obstantibus, si dicti clerici non fecerint in eisdem ecclesiis primam consuetam residenciam personalem, et quibuslibet ipsarum ecclesiarum statutis et consuetudinibus contrariis, juramento, confirmatione sedis apostolice seu quacumque firmitate alia roboratis, etiam si de illis servandis et non impetrandis licteris apostolicis contra ea et ipsis licteris non utendo etiam ab aliis impetratis per se vel per procuratores suos prestiterint juramentum, sive si locorum ordinariis vel quibusvis aliis a sede apostolica sic indultum vel medio tempore contigerit indulgeri, ut canonicos et personas ecclesiarum suarum civitatum et dyocesium possint compellere ad faciendum personalem residenciam in eisdem, aut si dilectis filiis capitulis earumdem ecclesiarum a prefata sit sede indultum quod

LIBER GUILLELMI MAJORIS.

ipsarum ecclesiarum canonicis et personis fructus, redditus et proventus prebendarum, beneficiorum, dignitatum aut personatuum suorum ministrare in absencia minime teneantur, quodque ad id compelli non possint per licteras apostolicas non facientes expressam de indulto hujusmodi mencionem, et quibuslibet privilegiis, indulgenciis et licteris apostolicis generalibus vel specialibus, cujuscumque tenoris existant, dictis ordinariis, capitulis et regibus ac principibus vel quibuscumque aliis personis concessis, per que, presentibus non expressa vel totaliter non inserta, effectus hujusmodi gracie impediri valeat quomodolibet vel differri et de quibus quorumque totis tenoribus de verbo ad verbum habenda sit in nostris licteris mencio specialis, proviso quod interim prebende, beneficia, personatus et dignitates hujusmodi debitis obsequiis non fraudentur, et animarum cura, in eis quibus illa imminet, nullatenus negligatur. Nulli ergo hominum liceat hanc paginam nostre concessionis infringere vel ei ausu temerario contraire. Si quis autem hoc attemptare presumpserit indignationem omnipotentis Dei et beatorum Petri et Pauli, apostolorum ejus, se noverit incursurum.

Datum Pictavis, III° idus Augusti, pontificatus nostri anno tercio.

[*Bulle du pape Clément V, adressée aux patriarches, archevêques et évêques, pour leur accorder plein pouvoir de changer tout vœu d'abstinence ou de pèlerinage en une contribution pécuniaire au profit des frères de l'hôpital Saint-Jean de Jérusalem.*]

1308.
11 Août.

Clemens, episcopus, servus servorum Dei, venerabilibus fratribus, patriarchis, archiepiscopis et episcopis, ad quos lictere iste pervenerint, salutem et apostolicam benedictionem. Gerentes cordi negocium Terre Sancte ac intendentes sollicite ad promocionem passagii, quod per dilectos filios magistrum et fratres Hospitalis Sancti Johannis Jerosolimitani in vernali tempore proxime venturo providimus faciendum et per ipsos prosequendum, Deo duce, per quinquennium sequuturum, obtinentes quoque de vestre circumspectionis industria fiduciam in Domino specialem, vobis et vestrum singulis commutandi, dicto durante quinquennio, cujusvis abstinencie et quarumcumque peregrinationum vota, ultramarino dumtaxat excepto, in pecuniarum subsidium prefatis magistro et fratribus vel eorum procuratori pro dicto passagio exhibendo, cum super hoc ab eis vel eorum procuratore fueritis requisiti, dummodo, inspecta condicione vovencium, ad dicti passagii necessitate pensata, super quibus vestram conscienciam oneramus, precio vel precibus, amicicia, favore vel odio cujuscumque nichil circa hec, super quibus se sciat unusquisque vestrum redditurum in examine districti judicii racionem, agatur in fraudem vel diminucionem subsidii supradicti, plenam et liberam auctoritate presencium concedimus facultatem. Volumus autem ut hujusmodi peccuniarium subsidium prestandum, videlicet per voventes peregrinaciones easdem, ad tantam peccunie summam extendatur, quantam voventes ipsi pro complendo voto peregrinacionis ejusdem personaliter expendissent; votum autem hujusmodi abstinencie juxta illius arbitrium intendimus redimi qui votum hujusmodi commutabit. De peccunia vero, que habebitur pretextu concessionis hujusmodi, fiat quoad tradicionem ipsius peccunie faciendam procuratori predicto, et quoad confectionem licterarum receptionis dicte peccunie necnon et quantum ad certificacionem camerarii nostri de tradicione ipsi procuratori peccunie quantitate, sicut de illa peccunia, que reponetur in archis vel truncis, juxta ordinacionem contentam in aliis nostris licteris indulgencialibus pro negocio passagii predicti concessis apercius continetur.

Datum Pictavis, III° idus Augusti, pontificatus nostri anno tertio.

[*Bulle du pape Clément V, adressée aux patriarches, archevêques et évêques, pour leur faire connaître qu'il dispense, pendant cinq ans, les ecclésiastiques, reçus à l'ordre de sousdiacre et ayant charge de paroisse, qui contribueront au passage d'outre-mer, de l'obligation de se faire recevoir au sacerdoce.*]

Clemens, episcopus, servus servorum Dei, venerabilibus fratribus, patriarchis, archiepiscopis et episcopis, ad quos lictere iste pervenerint, salutem et apostolicam benedictionem. Dignum reputamus et congruum, ut eos qui ad Christi obsequia prosequenda se offerunt specialibus graciis honoremus. Intendentes igitur, ut passagium, quod

11 août 1308.

per dilectos filios magistrum et fratres Sancti Johannis Jerosolimitani, in vernali tempore proximo venturo, in subsidium Terre Sancte providimus faciendum et prosequendum, Deo duce, per quinquennium sequturum, tanto libencius personarum ecclesiasticarum fulciatur auxilio, quanto magis persone ipse favorem apostolicum sibi sentient graciosum, dispensandi cum quibuscumque ad regimen parrochialium ecclesiarum, assumptis vel usque ad dictum quinquennium assumendis, qui infra quinquennium ipsum unius anni ecclesie parrochialis, quam singuli eorum obtinent, vel infra dictum quinquennium obtinebunt, racione cujus haberent infra annum ad presbiteratus ordinem promoveri, dictis magistro et fratribus vel eorum procuratori pro subsidio dicti passagii exhibebunt, quod ipsi, dummodo infra annum ordinem subdiaconatus recipiant, non teneantur usque ad quinquennium, a tempore hujus suscepti regiminis, racione ipsius ecclesie, ad sacerdocium promoveri, nec ad id a quodam compelli possint inviti, qualibet constitucione contraria non obstante, quocienscumque a prefato procuratore fueritis requisiti, plenam vobis et singulis vestrum concedimus auctoritate presencium facultatem. De peccunia vero, que habebitur pretextu concessionis hujusmodi, fiat quoad tradicionem ipsius peccunie faciendam procuratori predicto et quoad confectionem licterarum recepcionis dicte peccunie, necnon quantum ad certificacionem camerarii nostri de tradicione ipsi procuratori peccunie quantitate, sicut de alia peccunia, que reponetur in archis et truncis juxta ordinacionem contentam in aliis nostris licteris indulgencialibus pro negocio passagii predicti concessis apertius continetur.

Datum Pictavis, III° idus Augusti, pontificatus nostri anno tercio.

C'est le pardon de l'Ospital Saint Joham de Jérusalem[1], *que nostre père le pape Clémens le Quint a donné au mestre et aus frères de l'Ospital devant dit por mestre les aumounes pour aler en la sainte terre d'outremer et pour fayre*

---

[1] Cette pièce est un résumé et comme une traduction de la bulle qui précède, p. 398-408, faite suivant ses prescriptions, p. 408, pour être lue et publiée dans les églises du diocèse.

la vaie sus les Sarrazins. Et a donné et ostreié plusours indulgences à ceux e à cèles qui i envayront leurs aumounes.

Premèrement il mande et commande aus archevesques e aus évesques e à toutes personnes de sainte ygleise, régulières e non régulières, exemptes e non exemptes, toutes les fois que ils orront confessions et proposeront la parole Dé, que ils enortent e amonestent cex e cèles que il orront e qui seront en lour prédicacion, que ils dongent de lour ausmounes au mestre e aus frères de l'Ospital, endementres que ils vivent e en lours testamenz, de lours biens pour faire aide à ce saint passage. E donne le pape à touz cex qui ce dénoncieront vrays confès e repentanz i an de pardon de lours pénitances enjointes, touz les jours que ils le annoncieront.

1308

Item, le pape donne à toutes personnes d'yglise, régulères e séculères, e à tous autres féaus en nostre Segnor e aus impotens e aus fames, qui n'entendent pas à passer la mer ou général passage, qui donront tant de lours biens au mestre e aus diz frères, comme ils porreint despendre en i an à demorer par delà, [le pardon¹] de toz lours péchiez, e à cex qui en donneront la métié, la métié de pardon de touz lours péchiez, de quey ils sont confès e repentanz; e selont le plus e le mains que il i donront, ils sont et seront participanz de touz les biens qui i seront faiz.

Item, il donne à touz cels e à toutes cèles, qui donront le Vendredi aoré xxiiii torneys petiz, xxiiii ans, e aus autres Vendrediz xii t., xii ans, e aus autres jours vi t., vi ans, e por chescun denier i an. E qui tout ne poura donner, donge une maille ou i p[icte], il sera participans de touz les biens qui i seront fez. E qui tout porra donner à une faiz, tout le pardon emportera, ausi bien com s'il eust donné par parties. Lequel pardon le pape veut, que il dure jusques à cinc ans. E monte la somme don pardon x^m et ix^c e iiii^{xx} ans, e la somme de l'argent de touz les v ans lii libres e x s. E seront toutes les aumounes mises en une huge ou en i trunc.

Item, à touz cex qui feront les trons ou les huges ou les feront feire

¹ Le mot manque.

e les donront aus diz frères, pour mestre aus yglises, sont et seront participanz de toz les biens faiz en prières, en oreysons, en aumounes, en jeunes, en la sainte meson de l'Ospital e en ce saint passage.

Item, à toz cex qui garderont les clees léaument, ou qui donront chevaus ou armeures ou vitalle, ou lesseront en lour testamenz de lours biens aus diz frères ou autres chouses neccessaires au saint passage, ils sunt e seront participanz en touz les biens desus diz.

Item le pape commande à touz prestres que, toutes feiz que ilz célébreront, que ils dient oreysons pour les diz frères et pour cex qui passeront en leur compaingnie, que Dex lor dont victoyre contre les anemis de la fey Jesu Crist, c'est assaveir treys, don la première se commence : *Omnipotens sempiterne Deus*, la segonde, qui est députée au segré, qui se commence : *Sacrificium, Domine*, la terce post la communion, qui se commence : *Protector*.

Item, toutes personnes d'iglise qui sunt excommuniés de canon ou sunt encoru ou encorront irrégularité dedenz cinc ans, excepté les mains mises en évesques ou en abbez ou en lour propres souvrerains, que les évesques, souz qui ils sont, les em poent dispenser, en donnant au mestre e aus diz frères l'argent ou la value, que ils despendreint pour aler à la court de Romme e demorer e à revenir pour aveir lour dispensacion.

Item, à touz cex, tant clers comme lays, de quele digneté ne de quele ordre ne de quele religion ne de quel estat que ils saint, qui empescheront ou destorneront l'aide de ce saint passage ou la volenté de cex qui y voudront donner, ne muer lour propos par oevre ne par parole ne par fait, que l'aide ne seit faite au diz frères pour le saint passage, ils encorront la maleicom pardurable de l'auctorité Deu le tout puissant, de saint Père e de saint Pol e de touz sainz e de nostre père le pape; de la quele maleicon il ne vieut que nul sait absous que en l'article de mort, e en l'article, se il rent le double dou dommage que les diz frères auront eu par lui.

Item, le pape mande et commande à touz prélaz e à touz autres féaus en nostre segnor Jesu Crist, que ils annoncent ou facent annoncier par les curez, par les frères Preschors et Menours et par autres religious, en toutes ygleises, e touz les dimeines et toutes les festes e touz les jors, aus messes e aus hores, ce saint pardon par totes lor dyocèses.

Item, le pape donne poer à touz prélaz de muer touz vouz de astinence, toutes les feiz, qu'il en seront requis dou procur[our] de l'Ospital, en donnant aus diz frères une somme d'argent tèle, comme celui, qui remuera le veu, regardera, regardée la condicion de celui qui aura feit le veu e la neccessité dou passage.

Item, les prélaz poent muer touz vouz de pélérignage, excepté celui d'outremer, en donnant autretant d'argent aus diz frères, comme cex qui aureint fait le veu, porraint despendre, se il alaient personément en celui pélérignage.

Item, touz clers bénéficiez, qui ont ygleises parrochiaus ou auront dedenz cinc ans, qui donneront les fruz de lour bénéfice de i an au mestre et aus frères pour l'aide de ce saint passage, qui ne porront estre contrainz d'estre ordenez à prestre de denz cinc ans, mès que de denz l'an ils saient ordenez à sordiacre, que il aront le bénéfice receu.

Item, le pape donne au mestre e aus frères de l'Ospital, que tous clers bénéficiez en saint igleise, qui voudront, passent ovec les diz frères, qu'il puissent tenir et aveir par ii anz les fruz e les yssues de lours provendes e de lors bénéfices, saint en dignitez ou en personnages ou en quel estat que ce sait, entièrement, e ausi bien, comme s'il feisent résidence, exceptées les distribucions cotidiennes, que il prendreint, s'il estaint résidenz. E que il puissent engagier ou arenter ou vendre ou obligier les fruz de lour bénéfices, ce que plus profitable lour sera, par ii années, e ne puissent estre contrainz à faire résidence personel ne à prendres nulles ordes saintes ne à prester ne à paier nul deizeme à reis ne à princes ne à austres personnes, queles qu'elles saient, ostreié de l'ygleise de Romme e à otroier. E si ainsi esteit, que il morust, l'arentacion e l'obligacion qu'il aveit faite des bénéfices, tendreint toutes; e se plus voleit demorer ovec les diz frères par ii autres années, porreit faire ces meimes chouses desus dites, non contreytant quelque coustume espécial, que il aint donné ou à donner.

E qui ira contre les chouses de sus dites, il encorra la indignacion de Dex le tout puissant, de saint Père et de saint Pol, de touz saint, et excommuniez de par nostre père le pape. *Explicit.*

[*Vidimus par l'archevêque de Tours des bulles du pape Clément V, adressées aux archevêques et évêques de France, pour leur prescrire de réclamer et de prendre en main, conformément aux lettres du roi, l'administration des biens de l'ordre du Temple*[1], *saisis par les officiers royaux.*]

1309 N. S.
22 février.

Universis presentes licteras inspecturis Raginardus, Dei gracia archiepiscopus Turonensis, eternam in Domino salutem. Noveritis nos vidisse et cum debita reverencia recepisse licteras sanctissimi patris ac domini, domini Clementis, sacrosancte romane ac universalis Ecclesie summi pontificis, cum vera bulla plombea, tenorem qui sequitur continentes :

1309 N. S.
5 janvier.

Clemens, episcopus[2], servus servorum Dei, venerabilibus fratribus archiepiscopis et episcopis per regnum Francie constitutis, ad quos presentes lictere pervenerint, salutem et apostolicam benedictionem. Cum olim Pictavis cum nostra curia maneremus, carissimus in Christo filius noster Philippus, rex Francie illustris, in nostra et nostrorum fratrum presencia constitutus, proposuit, quod ipse dudum volens occurrere dissipacioni et periculo que circa Templariorum bona in limine apparebant, manum extendit ad ea pro ipsorum custodia, ne perirent, non intendens, sicut asseruit, Templariorum ordinem dictorum bonorum possessione vel proprietate privare; de quibus bonis postmodum rex prefatus ad nostram requisicionem manum suam amovit, mandans per suas patentes litteras ducibus, comitibus, baronibus, senescallis, judicibus, prepositis, vicariis, castellanis et aliis justiciariis suis ac quibuscumque

---

[1] Sans faire montre d'une érudition facile, nous croyons pouvoir nous contenter ici de renvoyer, pour l'indication et l'appréciation des sources et des divers travaux sur le jugement des Templiers, à une étude de M. Rapetti, qui a pour titre *Les Frères du Temple.* Elle a paru dans le *Moniteur*, du 10 janvier 1854 au 26 janvier 1856, à intervalles assez irréguliers, et est malheureusement restée inachevée.

[2] Raynaldi donne un résumé de ce document (1309, c. III).

aliis temporalitatem in regno Francie habentibus necnon et superintendentibus negocio Templariorum et bonorum ipsorum, vel loca tenentibus eorumdem, quod ipsi bona mobilia et immobilia Templariorum, que ceperant et tenebant, nomine regis vel suo, curatoribus seu administratoribus deputatis vel deputandis a nobis generaliter in regno Francie et prelatis regni ejusdem, videlicet per quemlibet singulariter in sua civitate et dyocesi, realiter et integraliter traderent vel tradi facerent indilate, quodque ipsos curatores et administratores dictorum bonorum, prout ad regem pertinet, tuerentur et defenderent, cum ipsos justiciarios et alios supradictos super hoc requiri contingeret et a curatoribus et administratoribus supradictis. Verum quia prefatum mandatum regium[1] nondum est, ut intelleximus, exequcioni mandatum, fraternitati vestre per apostolica scripta mandamus, quatinus vos et singuli vestrum, in quorum civitatibus et dyocesibus aliqua bona Templariorum consistunt, curatores seu administratores pro dictis bonis procurandis, administrandis et conservandis ponatis, ordinetis et deputetis, quilibet scilicet in sua civitate et dyocesi, utiles, ydoneos et discretos et tales, qui sint bene solvendo, si eos circa officium sibi commissum culpam aut negligentiam committere contingeret sive dolum. Qui curatores seu administratores, deputati a vobis, et dilecti filii Carnotensis et Cenomanensis decani, Rothomagensis archidiaconus et magistri Radulphus Xantonensis et Hugo Geraldi Petragoricensis cantores ac Geraldus de Roychi, canonicus Agenensis ecclesiarum, quos et eorum quemlibet nos curatores et administratores dictorum bonorum in regno generaliter deputamus, vel eorum quilibet, cum aliis deputatis vel deputandis a vobis, bona predicta a subditis dicti regis, secundum formam mandati regis, sibi tradi requirant, et ea sibi tradita et habita, nomine ordinis Templi, administrent fideliter et conservent. Volumus insuper quod vestrum quilibet illum vel illos quos curatores seu administratores deputaverit ad predicta jurare faciat ad sancta Dei Euvangelia, quod in predictis bene et fideliter se habebunt et bonam

---

[1] Le manuscrit porte *regum*.

et legitimam de bonis predictis racionem reddent coram vobis vel vestrum singulis vel a vobis vel a vestrum singulis deputandis et etiam coram deputandis a nobis. Predicti quoque sex, ut premittitur, deputati a nobis simile juramentum prestabunt coram camerario nostro ye vobis, fratres archiepiscopi, tanquam super hoc delegatis a nobis, in quorum provinciis prefatum officium exercebunt. Nos enim eidem camerario et vobis, predicti archiepiscopi, et vestrum cuilibet, quantum ad recepcionem juramenti predicti, committimus, tenore presencium vices nostras.

Datum Tholose, nonis Januarii, pontificatus nostri anno quarto.

[*Vidimus, par les archevêques de Reims, de Bourges et de Tours, des bulles du pape Clément V, qui, d'après les aveux reçus par lui de la bouche d'un certain nombre de Templiers, lève la défense de procéder contre eux et autorise les prélats et les inquisiteurs de France à enquérir, chacun dans son diocèse et dans la mesure de sa juridiction, contre les individus seulement, non contre l'ordre*[1].]

11 février 1309.

Universis presentes litteras inspecturis, miseracione divina Robertus Remensis, Egidius Bituricensis et Raginardus Turonensis archiepiscopi, salutem in Domino sempiternam. Noveritis nos litteras sanctissimi patris et domini nostri domini C., divina providencia sacrosancte Romane ac universalis Ecclesie summi pontificis, sanas et integras, vera bulla plombea[2] et filo canapis bullatas, ut prima facie apparebat, vidisse, formam que sequitur de verbo ad verbum continentes :

5 juillet 1308.

Clemens, episcopus, servus servorum Dei, venerabilibus fratribus universis archiepiscopis et episcopis per regnum Francie constitutis, et dilectis filiis Guillermo et aliis inquisitoribus heretice pravitatis in eodem regno auctoritate apostolica generaliter deputatis, salutem et apostolicam benedicionem. Subit assidue nostre mentis archanum, sollicitudine plena et anxietate non vacua, consideracio illa terribilis, qua nos ad illius domus custodiam deputatos advertimus, cujus magnitudinem cum stupore propheta miratur : «O, inquiens, Jerusalem, quam magna

[1] Cet acte et le suivant sont dans le *Spicil.* t. X, p. 356. (Cf. Dupuy, p. 100.) — [2] Le ms. porte *blombea*.

est domus Dei! », cumque in ejusdem consideracionis examine residentes, opus nobis extimamus injunctum et nostrarum mentium virium quantitatem, attendimus cum stupore quod supra vires nostras nobis est onus impositum, quod procul dubio sufficienter portare nequimus; sed superest nobis spes, in solo auxilio divino reposita. Ad quod humiliter recurrentes, devocius imploramus, ut ille qui nobis domum ipsam custodiendam credidit, et pascendum commisit nostre vigilancie gregem suum, domum ipsam ab ascendentibus ex adverso sollicite custodire concedat ipsumque gregem sic salutaribus pascere pascuis, sic rectis gressibus per viam justificacionum Domini et suorum dirigere semitas mandatorum, quod ipsum in dilecta Domini tabernacula potiturum sempiternis gaudiis introducere, ad sui nominis laudem et gloriam, valeamus. Dudum siquidem Templariorum subitam capcionem, quam ad nostri apostolatus et fratrum nostrorum protulit vulgatus rumor auditum, quia raciones et cause, que carissimum in Christo filium nostrum Philipum, regem Francie illustrem, induxerant ad hujusmodi capcionem tibique Guillermo suggesserant regem super hoc requirere memoratum, nostram et dictorum fratrum latebant noticiam, non immerito nos et fratres ipsi dolentes suscepimus, cum per te, Guillermum predictum, nobis, quibus quodam modo vicinus eras in januis, nichil intimatum fuisset, ac precipiti festinacione processus per vos contra ipsos habiti et, ut timebatur, habendi, super quo inaudita publica referebat assercio, grandis suspicionis materia in nostra et fratrum ipsorum mentibus extitit suscitata, propter quod omnem quam habebatis in hujusmodi negocio potestatem, de predictorum fratrum consilio, suspendentes, ad nos negocium ipsum totaliter duximus revocandum. Et licet postmodum rex predictus ac vos, fratres archiepiscopi et episcopi, tuque, Guillerme predicte, ad capcionem hujusmodi excusandam plures coram nobis et fratribus supradictis pretenderitis raciones, illam tamen specialiter proponere curavistis, quod, si, quod absit, per capcionem hujusmodi dictorum Templariorum non fuisset preventa nequicia, causam fidei orthodoxe, ad cujus conculca-

¹ Le manuscrit porte *causa*.

cionem perversis et dolosis conatibus nitebantur, adeo detraxissent, quod fidei ejusdem negocio, per suorum et aliorum fautorum suorum, qui multi numero fore noscuntur, execranda facinora, detrimentum irreparabile provenisset. Demum vero processibus, per vos archiepiscopos et episcopos et Guillermum predictos ante tempus suspensionis et revocacionis predictarum vel saltem, priusquam ad vestram noticiam hujusmodi suspensio et revocacio pervenisset, habitis contra Templarios memoratos, exhibitis in nostra et fratrum presencia predictorum et diligenter inspectis, multa per eosdem processus contra ipsos apparent fuisse reperta, de quibus modicam habebamus verisimilem conjecturam, nec ad illa credenda nostre mentis oppinio poterat inclinari. Postmodum autem, nonnullis ex Templariis memoratis, qui ab olim nec levis auctoritatis in eodem ordine habebantur, nobis per dictum regem liberaliter redditis, ad nostram deductis presenciam, ab eis de veritate dicenda, tam de se quam de aliis ipsius ordinis fratribus, super omnibus impositis ipsis et ordini eidem criminibus corporale recepimus juramentum. Et deinde per nos diligenter examinatis eisdem, nonnulli eorum se et multos alios dicti ordinis fratres circa ingressum prefati ordinis, pollutis labiis, abnegasse Christum, redemptorem nostrum, et alia execranda et nephandissima scelera commisisse sponte et libere sunt confessi, et subsequenter, ad majorem cautelam, deposiciones et confessiones eorum coram venerabili fratre Petro, episcopo Penestrino, et dilectis filiis nostris Berengario Sanctorum Nerei et Achillei, Thoma Sancte Sabine, Stephano Sancti Ciriaci in Terminis titulo presbiteris, et Landulpho Sancti Angeli ac Petro de Columpna sancte Romane Ecclesie diaconis cardinalibus, repeti mandamus per eosdem, et ipsis per tabelliones publicos redactis in scriptis et in eorum presencia coram nobis et fratribus eisdem perlectis, ipsas iidem Templarii approbarunt, in illis firmiter persistentes; et iterum, interpositis diebus aliquibus, dicti Templarii, coram nobis et nostris fratribus constituti, in confessionibus ipsis, eis lectis et in materna lingua expositis diligenter, firmiter perstiterunt et, sancte matris Ecclesie satisfacione ad nostrum arbitrium oblata per eos, se reconciliari humiliter supplicarunt. O quam abhominabilis amaritudinis haustum inauditum tam orribilis sceleris eadem gustavit Ecclesia! O quam sevissime torsionis sentivit in sui sacrario pectoris punctiones! heu! quam acerbi doloris aculei nos et eosdem fratres pupugerunt in intimis! heu! quam tenebrosam oscuritatem nostris et ipsorum aspectibus dicti Templarii presentarunt, quamvis per supplicacionem reconciliacionis ejusdem, per quam animarum suarum salutem recognoscere videbantur, ad quam nos ferventer intendimus, alicujus mittigacionis senserimus levitatem! Cumque postmodum per regem eumdem ac vos archiepiscopos et episcopos et Guillelmum predictos, ut in eodem negocio procedi posset liberius ipsumque negocium ad debitum finem perduci, relaxari hujusmodi suspencionem fuisset nobis cum instancia supplicatum, nos ipsius regis ac vestris supplicacionibus pro ejusdem securitate negocii et libertate inquisicionis ipsius, de fratrum ipsorum consilio, annuentes et considerantes attentius, quod difficile, quin pocius impossibile, quasi fore dignoscitur, quod per nostrum et fratrum eorumdem ministerium curiosum, quoad plenam ejusdem negocii habendam indaginem, propter Templariorum multitudinem eorumdem ac diversitatem locorum, per que in predicto Francie et aliis Christianitatis regnis et terris dispersi fore noscuntur, tractari valeat vel ad debitum finem perduci, aliis personis ydoneis hujusmodi provideramus negocium committendum aut vobis ex nostra permissione relinquere, ut in eodem negocio ea, que jura permittunt, exequi et efficere studeretis. Verum diligencius attendentes, quod vos, qui estis in partem sollicitudinis advocati, in dicto negocio, tanquam viri sermone potentes et opere virtuosi, prudencie vestre acuetis ingenium ac timoris et amoris Domini, cujus agitur in hac parte negocium, igne succensi, zelum, quem ad fidem eamdem vos habere confidimus, pro divini nominis gloria et exaltacione fidei memorate, in dicti exercebitis exequcione negocii, per effectum laudabilium actionum, predictam suspensionem, hac adjecta moderacione, duximus relaxandam, videlicet quod singuli vestrum archiepiscoporum et episcoporum de singularibus dictorum Templariorum personis in vestris singulis civitatibus et dyocesibus, ac vos, inquisitores, et vestrum quilibet, si cum eisdem archiepiscopis et episcopis interesse volueritis, sub forma quam vobis per alias nostras litteras duximus concedendam, associatis vobis ceteris personis ydoneis, per nos vobis in hujusmodi negocio designandis, quas ad hoc, si necesse fuerit, per censuram ecclesiasticam, super quo plenam vobis potestatem concedimus, compelletis, efficere curabitis quod requirunt canonice sanciones, prolacione tamen sentencie contra Templarios proferende predictos conciliis metropolitanorum nostrorum in singulis provinciis reservata. Precaveatis tamen, quod de generali statu tocius ordinis memorati vos intromittere nullatenus attemptetis, cum super hoc per ydoneas personas jam inquiri ordinaverimus veritatem. Nobis insuper et apostolice sedi ac nostro et ipsius sedis examini causam, quoad inquisicionem, ordinacionem et quemcumque processum contra majorem magistrum Templariorum ipsorum necnon et Francie, terre ultramarine, Normannie, Pictavie, ac provincie Provincie majores preceptores faciendam et habendam totaliter, ut de ipsis, sine quibus instrui commode sepedicti ordinis causa non posset, simul vel divisim necnon et de ordine ipso justum faciamus judicium, vel alias secundum provisionem apostolicam ordinemus, retinemus in omnibus et eciam reservamus, volentes et auctoritate apostolica ordinantes, quod predictus Penestrinus episcopus, cui Templariorum, in regno detentorum eodem, generaliter nobis per regem redditorum eumdem, curam et custodiam commisimus, ipsos realiter recipiat, et de tota ejus custodia nostro et prelatorum nomine necnon de exhibicione et presentacione ipsorum nobis vel dicto Penestrinensi episcopo aut deputando a nobis vel ab ipso Penestrinensi episcopo, loco nostri, et vobis faciat, ordinet, prout fuerit faciendum. Quare fraternitatem vestram, et discrecionem monemus et hortamur attencius, vobis nichilominus per apostolica scripta mandantes, quatinus mentis oculis erectis ad Deum, sic in premissis, pro divina apostolice sedis et nostra reverencia et exaltacione fidei memorate, vos promptos et paratos offerre curetis, sic attentos et sollicitos exhibere, quod clemenciam regis eterni, cui ex

Le manuscrit répète nostro.

fideli prosequcione dicti negocii gratum et aceptum impendatis obsequium, vobis senciatis magis propiciam et benignam et dicte sedis et nostram benedictionem et gratiam valeatis uberius promereri.

Datum Pictavis, die v Julii, pontificatus nostri anno tercio.

In cujus rei testimonium sigilla nostra duximus apponenda. Datum die Martis ante Cineres, anno Domini m°ccc° octavo.

[*Vidimus, par les archevêques de Reims, de Bourges et de Tours, de deux bulles du pape Clément V, l'une du 13 juillet 1308, qui détermine le nombre et la composition des commissions d'enquête contre les Templiers; l'autre du 5 juillet, qui accorde à l'inquisiteur Guillaume, quoique ayant mal agi en procédant sans aucun avis préalable, le pouvoir de faire partie des commissions d'enquête.*]

Universis presentes licteras inspecturis, miseracione divina Robertus Remensis, Egidius Bituricensis et Raginardus Turonensis archiepiscopi, salutem in Domino sempiternam. Noveritis nos licteras sanctissimi patris et domini nostri, domini C., divina providencia sacrosancte Romane ac universalis Ecclesie summi pontificis, sanas et integras, vera bulla plombea et filo canapis bullatas, ut prima facie apparebat, vidisse, formam que sequitur de verbo ad verbum continentes :

Clemens, episcopus, servus servorum Dei, venerabilibus fratribus universis archiepiscopis et episcopis in regno Francie constitutis salutem et apostolicam benedictionem. Cum per nos ordinatum fuerit, ut inquisicionibus, quas vos facietis contra singulares personas milicie Templi, procederetis, associatis vobiscum aliquibus per nos vobis destinandis, tenore presencium eosdem designamus, videlicet quod in ipsis inquisicionibus associetis vobiscum, quilibet duos canonicos sue ecclesie cathedralis, duos Predicatorum et duos Minorum ordinum fratres, quos utiliores credideritis expedicioni debite negocii antedicti, super quo consciencias vestras volumus onerare, necnon quod in ipsis inquisicionibus ipsarumque processibus et contingentibus etiam extra vestras civitates et dyoceses, ubi persone ipsorum Templariorum custodite fuerint, procedere valeatis, si et prout expedicioni dicti negocii videritis expedire. Si vero aliqui articuli sint, qui heresim non sapiant, vo-

11 février 1309.

13 juillet 1308.

lumus, quod etiam in illis auctoritate nostra vos et dicti associati procedatis et inquiratis et secundum sanciones canonicas puniatis. — Datum Pictavis, xiii° die Julii, pontificatus nostri anno tercio.

Tenor vero aliarum licterarum sequitur in hec verba:

5 juillet 1308.

Clemens, episcopus, servus servorum Dei, dilecto filio Guillermo ordinis Predicatorum, inquisitori heretice pravitatis in regno Francie generaliter auctoritate apostolica deputato, salutem et apostolicam benedictionem. Licet indignacionem nostram ex eo non inmerito incurrere debuisses, quod nobis existens tam e vicino propinqus, contra fratres ordinis milicie Templi, nobis irrequisitis, presumptuose processisti, volentes tamen uti clemencia pocius quam severitate erga te, in hac parte instancia karissimi in Christo filii nostri Philipi, regis Francie illustris, inducti pluries repetita, tibi, quod contra singulares personas Templariorum ipsorum simul cum prelatis regni predicti et aliis per nos associandis eisdem, et non aliter, procedere valeas, de benignitate apostolica duximus concedendum, hoc idem aliis dicti regni inquisitoribus tenore presentium concedentes. — Datum Pictavis, v° die Julii, pontificatus nostri anno tercio.

In cujus rei testimonium sigilla nostra presentibus licteris duximus apponenda.

Datum die Martis ante Cineres, anno Domini m°ccc° octavo.

[*Vidimus, par l'archevêque de Tours, des bulles du pape Clément V, portant envoi de ses lettres à publier en français dans tout le diocèse* (12 août 1308) *et de lettres du roi qui enjoint à ses officiers de remettre aux agents désignés par le pape les biens de l'ordre du Temple* (15 février 1309 N. S.)[1].]

Universis presentes licteras inspecturis R., Dei gracia Turonensis archiepiscopus, salutem in Domino.

17 janvier 1308.

Notum facimus nos anno Domini m°ccc° octavo, die Veneris ante festum cathedre sancti Petri licteras sanctissimi patris ac domini Clementis, divina providencia pape quinti, non abolitas, non cancellatas nec in

[1] Dupuy s'y réfère, p. 163.

aliqua parte sui viciatas, sed omni suspicione carentes, recepisse cum reverencia qua decuit, et vidisse, formam que sequitur continentes :

Clemens, episcopus, servus servorum Dei, venerabili fratri archiepiscopo Turonensi salutem et apostolicam benedictionem. Cum nos pro recuperandis et integraliter conservandis bonis ordinis et personarum Templariorum diversos processus fecerimus et sententias duxerimus proferendas, prout in licteris nostris confectis super hiis plenius continetur, nos nolentes[1] quod hujusmodi processuum et sentenciarum ignorancia quisquam valeat se tueri, fraternitati tue per apostolica scripta mandamus, quatinus licteras ipsas, quas tibi per latorem presencium destinamus, recipere ipsasque per tuam civitatem et dyocesim ac provinciam in ecclesiis, dum missarum sollempnia celebrantur, et locis aliis de quibus expedire videris, per te vel alium seu alios loco tui et suffraganeos tuos et eorum subditos sollempniter publicare et exponi facere in vulgari procures. Datum Pictavis, II idus Augusti, pontificatus nostri anno tercio.

12 août 1308.

Item licteras illustrissimi principis, domini Philipi, Dei gracia Francorum regis, suo magno sigillo sigillatas que sic incipiunt :

Philipus, Dei gracia Francorum rex, dilectis et fidelibus ducibus, comitibus, baronibus, senescallis, ballivis, judicibus, prepositis, vicariis, castellanis et aliis justiciariis nostris ac quibuscumque aliis temporalitatem in regno nostro habentibus necnon et superintendentibus negocio Templariorum et bonorum eorumdem, vel eorum loca tenentibus, salutem. Dudum volentes occurrere dissipacioni et periculo que circa Templariorum bona in limine apparebant, manum extendimus ad eadem, pro ipsorum custodia, ne perirent, non intendentes Templariorum ordinem possessione vel proprietate dictorum bonorum privare, sed pro ordine, si bonus reperiretur, alias pro subsidio Terre Sancte bona hujusmodi conservare. Postmodum vero in sanctissimi patris in Domino Clementis, divina providencia sacrosancte Romane ac universalis Ecclesie summi pontificis, presencia constituti, de bonis predictis

15 février 1309.

---

[1] Le manuscrit porte *volentes* ... *processum*.

ad ipsius requisicionem, manum nostram duximus amovendam, et eidem concessimus quod curatoribus seu administratoribus deputatis vel deputandis ab eo generaliter et a prelatis regni nostri, videlicet per quemlibet singulariter in dyocesi sua, nos dicta bona mobilia et immobilia, que ceperamus et tenebamus per gentes nostras et ministros realiter et integraliter, tradi faceremus, et nichilominus dictos curatores seu administratores per gentes nostras et ministros defendi et tueri faceremus, prout ad nos spectaret, cum necesse esset et per eos requisiti essemus. Quapropter vobis vestrum singulis districte precipiendo mandamus, quatinus dicta bona mobilia et immobilia, que cepistis et tenetis, dictis curatoribus seu administratoribus vel deputatis seu deputandis a dicto summo pontifice et prelatis predictis realiter et integraliter tradatis seu tradi faciatis indilate, ipsosque, prout ad quemlibet vestrum pertinuerit, tueamini et defendatis, cum ab ipsis fueritis requisiti.

Datum Parisius, xv die Februarii, anno Domini m°ccc° octavo.

Transcriptum autem hujusmodi licterarum sub sigillo nostro fecimus communiri. — Datum Parisius sub anno et die predictis.

[*Vidimus, par l'archevêque de Tours et les évêques de Nantes et d'Angers, de bulles du pape Clément V adressées à l'archevêque et aux évêques et prélats du diocèse, à qui, en déplorant la dépravation de l'ordre du Temple dont il a recueilli les aveux, il notifie la convocation d'un concile général à Vienne, au 1er octobre 1310, pour décider de l'affaire des Templiers, et en même temps du passage outre-mer et de la réforme ecclésiastique (12 août 1308)*[1].]

25 février 1309.

Universis presentes licteras inspecturis Reginardus archiepiscopus Turonensis, Daniel Nanuetensis, Guillermus Andegavensis permissione divina episcopi, salutem in auctore salutis. Noveritis nos vidisse et cum debita reverencia recepisse litteras sanctissimi patris ac domini, domini Clementis, divina providencia sacrosancte Romane ac universalis Ecclesie summi pontificis, non cancellatas, non abolitas nec in aliqua parte sui viciatas, cum vera bulla et filo canapis, tenorem qui sequitur continentes :

12 août 1308.

Clemens, episcopus, servus servorum Dei, venerabilibus fratribus

---

[1] Imprimé dans Labbe, *Concil.* t. XXVIII, p. 703, et dans Raynaldi, 1308, c. iv.

archiepiscopo Turonensi et episcopis ac dilectis filiis electis, abbatibus, prioribus, decanis, prepositis, archipresbyteris, archidiaconis et aliis ecclesiarum prelatis, exemptis et non exemptis, et eorum capitulis et conventibus per Turonensem provinciam constitutis, salutem et apostolicam benedictionem. Regnans in celis triumphans Ecclesia, cujus pastor est pater eternus, cui sanctorum ministrant agmina et laudis angelorum gloriam chori decantant, in terris ad sui similitudinem et representationem constituit Ecclesiam militantem, unigenito filio Dei vivi, domino Jesu Christo ineffabili commercio copulatam, in qua unigenitus Dei filius, a patre progrediens, per illustrationem Paracliti procedentis pariter ab utroque statuit fidei fundamentum. Sane Romana ecclesia, mater alma fidelium, capud (*sic*) est, disponente Domino, ecclesiarum aliarum omnium et magistra, a qua, veluti a primitivo fonte, ad singulas alias ejusdem fidei rivuli derivantur; ad cujus regimen voluit Christi clemencia Romanum pontificem vice sui deputare ministrum, ut instructionem ac doctrinam, ipsius eloquio veritatis euvangelice traditam, cuncti renati fonte baptismatis teneant et conservent, et qui sub hac doctrina cursum vite recte peregerint, salvi fiant; qui vero ab ea deviaverint, condempnentur. Ipsa nempe Romana mater ecclesia, juxta exigenciam possibilitatis ipsius, ad cunctas orbis provincias, in quibus divini nominis cultus viget fideique catholice observancia rutilat, intuitum sedule consideracionis extendens ac subiciens ab olim sue considerationis examini diuturne calamitatis angustias illius specialis hereditatis dominice, videlicet Terre Sancte, ab infidelibus miserabiliter conculcate, in qua idem patris eterni filius, nostre carnis indumento contentus, salutem humani generis pietati (*sic*) ineffabili extitit operatus, quamque ipse sua voluit corporali insignire presencia et proprii aspersione sanguinis consecrare; multa sollicit[udin]e studuit eidem terre, retro actis temporibus, quibus potuit remediis, ut eriperetur ab ipsis impiis subvenire. Et quia inter ceteros, quos professio christiane religionis includit, milites et fratres domus milicie Templi Jerosolimitani, sicuti est toti orbi notorium, tanquam speciales ejusdem fidei pugiles et jam dicte terre precipui defensores, ipsius terre negocium principaliter gerere videbantur, ipsos et eorum ordinem prefata ecclesia specialis favoris plenitudine prosequens, eos adversus crucis hostes Christi armavit signaculo, multis exaltavit honoribus, dittavit facultatibus ac diversis libertatibus et privilegiis communivit. Hii nimirum [cum][1] crederentur in Domini servicio sub regulari habitu fideliter militare, sibi, quasi cunctorum manus fidelium, cum multiplici erogacione bonorum, sentiebant multipharie multisque modis propter ea adjutrices ; sed proh dolor ! nova et calamitosa vox, de malignitatis fratrum ipsorum enormitate progrediens, nostrum replevit, immo verius perturbavit auditum. Hec enim vox, noncia lamentacionis et gemitus, audientibus orrorem jugiter commovet animos, mentes turbat et cunctis fidei christiane cultoribus nove et ineffabilis amaritudinis calicem subministrat ; et dum facti seriem ejus, necessitate poscente, depromimus, noster attenuatur pre angustia spiritus, et valitudinis fatigata confractibus membra singula pre nimio dolore tabescunt. Dudum siquidem, circa nostre promocionis ad apicem summi pontificatus inicium, etiam antequam Lugdunum[2] ubi recepimus nostre coronationis insignia, venissemus, et post, tam ibi quam alibi, secreta quorumdam nobis insinuacio intimavit, quod magister, preceptores et alii fratres ordinis dicte milicie Templi et etiam ipse ordo, qui ad defensionem patrimonii ipsius domini nostri Jesu fuerant in transmarinis partibus deputati, contra ipsum Dominum in scelus apostasie nephandum, detestabile ydolatrie vicium, execrabile facinus sodomorum et hereses varias erant lapsi ; sed quare non erat verisimile nec credibile videbatur, quod viri tam religiosi, qui precipue pro Christi nomine suum sepe sanguinem effundere[3] ac personas suas mortis periculis frequenter exponere credebantur, quique multa et magna, tam in divinis officiis, quam in jejuniis et aliis observanciis, devocionis signa fervencius pretendebant, sue sic essent salutis immemores, quod talia perpetrarent, [ad] hujusmodi insinuacionem ac delacionem ipsorum, ejusdem Domini nostri exemplis et canonice scripture doctrinis edocti, aurem noluimus inclinare. Deinde vero carissimus

---

[1] Le manuscrit portait *non*, mot effacé et remplacé entre lignes par *cum*, d'une écriture du xve siècle. — [2] *Lugdunen.* dans le ms. — [3] Le ms. porte *effudere*.

in Christo filius noster, Philipus, rex Francorum illustris, cui eadem fuerant facinora nonciata, non typo avaricie, cum de bonis Templariorum nichil sibi vendicare aut appropriare intendat, immo ea nobis et Ecclesie per deputandos super hoc a nobis administranda, gubernanda, conservanda et custodienda liberaliter et devote in regno suo dimisit, manum suam exinde totaliter amovendo; sed fidei orthodoxe fervore, suorum progenitorum vestigia clara sequens, accensus, de premissis, quantum licite potuit, se informans, ad instruendum et informandum nos super hiis multas et magnas nobis informaciones per suos noncios et licteras destinavit. Infamia vero contra Templarios ipsos increbrescente validius super sceleribus antedictis, et quia etiam quidam miles ejusdem ordinis, magne nobilitatis et qui non levis opinionis in dicto ordine habebatur, coram nobis secreto juratus deposuit, quod in recepcione fratrum dicti ordinis hec consuetudo vel verius corruptela servatur, quod ad recipientis vel ab eo deputati suggestionem, qui recipitur Christum Jesum negat et super crucem sibi ostensam spuit in vituperium Crucifixi, et quedam alia faciunt recipiens et receptus, que non sunt licita nec humane conveniunt honestati, prout ipse tunc confessus extitit coram nobis, urgente nos ad id officii nostri debito, vitare nequivimus quin tot et tantis clamoribus accommodaremus auditum. Sed cum demum fama publica deferente et clamosa insinuacione dicti regis necnon et ducum, comitum et baronum et aliorum nobilium, cleri quoque ac populi dicti regni Francorum, ad nostram propter hoc, tam per se quam per procuratores sindicos, presenciam veniencium, quod dolentes referimus, ad nostram audienciam pervenisset, quod magister, preceptores et alii fratres dicti ordinis et ipse ordo prefatis et aliis pluribus erant criminibus irretiti, et premissa per multas confessiones, attestationes et deposiciones prefati magistri et plurimi preceptorum et fratrum ordinis prelibati, coram multis prelatis et heretice pravitatis inquisitore in regno Francie factas, habitas et receptas et in publicam formam redactas nobisque et fratribus nostris ostensas, probari quodam modo viderentur, et nichilominus fama et clamores predicti in tantum invaluissent et etiam ascendissent, tam contra ipsum ordinem quam contra singulares personas ejusdem, quod sine gravi scandalo preteriri non poterant nec absque imminenti periculo tollerari, nos illius cujus vices, licet immeriti, in terris gerimus, vestigiis inherentes, ad inquirendum de predictis ratione prima duximus procedendum multosque de preceptoribus, presbiteris, militibus et aliis fratribus dicti ordinis, reputacionis non modice, in nostra presencia constitutos, prestito ab eis juramento quod super premissis meram et plenam nobis dicerent veritatem, super predictis interrogavimus et usque ad numerum septuaginta duorum examinavimus, multis ex fratribus nostris nobis assistentibus diligenter, eorumque confessiones, per publicas manus in autenticam scripturam redactas, illico in nostra et dictorum fratrum nostrorum presencia ac deinde, interpositorum aliquorum dierum spacio, in consistorio, legi fecimus coram ipsis, et illas in suo vulgari cuilibet eorum exponi. Qui perseverantes in illis eas expresse et sponte, prout recitate fuerant, approbarunt. Post que, cum magistro et precipuis preceptoribus prefati ordinis, intendentes super premissis inquirere per nos ipsos, ipsum magistrum et Francie terre ultramarine, Normannie, Aquitanie ac Pictavie preceptores majores, nobis Pictavis existentibus, mandavimus presentari; sed quoniam quidam ex eis sic infirmabantur tunc temporis, quod equitare non poterant nec ad nostram presenciam quoquo modo adduci, nos cum eis scire volentes de premissis omnibus veritatem et an vera essent que continebantur in eorum confessionibus et deposicionibus, quas coram inquisitore pravitatis heretice in regno Francie, presentibus quibusdam notariis publicis et multis aliis bonis viris, dicebantur fecisse, nobis et fratribus nostris per ipsum inquisitorem sub manibus publicis exhibitis et ostensis, dilectis filiis nostris Berengario tituli Sanctorum Nerei et Achilei et Stephano tituli Sancti Ciriaci in Terminis presbiteris et Landulpho Sancti Angeli diacono cardinalibus, de quorum prudencia, experiencia et fidelitate indubitatam fiduciam obtinemus, commisimus et mandavimus, ut ipsi cum prefatis magistro et preceptoribus inquirerent tam contra ipsos et alias singulares personas dicti ordinis generaliter, quam contra ipsum ordinem, super premissis cum diligencia, veritatem, et quicquid super hiis invenirent nobis referre, ac eorum confessiones et deposiciones, per manum publicam in scriptis redactas, nostro apostolatui deferre ac presentare curarent, eisdem magistro et preceptoribus absolucionis beneficium excommunicacionis, quam pro premissis, si vera essent, incurrerent, si absolucionem humiliter et devote peterent, ut debebant, juxta formam Ecclesie impensuri. Qui cardinales, ad ipsos magistrum et preceptores personaliter accedentes, eis sui adventus causam exposuerunt; et quoniam tam persone quam res ipsorum et aliorum Templariorum, in regno Francie consistencium, in manibus nostris erant, quod libere absque metu cujusque plene ac pure super premissis omnibus ipsis cardinalibus dicerent veritatem, eis, auctoritate apostolica, injunxerunt. Qui magister et preceptores Francie terre ultra marine, Normanie, Aquitanie ac Pictavie coram ipsis tribus cardinalibus, presentibus quatuor tabellionibus publicis et multis aliis bonis viris, ad sancta Dei Euvangelia ab eis corporaliter tacta prestito juramento, quod super premissis omnibus meram et plenam dicerent veritatem, coram ipsis singulariter, libere ac sponte, absque coactione qualibet et terrore, deposuerunt et confessi fuerunt inter cetera Christi abnegacionem et spuicionem super crucem, cum in ordine Templi recepti fuerunt, et quidam ex eis se sub eadem forma, scilicet cum abnegacione Christi et spuicione super crucem, fratres multos recepisse. Sunt etiam quidam ex eis quedam alia orribilia et inhonesta confessi, que, ut eorum ad presens parcamus verecundie, subticemus. Dixerunt preterea et confessi fuerunt esse vera que in eorum confessionibus et deposicionibus continentur, quas dudum fecerant coram inquisitore heretice pravitatis; que confessiones et deposiciones dictorum magistri et preceptorum, in scripturam publicam per quatuor publicos tabelliones redacte, in ipsorum magistri et preceptorum et quorumdam bonorum aliorum virorum presencia ac deinde, interposito aliquorum dierum spacio, coram ipsis eisdem lecte fuerunt, de mandato et in presencia cardinalium predictorum, et in suo vulgari exposite cuilibet eorumdem. Qui perseverantes in illis, eas expresse ac sponte, prout recitate fuerant, approbarunt, et post confessiones et deposiciones hujusmodi ab ipsis cardinalibus ab excommunicacione, quam pro premissis incurrerant, absolucionem, flexis genibus manibusque complosis, humiliter et devote ac cum lacrimarum effusione non modica pecierunt. Ipsi vero cardinales, quare Ecclesia non claudit gremium redeunti ab eis magistro et preceptoribus heresi abjurata expresse, ipsis secundum formam Ecclesie, auctoritate nostra, absolucionis beneficium impenderunt, ac deinde ad nostram presenciam redeuntes, confessiones et deposiciones prelibatorum magistri et preceptorum, in scripturam publicam per manus publicas, ut est dictum, redactas, nobis presentarunt, et que cum dictis magistro et preceptoribus fecerant, retulerunt. E quibus confessionibus et deposicionibus ac relacione invenimus sepefatos magistrum et fratres in premissis et circa premissa, licet quosdam ex eis in pluribus et alios in paucioribus, graviter deliquisse[1]. Attendentes autem quod scelera tam orrenda transire incorrecta, absque Dei omnipotentis et omnium catholicorum injuria, non poterant nec debebant, decrevimus, de fratrum nostrorum consilio, per ordinarios locorum et per alios fideles et sapientes viros, ad hoc deputandos a nobis, contra singulares personas ipsius ordinis necnon et contra dictum ordinem per certas discretas personas, quas ad hoc duximus deputandas, super premissis criminibus et excessibus inquirendum. Hiis nempe, que magis flere cogimur, quam narrare, cor nostrum passione nimia cruciatur, et cum tanta proinde nobis immineat gemendi materia, fletum non possumus declinare. Quisnam catholicus hoc audiens nimis doleat et prorumpat in luctum? Quis fidelis, hujusmodi sinistrum eventum intelligens, amara non emittat suspiria verbaque lamentacionis et mestitudinis non eructet, cum tota Christianitas hujus doloris sit particeps et hic casus fideles percuciat universos? Ex hijs etiam, dum ministerio debite consideracionis mentis nostre presentantur obtutibus, ignis in nostris meditacionibus exardescit et ad tanta discrimina relevanda suspirat affectus, zelus accenditur et spiritus anxiatur. Ad quod cum

---

[1] Ce qui suit est supprimé dans Raynaldi.

nos sufficere commode non posse sciamus, levamus oculos nostros ad montem, montem quidem Dei, montem uberem, montem pinguem, unde opportunum provenire nobis auxilium et humiliter petimus et devote speramus[1]. Et quare salubre in hiis adhiberi remedium interest generaliter omnium, nos cum eisdem fratribus nostris aliisque viris prudentibus, exacto et frequenti tractatu prehabito, prout tante necessitatis instancia exigebat, de ipsorum fratrum consilio, universale concilium, sicut imitacione digna sanctorum patrum consuetudo laudabilis longeve observationis exemplo nos instruit, a proximis kalendis Octobris ad duos annos immediate sequentes decrevimus congregandum, ut in eo tam circa dictum ordinem et personas singulares et bona ejusdem et alia que statum tangunt fidei catholice, quam circa recuperacionem et subsidium Terre Sancte ac reparacionem, ordinacionem et stabilitatem ecclesiarum et ecclesiasticarum personarum ac libertatum earum, illa, Deo auspice, communi consilio inveniatur provisio et ejusdem approbacione concilii roboretur, per cujus salutiferam exequcionem virtus Altissimi, elimatis erroribus, roborata fide, ad tramitem veritatis reductis errantibus, reintegrata ejusdem fidei unitate, extirpatis viciis virtutibusque plantatis, correptis excessibus, moribus reformatis, repressis oppressionibus, libertate solida stabilitate munita, recuperatis deperditis et ejusdem terre statu prospero reparato, occupata restituat, vastata restauret et restaurata conservet nobisque misericordiam aperiat idem ipse qui novit, et facultatem tribuat ipse qui potest[2], ut sic in premissis juxta incensum animi nostri desiderium sibi ministrare possimus salubriter. Quod idem verus ejusdem universalis sponsus Ecclesie ipsam dilectam suam, purgatam maculis, munitam virtutum monilibus et ornatam, unam semper habeat et formosam ad sui nominis laudem et gloriam, ad animarum profectum, robur fidei, pacem et exaltationem populi Christiani. Quia vero persecutio tanti propositi tempore indiget, ut deductum maturius facilius, auctore Domino, effectum debitum sorciatur, predictum tempus ad id duximus deputandum. Quo-

---

[1] Ici reprend le texte de Raynaldi. — [2] Ce qui suit est supprimé dans Raynaldi.

circa universitati vestre per apostolica scripta precipiendo mandamus, quatinus, vos fratres, archiepiscope, et Redonensis, Andegavensis et Nannetensis episcopi, reliquis vestrorum episcoporum in vestra provincia remanentibus ad ea que pontificale officium exigunt, tam in vestris quam illorum dicte provincie, qui ad hujusmodi concilium universale accesserint, civitatibus et dyocesibus exercenda, omni negligencia relegata, cunctis, prout talis et tanti negocii qualitas exigit, dispositis et paratis, sic medio tempore, accingatis ad iter, quod in hujusmodi decreto termino, quem vobis et aliis peremptorie assignamus, in Viennensi civitate nostra, vos, archiepiscope et episcopi superius nominati personaliter, vos vero alii remanentes, episcopi, electi, abbates, priores, decani, prepositi, archidiaconi et prelati, capitula et conventus, per eosdem archiepiscopum et episcopos ad predictum concilium accessuros, quibus ad omnia que in eodem concilio statuentur, fient et ordinabuntur et fuerint opportuna, concedatis plenariam potestatem, de qua suficienter constet per publica documenta, conspectui presentetis. Quod si forsan ipsis archiepiscopo et episcopo accessuris hujusmodi nolueritis concedere potestatem, eo casu venire vel alios procuratores ydoneos cum potestate simili ad idem concilium teneamini destinare; non obstantibus quibuslibet privilegiis seu indulgenciis, quibuscumque personis, ordini, dignitati seu collegio, sub quacumque verborum forma vel expressione, a predicta sede concessis, per que possit effectus hujusmodi mandati nostri quomodolibet impediri aut eidem in aliquo derogari. Interim[1] quoque per vos et alios viros prudentes, Deum timentes et habentes pre oculis omnia que correptionis et reformacionis limen exposcunt, inquirentes subtiliter et conscribentes fideliter, eadem ad ipsius concilii noticiam deferatis, et nos nichilominus variis modis et viis solers studium et efficacem operam dare proponimus, ut omnia talia, in examen hujusmodi deducta, concilii correctionem et directionem recipiant opportunam[2]. Nullus, inobediencie notam et canonice ultionis acrimoniam

---

[1] Ici reprend le texte de Raynaldi en ces termes : « Mandavimus insuper ut iidem archiepiscopi et prælati et per... vel alios viros prudentes, Deum timentes et habentes præ oculis... »

[2] Raynaldi supprime la fin jusqu'à la date.

vitare desiderans, fallacium excusacionum velamento se muniat, vel ex impedimentis itinerum, que, Domino prava in directa et in vias planas aspera sua omnipotencia convertente, cessabunt, frivole allegacionis[1] munimenta confingat, ut a tam sancti prosequcione operis se subducat, sed occurrant singuli voluntarii ad id quod et divine congruit voluntati et salutem animarum et utilitatem respicit singulorum.

Datum Pictavis, II idus Augusti, pontificatus nostri anno tercio.

Datum hujusmodi inspectionis die Martis post *Reminiscere*, anno Domini millesimo trecentesimo octavo.

[*Vidimus, par l'archevêque de Tours, les évêques d'Angers, de Nantes, de Saint-Malo et de Quimper, des bulles du pape Clément V, qui, sur les preuves acquises par lui de la dépravation de l'ordre du Temple, enjoint aux prélats de la province de Tours de procéder contre les individus résidant dans leurs diocèses et détermine le nombre et la qualité des clercs qui les doivent assister, en annonçant l'envoi des articles, sur lesquels doit porter l'enquête.*]

Universis presentes litteras inspecturis, Raginardus, Dei gracia archiepiscopus Turonensis, Guillermus Andegavensis, Daniel Nannetensis, Robertus Macloviensis et Alanus Corisopitensis, ejusdem permissione episcopi, salutem in auctore salutis.

Noveritis nos vidisse et cum debita reverencia recepisse licteras sanctissimi patris ac domini, domini Clementis, divina providencia sacrosancte Romane ac universalis Ecclesie summi pontificis, non cancellatas, non abolitas nec in aliqua parte sui viciatas, cum vera bulla et fillo canapis, tenorem qui sequitur continentes:

Clemens[2], episcopus, servus servorum Dei, venerabilibus fratribus archiepiscopo Turonensi et ejus suffraganeis, salutem et apostolicam benedictionem. Faciens misericordiam cum servo suo Dei filius, Dominus Jesus Christus, ad hoc nos voluit in specula eminenti apostolatus assumi, ut gerentes, licet immeriti, vices ejus in terris, in cunctis

1309 N. S.
25 février.

12 août 1308.

[1] Le manuscrit porte *allegaciónes*.
[2] Publié dans Dupuy, p. 115, 120, dans Raynaldi, t. XV, ann. 1308, et dans Labbe, t. XXVIII, p. 755, avec des variantes insignifiantes.

nostris actibus et processibus ipsius vestigia, quantum patitur humana fragilitas, imittemur. Sane dudum, circa nostre promocionis ad apicem summi pontificatus inicium, eciam antequam Lugdunum[1], ubi recepimus nostre coronacionis insignia, veniremus, et post etiam, tam ibi quam alibi, secreta quorumdam nobis insinuacio intimavit, quod magister, preceptores et alii fratres ordinis milicie Templi Jerosolimitani et eciam ipse ordo, qui ad defensionem patrimonii ejusdem Domini Nostri Jesu Christi fuerant in transmarinis partibus deputati, contra ipsum Dominum in scelus apostasie nephandum, detestabile ydo[lo]latrie vicium[2], execrabile facinus sodomorum et hereses varie erant lapsi. Quia vero non erat verisimile nec credibile videbatur, quod viri tam religiosi, qui precipue pro Christi nomine suum sepe sanguinem effundere ac personas suas mortis periculis frequenter exponere credebantur, quique multa et magna, tam in divinis officiis quam in jejuniis et aliis observanciis, devocionis signa frequencius pretendebant; sue sic essent salutis immemores, quod talia perpetrarent, hujusmodi insinuacioni ac delacioni ipsorum, ejusdem Domini nostri exemplis ac canonice scripture doctrinis edocti, aurem noluimus inclinare. Deinde vero carissimus in Christo filius noster Philipus, rex Francorum illustris, cui eadem fuerant facinora nunciata, non typo avaricie, cum de bonis Templariorum nichil sibi vendicare vel appropriare intendat, immo ea nobis et Ecclesie per deputandos a nobis administranda, gubernanda, conservanda et custodienda liberaliter et devote in regno suo dimisit, manum suam exinde totaliter amovendo, sed fidei orthodoxe fervore, suorum progenitorum vestigia clara sequens, accensus, de premissis, quantum licite potuit, se informans ad instruendum et informandum nos super hiis, multas et magnas nobis informaciones per suos noncios et licteras destinavit. Infamia vero contra Templarios ipsos increbrescente validius super sceleribus ante dictis, et quia etiam quidam miles ipsius ordinis, magne nobilitatis et qui non levis opinionis in dicto ordine habebatur, coram nobis secreto juratus, deposuit, quod in recep-

---

[1] Le manuscrit porte *Lugdunens...* — [2] Le manuscrit porte *micium*.

cione fratrum dicti ordinis hec consuetudo vel verius corruptela servatur, quod ad recipientis vel ab eo deputati suggestionem, qui recipitur, Jesum Christum negat et super crucem sibi ostensam spuit, in vituperium Crucifixi, et quod alia faciunt recipiens et receptus, que licita non sunt nec humane conveniunt honestati, prout ipse tunc confessus extitit coram nobis, vitare nequivimus, urgente nos ad id officii nostri debito, quin tot a[c] tantis clamoribus accomodaremus auditum; sed cum demum, fama publica deferente et clamosa insinuacione dicti regis necnon et ducum, comitum et baronum et aliorum nobilium, cleri quoque ac populi dicti regni Francie, ad nostram, propter hoc, tam per se quam per procuratores et sindicos, presenciam venientium, quod dolentes referimus, ad nostram audienciam pervenisset, quod magister, preceptores et alii fratres dicti ordinis et ipse ordo prefatis et pluribus aliis erant criminibus irrectici, et premissa per multas confessiones, atestaciones et deposiciones prefati magistri et plurium preceptorum et fratrum ordinis prelibati, coram multis prelatis et heretice pravitatis inquisitore in regno Francie factas, habitas et receptas et in publicam scripturam redactas nobisque ac fratribus nostris ostensas, probari quodam modo viderentur, fama et clamores predicti in tantum invaluissent et etiam ascendissent, tam contra ipsum ordinem quam contra singulares personas ejusdem, quod sine gravi scandalo preteriri non poterant nec absque imminenti periculo tollerari, nos illius cujus vices, licet immeriti, in terris gerimus, vestigiis inherentes, ad inquirendum de predictis racione prima duximus procedendum multosque de preceptoribus, pluribus militibus et aliis fratribus dicti ordinis reputacionis non modice in nostra presencia constitutos, prestito ab eis juramento, quod super premissis meram et plenam nobis dicerent veritatem, super predictis interrogavimus et examinavimus, usque ad numerum septuaginta duorum, multis ex fratribus nostris nobis assistentibus diligenter, eorumque confessiones per publicas manus in autentiqam scripturam redactas illico, in nostra et dictorum fratrum nostrorum presencia, ac deinde, interposito aliquo dierum spacio, in consistorio legi fecimus, coram ipsis, et illas in suo vulgari cuilibet eorum exponi, qui perseverantes in illis eas expresse et sponte, prout recitate fuerant, approbarunt. Post que, cum magistro et precipuis preceptoribus prefati[1] ordinis intendentes super premissis inquirere per nos ipsos, ipsum magistrum et Francie, Terre ultramarine, Normannie, Aquitanie ac Pictavie preceptores majores, nobis Pictavis existentibus, mandavimus presentari; sed quoniam quidam ex eis sic infirmabantur tunc temporis, quod equitare non poterant nec ad nostram presentiam quoquo modo adduci, nos cum eis scire volentes de premissis omnibus veritatem et an vera essent, que continebantur in eorum confessionibus et deposicionibus, quas coram inquisitore pravitatis heretice in regno Francie, presentibus quibusdam notariis publicis et multis aliis bonis viris, dicebantur fecisse, nobis et fratribus nostris per ipsum inquisitorem sub manibus publicis exhibitis et ostensis, dilectis filiis nostris Berengario tituli Sanctorum Nerei et Achilei et Stephano tituli Sancti Ciriaci in Termis (*sic*), presbiteris, ac Landulpho Sancti Angeli diacono, cardinalibus, de quorum prudencia, experiencia[et] fidelitate dubitatam fiduciam obtinemus, commisimus et mandavimus, ut ipsi cum prefatis magistro et preceptoribus inquirerent tam contra ipsos et alias singulares personas dicti ordinis generaliter, quam contra ipsum ordinem super premissis cum diligencia, veritatem, et quicquid super id invenirent, nobis referre, ac eorum confessiones et deposiciones, per manum publicam in scriptis redactas, nostro apostolatui deferre ac presentare curarent, eisdem magistro et preceptoribus absolucionis beneficium a sentencia excommunicacionis, quam pro premissis, si vera essent, incurrerant, si absolucionem humiliter et devote peterent, ut debebant, juxta formam Ecclesie, impensuri. Qui cardinales, ad ipsos magistrum et preceptores personaliter accedentes, eis sui adventus causam exposuerunt. Et quoniam tam persone, quam res ipsorum et aliorum Templariorum, in regno Francie consistentium, in manibus nostris erant, quod libere, absque metu cujusquam, plene ac pure, super premissis omnibus, ipsis cardinalibus dicerent veritatem, eis, auctoritate

---

[1] Le manuscrit porte *prefatis*.

apostolica, injunxerunt. Qui magister, preceptores Francie, Terre ultramarine, Normannie, Aquitanie ac Pictavie coram ipsis tribus cardinalibus, presentibus quatuor tabellionibus publicis et multis aliis bonis viris, ad sancta Dei Evangelia ab eis corporaliter tacta prestito juramento, quod super premissis omnibus meram et plenam dicerent veritatem, coram ipsis, singulariter ac sponte, absque coactione qualibet et terrore, deposuerunt et confessi fuerunt inter cetera Christi abnegacionem et spuicionem super crucem, cum in ordine Templi recepti fuerunt; et quidam ex eis se sub eadem forma, scilicet cum abnegacione Christi et spuicione super crucem, fratres multos recepisse. Sunt etiam quidam ex eis quedam alia horribilia et inhonesta confessi, que, ut eorum ad presens parcamus verecondie, substicemus (*sic*). Dixerunt preterea et confessi sunt esse vera, que in eorum confessionibus et deposicionibus continentur, quas dudum fecerant coram inquisitore heretice pravitatis. Que confessiones et deposiciones dictorum magistri et preceptorum, in scripturam publicam per quatuor tabelliones publicos redacte, in ipsorum magistri et preceptorum et quorumdam aliorum bonorum virorum presencia, ac deinde, interposito aliquorum dierum spacio, coram ipsis eisdem lecte fuerunt, de mandato et in presencia cardinalium predictorum, et in suo vulgari exposite cuilibet eorumdem. Qui perseverantes in illis, eas expresse et sponte, prout recitate fuerant, approbarunt, et post confessiones et deposiciones hujusmodi, ab ipsis cardinalibus ab excommunicacione quam per premissa incurrerant, absolucionem, flexis genibus manibusque complosis, humiliter et devote ac cum lacrimarum effusione non modica, pecierunt. Ipsi vero cardinales, quia Ecclesia non claudit gremium redeunti, ab eisdem magistro et preceptoribus heresi abjurata expresse, ipsis, secundum formam Ecclesie, auctoritate nostra, absolucionis beneficium impenderunt, ac deinde, ad nostram presenciam redeuntes, confessiones ac deposiciones prelibatorum magistri et preceptorum, in scripturam publicam per manus publicas, ut est dictum, redactas, nobis presentaverunt, et que cum dictis magistro et preceptoribus fecerant, retulerunt. Ex quibus confessionibus et deposicionibus relacione invenimus sepefatos magistrum et fratres in premissis et circa premissa, licet quosdam ex eis in pluribus et alios in paucioribus, graviter deliquisse. Verum, quia in universis mundi partibus, per quas idem ordo diffunditur et fratres degunt ipsius, super hiis non possumus inquirere per nos ipsos, fraternitati vestre, de fratrum nostrorum consilio, per apostolica scripta mandamus, quatinus vos, et quilibet vestrum, videlicet in suis civitate et diocesi[1], associatis vobiscum quilibet vestrum duobus canonicis ecclesie sue cathedralis, duobus Predicatorum et totidem Minorum ordinum fratribus, quos utiliores credideritis expedicioni debite negocii antedicti, super quo consciencias vestras volumus honerari, quos, si necesse fuerit, per censuram ecclesiasticam auctoritate apostolica compellatis, vocatis per publicum citacionis edictum per vos in locis, de quibus vobis videbitur, faciendum, qui fuerint evocandi, contra singulares personas et fratres dicti ordinis in civitatibus et dyocesibus vestris degentes, contra quos per vos nondum est vel inquisitorem seu inquisitores heretice pravitatis inquisitum, etiam si aliunde venerint vel illuc addu[c]ti forsan extiterint, super articulis, quos vobis sub bulla nostra inclusos transmittimus, et super aliis, de quibus prudencie vestre videbitur expedire, veritatem cum diligencia inquiratis. Volumus insuper quod, inquisicione seu inquisicionibus hujusmodi factis per provinciale concilium contra ipsos singulares personas et fratres, qui in eadem provincia fuerint seu pro eis super hiis de quibus contra eos inquisitum extiterit, absolutoria seu condempnatoria sentencia juxta juris exigenciam proferatur, inquisitore nichilominus seu inquisitoribus ejusdem pravitatis heretice in ipsa provincia per sedem apostolicam deputatis tam ad dictas inquisiciones quam ad hujusmodi prolacionem sentencie admissis, si ad eas vobiscum voluerint interesse, proviso quod de inquirendo vel sentenciando contra prefatum ordinem et contra magistrum totius ordinis predicti necnon et Francie, Terre ultramarine, Normannie, Aquitanie et Pictavie predictos et provincie magnos preceptores, contra quos per

---

[1] Ici s'arrête le texte de Dupuy, p. 120.

certas personas inquiri mandavimus, vos intromictere nullatenus presumatis.

Datum Pictavis, 11 idus Augusti, pontificatus nostri anno tercio.

Datum die Martis post *Reminiscere,* anno Domini м° ccc° octavo.

[*Vidimus, par l'archevêque de Tours, des articles de l'enquête sur le fait des Templiers, joints à la bulle du 12 août 1308, qui précède.*]

Universis presentes licteras inspecturis, miseracione divina R., archiepiscopus Turonensis, salutem in omnium salvatore. Noveritis nos vidisse et cum debita reverencia recepisse licteras sanctissimi patris ac domini Clementis, divina providencia sacrosancte Romane ac universalis Ecclesie summi pontificis, articulos qui sequntur continentes, sub vera bulla[1] interclusos:

25 février 1309.

Isti sunt articuli[2], super quibus inquiretur contra fratres ordinis milicie Templi, tamquam contra singulares multipliciter infamatos et vehementer suspectos super contentis in eisdem articulis, et maximo scandalo contra eos super hoc existente.

Articuli contra singulares personas ordinis milicie Templi:

Primo quod in recepcione sua et quandoque post et quam cito[3] ad hoc comoditatem habere poterant, abnegabant Christum vel Jesum vel Crucifixum vel quandoque Deum et aliquando beatam Virginem et quandoque omnes Sanctos et Sanctas Dei, inducti seu moniti per eos qui ipsos recipiebant;

Item, quod communiter fratres hoc faciebant;

Item, quod major pars eorum;

Item, quod etiam post ipsam recepcionem aliquando;

Item, quod receptores dicebant et dogmaticabant illis qui reciebantur Christum non esse verum Deum vel quandoque Jesum vel quandoque Crucifixum;

Item, quod dicebant illis quos recipiebant ipsum esse falsum prophetam;

---

[1] Le manuscrit répète le mot *bulla*. — [2] V. Dupuy, p. 44. — [3] Le ms. porte *quancito.*

Item, quod dicebant ipsum non fuisse passum pro recepcione humani generis nec crucifixum, sed pro sceleribus ejus;

Item, quod nec receptores nec recepti habebant spem salvationis habende per ipsum; et hoc dicebant illis quos recipiebant, vel equipollens vel simile;

Item, quod faciebant illos quos recipiebant spuere super crucem sive super signum vel sculpturam crucis et ymaginem Christi, licet qui recipiebantur interdum spuerent juxta;

Item, quod ipsam crucem pedibus conculcari faciebant;

Item, quod eamdem crucem ipsi fratres aliquando conculcabant;

Item, quod mingebant interdum et alios mingere faciebant super ipsam crucem; et hoc fecerunt aliquóciens in die Veneris sancta;

Item, quod nonnulli eorum, ipsa die vel alia septimane sancte, pro conculcacione et minccione predictis consueverunt convenire;

Item, quod adorabant quemdam catum sibi in ipsa congregacione apparentem;

Item, quod hoc faciebant in vituperium Christi et fidei orthodoxe;

Item, quod non credebant sacramentum altaris;

Item, quod aliqui ex eis;

Item, quod major pars;

Item, quod nec alia sacramenta Ecclesie;

Item, quod sacerdotes ordinis verba per que conficitur corpus Christi non dicebant in canone misse;

Item, quod aliqui ex eis;

Item, quod major pars;

Item, quod receptores ipsorum hoc injungebant eisdem;

Item, quod credebant, et sic dicebatur eis, quod magnus magister ordinis poterat eos absolvere a peccatis suis;

Item, quod visitator;

Item, quod preceptores, quorum multi erant laici;

Item, quod hoc faciebant de facto;

Item, quod aliqui eorum;

Item, quod magnus magister hoc fuit de se confessus, etiam antequam esset captus, in presencia magnarum personarum;

Item, quod, in recepcione fratrum dicti ordinis vel circa, recipiens interdum et receptus aliquando deosculabantur se in ore, in umbilico seu ventre nudo et in ano seu spina dorsi;

Item, quod alii in umbilico;

Item, quod alii in fine spine dorsi;

Item, quod alii in virga virili;

Item, quod in ipsa recepcione faciebant illos quos recipiebant jurare quod ordinem non exirent;

Item, quod habebant eos statim pro professis;

Item, quod recepciones fratrum suorum clandestine fiebant;

Item, quod nullis presentibus, nisi fratribus dicti ordinis;

Item, quod propter hoc contra fratres dicti ordinis vehemens suspicio a longis temporibus laboravit;

Item, quod communiter habebatur;

Item, quod fratribus quos recipiebant dicebant quod invicem poterat unus cum alio carnaliter commisceri;

Item, quod hoc licitum erat eis facere;

Item, quod debebant hoc ad invicem facere et pati;

Item, quod hoc facere non erat eis peccatum;

Item, quod hoc faciebant ipsi vel plures eorum;

Item, quod aliqui eorum;

Item, quod ipsi fratres per singulas provincias habebant ydola, videlicet capita, quorum aliqua habebant tres facies, et aliqua unam, et aliqua habebant craneum humanum.

Item, quod illa ydola vel ydolum illud adorabant, et specialiter in eorum magnis capitulis et congregacionibus;

Item, quod venerabantur;

Item, quod, ut Deum;

Item, quod, ut salvatorem suum;

Item, quod aliqui eorum;

Item, quod major pars;

Item, quod dicebant quod illud caput poterat eos salvare;

Item, quod divites facere;

Item, quod omnes divicias ordinis dabat eis;

Item, quod terram germinare faciebat;

Item, quod faciebat arbores florere;

Item, quod aliquod caput dictorum ydolorum cingebant seu tangebant cordulis, quibus se ipsos cingebant circa camisiam vel carnem;

Item, quod in sui recepcione singulis fratribus predicte cordule tradebantur, vel alie longitudinis earum;

Item, quod in veneracione ydoli hoc faciebant;

Item, quod injungebatur eis ut dictis cordulis, ut premitittur, se cingerent et quod continue portarent;

Item, quod communiter fratres dicti ordinis modis predictis recipiebantur;

Item, quod hoc faciebant eciam de nocte;

Item, quod ubique;

Item, quod pro majori parte;

Item, quod qui nolebant in sui recepcione vel post facere predicta interficiebantur vel carceri mancipabantur;

Item, quod aliqui;

Item, quod major pars;

Item, quod injungebatur eis per sacramentum ne predicta revelarent;

Item, quod sub pena mortis vel carceris;

Item, quod neque modum recepcionis eorum revelarent;

Item, quod neque de predictis inter se loqui audebant;

Item, quod, si repperiebantur qui revelarent, morte vel carcere affligebantur;

Item, quod injungebatur eis quod non confiterentur aliquibus, nisi fratribus dicti ordinis;

Item, [quod][1] fratres dicti ordinis scienter dictos errores corrigere neglexerunt;

---

[1] Le mot est omis.

Item, quod sancte matri Ecclesie nunciare neglexerunt;

Item, quod non recesserunt ab observancia predictorum errorum et communione dictorum fratrum, licet facultatem habuissent recedendi et predicta faciendi;

Item, quod fratres jurabant augmentum et utilitatem ordinis, quibuscumque modis possent, per fas aut nefas procurare;

Item, quod non reputabant hoc peccatum;

Item, quod predicta omnia et singula sunt nota et manifesta inter fratres dicti ordinis;

Item, quod de hiis est vox publica, oppinio communis et fama tam inter fratres dicti ordinis quam extra;

Item, quod dicti fratres in magna multitudine predicta confessi fuerunt, tam in judicio quam extra, coram sollempnibus personis et in pluribus locis etiam publicis;

Item, quod multi fratres dicti ordinis, tam milites quam sacerdotes quam alii, in presencia domini nostri pape et dominorum cardinalium fuerunt predicta vel majorem partem dictorum errorum confessi;

Item, quod per juramenta sua prestita ab eisdem;

Item etiam, quod in pleno consistorio;

Inquiratur etiam a singulis fratribus de receptoribus eorum, de locis in quibus fuerunt recepti, de temporibus recepcionum suarum et de astantibus in recepcionibus suis et de modis recepcionum suarum;

Item, si sciunt vel audierunt quando et a quibus predicti errores ceperunt, et a quo habuerunt ortum, et qua de causa, et de circonstanciis et predicta tangentibus omnibus, de quibus videbitur expedire;

Item, inquiratis a singulis fratribus, si sciunt ubi sunt dicta capita vel ydola vel aliquid eorum, et qualiter deportabantur et custodiebantur et per quos.

Datum hujusmodi inspectionis, die Martis post *Reminiscere*, anno Domini m° ccc° octavo.

Modus procedendi contra singulas personas Templariorum.

1309.

In Christi nomine amen. Per presens publicum instrumentum pateat universis, quod nos G., miseracione divina Parisiensis episcopus, etc. (*sic*) et talis inquisitor, etc. (*sic*) licteras sanctissimi patris ac domini, domini C., divina providencia sacrosancte, etc. veras, non cancellatas, non abolitas recepimus, formam, que sequitur, continentes : Clemens, etc. etc. Quibus reverenter receptis, contra singulares personas ordinis Templariorum, in nostris civitate et dyocesi degentes, super articulis a predicto sanctissimo patre summo pontifice nobis missis, quorum tenor inferius annotatur, volentes inquirere, publico citacionis edito (*sic*) in nostris predictis civitate et dyocesi in locis insignibus, juxta tenorem licterarum apostolicarum predictarum, publice facto, cujus tenor inferius continetur, ad talem diem coram nobis ad talem locum singulariter personas dicta die per deputatos ad eorum custodiam vobis mandavimus exhiberi. Qua die, [in] nostra presencia in loco predicto talis personaliter constitutus, alias non examinatus, ut asseruit, coram nobis juravit ad sancta Dei Euvangelia, corporaliter tacto libro, meram et plenam dicere veritatem, tam de se quam de aliis singularibus personis ordinis predicti, super hiis que tangunt fidem catholicam et quedam crimina et horrores, juxta tenorem articulorum predictorum a predicto domino nostro summo pontifice directorum, quorum tenor sequitur in hec verba : Isti sunt articuli, etc. Predictus vero talis diligenter interrogatus de tempore et modo sue recepcionis, etc. respondit, etc.

De Templariis, qui semper negaverunt et negant, videtur bonum quod pluries interrogentur, et magna cautela adhibeatur, utrum varient in secunda deposicione a prima;

Item de loco, de tempore, de persona recipiente, de astantibus in recepcione et de modo;

Item, utrum ad aliquem locum secretum post publicam recepcionem fuerint ducti, et, si sic, quid et qualiter ibi fuerit factum et quibus presentibus.

Item, si vivi sint aliqui, quos dicant interfuisse recepcioni, si commode ibi possint haberi, audiantur per juramentum, et, si commode non possint haberi, scribatur prelato, in cujus civitate et dyocesi detinebuntur, qui eos super hiis et aliis audiat et rescribat, et non solum inquiratur de veritate, sed de credulitate et fama.

Item, expedit tales Templarios secrete et tuta custodia servari.

Item, queratur utrum aliquos viderint recipi, ubi et quando et per quos recepti fuerint illi quorum recepcionibus interfuerint, et quibus presentibus; et tunc audiantur astantes et receptores, ut supra; similiter de fama;

Item, quod pastu stricto, videlicet pane et aqua et aliquibus paucis refectionibus, nisi infirmitas, debilitas vel alia causa subsit, quare eisdem largius ministretur. Si vero nec sic ad veritatem revertantur, nec aliter convincantur, primo ostendantur sibi confessiones contente in licteris bullatis apostolicis, facte a magistro ordinis et aliis majoribus, et dicatur eis, quod magna multitudo eorum sponte et libere confessi sunt, et, si quis sit bene perseverans, loquatur cum eis ad eos convincendum.

Item, si hec non proficiant, comminetur eis de tormentis etiam gravibus et ostendantur eis; sed non cito ad tormenta ponantur, et, si non proficiat comminacio, procedi poterit, indiciis precedentibus, ad questiones et aliqua tormenta, sed primo levia, ad alia, ut racionis fuerit, processuri; per tortorem clericum ydoneum, et modo debito et non excessivo procedatur.

Item, talibus, contra quos, et etiam contra omnes de ordine laborat fama publica et notoria, sacramenta ecclesiastica non expedit ministrari, excepta confessione, in quo casu discretus et fidelis confessor deputetur, qui eos bene terreat et diligenter exortetur, ut ad dicendam veritatem revertantur, propter salutem et utilitatem anime et corporis eorumdem, quorum Ecclesia cum revertentibus misericorditer se habebit; qui tamen confessor sacramentalem absolucionem non impendat nec ecclesiasticam sepulturam, si eos mori contigerit in dicto statu.

Item, de illis qui confessi sunt et in confessionibus suis persistunt, absolvantur, nisi fuerint absoluti, abjurata omni heresi et cum sollempnitate in talibus requisita et benigne, tam in sacramentis quam in custodia et victualibus, agatur cum ipsis; tute tamen et caute custodiantur.

De hiis vero qui primo negaverunt sed postea confitentur, de cautelis in primo articulo contentis inquiratur ab eisdem, et bene custodiantur, propter suspicionem prime negacionis, et in sacramentis ministrandis, divinis audiendi[s], postquam absoluti fuerint, et victualibus, ut[1] in proximo articulo dictum est, cum eis bene agatur, et de perjurio, quod incurrerunt quando primo negaverunt, poterunt absolvi, et penitencia salutaris injungi;

De illis qui primo confessi fuerunt et postea negaverunt et negant, neque ecclesiastica sacramenta ministrentur, excepta confessione modo suprascripto;

Item, de cibis et aliis agatur cum eis, sicut cum illis de primo articulo, exceptis auditis per papam et inquisitorem et ordinarios, qui tute tenebuntur, donec aliud ordinetur.

De congregacione scolarium[2] ordinata Parisius per bone memorie dominum G. Bonet, Baiocensem episcopum.

1309 N. S.
1er mars.

Universis presentes licteras inspecturis, Guillermus, miseracione divina Baiocensis episcopus, salutem in Domino. Notum facimus, quod nos, de dyocesi Cenomannensi oriundus et in Andegavia educatus et ibidem dudum magnis dignitatibus per Dei graciam beneficiatus[3], de salute anime nostre cogitantes attendentesque quod per bonos scolares clericos Dei Ecclesia illustratur, bene vivendi exempla aliis tribuuntur, fides catholica roboratur, regnum et res publica stabilitur ac oracionibus eorum animabus fidelium subvenitur, statuimus et ordinamus quamdam congregacionem scolarium de Cenomannia et Andegavia, Parisius mansuram et perpetuo duraturam, et de redditibus, quos ac-

---

[1] Le manuscrit porte *et*. — [2] Cette pièce est publiée dans Félibien, *Hist. de Paris*, V, 616. — [3] Voy. ci-dessus, la note p. 217.

quisivimus, sustentandam, et ex nunc ibidem duodecim ponimus, intendentes numerum paulatim[1], quando Deo placuerit, augmentare; de quorum electione, institucione et modo vivendi et sustentacione in hunc modum ordinamus. In primis medietas dictorum scolarium erit de Cenomannia, potissime de Deserto vel circa, et alia medietas de Andegavia; electionem vero et institucionem illorum de Cenomannia volumus fieri per episcopum Cenomannensem et archidiaconum de Passeyo, et illorum de Andegavia per episcopum Andegavensem et thesaurarium, si ipse sit in Andegavia residens; quorum conscienciis commictimus, ut juvenes bone indolis et vite ac ad adipiscendum et proficiendum habiles eligant et ponant, et affectamus quod aliqui eorum audiant vel legant canones sive theologiam. Ordinamus eciam ut in ingressu suo promittant orare pro anima nostra et bone memorie domini Gervasii de Qurvo Campo, quondam cardinalis, de cujus bonis aliquid habuimus ad hunc usum per manum magistri Guillelmi de Fossa, exequtoris sui, et pro animabus parentum et benefactorum nostrorum, et dicatur cuilibet in ingressu, quod, si ad statum prosperum veniat, co[gitet][2] de augmentando dictam congregacionem et benefaciendo eidem.

Item, precipimus quod anno quolibet insimul conveniant in ecclesia Sancti Severini, et ibi faciant anniversarium nostrum tali die quali transibimus de hac vita. Et vellemus quod saltem in edomada unam missam dicerent in futurum, si commode possent. Ad ipsorum vero sustentacionem damus et legamus ea que sequntur, videlicet domum nostram magnam, in qua manemus nunc Parisius, prout protenditur de uno vico in alium, et aliam parvam in qua jam manere inceperunt, item manerium nostrum de Gentiliaco cum omnibus terris, virgultis et vineis, tam citra quam ultra aquam; item redditus nobis debitos in thesauro regis, scilicet sexaginta quinque libras et octo denarios Parisiensium; item omnes census et redditus quos emimus Parisius, tam citra quam ultra pontem, scilicet septem vel octo libras

---

[1] Le manuscrit porte *paulatine*. — [2] Le manuscrit est déchiré.

ejusdem scolaribus damus et legamus, et similiter duo *Decreta* nostra et *Decretales* et *Summas* in jure canonico et omnes libros glosatos in theologia, quos habemus, qui sunt multi.

Item, legamus eis octo lectos fornitos de hiis quos habemus Parisius, nisi tantum haberent de nostris, quando decederemus. Item legamus eisdem unum par vestimentorum pro missa ad altare, que sunt Parisius, quando celebrare vel celebrari voluerint in communi. Item ordinamus, et jam solvere incepimus, quod quilibet scolarium habeat qualibet septimana duos solidos Parisiensium pro bursa et, si plus velint expendere, querant de suo, ita tamen quod diciores non cogant minutos ultra ponere, nisi velint, sed se ipsis coaptent in communi. Et poterunt dicti duo episcopi ordinare inter dictos scolares unum qui principaliter sit provisor et ordinator et quesitor reddituum; et fiat per eos sibi aliqua curialitas de bursa sua ultra alios, ut viderint expedire, et quolibet anno saltem bis audiant racionem status reddituum suorum, quos habebunt. Item ordinamus quod, postquam aliquis scolarium habebit quadraginta libras annui redditus, alius ponatur loco sui, nisi valde utilis sit toti congregacioni, et in hoc major pars consenciat; et tunc adhuc non habebit bursas nec aliud, nisi solam habitacionem in domo, et de suo solvet bursam. Et ut hoc firmius sit, ex nunc in dictos scolares transferimus proprietatem et possessionem premissorum, salvo et retento nobis solummodo usufructu, et possessorem nos constituimus in premissis pro eisdem, usufructu nobis salvo. Et in testimonium premissorum, sigillum nostrum, una cum sigillo reverendi patris domini G., Dei gracia Andegavensis [episcopi], presentibus duximus apponendum. Datum Parisius, die Sabbati post Dominicam qua cantatur *Reminiscere*, anno Domini millesimo trecentesimo octavo.

[*Vidimus, par l'archevêque de Tours, des bulles du pape Clément V, qui enjoignent à tout détenteur de biens des Templiers d'en faire la remise aux commissaires délégués pour les administrer, sous peine d'excommunication.*]

Universis presentes litteras [visuris], Reginardus, Dei gracia archiepiscopus Turonensis, eternam in Domino salutem. Licteras apostolicas, cum vera bulla in filo sirico pendenti, non cancellatas, non abolitas nec in parte sui aliqua viciatas, nos vidisse noveritis in hec verba :

Clemens[1], episcopus servus servorum Dei, ad perpetuam rei memoriam. Ad omnium fere notitiam credimus pervenisse nephanda scelera et crimina abhorrenda, heresim notorie sapiencia, quibus ordo et persone Templariorum non levibus argumentis sed manifestis indiciis et violentis presumpcionibus diffamati noscuntur, super abnegacione videlicet Domini Salvatoris nostri Jesu Christi et super nephanda, temeraria et presumptuosa et heretica conspuicione super ejusdem ymagine Crucifixi necnon, et super pluribus articulis, quos, quia fore credimus manifestos, exprimi non opportet; sicque increbrescente infamia et imminentibus scandalis plurimis minime contempnendis, que non leviter totam scandalizabant Ecclesiam, urgente consciencia, per totum orbem terrarum jamdudum ipsos capi mandavimus, et tamdem cepimus super hiis contra eos inquirere per nos ipsos, nonnullis ex fratribus nostris ascitis ad inquisicionem predictam nobiscum sollicite peragendam, et tandem presentatis nobis personis eisdem, non parvo sed grandi numero, non levis sed magne auctoritatis viris, olim in ordine supradicto sacerdotibus, preceptoribus, militibus et servientibus, per eorum confessiones et deposiciones spontaneas libere factas coram nobis et fratribus ipsis in secreto prius et postmodum coram nobis et toto collegio fratrum nostrorum sancte Romane ecclesie cardinalium, patuit manifeste quoad personas ipsas confitentes dicta crimina et scelera esse vera; iidemque confitentes omnes et singuli, suum humiliter recognoscentes errorem, nostram et apostolice sedis non justiciam sed misericordiam et veniam implorarunt. Quibus cum omni humilitate et reverencia et proprii eorum recognicione erroris omnino persistentibus, pro absolucione ab excommunicacionis sentencia, quam ex hujus heresis reatibus et sceleribus incurrerant, ipsis misericorditer impendenda, nos, qui licet indigni, vicarii sumus illius cujus miseraciones super omnia opera ejus existunt, et quia Romana mater

12 août 1308.

---

[1] Imprimé dans Labbe, t. XXVIII, p. 757. Raynaldi, t. XV, ann. 1307, c. xii, donne le début de cette pièce d'après une bulle de Toulouse, 30 décembre 1309.

ecclesia non claudit, prout nec claudere debet, gremium redeunti, sed pocius errantem ovem ad ovile dominicum super humeros proprios reportare, facta a supradictis confidentibus cum magna humilitate et reverencia debita abjuracione hujusmodi hereseos secundum canonicas sanctiones, eisdem fecimus juxta formam Ecclesie munus absolucionis impendi, injungendi eis propterea salutarem penitenciam nobis et dicte sedi, seu quibus id committendum duxerimus, potestate specialiter reservata¹. Ex predictis itaque confessionibus, et nonnullis aliis causis legitimis non immerito excitati, visis etiam diversis processibus contra singulares personas dicti ordinis super ipsis sceleribus et criminibus factis per locorum ordinarios et inquisitorem generalem heretice pravitatis in regno Francie, in quibus multorum aliorum confessiones et deposiciones contineri videbantur aperte, ex quibus violenta suspicio contra ordinem ipsum et personas ejusdem habebatur, super criminibus antedictis contra omnes singulares personas dicti ordinis necnon et ipsum ordinem, cum omni diligencia et sollicitudine per alias nostras licteras mandavimus et mandamus inquiri, ut per hujusmodi inquisiciones de predictis criminibus et infamiis contra ordinem et personas prefatas vel pro ipsis veritas elucescat. Verum, quia occasione hujusmodi subsequtorum processuum et capcionum personarum ordinis prelibati bona ipsius mobilia, que vel pro ipso ordine, si reperiatur innocens, vel alias, pro subsidio Terre Sancte et contra perfidos Sarracenos, inimicos fidei christiane, ad que bona predicta per fideles, ipsa largientes, deputata fuerunt, et nos ipsi eadem bona una cum aliis bonis immobilibus eorumdem ad ea decrevimus deputanda, nequiter a nonnullis sustracta, penes aliquos maliciose, indebite et injuste absconsa et celata feruntur, in grave ipsorum animarum periculum, Ecclesie predicte contemptum et dicte terre prejudicium, dispendium et jacturam, nos, volentes debitum in hac parte remedium adhibere, universis et singulis sub virtute et excommunicacionis pena, quam excommunicacionem contra facientes post unius mensis spacium a notitia presentium immediate sequentis, cujuscumque preeminencie, dignitatis, status vel condicionis

¹ Ici s'arrête le texte de Raynaldi, 1307, c. XII.

existant, ecclesiastici vel mundani, etiamsi pontificali prefulgeant dignitate, incurrere volumus pro facto, auctoritate apostolica districte precipiendo mandamus, quatinus habentes, tenentes et possidentes, ut predicitur, per se vel per alium seu alios aliquas peccuniarum summas vel alia bona mobilia quecumque vel se movencia personarum vel ordinis predictorum, sive causa depositi vel alia quacumque causa, occasione vel titulo, si qui eciam personis vel ordini antedicti in quacumque summa vel quantitate peccunie obnoxii vel alias quolibet fuerint obligati ex quacumque causa vel titulo, vel ab eis aliquid receperint, vel ipsorum nomine, per quemcumque aut pro ipsis libere, integraliter et sine diminucione restituant, reddant et solvant sub instrumentis publicis locorum ordinariis sive curatoribus vel administratoribus bonorum dicti ordinis, per sedem ipsam deputatis vel eciam deputandis, non obstantibus quibuscumque permissionibus super hiis ab ipsis prestitis, penis, juramentis, caucionibus, obligacionibus seu fidejussionibus forsitan roboratis. Si qui etiam, nichil habentes de bonis predictis nichilque debentes eisdem ac in nullo ipsis quolibet obligati, sciverint aliquem aliquid habere, tenere vel possidere de ipsis bonis, ut superius est expressum, aut aliquem debitorem dictorum ordinis et personarum vel eis quomodolibet obligatum sive aliquem aliquid ab ipsis vel pro ipsis vel eorum nomine vel alicujus eorum recepisse, infra idem tempus ordinariis vel curatoribus seu administratoribus prelibatis sub instrumentis similibus aperte revelent; alioquin supradictam sentenciam ipsos incurrere volumus ipso facto. Quam si ipsi et alii superius nominati, per sex menses sustinuerint animo indurato, ordinariis ipsis et quibuslibet aliis absolucionem eorum penitus interdicimus, ipsam nobis et successoribus nostris, preterquam in mortis articulo tantummodo, reservantes. Et ut premissorum ignoranciam nemo pretendere valeat; hujusmodi processum nostrum mandamus et volumus, per illos quibus in aliis nostris licteris id committimus, in locis contentis in eis sollempniter publicari. — Datum Pictavis, II° idus Augusti, pontificatus nostri anno tercio. — Datum hujusmodi inspectionis Parisius, die Lune post *Oculi mei*, anno Domini m° ccc° octavo.

[*Vidimus, par l'archevêque de Tours, de lettres royaux vidimées par Pierre Le Feron, garde de la prévôté de Paris (15 mars 1309 N. S.), et adressées à l'archevêque de Reims, à qui, en reconnaissance du subside libéralement accordé pour la guerre des Flandres, le roi promet la réforme des abus signalés et la concession de nombreux privilèges (1ᵉʳ mai 1304).*]

Privilegium regis.

14 avril 1309.   Universis presentes litteras inspecturis et audituris, Raginardus, Dei gracia Turonensis archiepiscopus, salutem in Domino. Noveritis nos vidisse et diligenter inspexisse quasdam licteras Petri Le Feron, custodis prepositure Parisiensis, sigillo dicte prepositure, prout prima facie apparebat, sigillatas, non cancellatas, non abolitas nec in aliqua sui parte viciatas, formam que sequitur continentes :

15 mars 1309 N. S.   A tous ceus qui ces lectres verront, Pierres Le Feron, garde de la prevosté de Paris, saluz. Sachent tuit que nous, l'an de grace mil ccc et huit, le Samedi après la mequaresme, veimes unes lectres sellées dou seel nostre sire le Roy contenanz la forme qui s'ensuit :

1ᵉʳ mai 1304.   Philipus, Dei gracia Francorum rex, universis presentes licteras inspecturis, salutem. Notum facimus quod nos oblatam subvencionis liberalitatem, nobis ab archiepiscopo et suffraganeis Remens[ibus] fidelibus nostris faciende pro subsidio guerre nostre Flandrie instantis, gratam plurimum et acceptam habentes, eisdem graciosius respondendo, tenore presencium duximus concedendum, primo, quod nos monetas ejusdem valoris et ponderis, quorum erant tempore beatissimi Ludovici, avi nostri, et tempore genitoris nostri ac nostro, antequam imitarentur, fieri et cudi infra instans festum Omnium Sanctorum et cursum habere continuum infra proximum sequens Pascha, et inter hujusmodi terminos illas, que modo currunt, paulatim diminui faciemus;

Item, quod omnia acquisita a tempore retroacto usque ad tempus presentis concessionis a prelatis, collegiis et aliis ecclesiasticis et piis locis subvencionem predictam solventibus in feodis, retrofeodis, censivis et retrocensivis et alodiis nostris ac subditorum nostrorum necnon et possessiones, quas pro ecclesiis fundandis de novo vel ampliandis extra vel infra villas, domibus rectorum ecclesiarum parrochialium et pro cimiteriis, non ad superfluitatem sed ad convenientem necessitatem, acquiri continget, tenere possint perpetuo, absque coactione vendendi, extra manum ponendi aut nobis prestandi financiam pro eisdem, et quod nos possessores hujusmodi possessionum pro ecclesiis et cimiteriis fundandis seu ampliandis, ut premittitur, debite compelli ad eas dimittendum, justo mediante precio, faciemus ;

Item, quod bona mobilia ecclesiasticarum personarum et clericorum clericaliter vivencium non capientur vel justiciabuntur in aliquo casu per justiciam secularem ;

Item, quod advocationes et recognitiones nove, que ab ecclesiarum subditis nobis fiunt, nullatenus admittentur, et factas de novo faciemus penitus revocari ;

Item, quod pretextu alicujus gardie antique in personis ecclesiasticis non impedietur ecclesiastica vel temporalis juridicio prelatorum ;

Item, quod ballivi et alii officiales nostri teneantur jurare quod mandata sibi facta per litteras nostras pro ecclesiis et personis ecclesiasticis absque difficultate fideliter exequentur ;

Item, quod non impedientur[1] aut non inquietabuntur ecclesie super possessionibus seu redditibus emptis vel emendis in justiciis, feodis, retrofeodis aut censivis suis, quin ea absque aliqua propter hoc prestanda financia, etiam si merum non habeant imperium, perpetuo pacifice tenere valeant et quiete ;

Item, quod tollantur gravamina, eis per gentes nostras illata, ac nostra jam concessa statuta serventur, et ea ballivi nostri jurare teneantur se firmiter servaturos ;

Item, quod, si aliquod onus per Romanam ecclesiam ad opus nostrum prelatis predictis imponatur, durantibus terminis solucionum decimarum nobis concessarum, ab eis ad hujusmodi soluciones pro futuris inde terminis usque ad concurrentes subvencionum hujusmodi quantitates nullatenus teneantur ; similiter nec tenebuntur ad eundum vel mittendum seu redimendum pro exercitu presentis anni ;

[1] Le manuscrit porte *impedietur*.

Item, quod non est intencionis nostre nec volumus quod pretextu subvencionum et prestacionum quarumlibet factarum in terris dictorum prelatorum, ex parte nostra, pro neccessitate guerrarum, a personis subditis vel justiciabilibus sibi de consuetudine vel de jure eis vel ecclesiis aut personis aliquod generetur prejudicium vel novum jus nobis propter hoc acquiratur, sed in eisdem libertatibus et franchisiis, in quibus ante guerras inceptas erant legitime, perseverent;

Item, quod ad opus garnisionum nostrarum bona eorum vel subditorum suorum subvencionem nostram solvencium, eis invitis, nullatenus capientur;

Item, quod impedimenta et gravamina, que in feodis prelatorum predictorum ponuntur, amoveri debite faciemus;

Item, quod nichil ab hominibus ecclesiarum de corpore seu de manu mortua alto et basso ad voluntatem tailliabilibus (sic), occasione subvencionis nobis noviter concesse, levabitur; et si aliquid ab eis contingat exigi, id ecclesiis hujusmodi de prestando ab eis subsidio deducetur;

Item, quod si pacem a nobis inire contingeret, quod restaret solvendum de dicto subsidio, pro terminis inde futuris amplius non solvatur;

Item, quod, si forsitan tregua longua fiat, illa durante, cessabitur a dicto levando subsidio pro venturis terminis, donec illa treuga sit finita;

Item, et quod subsidium illud juxta ipsius concessionis tenorem per dictos prelatos seu auctoritate eorum levabitur nobis seu gentibus nostris ab hoc instantibus seu eciam deputatis quam cicius assignandum.

In cujus rei testimonium licteris presentibus nostrum fecimus apponi sigillum. Actum Parisius, die 1ª Maii, anno Domini m° ccc° quarto.

E nous en cest transcript avons mis le seel de la provosté de Paris, l'an et le jour desus diz.

Datum hujusmodi inspectionis, die Lune post Dominicam qua cantatur *Misericordia Domini*, anno ejusdem m° ccc° nono.

LIBER GUILLELMI MAJORIS.

Monicio bona et generalis [contra excessus quorumdam nomine comitis agentium in terra de Ramoforti, quæ episcopalis erat].

Officialis Andegavensis discretis viris archipresbitero de Burgolio, rectoribus ecclesiarum de Longo Vado, de Nulleio et de Blodio, salutem in Domino. 16 avril 1309.

Olim, sancte matris Ecclesie temporibus primitivis, imperatorum, regum et principum mira devocio, ardore caritatis accensa, dotavit ecclesias, fundavit monasteria, et pro Dei amore et reverencia ministrorum ejusdem ipsam variis immunitatum ac libertatum privilegiis communivit, firma credulitate sperantes, si liberalitatis ipsorum juvamine locis Deo dicatis quidquam conferrent beneficii et necessitates ecclesiasticas ad peticionem sacerdotum ipsorum juvamine relevarent, illud sibi ad mortalem vitam temporaliter transigendam et eternam optinendam feliciter profuturum. Inter quos imperatores christianissimi Karolus Magnus et Ludovicus Pius, ejus filius, reges Francorum illustres, de quorum fide firmissima, devocione fideli in divino cultu, pietate stupenda ac viscerosa in ecclesiis liberalitate, tam in diversis hystoriis quam cronicis approbatis, plurima memoria et recommendacione dignissima refferuntur, Andegavensem ecclesiam, predecessorum suorum regum Francorum pia devocione fundatam, gerentes in visceribus caritatis, res usibus, utilitatibus et neccessitatibus seu stipendiis inibi Deo infinita per tempora famulancium datas seu dicatas vel etiam confirmatas, ipsorum mansuetudinis pietate pro rei integra firmitate, per eorum auctoritatis preceptum, predicte Andegavensi ecclesie confirmarunt. Et ut res eedem sub eorum tuicionis mondeburdo ac immunitatis deffensione possent consistere, atque predicte ecclesie Andegavensis ministri, ibi Domino famulantes, illis possent liberius perfrui, voluerunt atque jusserunt districtius inhibendo, ne quis judex publicus vel quilibet ex judiciaria potestate in ecclesias aut loca vel agros seu reliquas possessiones, quas tunc temporis in quibuslibet pagis vel territoriis infra dictionem imperii necnon regni Francie juste ac legaliter memorata Andegavensis ecclesia tenebat vel possidebat vel ea que deinceps in jure ipsius ecclesie divina pietas vellet augere, ad causas audiendas vel freda exigenda aut mansiones seu paratas faciendas aut fidejussores tollendos aut homines ipsius ecclesie distringendos aut ullas redibiciones aut illicitas occasiones exquirendas ipsorum confirmatorum vel futuris temporibus ingredi auderet; seu ea que supra sunt memorata exigere presumeret quoquomodo, quodque liceat Andegavensibus episcopis futuris pro tempore res predictas Andegavensis ecclesie, ut profertur, confirmatas cum omnibus sibi subditis et rebus et hominibus ad se pertinentibus vel aspicientibus, sub tuicionis aut immunitatis eorumdem deffensione, remota tocius juridicione potestatis inquietitudine, quieto ordine possidere. Et quidquid de prefate rebus ecclesie jus fisci exigere poterat, totum ad integrum Andegavensi ecclesie concesserunt, ut perpetuo tempore ad peragendum Dei servicium in eadem ecclesia in supplementum fieret et augmentum, prout hec in licteris et instrumentis publicis, propriis manibus ipsorum subter firmatis et anulorum eorum impressione signatis, continentur ad plenum.

Sane, cum secundum sacrorum canonum instituta, ea que sunt pro remedio predictorum collata ecclesiis vel relicta aut eisdem aliis justis modis acquisita, nec debeant aliis usibus applicari, propter quod, quisquis ea occupat vel invadit, sacrilegus est censendus et ob hoc provinciale Concilium, dudum apud Castrum Gunteri celebratum[1], institutis dictorum sacrorum canonum inherendo, excommunicacionis sentenciam duxerit promulgandam in universos barones, ballivos, potestates personasque alias seculares, qui et que ecclesias, prioratus, domos, possessiones et res alias ecclesiasticas indebite occuparent, postmodumque in provinciali Concilio, Redonis celebrato[2], declaratum fuerit bona ecclesiastica intelligi debere in hoc casu non solum bona propria clericorum, verum eciam deposita, commodata vel ab eis conducta precarioque concessa et quorum habent eedem persone possessionem aut detentacionem quamcumque, necnon si personarum ecclesiasticarum occasione et in ipsarum prejudicium vel contemptum homines et

---

[1] Le 23 juillet 1268. — [2] 22 mai 1273.

bona ipsorum hominum, qui sub juridicione temporali consistunt, ecclesiastica capiuntur vel eciam invaduntur, adiciendo quod receptatores [aut] deffensores[1] invasorum, raptorum et malefactorum hujusmodi eisdem penis, quibus ipsos maleficos, eo quod ipsos receptaverint aut deffenderint, subjaceant, et, ut loca, ad que deferuntur bona taliter occupata et in quibus eciam detinebuntur, supponat diocesanus, prout et quamdiu expedire viderit, ecclesiastico interdicto. Cumque omnes et singuli, qui juridictionem ecclesiasticam, antiquas ecclesiasticas consuetudines, vel eciam libertates impedire, diminuere, turbare vel in aliquo usurpare presumunt quoquomodo, et omnes illi qui consilium, auxilium, auctoritatem, mandatum opemve prebuerint ad premissa clam vel palam, cujuscumque condicionis, ordinis aut status existant, auctoritate Concilii provincialis, dudum Turonis celebrati[2], ipso facto sint excommunicacionis sentencia innodati, ad nos accedens Guillermus de Alnetis, clericus, procurator reverendi in Christo patris ac domini domini G., Dei gracia Andegavensis episcopi, nobis insinuare curavit, quod, cum reverendus pater predictus et ejus predecessores[3] fuerint a tempore, cujus contraria memoria non existit, et adhuc sit idem reverendus pater notorie in possessione vel quasi exercendi et consueverit ab antiquo per se vel per allocatos ipsius exercere, nomine et racione episcopatus Andegavensis, juridicionem omnimodam pleno jure, prout factorum emergencium qualitas exigebat, in villa et terra de Ramo Forti, que cum omni juridicione, honore et districtu omnimodum ad reverendum patrem prefatum, racione sui episcopatus, pertinere noscuntur notorie ab antiquo, ac consistunt in gardia speciali illustrissimi regis Francorum et in eis regalia pertinent ad eundem, Gaufridus de Orilleio, miles, Guido de Plesseiaco, clericus, Johannes de Fontibus proclamari fecerunt, nomine domini comitis Andegavie per Johannem de La Grue bannum in villa predicta de Ramo Forti, videlicet quod terra Petri Michaelis, in retrofeodis domini episcopi Andegavensis existens, erat venalis pro debito quod idem Petrus debebat dicto domino comiti pro

---

[1] Le manuscrit porte *receptatores deffensorum*.
[2] Le 1" août 1282.
[3] Le manuscrit porte *successores*.

rebus foreste, aut fuerunt predicti Gaufridus, Guido et Johannes de La Grue et eorum quilibet in auxilio vel consilio faciendi premissa, que adeo dicuntur notoria, quod non possunt aliqua tergiversacione celari, predictum reverendum patrem in sua possessione vel quasi predicta indebite molestando, juridicionemque et auctoritatem quas habet idem reverendus pater in terra et villa predictis, pro viribus vacuando necnon juridicionem temporalem dicti reverendi patris et ecclesie Andegavensis libertatem et antiquam ejusdem ecclesie consuetudinem diminuere, usurpare indebite satagentes, in dicti reverendi patris prejudicium necnon gardie illustrissimi regis predicti, libertates eciam ecclesiasticas a memoratis imperatoribus et principibus episcopatui et ecclesie Andegaven[sibus] concessas violando, contra tenorem dictorum Conciliorum et canonicas sanciones temere veniendo. Quare nobis supplicavit nomine procuratorio, quod nos predictos Gaufridum, Guidonem, Johannem et Johannem de La Grue et eorum quemlibet censura ecclesiastica, qua convenit, compellamus, ut ipsi et eorum quilibet proclamacionem banni predicti revocent seu revocari faciant cum effectu et quicquid secutum est ex eo vel ob id, et ut faciamus super premissis ulterius quod justicia suadebit, protestans idem procurator, nomine quo supra, quod non astringit dictum reverendum patrem nec se ad omnia premissa et singula probanda, sed ad ea vel id solum que vel quod sibi sufficient et probare poterit de premissis.

Hinc est quod vobis et vestrum cuilibet precipimus et mandamus, quatinus, si, evocatis evocandis, vobis aut alteri vestrum constiterit de premissis aut aliquo, quod sufficiat, ex eisdem, ipsos vel ipsum, quos vel quem culpabiles vel culpabilem inveneritis in premissis, moneatis ex parte nostra sufficienter, ut ipsi proclamacionem predictam revocent cum effectu infra duodecim dies, a tempore monicionis sibi facte numerandos, quorum quatuor pro primo et quatuor pro secundo et reliquos quatuor pro tercio, et perempt[orie] ad hoc eisdem terminis signamus, inhibentes nichilominus ex parte nostra sub pena excommunicacionis predictis Gaufrido, Guidoni, Johanni et Johanni et eorum cuilibet, quod ipsi aut eorum alter de cetero talia non attemptent. Si quis vero predictorum de cetero aut quivis alius similia presumpserit attemptare, presumptores hujus ad desistendum et revocandum censura ecclesiastica, qua convenit, compellatis, facientes super hoc et ea tangentibus seu contingentibus ulterius quod justicia suadebit. Vobis autem et vestrum cuilibet, quoad premissa et singula premissorum et ea tangencium seu contingencium necnon quoad excommunicandum ac censura ecclesiastica compellendum omnes illos, cujuscumque condicionis fuerint vel status vel quomodolibet impedient vel perturbabunt, quominus vos aut alter vestrum possit exequi libere que mandamus, committimus in solidum ita quod non sit etc., vices nostras, donec eas ad nos duxerimus revocandas. Et quicquid inde feceritis nobis litteratorie fideliter rescribatis.

Datum die Mercurii post *Misericordia Domini*, anno ejusdem м°ссс° nono.

Littera de Colino Lasne de Morenna [*qui funiculos in garenna episcopi furatus erat*].

Universis presentes litteras inspecturis et audituris, officialis curie Andegavensis, Guillermus de Chesneia, senescallus reverendi in Christo patris ac domini domini G., divina providentia Andegavensis episcopi, Petrus de Valleiis, decanus de inter Sartam et Meduanam, ac Guillermus de Bremio, archipresbiter de Ludio, salutem in Domino. Noveritis, quod, cum Colinus dictus Lasne, mansionarius et estagiarius in terra reverendi patris predicti de Morenna, jampridem per nos senescalum predictum impetitus fuisset in ipsius reverendi patris curia seculari[1] super eo quod contra ipsum Colinum infamia laborabat, quod ipse, sub pretextu et umbra cujusdam dumi seu *busson,* quem habet idem Colinus circa herbergamentum ipsius, quod vocatur Chartres[2] aliter la Chevrière, situm infra metas garenne antique de Morenna reverendi patris predicti, in garenna predicta, die noctuque pluries venatus fuerat

21 juillet 1309.

---

[1] Le manuscrit porte *secularis*.
[2] Chartres, ferme, c⁰⁰ de Morannes, canon de Durtal, arrondissement de Baugé, *villa que dicitur Castra,* 1010-1030, dans le premier Cartulaire de Saint-Serge, p. 11. — *Castras,* 1082-1114 (2° Cartul. p. 201). — La terre relevait, au XIV° siècle, de la Motte-de-Pendu.

et furtive ceperat cuniculos garenne predicte, idemque Colinus de premissis per inquestam ab eodem acceptam, salvis patria, vita et membris, per nos senescallum predictum factam et publicatam, juris et consuetudinis sollempnitatibus adimpletis, inventus fuerit culpabilis in premissis et super hiis judicio curie secularis reverendi patris predicti condempnatus; dictusque Colinus postmodum, ad presenciam reverendi patris predicti accedens Andegavis, petens misericordiam, non judicium vel rigorem, eidem reverendo patri super premissis gagiasset emendam, jurassetque, tactis sacrosanctis, eidem reverendo patri delictum emendare predictum ad dictum et ordinationem ipsius reverendi patris usque ad valorem mille librarum monete currentis, prout hec omnia confessus fuit idem Colinus coram nobis, tandem die Lune ante festum beate Marie Magdalene, anno Domini m° ccc° nono, dicto Colino, una cum pluribus amicis suis, dictum reverendum patrem apud Morennam propter hoc adeunte et in ipsius reverendi patris et nostrum presentia constituto, supplicanteque tam per se quam per amicos ejus predictos, quod idem reverendus pater in premissis erga ipsum mansuetudinis ejus dulcedine vellet temperare rigorem, reverendus pater predictus, considerans et attendens melius esse de misericordia, quam de severitate reddere rationem, amicorum dicti Colini, qui et amici ipsius reverendi patris existunt, precibus et supplicationibus inclinatus, de voluntate et consensu expressis dicti Colini, modo et forma qui sequntur, predictam temperavit et moderavit emendam ac conditionavit eandem, videlicet quod de predictis mille libris idem Colinus solvet et reddet reverendo patri predicto ducentas libras monete currentis, quandocumque ipsas ab eodem Colino per se vel gentes suas exigere voluerit et levare; residuum vero dictarum mille librarum eodem Colino quitavit penitus et dimisit, ita tamen quod dictus Colinus de cetero, quamdiu vixerit in dicto dumo seu *buysson* et pertinenciis herbergamenti predicti existentibus infra metas garenne predicte, non venabitur, nec, etiam si contingat predictum Colinum decedere ante reverendum patrem predictum, heres ejus vel alius causam habens ab eo, vita comite dicti reverendi patris, venabitur ibidem; sed de cetero reverendus pater, quamdiu vixerit, per se et gentes suas venabitur in locis predictis, quandocumque viderit expedire. Post mortem vero dictorum reverendi patris et Colini, heres ipsius Colini in dictis locis, eo jure et eodem modo quibus idem Colinus ibidem venari poterat, venabitur et venari poterit quolibet anno, videlicet a festo Assumpcionis beate Marie virginis usque ad Carnisprivium, de die tantum, videlicet ab ortu solis usque ad occasum, et nullo modo de nocte, reliqua parte anni nullatenus venaturus ibidem. Si vero dictos Colinum vel ejus heredem per se vel per alios in dictis locis de cetero venari contigerit contra vel preter formam et modum superius declaratos, ex tunc jus venandi et accipiendi cuniculos in eisdem locis, ipso facto, prorsus amittent et episcopatui Andegavensi totaliter adquiretur. Dictus vero Colinus ad omnia et singula premissa tenenda et fideliter observanda, et ad non veniendum in contrarium per se vel per alium in futurum aliqua ratione, obligavit se et heredes suos et omnia bona sua mobilia et immobilia, presentia et futura, ubicumque existentia, specialiter et expresse, renuncians omnibus excepcionibus lesionis, decepcionis, circonvencionis, actionis in factum, beneficio restitucionis in integrum, privilegio crucis indulto et indulgendo et omnibus aliis excepcionibus, racionibus, opposicionibus et allegacionibus juris et facti, que contra formam, tenorem et sustentiam presentium litterarum et omnium ac singulorum contentorum in ipsis possent dici, obici vel opponi in posterum vel ad presens; quas excepciones, opposiciones, raciones et allegaciones hic non expressas voluit idem Colinus pro enumeratis et expressis haberi, fide ab eodem Colino in manu nostri senescalli predicti super hoc prestita corporali. Et nos senescallus predictus predictum Colinum, coram nobis in jure presentem et consencientem et omni juri venandi in locis predictis sibi competenti et heredi suo competituro in futurum renonciantem ex pacto, tam pro se quam pro herede suo, et illud ex nunc cedentem, quitantem et penitus dimittentem episcopatui Andegavensi et in eumdem episcopatum, per tradicionem presentium litterarum totaliter transferentem, si contra vel preter formam vel modum predictos dictos Colinum et ejus heredes vel alterum ipsorum in locis predictis venari contigerit, ad omnia premissa et singula premissorum in hiis scriptis judicio secularis curie dicti reverendi patris condempnamus; presentibus ad premissa venerabilibus viris officiali, decano et archipresbitero supradictis; in quorum testimonium nos predicti officialis, senescallus, decanus et archipresbiter sigilla nostra, una cum sigillo dicti Colini, presentibus litteris duximus apponenda. Et ego Colinus Larne (sic) predictus, omnia et premissa confitens esse vera et me obligans ad observationem ipsorum, prout superius est expressum, presentibus litteris sigillum meum apposui in testimonium veritatis.

Datum et actum die et anno ut supra, apud Morennam, presentibus ad premissa nobilibus viris Hardoino de Poconneria [1] et Baldoino de Colaines [2], militibus, nec non magistris Egidio de Mez, legum professore, Philipo Maudet, Johanne Le Peletier, clericis, Guillermo de Souvingne, de Brissarta [3], Guillermo Capellani, de Savigneio [4] juxta Relleium rectoribus, Nicholao Pinpenelle, rectore pro parte ecclesie de Morenna, Guillermo de Regalitate, Guillermo et Johanne de Rochis, Hueto de Chandemanche [5], Michaele Mallier, Guillermo Viau, magistro Galtero, serviente domini regis Francie, Johanne de Bello Visu, Alexandro Moucaint et Guillermo Grosse, clericis [6].

[1] La Possonnière, canton de Saint-Gorges-sur-Loire, arrondissement d'Angers.

[2] Coulaine, ferme, commune de la Possonnière.

[3] Brissarthe, canton de Châteauneuf-sur-Sarthe (Maine-et-Loire), arrondissement de Segré.

[4] Savigné-sous-le-Lude (Sarthe).

[5] *Terra in potestate Morenne, que vocatur Campus Dominicus* 1047-1081 (2° Cartul. de Saint-Serge, p. 299). — Ancien fief et seigneurie, aujourd'hui ferme, commune de Morannes.

[6] Cette pièce existe en original aux archives de Maine-et-Loire, G 122. La transcription du *Livre* de Le Maire en est parfaitement exacte. Le copiste a même pris soin de rectifier par deux fois le barbarisme *contingerit* que porte l'original et écrit *senescallus* au lieu de *seneschallus*.

L'acte était scellé de cinq sceaux sur double queue de parchemin, portant leur nom sur la queue qui traverse le repli : *Officialis*, — *seneschallus*, — P. *decanus*, — G. *de Bremio*, — *Colinus Lasne*. — Le premier, jadis petit, ovale, absolument fruste, conserve à peine un débris de cire verte et de la légende les lettres S. O. Le second, petit, ovale, de cire brune, reste intact, sauf le sommet du cintre; légende : . . . . . SENESCALLI DÑI EPI ANDEGAV... Dans le champ, l'évêque assis, crossé, mi-

[*Appointement entre l'évêque d'Angers et l'abbé de Saint-Serge, au sujet de divers exploits de justice faits par les officiers de l'abbaye dans le canton de Bouchet-en-Villévêque.*]

In nomine Domini, amen. Cunctis presens publicum instrumentum visuris et audituris pateat evidenter, quod anno Domini millesimo trecentesimo nono, indiccione septima, mensis Augusti die sexta, pontificatus patris sanctissimi ac domini domini Clementis, superna providentia pape quinti, anno quarto, in mei notariis (*sic*) publici et testium subscriptorum, ad hoc specialiter vocatorum et rogatorum, presentia constitutis discretis viris domino Guillermo de Chesneia, senescallo reverendi in Christo patris ac domini domini G., Dei gratia Andeg. episcopi, ex parte una, et domino Radulpho, rectore ecclesie de Luigneyo[1], procuratore ad infrascripta facienda religiosorum virorum abbatis et conventus monasterii Sancti Sergii Andeg. litteratorie destinato, ex altera, idem dominus Radulphus propcuratorium (*sic*) quoddam[2]... exhibuit.... super controversia... mota racione juridiccionis villicarie et districtus quorumdam hominum et locorum existencium in loco qui dicitur Bocheit.

Atteptata (*sic*) autem sequntur, de quibus idem reverendus pater conqueritur et reputat se offensum. Primo, cum quidam, pro suspiccione cujusdam delicti, in terra nostra commissi, in prisione nostra per nostram

6-7 août 1309.

tré, tend de la main droite une bandelette, peut-être un baudrier, à un personnage posé un genou en terre devant lui; contre-sceau un peu plus petit, avec légende : + CONTRA. S. SENESCALLI. A. Dans le champ, l'évêque assis, crossé, mitré, tend au même personnage, un genou en terre devant lui, un haut bâton [à potence?]. Le troisième sceau est détruit. Le quatrième, qui est celui de l'archiprêtre, petit, ovale, en cire brune, à demi fruste, légende : .... CHI.... DE LV..... Dans le champ, le Christ debout, nimbé, vêtu d'une longue robe, portant dans la main gauche l'agneau pascal nimbé, la main droite bénissant un clerc prosterné devant lui à deux genoux, les mains jointes; point de contre-sceau. Le cinquième, très-petit (exactement comme une pièce de 5o centimes), rond, cire rouge, légende : + S. COLIN. LANE. Dans le champ, une cigale ou quelque animal fantastique, la tête tournée vers un rameau de feuillage.

[1] Luigné, canton de Thouarcé, arrondissement d'Angers.

[2] Suit la teneur, que nous supprimons.

secularem justiciam teneretur, idem, in vicum (*sic*) desperationis elapsus, se laqueo suspendit, et ob hoc, utpote sui ipsius improbissimus homicida, secundum consuetudinem suspendi deberet, die ad hoc prefixa, per allocatos nostros compulsi fuerint (*sic*) Robertus Lescot, Robertus de Tertro et dictus Leduc, homines in predicto territorio de Boscheto degentes, venire ad videndum fieri justiciam et suspendend[um] de homicida predicto. Item, cum senescallus reverendi patris predicti adjornari fecisset homines memoratos in palacio Andeg. ad assisiam reverendi patris predicti super quibusdam saisinis dicti episcopi a dictis hominibus fractis et aliis excessibus ex parte ipsorum, ut imponebatur eisdem, contra predictum dominum episcopum perpetratis, dictique homines ob premissa, ad palacium Andeg. venientes, in prisione dicti domini episcopi detinerentur ibidem, frater Michael Manselet, noster commonachus, in eodem palacio per humeros ipsos cepit et precepit eisdem, ut de prisione predicta exirent et rederent (*sic*), nec ibi ullatenus obedirent; cujus jussioni parentes, dicti homines sine licencia recesserunt. Item, dictus frater Michael ad domum et vineas dicti Le Cotelier, sitas in territorio de Bochet, que tenentur a reverendo patre predicto, veniens, ligones seu ferramenta operariorum, operencium (*sic*) in vineis supradictis, cepit et secum asportavit, causam capcionis, licet falsa (*sic*), pretendens, scilicet quod idem reverendus pater nobis solvi non fecerat census nostros. Item, cum quidam homo in puteo domini Guillermi de Mauhuion de manerio suo de Bochet casu fortuito cecidisset, licet non esset nec fuerit ex hoc mortuus dictus homo, tamen dictus noster commonachus in continenti accessit ad domos hominum predictorum, sitas in territorio predicto de Bochet et de quibus debentur deverium reverendo patri predicto, et sigillavit easdem. Item, cum senescallus reverendi patris predicti domos predictas dictorum hominum sigillari fecisset eo quod citacionibus et saisinis dicti reverendi patris noluerant obedire, forestarius noster apud Boscum Abbatis[1] sigillum, dictis domibus de mandato dicti senescalli appositum, fregit omnino et avul-

---

[1] Bois-l'Abbé. Voy. ci-dessus, p. 297.

sit. Item, aliqui gencium seu allocatorum nostrorum, nobis insciis, Herbertum, servientem reverendi patris predicti, ejus obsequiis continue insistentem, capi per gentes domini comitis Andeg. fecerunt et procuraverunt in pertinenciis herbergamenti ipsius reverendi de Bosco et in ejusdem domini comitis carcere et prisione diucius detineri; a qua prisione nundum adhuc est liberatus ad plenum. Immo in assisiis ultimis domini comitis juravit idem Herbertus ad assisias proximo venturas se in halis Andegavensibus representare et ibidem prisionem tenere. Item, nonnulli monachorum serviencium seu allocatorum nostrorum, nobis insciis, per dictos homines de Bocheto in predicto territorio, de cujus juridictione, villicaria et districtu inter dictum reverendum patrem et nos contenditur, capi fecerunt et procuraverunt per allocatos dicti domini comitis et eosdem carceri dicti comitis mancipari, in quo aliquandiu detenti fuerunt, eosdemque homines postmodum ad abbaciam nostram per allocatos dicti domini comitis duci fecerunt et in loco predicto senescallus noster, ubi placita nostra tenebat, ab eisdem hominibus purgacionem accepit super submersione ejusdem hominis, qui, jam duobus annis elapsis submersus, inventus fuerat in fossatis Sancti Michaelis de Tertro[1]. Exegit eciam predictus senescallus noster ab eisdem hominibus juramentum, presente fratre Juhello, celerario monasterii nostri, et de ejus mandato, quod, aliis diebus eisdem assignandis, ad placita nostra parerent. Item, certa die, per senescallum et cellerarium nostros predictos dictis hominibus assignata[2], in nostro monasterio comparentibus hominibus supradictis, dicti senescallus et celerarius ipsos jurare fecerunt, quod nobis et eidem celerario obedirent et custodirent res nostras et quod non respicerent nec sustinerent in rebus nostris, quamdiu impedire possent, usque ad estimacionem duodecim denariorum, dampna nobis inferri; quod quidem juramentum ab hominibus nostris de consuetudine exigi consuevit. In cujus rei testimonium, presentibus litteris sigilla nostra duximus apponenda; promittentes quod in nostro primo generali futuro capitulo presentes lit-

---

[1] Les douves de la porte Saint-Michel du Tertre d'Angers. — [2] Le manuscrit porte *assignatio*.

teras sigillo nostro magno capituli una cum sigillis nostris appositis faciemus sigillari. — Datum et in capitulo nostro actum, die Mercurii ante festum Sancti Petri ad Vincula, anno Domini millesimo trecentesimo nono.

Quibus litteris sic exhibitis et ostensis ex parte procuratoris antedicti, et petito ex parte senescalli predicti, quod premissa attemptata in statum debitum, prout in dicto procuratorio continebatur, revocarentur et adnullarentur integre et perfecte, dictus procurator, nomine procuratorio, quo supra, dixit, quod ipse procurator, nomine procuratorio, quo supra, preceptum, jussum et mandatum ac compulsionem factos (sic) Roberto Lecoc, Roberto de Tertro et dicto Leduc, hominibus in territorio predicto de Bocheto degentibus, ad hoc quod dicti homines ad videndum fieri justiciam et suspendium de homicida predicto venirent, pendente tractatu predicto, ut prefertur, revocavit penitus, adnullavit... [etc.]. Preterea dictus procurator, nomine quo supra, ad palacium Andeg., in loco, ubi assisie dicti reverendi patris hactenus teneri consueverunt, personaliter accedens, lecto primitus ibidem procuratorio antedicto, capciones et precepta hiisdem hominibus per fratrem Michaelem Manselet, monachum dicti monasterii, ad hoc, ut dicti homines de prisione dicti domini episcopi exirent, factos (sic), prout in secundo articulo procuratorii predicti explanatur, et compulsionem nichilominus de dictis hominibus factam, prout in articulo secundo continetur, revocavit, adnullavit et pro nullo haberi voluit... [etc.].

Acta sunt hec in locis predictis sub anno, indictione, mense, die et pontificatu predictis, presentibus ad hec Gaufrido Robin, presbitero, Johanne Guinart, Guillelmo Florie, Johanne Barbitonsore, Johanne Burre, Herberto Champgarnier, Johanne de Podio Boleti, Robino Quatreaux, Richardo Aurifabro, Radulfo Vaudous, Laurencio Lecoc, Robino Lecoc et ejus uxore, Roberto de Tertro, Johanna ejus uxore, Mattheo Le Mee, Burgeta La Duchesse, Gileta La Guinarde, Johanne Carpentario, Johanne de Malo Nido, degentibus in feodo domini episcopi antedicti, ut dicebant, Guillermo de Gravella, Guillermo de Bitin, Ranulpho Brechier, clericis, et pluribus aliis testibus ad hoc vocatis specialiter et rogatis. Preterea vero, die septima dicti mensis sequenti, dictus procurator ad locum qui dicitur Bouchet predictum personaliter accessit et ligones seu ferramenta operariorum operancium, quos dictus monachus in vineis dicti Le Cotelier ceperat et secum asportaverat, pretensa causa predicta, licet falso, ut dicitur, prout hec in tercio articulo continentur, in dictis vineis restituit et reposuit, prout erant antea, et nichilominus sigillaciones factas in serraturis hostiorum dictorum trium hominum, prout superius, nominatorum realiter et de facto amovit, et domos predictas desigillavit. Et statim dictus senescallus eas sigillavit et desigillavit ibidem, necnon et attemptata facta super fractione et avulsione sigillorum apositorum domibus predictorum trium hominum, propter causas predictas, per senescallum predictum, ut supradicitur, revocavit et adnullavit... [etc.].

Acta sunt hec ultimo, apud locum de Bochet predictum, sub anno, indictione, mense, die septima et pontificatu predictis, presentibus ad hec omnibus testibus predictis, Guillermo de Gravella, Guillermo de Bitin et Ranulpho, clericis, dumtaxat exceptis, testibus ad hoc vocatis specialiter et rogatis. Et ego Radulphus Herberti, clericus Abrincensis diocesis, apostolica et imperiali publicus auctoritate notarius, premissis omnibus et singulis una cum prenominatis testibus presens fui, et hic me subscripsi, et hujusmodi instrumentum publicavi meoque solito signo signavi rogatus.

Charreria ponenda per episcopum in fluvio Ligeris currentis ex parte Sancti Maurilii de Esma[1].

Universis presentes litteras inspecturis et audituris frater Johannes, humilis abbas monasterii Sancti Sergii Andeg., Thomas decanus, Johannes cantor et Fulco, archidiaconus Transmeduanensis in ecclesia Andegavensi, Matheus de Credonio et Petrus, de inter Sartam et Meduanam decani, magistri Guillermus Mauhuion, Oliverius Boues, Matheus Ferrant, Egidius Coopertor et Hugo de Briguebec, legum professores, et Droco Mellet, clerici, salutem in Domino. Noveritis, quod

14 août 1309.

[1] Voy. ci-dessus les notes, p. 265 et 266.

anno Domini m° ccc° nono, die Jovis, in vigilia festi Assumpcionis beate Marie Virginis, congregatis in unum in aula majori castri Andegavensis reverendo patre ac domino G., divina providencia Andegavensi episcopo, ex una parte, et nobilibus viris domino Herardo de Valeri, Johanne des Chastelliers, militibus, ac magistris Petro Leriche, legum professore, subdecano Carnotensi, Petro dicto Gouiol, decano Cenomannensi, consiliariis excellentis principis domini Karoli, Andegavensis comitis, specialiter ad partes Andegavenses missis ad reformacionem comitatus predicti et gravaminum, illatorum ex parte gencium et allocatorum dicti domini comitis ecclesiis et personis ecclesiasticis subditisque et incolis comitatus predicti, ex altera, propositisque reverendi patris predicti pluribus gravaminibus, que sibi per allocatos et gentes predicti comitis illata esse dicebat; tandem dicta die, cum aliquandiu inter cetera inter dictos episcopum et consiliarios amicabiliter ibidem altercatum fuisset super jure ponendi charreriam in parte fluvii Ligeris, fluentis ex parte ville dicti episcopi que vocatur Sanctus Maurilius de Esma, prout in latitudine protenditur usque ad domum que fuit quondam monasterii Fontis Ebraudi, ad vehendum et transportandum homines et res alias quascumque transportatione et erectione egentes, ponte Seii in illa parte fluvii rupto vel alias inhabili ad meandum effecto; quod quidem jus dictus episcopus asserebat ad ipsum et episcopatum predictum, tam de jure quam de usu et possessione antiqua, a tempore cujus non extat memoria, pertinere, asserens idem episcopus, quod alias per capicerium Carnotensem et alios consiliarios domini comitis predicta charreria et jus ponendi eamdem in fluvio predicto et percipiendi emolumentum inde proventurum sibi fuerant liberata ad plenum, dicti milites ac decanus Cenomannensis et subdecanus Carnotensis, consiliarii domini comitis predicti, de jure et possessione dicti episcopi ponendi dictam charre[r]iam in loco predicto et percipiendi emolumentum predictum et liberatione eidem episcopo super premissis alias facta, per capicerium predictum et alios consiliarios domini comitis, sufficienter certiorati, declaraverunt et agnoverunt eidem episcopo et episcopatui Andegavensi jus competere in premissis et impedimentum ex parte gentium et allocatorum dicti domini comitis in premissis appositum amoverunt. Et publice preceperunt, ne idem episcopus per gentes et allocatos predictos impediatur vel turbetur deinceps in premissis, nobis ac Guillermo de Noa, milite, ballivo Andegavensi, magistro Egidio de Mez et Nicasio Blondelli, legum professoribus, Guillermo de Chesneia, senescallo dicti episcopi, Guillermo de Bremio, archipresbitero de Ludio, Gaufrido Alani, sacrista Beate Marie Andegavensis, Petro Odardi et Johanne de Auxigne, militibus, ac Matheo de Bougival[1], subballivo Andegavensi, Roberto Le Menistre, Davide de Suis Domibus, Guillermo de Regalitate, Johanne de Quoce, Dariano Bidon, Petro Ogerii, Mauricio Chamallart, Nicholao de Roma, canonico Sancti Petri Andegavensis, Guillermo Grousse, Theobaldo de Vair et Saybrando de Martrel, Guillermo Guillotim, presbitero, Guillermo Landri et pluribus aliis presentibus ad premissa. In cujus rei testimonium, presentibus litteris sigilla nostra duximus apponenda.

Datum die, loco et anno predictis.

Lictera de usagio de Monnais [2].

De par le conte d'Anjou à nostre baillif d'icelle contée e à noz genz, gardes de noz foreez de Monnoys, salut. Pour ce que nous ne voudrions à nul faire tort ne préjudice, il nous pleist, que révérent père l'évesque d'Angiers puist user e esploitier de teil usage, com il a, en noustre forest de Monnoys, à monstrée que vous li ferez, sanz que il face préjudice audit évesque ne à s'iglise, ces lestres demorans en vertu, jusques à tant que vous aiez de nous commandement contraire.

Donné à Paris, l'an de grace mil trois cent e neuf, le xiie jor de Février.

12 février 1310 N. S.

[*Avis soumis par Guillaume Le Maire aux pères du Concile de Vienne sur les trois causes en discussion, l'affaire des Templiers, le passage d'outre mer et la réforme ecclésiastique*[3].]

In nomine Domini amen. Anno Domini m° ccc° undecimo, congre-

Avril 1312.

---

[1] Le manuscrit porte *Bougmal*.
[2] Voy. p. 392.
[3] Raynaldi donne cette pièce presque intégralement d'après un ms. du Vatican, en

gato concilio generali Vienne per sanctissimum dominum Clementem papam V**, mense octobri, in prima sessione sua, que fuit xvi* die dicti mensis¹, primo proposito Verbo Dei, assumpto teumate *In consilio justorum et congregacione magna opera Domini exquisita in omnes voluntates ejus*², exposuit dictus papa tres causas, propter quas ipse duxerat dictum concilium congregandum.

Prima fuit pro negocio Templariorum et ordine eorum, qui super variis heresibus et nephandis erroribus fuerant graviter et multipliciter infamati, et multi processus et inquisiciones contra eos facti;

Secunda propter succursum et subsidium Terre Sancte;

Tercia pro correctione morum et reformacione status ecclesiastici.

De primo scilicet articulo Templariorum variis varia sentientibus, aliis dicentibus et asserentibus, quod dicto ordini danda erat defensio, nec deberi tam nobile membrum Ecclesie a corpore ejusdem absque juris rigore et magna discussione truncari, aliis oppinantibus dictum ordinem destruendum sine aliqua tarditate, tum propter grave scandalum contra dictum ordinem in tota christianitate exortum, tum quia contra ipsum multi errores et hereses per dictos processus et inquisiciones plus quam per duo milia testium liquido reperiebantur esse probati.

Quid etiam senserim circa dictum articulum sequitur in hec verba.

Quamvis infirmitas proprii corporis qualitasque loci et temporis me graviter affligentes auferant opportunitatem deliberandi plenius et stu-

---

l'attribuent à un prélat éminent en science et en piété, mais qu'il ne nomme pas, *inter alios presul religione et scientia conspicuus sententiam suam his verbis deprompsit*. — Sainte-Marthe et Bail, dans ses *Addit. ad summ. Concil.* p. 77, en attribuent la rédaction à l'évêque de Mende Guillaume Durand, mais sans justifier autrement leur conjecture que par le prénom qui lui est commun avec l'évêque d'Angers. L'insertion de ce document dans notre livre et sa conformité avec les statuts et la conduite de Guillaume Le Maire ne doivent laisser aucun doute qu'il ne faille en toute certitude lui en reporter l'honneur. Une note marginale du xvii* siècle dit avec justice : *Multa in his monicionibus digna episcopo primi nascentis Eclesie sæculi*.

¹ La première session du concile s'ouvrit le 16 octobre 1311; la seconde, le 3 avril 1312. C'est à cette dernière que fut présenté le mémoire de Guillaume Le Maire. Notre prélat était vieux et malade et ne semble pas y avoir assisté, quoi qu'on en ait dit et comme il paraît suffisamment justifié par la pièce qui fait suite.

² *Psalm.* cx, 1, 2.

dendi circa ea, pro quibus dominus noster summus pontifex, prout in sua prima sessione predicta seriatim exposuit, decreverat istud sacrum concilium congregandum, tamen prout parvitati mei occurrere potest ingenii, mihi videtur, salva semper auctoritate majorum, quod quantum ad negocium Templariorum et ordinis Templi attinet, Ecclesie Dei et toti fidei Christiane mirabiliter expediret, quod idem dominus noster sive de rigore juris sive de plenitudine potestatis istum ordinem diffamatissimum, qui, ut ita dicam, odorem nominis Christiani, quantum in se fuit, apud incredulos et infideles fetere jam fecit et nonnullos fideles in stabilitate fidei titubare, sine tarditate aliqua, rejectis frivolis et callumpniosis allegacionibus super defencione habenda, ex officio suo omnino tolleret, bonis ejus ordinis disposicioni sedis apostolice reservatis. Et sine tarditate dico, eciamsi a sua prima institutione fuerit bonus ordo, cum dicat Scriptura LXIII^a di. G. *Verum*. Quod si nonnulli ex predecessoribus et majoribus nostris fecerunt aliqua, que illo tempore potuerunt esse sine culpa et postea vertuntur in errorem et supersticionem, sicut de dicto ordine apparet, sine tarditate aliqua et cum magna auctoritate a posteris destruantur, sicut tam ibi quam IIII Regum XVIII c.[1] de Ezechia legitur, quod *confregit serpentem eneum, quem Moyses*, Domino jubente, *construxit*. Et iterum, bene dico sine tarditate, ne ex tarditate morosa scintilla hujusmodi erroris prorumpat in flammam, que posset incendere totum orbem et fidem catholicam non modicum denigrare, ut accedat, quod dicit Jheronimus, quod Arrius una scintilla fuit in Alexandria, sed, quia statim oppressus non extitit, flamma ejus totum orbem populata est, XXIII^a .q. III *Secande*.

Nec multum movere debet dominum nostrum, quod dicunt aliqui predictum ordinem, qui Ecclesie videtur esse membrum tam nobile, non deberi sine juris ordine et plena discussione truncari, cum, salva pace dicentium, etiam propter grave scandalum, quod in Ecclesia Dei ex hoc ordine jam est ortum, et semper ubique terrarum ex morosa dilatione crebescet (*sic*), non videatur tanta discussio requirenda, veritate dicente, Mathei[2] v et etiam XVIII : *Si oculus tuus dexter vel brachium*

---

[1] Verset 4. — [2] Verset 29, et XVIII, 9.

dextrum scandalizant te, erue eos et proice abs te. Expedit enim ut unum membrum tuorum pereat, quam totum corpus, etc.

Item, etiam expedit dictum ordinem tolli alia racione, videlicet ne, eo remanente semper, indigna facti memoria refricetur unde super idem Levitici xx°[1] : *Mulier, que accesserit ad omne pecus ascendi ab eo, interficietis mulierem, et pecus morte moriatur.* Dicit Aug[ustinus] : « Inde cre- « dendum est pecora jussa interfici, non quia peccaverint, cum sint « irracionabilia; sed quia, tali flagitio contaminata, indignam refricant « facti memoriam. » Et est decretum xv q. 1. c. *Mulier.*

De secundo[2], videlicet de subsidio Terre Sancte, licet ad sapientissimos viros in mundanis et expertissimos in rebus bellicis tractatus hujusmodi amplius pertineret, quia tamen domnus papa circa hoc prelatorum consilium et deliberationem cum instancia requisivit, mihi, licet imperito et in tam arduis negociis maxime inexperto, quod prima facie videtur, propter bonum obediencie, referam, salva semper et in omnibus auctoritate majorum et consilio saniorum.

Quanquam enim dubitem nondum advenisse vel instare tempus liberacionis Jerusalem, cum considerem tempora moderna, tum propter scelera et transgressiones populi Christiani, qui, legem habens, de ea nichil servat, et qui leges sapiunt, lege non utuntur; tum propter dissensiones, emulationes et scismata, que et quas video inter se christianos habere, non fore multum bene disposita, quia tamen non est nostrum nosse tempora vel momenta, que pater in sua posuit potestate, et quia devocio populi et maxime domini summi pontificis, cujus cordi istud negocium multum noscitur insidere, non est retrahenda in hac parte sed pocius excitanda, idcirco in primis mihi videtur, quod ex nunc prefigendus esset terminus passagii generalis ad decem vel duodecim annos, prout ipsi domino summo pontifici et aliis sapientibus videretur, et quod interim crux per prelatos et alios viros ydoneos per totam Christianitatem predicaretur efficaciter et ferventer, concessa cruce signandis indulgencia copiosa.

---

[1] Versets 15 et 16. — [2] Raynaldi supprime tout le paragraphe ayant trait à l'expédition d'outre-mer.

Item, quod bona ordinis Templi, que ad hoc specialiter deputata fuerunt, interim administrentur et recipiantur per prelatos, videlicet per quemlibet in suis civitate et dyocesi, vel alias personas ecclesiasticas ydoneas ab ipsis deputandas, ita libere quod reges vel alii principes seculares nullo modo de hiis se intromittant, sentenciis latis in contrarium facientes.

Item, quod omnibus elemosinas et subsidia prebentibus ad subsidium et liberationem Terre Sancte predicte conferret dominus noster talem indulgenciam et tantam, qualem concessit Pictavis pro Hospitalariis, duraturam usque ad tempus passagio prefigendum, et quod elemosine predicte, faciende et ponende in truncis jam per Hospitalarios factis et positis, et omnia, que jam in truncis predictis sunt posita, interim recipiantur per prelatos vel alios deputandos ab ipsis.

Item, quod concedatur et solvatur quolibet anno usque ad tempus predictum de proventibus et redditibus ecclesiasticis dimidia decima colligenda per prelatos, per quemlibet in suis civitate et dyocesi; ita quod ad hoc nullo modo advocetur brachium seculare, ex quo in casu simili ecclesie, temporibus retroactis, multum dampnificate fuerunt, et ita; quod, durante dicto tempore, ecclesiis vel personis ecclesiasticis non imponatur per sedem apostolicam similis vel alia quota, solvenda de suis proventibus ecclesiasticis pro subsidio Terre Sancte vel alicui regi vel principi hac de causa vel alia, ipsique reges vel principes dicto tempore hoc non petant vel exigant jure aliquo vel consuetudine seu indulgencia sibi concessa vel concedenda; et quod contrarium facientes compescerentur per remedia opportuna ex nunc ad hoc adhibenda; alioquin ex tunc a solucione dicte dimidie decime cessaretur, cum ecclesie variis decimarum et aliarum imposicionum exactionibus et in modis exigendi easdem adeo gravate fuerint, tempore retroacto, quod majorem imposicionem non possent equo animo tollerare.

Nec videatur ad presens istud subsidium nimis parvum, cum reperiatur alias in casu consimili, scilicet subsidii Terre Sancte, vicesima tantum concessa in alio concilio generali, cum nollent jura propter succursum Terre Sancte ecclesias enormiter aggravari. Et credo, quod minor quantitas, data grata et hylari voluntate, magis proderit et efficacior erit ad dictum opus, quam major, exacta a nollentibus, tristibus et invitis.

Item, quod quilibet prelatus teneatur secum afferre vel mittere ad Concilium provinciale, quolibet anno celebrandum in aliqua certa civitate provincie, omnia que receperit tam de bonis dicti ordinis et elemosinis predictis, quam dictam dimidiam decimam; et totum coadunatum reponatur in ecclesia cathedrali illius civitatis in bona et secura archa; cujus arche metropolitanus et singuli suffraganei habeant singulas claves; et de deposito fiat publicum instrumentum, camerario domini pape mittendum.

Item, quod aliquid de premissis nullo modo assignetur vel tradatur alicui, cujuscumque conditionis aut status sive dignitatis existat, sine litteris sedis apostolice bullatis; et quod dominus noster optime caveat per sentencias et alias adversus quoscumque, qui bona hujus modi, sive postquam deposita fuerint in ede sacra vel ante, per se vel per alios presumpserint occupare vel prelatos hac occasione molestare.

Tercius articulus, scilicet de reformandis in Ecclesia Dei, alciorem et prolixiorem requirit tractatum, cum sint infinita, adeo quod eorum non est numerus neque finis; circa que aliqua scripsi, que videri et legi poterunt locis et temporibus opportunis, et circa que, si apponeretur remedium congruum, multum, judicio meo, reformaretur et rectificaretur status universalis Ecclesie et honestaretur christiane religionis cultus et totius fidei orthodoxe. Et licet iste tercius articulus sit ultimus in ordine, tamen precedere deberet secundum in execucione, quia prius extirpanda sunt vicia, quam inserende virtutes, et prius placandus esset Deus et postea ejus auxilium implorandum, quia scimus quod Deus peccatores non exaudit.

Zelus domus Dei pariterque Christi caritas mandatique apostolici, cui summopere obediendum est, urgens necessitas, quedam subterannexa, que, judicio meo, in Ecclesia Dei per orbem terrarum longe lateque diffusa correctionis et reformationis, ut domini summi pontificis verbis utar, limam exposcunt, rudi stilo sed fideli, juxta modulum sciencie et ingenii parvitatem, scribere me compellunt, ut eadem domini summi pontificis providencia, sacro approbante concilio, correctionem et directionem recipiant opportunam. Si autem in scribendis aliqua erronee vel minus perite seu insuficienter reperiantur esse dicta, simplicitati et ignorancie scribentis, zelum bonum (novit Deus) sed forte non secundum scienciam habentis, non infidelitati vel malicie ascribatur; quia in omnibus et per omnia fidei catholice, quam sancta Romana tenet, docet et predicat Ecclesia, eciam usque ad sanguinis effusionem assenciens, correctioni et mandato ipsorum dicti domini summi pontificis et concilii, tanquam filius obediencie, me subicio reverenter.

In plerisque regni Francorum partibus inreligiosa consuetudo, quin pocius reprobandus inolevit abusus, videlicet quod in diebus dominicis et aliis precipuis anni festivitatibus majestati Altissimi dedicatis, in quibus populi christiani deberent ab operibus servilibus cessare, ad ecclesias convenire, servicio divino vacare, pabulum verbi Dei, permaxime sibi necessarium, a prelatis et aliis, quibus commissum est, percipere, mercata et nundine, placita et assisie celebrantur. Ex quo accidit, quod fideles populi, magis carnalia quam spiritualia sapientes, relictis ecclesiis et divinis serviciis, ibidem conveniunt, sua mercimonia et litigia exercentes. Ex quo fit quod illis sacris diebus, in quibus precipue collendus (*sic*) esset Deus, colitur Diabolus, ecclesie remanent vacue, pretoria, taberne et ergasteria rixis, tumultibus, blasphemiis, perjuriis resonant ibidemque fere omnium generum scelera perpetrantur. Ex quibus sequitur, quod lex Dei, articuli fidei et alia que ad religionem fidei christiane et salutem animarum pertinent, a fidelibus, quasi totaliter, ignorantur. Ex hoc Deus blasphematur, Diabolus reveretur, pereunt anime, fides catholica sauciatur; unde super tantis errore et abusu pernecessarium esset salubre remedium adhibere.

Nonnullis[1] etiam ejusdem regni regionibus alia non minus dampnabilis inolet consuetudo, immo pocius corruptela, videlicet quod archi-

---

[1] Rayn. : *In nonnullis.*

diaconi rurales, archipresbiteri et decani, juridicionem ecclesiasticam exercentes, tam per se quam per quosdam substitutos, viles, inscios et ignaros, regni celestis clavibus enormiter abutentes, homines pro parvis et levibus causis, immo multociens sine causa, sentencia excommunicacionis percellunt; quod, cum secundum canones sit eterne mortis dampnatio et qua pena nulla major est in Ecclesia, non nisi pro mortali crimine et a majori judice, cum[1] mucro sit episcopi, promulgari deberet. Ex qua erronea corruptela tantum excommunicacionum inundat diluvium, quod quandoque ex una parrochia trescenti vel quadringenti, ut non dicamus, septingenti, sicut oculata fide vidi, reperiuntur per tales judices, potestatem clavium ignorantes, variis et, ut plurimum, injustis excommunicacionum senteciis irreptiti. Ex quo accidit, quod homines, tam effrenata et monstruosa sentenciarum multitudine assueti, tales sententias omnino contempnunt, potestatem clavium vilipendunt, verba blasphema et scandalosa contra Ecclesiam et ministros ejus proferunt, nervum ecclesiastice discipline laniant et disrumpunt; unde judices, quod graviter est ferendum et cum amaritudine cordis referendum, innumerabiles populos catervatim ad baratrum secum trahunt; super quo nichilominus ad obviandum blasphemiis et scandalis et animarum periculis esset per Ecclesiam remedium adhibendum.

Cum secundum Apostolum[2] non sit manus cito alicui imponenda, ex transgressione hujus verbi magnus error hodie reperitur in Ecclesia, dum innumerose persone contemptibiles et abjecte vita, scientia et moribus omnino indigne, ad sacros ordines et maxime ad sacerdocium promoventur. Ex quo fit, quod totus ordo ecclesiasticus dehonestatur, ministerium ecclesiasticum vituperatur, Ecclesia scandalizatur, dum effrenata multitudo sacerdotum maxime indignorum in Ecclesia a laicis populis consideratur; ex quorum execrabili vita et perniciosa ignorancia infinita scandala oriuntur, sacramenta ecclesiastica a laicis

---

[1] Raynaldi: ...*judice, nutu episcopi promulgari*...

[2] Paulus ad Tim. I, c. v, 22 : *Manus cito nemini imposueris neque communicaveris peccatis alienis.*

contempnuntur; uude in plerisque partibus apud laicos sacerdotes Judeis viliores et contemptibiliores habentur; et licet circa tam levem manuum imposicionem multa jura providerint, judicio meo adhuc provisione opus est, quod dicta jura pessime observantur.

Cum secundum canones, quibus etiam in hac parte civilia jura concordant, monachi, mundo mortui, Deo autem viventes, nullatenus se debeant juxta Apostolum[1] secularibus negociis implicare sed claustro suo contenti, sicut enim piscis sine aqua, sic sine claustro monachus caret vita, juxta sui nominis interpretacionem ibidem soli et tristes debeant sedere et officio suo vacare, multi, proh dolor, nomine et habitu monachi tantum, de re et vita monachali in se nichil habentes, magis cum seculo mori quam cum Christo in claustro vivere cupientes, in prioratibus ruralibus et alibi bini vel terni mallunt, quam in congregacione sui monasterii, conversari. Qui positi extra claustra, sicut equus effrenis, abjecta observancia regulari et divinis officiis penitus pretermissis, per mercata et nondinas discurrentes, negociaciones et mercaciones, sicut laici mercatores, exercent, multaque alia enormia, de quibus loqui verecundum est et turpe, in detestacionem sui ordinis et grave scandalum populorum, committere non verentur. Quare Ecclesie Dei et eorum religioni perutile judicarem, ut omnes tales monachi, sic per orbem dispersi et vagantes, revocarentur ad claustrum, vel saltem de parvis prioratibus decem monachi vel plures congregarentur in unum; in quo, juxta illud : *Ecce quam bonum et quam jo.* etc.[2] sicut in principali monasterio, regulariter et religiose possent Domino famulari, redditibus illorum parvorum prioratum principali monasterio vel illi loco, in quo adunarentur, ut premittitur, applicatis. Sed unum, premissis obvians, procul dubio impedit tantum bonum. Cum enim prelati tales monachos vel monachas, in quibus adhuc majus periculum vertitur, ad claustrum revocare aut in unum, ut dictum est, congregare nituntur, fundatores illorum parvorum prioratuum eorum bona in manu sua capiunt, occupant et invadunt, asserentes se et prede-

---

[1] Paulus ad Tim. II, c. II, 4 : *Nemo militans Deo implicat se negotiis secularibus.*

[2] Psalm. XXXII, 1 : ...*et quam jocundum habitare fratres in unum.*

cessores suos, qui dicta loca ob animarum suarum salutem et remedium fundaverunt, nolle serviciis et suffragiis debitis defraudari; circa quod esset salubri remedio providendum.

De excessibus[1] exemptorum et injuriis et prejudiciis, que et quas prelatis et personis ecclesiasticis et aliis inferunt in grave periculum animarum, non est sub silencio transeundum. Ipsi enim, licet super hoc per sanctissimum patrem dominum Bonifacium, summum pontificem, pro parte sit provisum, publice excommunicatos a suis ordinariis ad sacramenta et sacramentalia admittunt in suis ecclesiis et capellis; in eisdem eciam desponsationes clandestinas et benedictiones, quandoque inter personas excommunicatas aut consanguinitate vel affinitate conjunctas seu aliis personis matrimoniali vinculo federatas, celebrare non verentur. Quod sepe vidi, refero. Dum enim causa matrimonialis inter aliquas personas coram ordinario verteretur, causa rite examinata et discussa jamque in januis sentencie existente, unaque persona pro constanti alteri adjudicari deberet, illa, cui matrimonii condicio non placebat, cum alia persona dampnabiliter contrahebat et in capellis aliquorum exemptorum benedicionem nupcialem clandestine fieri procurabat. Et, dum a talibus excessibus et aliis enormibus flagiciis, de quibus non est dicendum, per singula ab ordinariis arguuntur, de sua exempcione confisi, reddunt pro verbis humilibus verba tumida et superba, et persone sic conjuncte, ut est dictum, cum gravi animarum periculo et scandalo plurimorum, suo incestuoso seu adulterino contubernio permanentes, tandem ad baratrum dilabuntur; et ut breviter concludam, dum non est qui eos corrigere valeat, confidenter delinqunt et ad multa facinora frena laxant.

Item pensiones et procurationes antiquas, quas ex antiqua consuetudine vel inita conventione cum prelatis exhibere tenentur, eisdem contumaciter solvere contradicunt.

Item decimas, res et jura ecclesiarum parrochialium et aliarum personarum maxime ecclesiasticarum cotidie occupant, usurpant et inva-

---

[1] Omis dans Raynaldi, ainsi que les trois paragraphes suivants.

dunt, et dum dicti prelati alieque persone maxime ecclesiastice, quid agant, non habeant, dum per censuram ecclesiasticam eos cohercere non possunt, jura sua amittere compelluntur, cum tediosum sit et honerosum cotidie contra ipsos ad sedem apostolicam habere recursum.

Item, cum priores Majoris Monasterii, per diversas provincias et dyoceses constituti, de antiqua et inveterata consuetudine, cujus memoria non existit, prelatis ordinariis locorum procuraciones seu pensiones, loco procuracionum, exhibere consueverunt, de novo pretextu cujusdam privilegii a domino Bonifacio, ut asserebant, concessi, tamen tacita veritate et falsitate subjesta (*sic*), ut a multis creditur, impetrati, easdem solvere contradicunt, et prelatis ad prioratus suos accedentibus juxta morem, vi armata et armati, cum suis complicibus resistentes, eisdem prelatis et suis sequacibus ausu temerario, immo furioso, mortem inferre conantur, sicut in pluribus est compertum. Quod scio dominum summum pontificem non latere, qui dum in minori statu ageret, talia sepe vidit et, quid bone memorie dominus Bonifacius super hoc senserit et declaraverit, magis novit.

Quia[1] multi vita et moribus detestabiles, de diversis mundi partibus ad sedem apostolicam concurrentes, tam in forma pauperum quam alias, beneficia cum cura vel sine cura cotidie impetrare noscuntur, maxime in locis, in quibus de vita eorum et moribus noticia non habetur, et a prelatis, tanquam filiis obediencie, mandato sedis apostolice obtemperantibus, reverenter instituti vel admissi, ita detestabilem et deformem vitam ducunt, quod ob hoc ecclesie destruuntur, populi scandalizantur, Dei Ecclesia blasphematur, prelati hodie non possunt bonis personis de beneficiis nec beneficiis de bonis personis, obstante numerosa multitudine talium impetrancium, providere; ex quo fit ut dicti prelati, dum non habeant, quod pro meritis retribuant litteratis personis, non inveniunt servitores, sine quibus prelationes suas rite administrare non possunt. Scio cathedralem ecclesiam, tantum triginta prebendas habentem, in qua triginta quinque prebende vel plures a

---

[1] Ici reprend le texte de Raynaldi.

viginti annis citra vacaverunt, de quibus episcopus, qui dictis viginti annis et amplius non absque magnis laboribus, angustiis et tribulacionibus episcopatum rexerat, obstante impetrancium a sede apostolica multitudine, contulit tantum duas, et adhuc sunt in dicta ecclesia expectantes. Insuper omnes dignitates, que in ipsa ecclesia dicto tempore vacaverunt, contulit dicta sedes maxime personis absentibus, qui (sic) nunquam ipsam ecclesiam intraverunt, et adhuc sunt duo expectantes dignitates.

Quid plura? parve ecclesie collegiate ipsius diocesis, in quibus ad episcopum collatio pertinet prebendarum, quin eciam ecclesie parrochiales impetrantibus adeo sunt replete, quod bonis clericis patrie, peritis in diversis facultatibus, non potest idem episcopus de beneficiis nec magnis nec mediis nec minimis providere; et, cum sint pauperes nec subsidium ab ecclesia habere valeant, post prolixa studiorum exercicia immensosque labores et qui amore sciencie aliquando sua patrimonia distraxerunt, urgente necessitatis articulo et paupertatis ergastulo, spe fraudati, desperati, aut matrimonia contrahere aut ad curias seculares et consilia principum, in grave ecclesiarum detrimentum, se transferre coguntur; et isti sunt, qui ecclesias et ecclesiasticas libertates, quasi contempti ab eis, acrius persecuntur. Heu! mittuntur ad ecclesias vel persone inutiles, peregrine lingue et barbare nationis, vel, si sunt bone persone et utiles, nunquam in eisdem resident ecclesiis, sed in Romana aut regum et principum curiis commorantes, per privilegia fructus beneficiorum percipiunt, qui eisdem ecclesiis de nichilo serviunt, sed, frustra panem doloris comedentes, exquisitis coloribus, ab ipsis ecclesiis se absentant. De quorum numero sunt quamplures, qui nunquam viderunt ecclesiarum, in quibus optinent beneficia, crucifixum. Unde hodie juxta quod scriptum est [1]: *Relinquitur filia Syon, sicut umbraculum in vinea et sicut tugurium in cucumerario*, et rursum [2]: *Posuerunt Jerusalem in pomorum custodiam*. Qua de causa ipse ecclesie, mirabilis ruine periculis et desolationis extreme dispendiis

---

[1] *Isaie*, I, 8. — [2] *Psalm.* LXXVIII, 1.

exposite, omni consilio et auxilio destitute, lupis rapacibus exponuntur, a filiis vipereis decime, bona, jura eorum diripiuntur, invaduntur, occupantur, privilegia, immunitates et antique consuetudines violantur, enervantur, adnichilantur; nec est qui ascendat ex adverso et opponat se murum pro domo Jerusalem. Quin etiam, modernis temporibus, in Ecclesia Dei, suorum membrorum absencia mutilata, divini cultus perit officium et juxta Scripturam [1], *Senes de portis deficiunt et juvenes de choro psallentium;* unde versus est in luctum et carmen lugubre chorus ejus. Pauperibus patrie elemosinarum largitio consueta substrahitur, pie fundantium seu donantium voluntates, propulso pietatis officio, defraudantur.

Ad hoc non est quedam inconveniens absurditas, que universalis Ecclesie robur et fortitudinem adnichilat ejusque decorem et pulcritudinem exterminat et enervat eamque mutilat et detruncat, sub silentio transeunda. Cum enim, tam secundum jura divina quam humana, singula ecclesiastici juris officia sint sigillatim singulis committenda personis, — sicut enim in uno corpore phisico multa membra habemus, omnia autem membra non eumdem actum habent, ita in corpore Christi mistico, quod est Ecclesia, multa membra sunt secundum verididam (sic) sentenciam [2] Pauli, unde in uno eodemque spirituali corpore [3] committendum illud nec, quantumlibet exercitate, uni persone, uno tempore, duarum rerum sunt officia committenda; quia si totum corpus oculus ubi auditus, etc.; unde lex civilis, premissis assenciens et concordans, hoc testatur, dicens, quod eodem tempore non sunt honores in duabus civitatibus ab eodem gerendi, — hodie, quod cum dolore referendum est, una persona, aliquando minus ydonea, iiii^{or} vel quinque in diversis ecclesiis optinet officia, id est, quinque vel iiii^{or} dignitates, aliquando tres vel duas. Quin immo, quod non est minus inconveniens vel absurdum, una persona, cui secundum statum suum habunde una sufficeret canonia vel prebenda, decem vel duodecim in

---

[1] *Jerem. Thren.* v, 14.
[2] *Ad Corint.* vi, 15, et xii, 27.
[3] En marge : *Alias conferendum.* — Raynaldi met dans le texte : *Alii alias conferendum et committendum.*

diversis ecclesiis optinet et aliquando plures, sicut vidi. Heu! aliquando una persona tot optinet dignitates, personatus et beneficia, quod ex eis posset quinquaginta vel sexaginta exercitatis et litteratis personis sufficientissime provideri! Ex quo pernicioso abusu sequitur destructio ecclesiarum, defectus serviciorum ecclesiasticorum, enervatio et dissipacio studiorum, que modernis temporibus ubique terrarum depereunt, propter hoc quod bonis scolaribus, exercitatum ingenium habentibus, provideri non potest per prelatos.

Quid autem de pueris, qui omni discrecione carentes et quorum etas, quid videat, ignorat, tot optinent dignitates et beneficia, referam, nescio, nisi, quod adimpletum esse videtur Ysaie vaticinium sic dicentis[1]: *Ecce dominator Dominus exercituum auferet ab Jerusalem et a Juda validum et fortem et consiliarium et sapientem de architectis et prudentem eloquii mistici;* et sequitur: *Et dabo pueros principes eorum et effeminati dominabuntur eis,* et cetera.

Utrum tales, tantam beneficiorum pluritatem habentes, periculum dampnationis evadere valeant, non determino; sed a sapientibus et peritissimis theologis, quorum opinio celebrior non ignoratur a pluribus, requiratur.

Ut cum reverencia sancte Romane ecclesie et sedis apostolice loquar, multe ecclesie in diversis mundi partibus hodie graviter desolantur, propter hoc quod dignitates et personatus et earum officia a commorantibus in Romana curia detinentur, ibidem perpetuo remansuri, quia, dum inibi iterum et iterum, et quociens vacant, aliis curialibus conferuntur. Et sic tandem ecclesie ob suarum absenciam personarum et carentiam deffensorum pernicioso exterminio et ruine irreparabili subjacebunt. Quod utinam dominus summus Pontifex et sacer cetus cardinalium, qui sunt animalia pennata plena oculis ante et retro, diligenter aspicerent ac novissima providerent!

Pro dolor! hodie in tali statu sunt ecclesie constitute, quod in eis vacantibus vix reperiuntur persone eligibiles, et si quandoque, quod

---

[1] *Isaie*, III, 1-3.

raro nunc accidit, bona persona et ydonea in eisdem reperiatur, latens sicut lilium inter spinas, tantum excedit numerus malarum et inutilium personarum, quod non permitterent personam bonam ad prelationem assumi; sed similes similibus aplaudentes, eligunt sibi virum juxta cor suum ad destructionem ecclesie et plebium subjectarum. Olim enim, quando plures erant boni quam mali in Ecclesia, tunc electio, que est quasi secundum pluralitatem punctorum, bona erant (*sic*) et canonica; plures enim erant qui eligebant Deo illis qui eligebant diabolo; sed modo fit e contrario, quia plures sunt mali quam boni regulariter. Et sic frequencius est electio diabolica, quam canonica, non celebrata per Sancti Spiritus inspiracionem sed per dolosam et machinosam conspirationem.

Multi enim hodie introducuntur in ecclesiis insidiose et dolose, alii per impressionem et importunitatem potencie secularis, alii per ambicionem et fictionem ypocrite simulationis, alii affectione sanguinis et cognacionis, contra Jeronimum dicentem « principatum in populos non sanguini defferendum esse sed vite, » et sequitur; at nunc cernimus plurimos hanc rem beneficio habere, ut non querant eos in Ecclesia columpnas erigere, quos plus cognoscunt Ecclesie prodesse, sed quos vel ipsi amant vel quorum sunt obsequiis deliniti vel pro quibus majorum quispiam rogaverit, qui, taliter intrusi, vix aut nunquam in prelatione bonum faciunt, non edificant sed destruunt, non proficiunt sed corrumpunt. Difficile est enim, ut bono peragatur exitu que malo sunt inchoata principio. Tales ambitiosi merito sunt repellendi; qui, secundum Gregorium, « sicut locus regiminis desiderantibus est negandus, ita fugientibus est offerendus; » — et rursum : « Sicut qui invitatus renuit, quesitus refugit, sacris est altaribus admovendus, sic, qui ultro ambit vel importunum se ingerit, est procul dubio repellendus. »

Hodie juxta parabolam, que habetur Judicum IX[1] : « Oliva, ficus et vinea primatum refugiunt, » secundum id Johannis Crisothomi : « Quicumque desideravit primatum in terra, inveniet confusionem in celo. » Rannus[2] vero, qui, secundum magistrum in hystoriis, est genus rubi

---

[1] Verset 4. — [2] Rayn. : *Rhamnus*.

asperum nimis et aculeatum, sicut sentes, et secundum Josephum, ad impetum venti de se naturaliter ignem producit, primatum non refugit sed desiderat et ambit, dicens : « Si vere me regem constituitis, venite et sub umbra mea quiescite; » et cetera que continentur ibidem.

Utinam eligentes vel confirmantes indignos ad prelationem punirentur pena canonica eciam cum augmento, ut pena docente cognoscerent, quantum crimen sit indignis quibusque et longe extra sacerdotale meritum constitutis pastorale fastigium et gubernationem Ecclesie credere. Non est hoc consulere populo sed nocere, non prestare[1] regimen sed augere discrimen. « Integritas enim presidencium salus est subditorum. » Hoc Leo papa[2]. Et sequitur.

Quod, si in quibuslibet Ecclesie gradibus providenter scienterque curandum est, ut in domo Domini nichil sit inordinatum nichilque preposterum, quanto magis elaborandum est, ut in electione ejus qui supra omnes gradus constituitur, non erretur. Nam tocius familie Domini status et ordo nutabit, si, quod requiritur in corpore, non inveniatur in capite. Nichil est, quod magis Ecclesie noceat quam quod indigni assumuntur prelati ad regimen animarum. Cum enim per ignoranciam cecati aliis ducatum prestare[3] ceperint, ambo in foveam cadunt; unde dicitur in Psalmo[4] : *Obscurantur* (sic) *oculi eorum ne videant et dorsa eorum semper incurva.* Cum enim obscurantur illi qui preeunt ad ferendum honera peccatorum, facile inclinantur sequentes. Prelati enim debent esse lux mundi, oculi Ecclesie, arietes gregis dominici (sic), qui debent ingredi et egredi ante gregem et omnibus pascua procurare. Unde dixit ille sapientissimus clericus loquens prelatis : « Vos estis catholici (sic) legis protectores, sal terre, lux hominum, ovium pastores, muri domus Jerusalem, gentium doctores, judices Ecclesie, morum correctores, » et sequitur. Si desit protectio legis, lex labetur. Si sal evanuerit, in quo salietur? Nisi lux appareat, via nescietur. Nisi pastor vigilet, caula confringetur.

De donis et muneribus, que excecant oculos judicum et pervertunt

---

[1] Rayn. : *Parare.*
[2] Rayn. : *Ut Leo papa*, et sequitur : *Quod.*
[3] Rayn. : *Parare.*
[4] LXVIII, 24.

corda justorum, dico, prout ait quidam Sanctus, scilicet beatus Eaumundus[1], Cantuarensis archiepiscopus, inquiens sic : « Per dona, que nec data nec accepta sunt secundum Deum, corrupta est Christianitas hodie deficietque priusquam hoc avertant Christiani, nisi se curare studuerint ab hac peste. » Cupiditas enim, que radix est omnium malorum, adeo hodie ramos suos et palmites ampliavit, et maxime in Ecclesia Dei, quod fere totum mundum obumbravit; unde multi, maxime clerici, aurum quam[2] solem gracius intuentur; eorum oracio et suplicacio ad Dominum aurum querit. Ergo aurum bibant juxta illud : « Crassus aurum sitivit et aurum bibit. »

De monstruosa et inhonesta vita clericorum modernorum, maxime beneficiatorum, expedit facere mentionem. Quam enim hodie deformiter vivant quam plurimi in transformacione habituum, nutritura comarum, unguium et barbarum, in indisciplinatione gestuum, nemo posset sufficienter admirari. Leva oculos et vide qualiter se gerunt in forma, immo in deformatura vestium, tonsura crinium, apparatu mensarum, ferculorum et ciborum, que omnia signa sunt deformitatis mentium, juxta illud : « Incomposicio corporis qualitatem indicat mentis; » unde juxta Bernardum : « Clerici aliud esse et aliud videri volunt, habitu milites, questu clerici, actu neuptrum exhibentes; nec enim pugnant, ut milites, nec euvangelizant, ut clerici, ventri suo, non Christo Domino servientes. »

Sepe vidi in ecclesiis, quod est frequens apud clericos execrabilis et extirpandus abusus, quod canonici et alii clerici, ad horas nummarias currentes, in inicio hore chorum intrantes et statim exeuntes et juxta desideria cordis sui per loca varia evagantes, tandem in fine hore, quando dicebatur *Benedicamus Domino*, ad chorum revertentes, stipendium hore percipere absque consciencia minime formidabant. Unde hac occasione perversa in cathedralibus et aliis sollempnibus ecclesiis sepe accidit, quod, dum dicuntur hore, chorus remanet vacuus; vix duobus vel tribus clericis ad horas remanentibus, aliis extra chorum evagantibus,

---

[1] Rayn. : *Edmundus*. — [2] Rayn. : *Quos*.

ut est dictum, in grave scandalum spectancium populorum. Alii, quod non est minus inconveniens vel absurdum, in choro existentes, non vacant psalmodiis vel divinis officiis persolvendis, sed bini vel trini, confabulationibus, verbis inanibus, risibus et cachinis et rumoribus recitandis se irreverenter occupantes, divinum servicium cum multorum scandalo impediunt et perturbant, et licet contra premissos abusus multa jura prodierint, tamen judicio meo essent penarum adjectione juvanda, cum pene exacerbari debeant, quociens multis crassantibus opus est exemplo.

Hec et tot alia, que vix possent sermonibus explicari, videntur in Dei Ecclesia reformanda; super quorum singulis difficile vel quasi impossibile foret de singulis remediis providere. Unum tamen remedium generale ad presens satis sufficere videretur, videlicet quod dicta sanctorum patrum et statuta Conciliorum, maxime iiii^{or} principalium, videlicet Niceni, Constantinopolitani, Ephesini, Calcedonensis necnon eciam Lateranensis, maxime quantum ad capitulum, quod est de concessione prebendarum nulla, et decreta Romanorum pontificum, tam in capite quam in membris, ab omnibus integre servarentur. Et hoc faciendo, videretur satis status Ecclesie reformatus, quia, Spiritu Sancto inspirati, locuti sunt sancti Dei homines, qui ordinaverunt tempora Christi bono odore usque ad comsummationem vite. Et bene dico in capite; nam licet princeps legibus sit solutus, nichil tamen sibi tam proprium quam legibus vivere; et digna vox est majestate regnantis se legibus alligatum principem profiteri. Et rursum dicit Leo papa: « Quod totus familie Domini status et ordo nuctabit, si quod requiritur in corpore non invenitur in capite. »

[*Protestation adressée au Concile de Vienne par l'évêque d'Angers Guillaume Le Maire contre toute décision contraire à la liberté de l'église de France.*]

Avril 1312.

Universis Galliarum prelatis, Vienne in concilio congregatis, quidam ceterorum minimus prelatorum optat salutem et spiritum cogitandi, que recta sunt, pariter et agendi. Notum omnibus facio, quod, si tractetur vel agatur, quod illa nobilis et inclita inter filias Jerusalem nobilissima Gallicana ecclesia, a gloriosis principibus tam magnifice fundata et dotata, nostris temporibus tributaria efficiatur, aut quod perpetue servituti subdatur, non assencio, immo, quatenus possum, contradico. Si autem dominus summus pontifex, summam bonorum ecclesiasticorum administracionem habens, aliquid facere velit de sue plenitudine potestatis, tollerare oportet, cum nemo audeat sibi dicere : Cur ita facis? Verumptamen ve prelatis consentientibus, quod dicta ecclesia mutiletur et subjaceat tributarie functioni. Erunt enim presentibus in subsannacionem et derisum et posteris in obprobrium sempiternum, maledicto perpetuo subjacentes. Delebitur memoria eorum de libro vivencium et cum justis non scribentur; sed peribit memoria eorum cum sonitu, juxta illud : *Memoria justi cum laudibus; nomen autem impiorum putrescet.* Illis enim competet illud Johannis Baptiste ad Phariseos et Seduceos (sic) scriptum in Matheo : *Progenies viperarum quis demonstrabit vobis fugere a ventura ira?*

[*Lettre du roi Philippe IV, qui enjoint au bailli de Touraine et à ses officiers de faire respecter la juridiction de l'évêque d'Angers dans tout son ressort, y compris les arrière-fiefs, où il a droit de l'exercer*[1].]

Philipus, Dei gracia Francorum rex, ballivo Turonensi vel ejus locum tenenti ceterisque justiciariis et subditis nostris, ad quos lictere presentes pervenerint, salutem. Ex conquestione dilecti et fidelis nostri episcopi Andegavensis accepimus, quod, licet per alias nostras licteras vobis mandaverimus, quod servientes vestros sergentare non permitteretis aut morari in terra ipsius, ubi omnimodam altam et bassam habet justiciam, nisi in casibus ressorti vel superioritatis ad vos spectantibus, cum licteris vestris continentibus specialiter illos casus, vos nichilominus, mandatum predictum ad domania et feoda propria dicti episcopi restringentes, ad retrofeoda vero ipsius, quamvis in eis omnimodam habeat justiciam et ressortum, hujusmodi mandatum nostrum extendere denegatis injuste. Quare mandamus vobis, quatenus,

12 avril 1312.

---

[1] Imprimé par d'Achéry, t. X, p. 333.

si est ita, mandatum nostrum predictum ad terram totam dicti episcopi et ab ipso moventem, in qua omnimodam, ut premittitur, habet justiciam et ressortum, faciatis extendi, non permittentes in dicti episcopi prejudicia, contra hujusmodi mandati nostri tenorem, aliquid attemptari, immo attemptata, si que sint, ad statum debitum revocantes.

Datum Vyenne, xii° die Aprilis, anno Domini m° ccc° duodecimo.

Hommagium Amellandi de Tercia Curia [1].

11 déc. 1312.

Noverint universi, quod cum, jamdiu est, questio verteretur in assisia nostra Andegavensi inter nos, nomine et racione episcopatus nostri Andegavensis ex una parte et Ermellandum de Tercia Curia, valetum, ex altera, super eo videlicet quod idem valletus petebat frumentagia, supercensus et alios redditus peccuniarios, que et quos Johanna, uxor quondam Gaufridi d'Espinou, ejusdem Ermellandi consanguinea, tenebat et possidebat, tempore quo decessit, apud Podium [2] juxta Morennam in feodo nostro et episcopatus Andeg., que eidem Ermellando obvenire debebant et jam obvenerant, ut dicebat, ex successione dicte defuncte, que premissa propter defectum hommagii tenebamus in manu nostra, sibi per nos deliberari et sesinam ibidem per nos appositam penitus amoveri, senescallo nostro e contrario asserente, quod, cum res predicte in feodo nostro site essent et per manum nostram frumentagia, supercensus et redditus predicti consuevissent exigi, et dicte deffuncte et ejus predecessoribus, qui fuerunt pro tempore, assignari, de premissis fidem et hommagium et annuum servicium debebamus habere..., dicto Ermellando... replicante, quod ipse facere nobis fidem... [etc.] minime tenebatur; cum ipse premissa teneret una cum manerio suo... de Tercia Curia a domino de Haia..., qui quidem dominus de Haya de omnibus premissis erat homo fidelis noster et episcopatus Andegavensis...; cumque post modum... senescallus noster plures dies et terminos eidem Ermellando assignandos duxisset

[1] Tessecourt, château, c⁻ᵉ de Chanteussé, c⁻ᵒⁿ de Châteauneuf, arr. de Segré. — [2] Notre-Dame-du-Pé (Sarthe).

ad adducendum... dictum dominum de Haia in deffensorem seu *garant*... idemque Ermellandus... minime adduxerit..., tandem anno Domini m° ccc° duodecimo, die Lune post festum Concepcionis beate Marie virginis, in nostra presencia personaliter constitutus dictus Ermellandus in capella palacii nostri Andeg. fecit nobis fidem et homagium de frumentagiis et supercensibus et redditibus peccuniarum predictis...; prensentibus (*sic*) ad premissa nobilibus viris Guillermo de Courcillon, Matheo de Vernee[1], militibus, decano Andegavensi, Guillermo, archipresbitero de Ludio, Alexandro Mouchaint, clerico, et pluribus aliis.

De revocacione inhibicionis facte per dominum Matheum de Verneia, militem.

Universis presentes litteras inspecturis et audituris, Guillermus, permissione divina Andegavensis episcopus, salutem in Domino. Noveritis quod, cum nos, tam fama publica defferente, quam ex relacione plurimorum necnon et ex conquestione Fulconis, archidiaconi Transmeduanensis in ecclesia Andeg. ac de Inter Sartam et Meduanam et de Credonio decanorum, alias proposuissemus et proponeremus, ex officio nostro procedentes, contra Matheum de Verneia, militem, senescallum nobilis viri Amaurici de Credonio, quod predictus Matheus seneschallus in locis publicis et in assisiis domini supradicti publice proclamaverat et inhibuerat subditis domini supradicti, ne subditi ejusdem domini irent seu responderent ad aliam curiam seu in alia curia a curia domini de Credonio supradicti, de et pro causis quarum cognicio ad predictum dominum de Credonio pertinebat seu poterit pertinere, in prejudicium juridicionis ecclesiastice, et eamdem juridicionem ecclesiasticam quam plurimum indebite perturbando et contra canonum et Conciliorum instituta temere veniendo, cum dicta inhibicio generalis esset de causis quarum cognicio ad eumdem dominum pertinebat, et plures sint et essent cause quarum cognicio nedum ad dictum dominum, immo autem ad nos et ad alios judices ordinarios ecclesiasticos,

Décembre 1312.

---

[1] Vernée, château, c" de Chanteussé, c" de Châteauneuf, arr. de Segré.

etiam inter ejusdem domini subditos, qui similiter nostri et dictorum judicum ecclesiasticorum erant et sunt subditi, pertinebat et adhuc dignoscitur pertinere, ac ob inhibicionem predictam subditi ejusdem domini, qui similiter et dictorum judicum ecclesiasticorum sunt subditi, pro et de causis, quarum eciam cognicio ad nos et dictos judices ecclesiasticos pertinebat et pertinet, in foro nostro ecclesiastico aliorumque ecclesiasticorum judicum accedere, comparere seu eciam procedere non auderent. Quare dicebamus dictum Matheum seneschallum ob premissa, tam auctoritate canonum quam Conciliorum, excommunicacionis sentenciam incurrisse et excommunicatum fore ob premissa usque ad satisfacionem condignam publice nonciandam, et alias ob premissa debere procedi contra eum, ut jus esset, protestantes, etc. (*sic*). — Tandem anno Domini m° ccc° duodecimo, eadem die Lune post festum Concepcionis beate Marie virginis, in capella palacii nostri Andeg., in jure coram nobis dictus Matheus seneschallus personaliter constitutus confessus fuit inhibicionem predictam, prout predicitur, in assisiis dicti domini publice se fecisse; asserens quod per premissam inhibicionem juridicionem ecclesiasticam perturbare seu in eam committere non putabat, offerens et promittens dictam inhibicionem, in quantum vergebat in prejudicium juridicionis ecclesiastice, revocare et nobis et ecclesie et dictis judicibus ecclesiasticis premissa emendare ad ordinationem et voluntatem nostram, petensque et supplicans a sentenciis, si quas seu quam incurrerat ob premissa, per nos munus absolucionis eidem impertiri. Quibus actis, juramento ab eodem prestito ad sancta Dei Evangelia coram nobis de stando juri super premissis coram nobis et super premissis nostris omnino de parendo mandatis, ipsum ab excommunicacionum sentenciis, quas tam auctoritate canonum quam Conciliorum incurrerat ob premissa, in forma Ecclesie duximus absolvendum, eidem injungentes sub debito prestiti juramenti, ut ipse in locis et assisiis, in quibus publice inhibicionem predictam fecerat, eamdem inhibicionem publice revocaret, in quantum in prejudicium juridicionis ecclesiastice redundabat. Qui Matheus seneschallus dictam inhibicionem in nostra presencia revocavit et promisit eam publice revocare in assisiis et locis, in quibus eamdem inhibicionem fecerat secundum formam et tenorem cujusdam cedule, cujus tenor sequitur in hec verba :

Tele défense comme j'ey feit, que les sougiez mon segnor ne aillent à autrui court des causes dom la cognoissance li ap[ar]tient, ce esteit m'entencion de celles causes qui li ap[ar]tienent et non à austre. E se il aveneit causes, dom l'em peust aler devant mon segnour, qui pleroit ou qui pleyret devant l'iglise, m'entencion ne fut unques de estraindre autre, que il ne peussent aler là où il vodront e devront. E si ma deffense fut plus large, je la rapelle tant comme elle est en grief de sainte Yglise.

Datum et actum die et anno, quibus supra, presentibus ad predicta nobilibus viris Amaurico, domino de Credonio, ad hoc consentiente expresse, Roberto de Bello Monte, domino de Poenceio, militibus, Fulcone archidiacono Transmeduanensi in ecclesia Andeg., Matheo, decano de Credonio, magistris P. Chopin, officiali Andeg. et Egidio Coopertore, legum professore, Guillermo de Brenio, archipresbitero de Ludio, et pluribus aliis testibus ad premissa vocatis.

[*Notification par Guillaume Le Maire de l'emploi fait par lui, en achat de rentes au profit du collége de Bayeux, fondé par G. Bonet, des sommes provenant, conformément au testament de Guill. Prime, des blés de son doyenné des Mauges.*]

Omnibus hec visuris Guillermus, permissione divina Andegavensis episcopus, salutem in Domino. 26 sept. 1313.

Noveritis quod, cum bone memorie Guillermus dictus Prime, quondam decanus de Maugia[1], Andegavensis dyocesis, in suo testamento seu sua ultima voluntate, de bonis suis ordinans, precepisset, quod bladum suum, quod habebat in decanatu predicto de duabus annatis, venderetur, et precium inde redactum converteretur in empcionem reddituum applicandorum pauperibus scolaribus Andegavie, Parisius studentibus, nosque jam dudum exequcione predicta ad nos, tum propter

[1] Titre afférent à la cure de Jallais, c^{ne} de Beaupréau, arr. de Cholet.

mortem aliquorum, quos suos exequtores constituerat, tum pro eo quod alii in eodem testamento exequtores conscripti honus in se suscipere recusarunt, ad nos totaliter devoluta, vendicioni exponi fecissemus dictum bladum et precium inde habitum, videlicet octies viginti septem libre et quinque solidi turonenses debilis monete, videlicet in Parisiensibus duplicibus debilibus, sex viginti quinque libre septem solidi et duo denarii, in Turonensibus duplicibus debilibus viginti novem libre et septem solidi cum duobus denariis, in Cenomanensibus viginti duo solidi, in obolis argenteis undecim libre octo solidi et octo denarii, deponi penes discretum virum Matheum Chevreoul, canonicum Sancti Johannis Andegavensis, quousque secundum voluntatem testatoris predicti, si fieri posset, commode de predicta summa peccunie per nos ordinatum fuisset, noveritis, quod nos postmodum pluries exquirentes vias et modos nec usque modo repperientes, quibus tute posset in utilitatem dictorum scolarium juxta ordinationem predictam converti peccunia supradicta, hiis diebus super hoc habito diligenti tractatu de proborum virorum consilio, de predicta peccunia, juxta voluntatem testatoris predicti, ordinavimus in hunc modum, videlicet quod, cum venerande recordacionis Guillermus dictus Bonet, condam episcopus Baiocensis, instituerit et fundaverit Parisius quandam domum pro quibusdam pauperibus scolaribus de Cenomannia et de Andegavia studentibus Parisius, sustentandis in ipsa, et statu moderno domus predicte diligenter attento, scolares predicti de redditibus eidem domui deputatis, sicut nobis sufficienter constat, non possint commode sustentari, nos predictam summam peccunie deputavimus et magistro Roberto de Meduana, procuratori ad eam recipiendam legitime constituto, per eumdem Matheum dictum Chevreoul numerari fecimus et integraliter assignari in empeionem reddituum ad usum scolarium dicte domus vel alias in utilitatem domus predicte committendam. Quod omnibus quorum interest significamus per presentes litteras sigillo nostro sigillatas.

Datum die Mercurii post festum sanctorum Mauricii sociorumque ejus, anno Domini m° ccc° tercio decimo.

De manerio de Buronio.

[Étienne, archidiacre d'Outre-Loire en l'église de Tours, Pierre, doyen d'entre Sarthe et Maine, et Guillaume, archiprêtre du Lude, chargés par l'évêque de conférer avec le chapitre de Saint-Maurice sur l'acceptation de l'hommage du Buron[1], offert par Maurice de Craon, déclarent, d'un accord unanime, qu'il n'a été trouvé ni allégué aucune raison qui, tout considéré, puisse déterminer l'évêque à refuser de recevoir la foi et l'hommage lige dudit chevalier, et qu'à leur avis l'intérêt est de l'admettre plutôt que de le différer[2].]

16 janvier 1314 N. S.

Actum in capitulo Andegavensi die mercurii ante festum sanctorum Fabiani et Sebastiani anno Domini M° CCC° *tercio decimo.*

De manerio de Buronio.

[*Hommage du Buron à l'évêché d'Angers par Amauri de Craon.*]

A tous ceux qui oiront e verront cestes présentes lectres, Amaurri de Creon, sire de Brioley et dou Buron, saluz en nostre Segneur. Sachent touz que, comme de noveau nous eussons aquis par léau contreit de permutacion ou de eschange le herbergement dou Buron o toutes les ap[ar]tenances, sis en la p[ar]roysse de Morenne, ou fié de l'évesque d'Angiers et tenu à fey et à hommage lige de l'évesque d'Angiers, laquele permutacion ou eschange nous suimes tenuz faire et acomplir en héritages pour le herbergement et les ap[ar]tenances devant dites à Goufrey L'Escuier e à Olivier de Chemiré, jadis frère[3] feu Alain de Chemiré e oncles feu Guillaume, fis dou dit feu Alain, et Alein Chantereau, nevou dou dit feu Alain, heir dou dit feu Guillaume, e à monsour Hamelin Chamaillart, segnour Constance de La Mote, jadis fame doudit feu Alain et mère au dit feu Guillaume, c'est assaveir à chescun des dites persones, selonc ce que à lui deveit e povet ap[ar]tenir, ou

16 janvier 1314 N. S.

---

[1] Voy. ci-dessus, p. 448. — [2] Il a paru suffisant de donner ce résumé de l'acte dont la pièce suivante reproduit tous les traits intéressants. — [3] Le manuscrit répète le mot *frère*.

temps dou contreit desus dit, ou dit herbergement e es ap[ar]tenances, e toutes les personnes desus dites e chescunes d'iceles nous eussent délessé, cessé e quité dou tout en tout ledit herbergement e toutes les ap[ar]tenances desus dites, c'est assaveir chescun pour la porcion e la reyson que il y povet aveyr, tant p[ou]r la rayson de l'eschaite e de la succession dou dit feu Guillaume, fiz jadis dou dit feu Alain et Constance, comme p[ou]r autre rayson quele que elle seit, et se fussent assenti et ostrayé maesmement davant monsour Giles Le Couvrous et Guillaume de Brein, arceprestre dou Lude, compegnons révérent père en Deu mons[ieur] Guillaume, par la grace Deu évesque d'Angiers, commissaires députez espéciaument de par li à oir cest assentement e ostrey, que nous peussons entrer en fey e en ligence vers ledit évesque dou herbergement e des ap[ar]tenances desus dites, e que il nous i receust toutes les feiz que il li playret, et pour ce nous eussons requis et souplié audit mons[ieur] l'évesque, que nous receust à la fey e l'omage lige, que nous li ouffrions à fayre par rayson des dites chouses, ledit mons[ieur] l'évesque, disant et propousant, que, comment que il fust de la permutaciom desus dite, e ja seit ce que les personnes desus dites nous eussent feit la cession e la quitance devant dite, e se fussent assenti e accordé que il nous receust à fey e à homage lige doudit herbergement e des ap[ar]tenances, toute vays puis que maintenir ne poions que ils eussent esté jugiez par lui ne par nulle de sa gent, qui poer i eust ne passé par dreit sus ceste chouse, il ne deveit ne esteit tenu à nous receveir à l'ommage davant dit fayre, sanz les apeler, à la parfin ledit révérent père et segnour, pour l'amour de nous, de sa courtaysie, sanz apeler les personnes devant dites, nous reçut courtaysement à homme lige doudit herbergement dou Buron e des ap[ar]tenances, sauve son rachat, qui li esteit ja aquis par la mort dou dit feu Guillaume, fiz audit feu Alain, e que il aveit ja commencé à lever, avant que dreit nous fust aquis oudit herbergement dou Buron ne ès ap[ar]tenances par le contreit desus dit, e sauves ses ventes e ses eissues, qui li esteient deues par reyson doudit eschange, et o les autres protestacions qui ont esté acoustumées à faire en tel cas e en tele manière, toute vays que, avant que il nous receust, nous li promeismes et prometons enquore en bonne fey de le garder de tout en tout enterinement, tant vers les personnes de sus dites, comme vers touz austres, de touz dommages, couz, despens et mises, que il sustendra et porra sustenir ou temps à venir par rayson que il nous a receu à l'ommage desus dit. En tele manière e de ce fumes jugiez, de nostre assentement, par le jugement de sa court par Lorenz Morin, dou commandement e de la volenté doudit mons[ieur] l'évesque. Lesqueles chouses faites, si comme desus est dit, nous finames à lui de commun assentement de li et de nous, de ce que il aveit enqores à lever doudit rachat doudit herbergement e des ap[ar]tenances e des ventes e des eissues, que nous li devions par reyson dou contrat de l'eschange desusdit, à treiz cens livres de bonne monnaie courant; lesqueles nos suimes tenuz et prometons à rendre Angiers en purs deniers, sanz denrée, à li ou à son commandement portant cestes lestres, as termes qui s'ensèvent, c'est assaveir dedenz la méquaresme prochaine cent livres de monnaye desus dite, e dedenz la Magdalène prochaine ensegant cent livres de ladite monnaye desus dite, et dedenz la Nativité Nostre Dame ensegant cent livres de la monnaie desus dite, e tant à rendre e à paier les dites treis cenz livres aus termes de sus diz, comme à faire e à complir loiaument toutes les autres chouses, que nous li prometons, si comme par desus est dit, nous li obligons nous et nos heirs et touz noz biens moebles et immoebles, en queque lou que ils seient, e expeciaument nostre dite terre de Brioley e le herbergemen dou Buron e les ap[ar]tenances, e renoncions quant à ce à tout privilége de croiz donné e à donner e à tout establissement de rey ou de prince e à toutes autres raysons tant de fait comme de dreit, par quey nous porrions venir encontre nulle des chouses desus dites; lesqueles raysons nous volons, que seient eues pour expressément moteiées et nommées. E en tesmoing de cestes chouses nous avons donné au dit révérent père cestes lestres sellées de nostre propre seau.

Donné e fait à Esventart, en la chambre noeve, présenz hennorables hommes e sages maistres Thomas Denart, déen d'Angiers, Estienvre de Bourgueil, archediacre d'outre Leyre en l'igleise de Tours, Pierres des Valées, canoines d'Angiers, Giles Le Couvrous, Guillaume de Brein, arceprestre dou Lude, Guillaume de La Chesnaie, seneschau doudit esvesque, maistre Gui e maistre Lucas Levessel, Phelipes Lorin, Lorenz Morin, Gervayse de Bouchillon, Guillaume de La Réauté, e plusors autres, le Mercredi emprès la feste saint Hylaire, l'am de grace mil e treys cenz e treize.

De homagio ligio domini Bernardi, archidiaconi Transligerensis.

3 mars
1314 N. S.

In nomine Domini amen. Per presens pateat instrumentum, quod anno Domini m° ccc° xiii°, inditione duodecima, mensis Martii die tercia, pontificatus domini Clementis pape quinti anno nono, in mei notarii infra scripti et testium subscriptorum presencia constitutus, dominus Bernardus de Bosco Giraudi, rector ecclesie Sancte Crucis, Caturcensis dyocesis, ad docendum se esse procuratorem viri venerabilis et discreti domini Raymundi Bernardi de Duroforti, archidiaconi Transligerensis in ecclesia Andegavensi, ad ea que secuntur, exhibuit coram reverendo patre ac domino domino Guillermo, divina providentia Andegavensi episcopo, quoddam publicum instrumentum, subscriptione et signo Raymundi de Ponte, clerici Caturcensis dyocesis, publici auctoritate apostolica notarii, munitum, ut prima facie videbatur, cujus tenor sequitur in hec verba : In nomine Domini amen [*etc.*].

Quo instrumento sic exhibito et perlecto, idem Bernardus de Bosco Giraudi, nomine procuratorio dicti archidiaconi, et pro ipso, supplicavit reverendo patri predicto, quatinus eumdem procuratorem, nomine domini sui absentis et in curia Romana degentis, et pro ipso, admittere dignaretur ad faciendum sibi hommagium ligium et prestandum juramenta in predicto instrumento contenta, eidem reverendo patri, racione episcopatus Andegavensis, ab eodem archidiacono debita pro archidiaconatu predicto et pertinenciis ejusdem. Cujus procuratoris supplicationi, ob reverenciam dicti domini archidiaconi, idem reverendus pater annuendum duxit de gracia speciali, protestatione[1] in primis ex parte domini reverendi patris facta, quod per hoc episcopatui et ecclesie Andeg. nullum prejudicium generetur ad hoc quod idem episcopus vel ejus successores alias teneantur recipere, nisi velint, successores dicti archidiaconi ad faciendum dictum hommagium ligium et prestandum juramenta predicta per procuratores, quantumcumque ad hoc specialiter constitutos, et quin idem archidiaconus, si et dum ad ecclesiam Andegavensem personaliter veniret, dictum homagium ligium in propria persona faciat et corporaliter prestet hujusmodi juramenta. Quam protestationem idem procurator admittens, incontinenti, genibus flexis coram dicto domino episcopo, manibusque complosis et junctis inter manus dicti domini episcopi, eidem fecit, nomine procuratorio dicti archidiaconi, hommagium ligium de archidiaconatu predicto et pertinentiis ejusdem. Et mox, manu ad pectus proprium posita, libro coram ipso aperto, juravit idem procurator, in animam domini sui archidiaconi predicti, et nomine ipsius, et pro eo, quod idem dominus archidiaconus conservabit corpus et honorem dicti domini episcopi et ecclesie Andegavensis, et quod idem archidiaconus dabit eidem episcopo bonum et sanum consilium pro posse, et quod non revelabit secretum suum, postquam idem episcopus eidem archidiacono illud revelaverit, et quod servabit jura episcopatus ecclesie prelibate.

Acta sunt hec in capella magna manerii de Esventart[2], Andegavensis dyocesis, anno, indicione, mense, die et pontificatu predictis, presentibus ad premissa discretis viris magistro Egidio Coopertoris, legum professore, Guillermo de Bremio, archipresbitero de Ludio, Guillermo de Souvigne, rectore de Bremio supra Aution, Matheo de Comis, priore de Portu, Guillermo Grousse et Guillermo de Piris, clericis, et pluribus aliis ad hoc specialiter testibus vocatis et rogatis.

Et ego Alexander dictus Moucaint, clericus Andegavensis dyocesis, auctoritate apostolica publicus notarius, premissis omnibus una cum

---

[1] Le manuscrit porte *prostatione*. — [2] Voy. ci-dessus, p. 204.

testibus predictis interfui, manuque propria scripsi, et in formam publicam redegi, signoque meo consueto signavi rogatus[1].

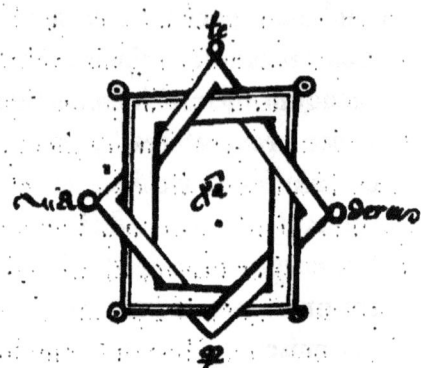

[*Procès-verbal de la déclaration faite, sur le vu des lettres du légat Nicolas, par Robert de Vernon, collecteur des droits de visite, qui reconnaît l'immunité de l'évêque d'Angers*[2].]

11 mars 1314 N. S.

In nomine Domini amen, anno ejusdem millesimo ccc° xııı°, die Lune post *Oculi mei*, die xı^a mensis Martii, inditione duodecima, pontificatus sanctissimi patris ac domini domini Clementis divina providencia pape quinti anno nono, per presens instrumentum publicum cunctis pateat evidenter, quod in mei publici notarii et testium subscriptorum presencia venerabiles viri et discreti magistri Petrus Chopin, officialis Andegavensis, Egidius Coopertoris, legum professores, ac Matheus Chevreul, sigillator curie Andegavensis, nuncii destinati, ut dicebant, ex parte reverendi in Christo patris ac domini domini Guillermi, Dei gracia episcopi Andegavensis, quasdam licteras ex parte reverendi in Christo patris ad dictum dominum N[icolai], tituli Sancti Eusebii eadem gracia presbiteri cardinalis, nuncii, ut dicitur, in regno Francie a sede apostolica destinati pro negocio Terre Sancte, venerabili viro et discreto magistro Roberto de Vernone, subdecano ecclesie Sancti Martini Turonensis, collectori a dicto domino cardinali deputato ad petendum,

---

[1] Suit dans le ms. l'acte d'hommage rendu à l'évêque le 24 juin 1314, en son manoir de Villévêque, par Bernard Constant, *Constancii*, au nom de Gaillard de Durfort, chanoine et archidiacre d'Outre-Loire. Il doit suffire d'indiquer cette pièce, dont la teneur est identique.

[2] Imprimé dans d'Achéry, t. X, p. 365.

recipiendum et exigendum procurationes eidem domino cardinali in provincia Turonensi debitas et solvi consuetas, ut dicitur, a sede apostolica concessas, directas eidem magistro Roberto, presentarunt eidem, supplicantes, quod eisdem licteris, ab ipso magistro visis et inspectis, eisdem professoribus ac sigillatori responderet, quid videretur eidem expedire. Qui quidem magister Robertus, acceptis dictis licteris, intrans cameram qua jacebat, visis eisdem licteris et inspectis, vocavit et fecit vocari eosdem professores ac sigillatorem, tenens easdem in manu sua et asserens quod viderat et legerat tenorem earumdem, respondit, quod bene videbat conscienciam hujus cardinalis et quod nunquam levaverat nec exegerat procurationes a dicto domino Andegavensi episcopo, nec reciperet nec recipi faceret aut levari, et quod sibi constabat quod dominus Andegavensis episcopus non consueverat solvere procurationes predictas; et expresse inhibuit domino Sclate de Orto, canonico Andegavensi, ibidem presenti, a dicto magistro Roberto, quoad colligendum et recipiendum dictas procurationes in civitate et dyocesi Andegavensibus, ut dicitur, deputato, ne idem Sclata a dicto domino episcopo Andeg., racione procuracionis hujusmodi, aliquid exigeret vel levaret.

Acta fuerunt hec in abbatia Sancti Albini Andegavensis, sub anno, die et mense, indicione et pontificatu predictis, videlicet dicta presentatio licterarum predictarum et supplicacio in baleto sito ante quamdam cameram vocatam, ut dicitur, Cameram Novam, et dicta responsio in camera, predictis presentibus ad hoc dictis magistro Roberto, professore ac sigillatore, domino Sclata, Guillermo Hugueti, Radulpho de Villa [Mere], Radulpho de Sesinera, Drocone Daumere, Roberto de Vaallon, Cenomannensis dyocesis clericis, et Matheo Abbatis, rectore ecclesie de Charenceio, presbitero.

Et ego Guillermus dictus de Gravella, clericus Redonensis dyocesis, publicus auctoritate imperiali et Andegavensis curie notarius, premissis omnibus et singulis una cum dictis testibus presens interfui, et premissa manu propria scripsi, et in publicam formam redegi signoque meo signavi rogatus.

[*Notification par Guillaume Le Maire de sa réclamation à l'encontre des droits de visite, prétendus par le légat du pape, et de la lettre du collecteur Robert de Vernon, par laquelle il mande à son commis d'Angers de ne rien exiger de l'évêque*[1].]

Res digna nota.

12 mars
1314 N. S.

Hic inserenda est res memorie digna et episcopis Andegavensibus futuris temporibus profutura, videlicet quod, cum reverendus pater dominus Nicholaus, tituli Sancti Eusebii presbiter cardinalis, nuncius sedis apostolice, ad regnum Francie pro subsidio Terre Sancte a sanctissimo patre ac domino domino Clemente papa quinto specialiter destinatus, a nobis Guillermo Majore, episcopo Andegavensi, peteret seu peti faceret procuracionem in peccunia per collectores suos, ad recipiendum, petendum et exigendum procuraciones suas in civitate et diocesi Andegavensibus deputatos, et nos, attendentes quod nec nos nec predecessores nostri unquam solvimus in peccunia procuraciones legatorum seu sedis apostolice nunciorum, considerantesque quod in privilegio dicti domini cardinalis super dictis procuracionibus exigendis continebatur, quod posset exigere procuraciones, dumtaxat moderatas, solitas ac etiam consuetas, et quod, si hac vice dictas procuraciones solveremus, per hoc posset nobis et successoribus nostris in futurum magnum prejudicium generari, et ecclesia Andegavensis nove subici servituti, idcirco ad dictum dominum cardinalem licteras et nuncium misimus ad premissa significandum eidem et supplicandum quod collectoribus suis predictis mandare dignaretur, ut supersederent a peticione et exactione procuracionis predicte, et quod non vellet ecclesie predicte novam imponere servitutem. Et, licet idem dominus cardinalis dicte supplicacioni aliquantulum restitisset, privilegium a sede apostolica sibi concessum super procuracionibus exigendis fortiter allegando, tandem viro venerabili et discreto magistro Roberto de Vernone, subdecano ecclesie Sancti Martini Turonensis, principali collectori seu procuratori suo ad dictas procuraciones exigendas deputato

---

[1] Imprimé dans d'Achéry, t. X, p. 363.

in tota provincia Turonensi super dicto negocio, quasdam licteras clausas misit, quibus dicto magistro Roberto ex parte nostra presentatis et ab eodem diligenter inspectis, a peticione et exactione procuracionis predicte destitit et nobis concessit licteras, formam que sequitur continentes :

Robertus de Vernone, subdecanus ecclesie Sancti Martini Turonensis, a reverendo in Christo patre ac domino domino N., tituli Sancti Eusebii presbitero cardinali, nuncio sedis apostolice ad regnum Francie pro negocio Terre Sancte ad recipiendum, petendum et exigendum procurationes, eidem reverendo patri domino cardinali a domino papa concessas, debitas in peccunia et attenus solvi consuetas, in provincia Turonensi specialiter deputatus, discreto viro magistro Siclate (*sic*) de Orto, canonico Andegavensi, commissario nostro, quoad dictas procuraciones recipiendas, loco nostri, in civitate et dyocesi Andegavensibus, a nobis specialiter deputato, salutem in Domino. Vobis mandamus, quatinus a reverendo patre in Christo domino G., Dei gracia episcopo Andegavensi, quem de consciencia domini cardinalis predicti declaramus ad solucionem procuracionis predicte in peccunia non teneri racione procurationis hujusmodi, hac vice nichil penitus exigatis; et hoc vobis significamus tenore presentium licterarum. Datum Andegavis die Martis post *Oculi mei*, teste sigillo nostro, anno Domini millesimo ccc° xiii°.

De suspensis latronibus apud Esventart.

Notandum est, quod, cum anno Domini ccc° quarto decimo, circa festum nativitatis beati Johannis Baptiste, Guillermus d'Ardenne[1] et Guillotus Le Charretier, ejus famulus, in prisione justicie temporalis abbatis et conventus monasterii Sancti Sergii Andegavensis tenerentur carceri mancipati, pro eo quod sex ciphos argenteos in quadam domo, que vocatur *Rocha Sancti Sergii*[2], in feodo dicti monasterii sita, furati fuerant, dictique Guillermus d'Ardenne et Guillotus, ejus famulus, per predictam justiciam dictorum religiosorum interrogati et examinati,

19 juillet 1314 N. S.

---

[1] Ardenne, cᵉ de Corzé, cᵒⁿ de Seiches, arr. de Baugé.

[2] A Angers, sur l'emplacement du Tribunal civil.

tam super dicto furto quam super aliis ab eisdem commissis, inter alia confessi fuissent, quod nedum solum furtum predictum commiserant, quin etiam, anteriori tempore, quadam nocte, muros manerii episcopi Andegavensis, quod vocatur Esventart[1], transcendentes, ad cameram portarii dicti loci venerunt, et, fracta seu disrupta firmatura hostii dicte camere, subintrantes eamdem, quoddam forcerium ferratum, quod invenerunt ibidem, ceperunt et secum asportaverunt, ipsoque effracto, plures res ibidem existentes, videlicet bursas sericas, caligas et peccuniam et alias res ibidem existentes, dimisso forcerio in quadam dumo nemoris dicti manerii, secum furtive tulerunt. Qua confessione ad noticiam justicie secularis episcopi Andegavensis prelibati, Matheus Le Vigueroux, juridicionem temporalem dicti episcopi in dicto manerio de Esventart et pertinentiis ejusdem exercens, justiciarios dicti monasterii cum instancia requisivit, quod ipsi predictos Guillermum et Guillotum sibi, nomine et racione episcopatus Andegavensis, redderent, pro furto et fracione predictis, in dicto manerio de Esventart ab eisdem commissis, justiciandos. Cujus requisicioni dicti justiciarii religiosorum predictorum annuentes, predictos Guillermum et Guillotum, die Veneris ante festum beate Marie Magdalene, anno quo supra, primo per ipsos justiciarios dictorum abbatis et conventus pro furto dictorum ciphorum in feodo dicti monasterii commisso, justiciatos et abscisione auricularum dextrarum punitos, predicto Matheo Le Vigueroux, exercenti justiciam temporalem dicti episcopi in dicto manerio de Esventart et pertinenciis ejusdem, presentibus predicto Matheo Le Vignerous, Johanne et Matheo, ejusdem filiis, Johanne Villici, senescallo tunc temporis dictorum abbatis et conventus, Guillermo Barbitonsore de porta Andegavina, Johanne de Mauni, dicto Pinaut, preposito, et Perroto, serviente nostro in villa Sancti Maurilii de Esma, Perroto, serviente nostro apud Sanctum Alemandum, dicto Malapert cisore, Matheo Gauveing et Thoma, precone de Challone, et pluribus aliis, reddiderunt, per justiciam dicti episcopi temporalem, pro dictis furto et fractura in dicto ma-

---

[1] Voy. ci-dessus, p. 294.

nerio de Esventart, ut predicitur, commissis, justiciandos et secundum consuetudinem puniendos. Qua die Veneris predicta[1], dicti Guillermus et Guillotus, per gentes dicti episcopi ad manerium predictum adducti, et ibi de predicto furto et fractura, que confessi fuerant, per dictum Matheum Le Viguerous, vice et auctoritate justicie temporalis dicti episcopi judicati, fulca patenti erecta retro dictum manerium in feodo dicti episcopi, secundum consuetudinem patrie, suspensi fuerunt, presentibus ad premissa dicto Matheo Le Viguerous et predicti (*sic*) Matheo et Johanne, ejusdem filiis, predicto Matheo Gauveing, Luca de Lorifrae, Juliota de Elemosinaria et aliis supradictis.

Lictere Ludovici regis Francie et Navarre [*super confirmatione privilegiorum, a patre et proavo ecclesiis concessorum*].

Ludovicus, Dei gracia Francorum et Navarre rex. Notum facimus universis presentibus et futuris, quod nos omnipotenti Deo, qui est rex regum, dominus dominantium, per quem reges regnant et legum conditores justa decernunt, ad instar almi confessoris beati Ludovici, proavi nostri, et inclite recordacionis, carissimi domini Philippi, genitoris nostri, ac aliorum christianissimorum principum predecessorum nostrorum, regum condam Francie et Navarre, devote famulari regulasque christiane et orthodoxe fidei custodire ac ex ipsius fidei cultu et ampliatione gaudere et gloriari cupientes, ecclesias, monasteria et alia pia loca, ad honorem divini nominis intra regnorum nostrorum gubernacula dedicata, necnon et ministros ipsius fidei et Ecclesie, cujus sumus filii et pugiles sub protectione[2] nostre celsitudinis regie, ut per terrenum regnum nostrum celeste proficiat et pax et transquilitas, sine quibus pacis actor nequit excoli, serventur uberius, graciose volumus confoveri, prenoscentes magis Sanctorum meritis eorumdemque devotorum Ecclesie ministrorum oracionibus, quam armorum exerciciis publicisque officiis ac laboribus corporis vel sudore predictorum regnorum nostrorum rempublicam contineri. Ea propter necnon et in

Décembre 1315.

---

[1] Le manuscrit porte *predicto*. — [2] Le manuscrit porte *protectionis*.

considerationem debitam deducentes, pium, fidelem promptumque
dileccionis affectum, quem per exhibicionem operis ac spiritualis et
decimalis subvencionis ad nos et corone nostre tuicionem dilectos et
fideles nostros episcopum Andegavensem, abbates, capitula, conventus
ceterasque personas ecclesiasticas seculares et regulares dyocesis Andegavensis habere comperimus, ipsis ac ecclesiis, monasteriis et successoribus eorumdem statuta ipsius beati Ludovici, proavi nostri, necnon
ordinaciones ejusdem domini genitoris nostri, que sic incipiunt : « Nos
« Philipus, Dei gracia Francorum rex, pia reformatione regni nostri [1], » ac
quinque alias ejusdem domini genitoris nostri licteras, quarum una sic
incipit : « Decens reputamus et congruum; » alia : « Regi regum; » alia :
« Notum facimus universis tam presentibus quam futuris quod nos pro-
« locutam; » et alia : « Quia Flamingorum; » alia : « Oblatam; » et omnes
licteras et gracias alias, a dicto domino genitore nostro aut aliis predecessoribus nostris eisdem communiter vel divisim concessas, omnesque
eorum libertates, immunitates et privilegia antiquasque et approbatas
consuetudines approbamus, ratificamus, renovamus et auctoritate regia
ex certa sciencia tenore presentium confirmamus, eisque alias libertates et gracias per licteras nostras, que sic incipiunt : « Subditorum
« nostrorum transquilitatem colentibus et universitatibus civitatum,
« castrorum et villarum lingue occitane, » necnon et alias libertates, religiosis ac nobilibus comitatus Foresii pridem concessas, que sic incipiunt : « Subditorum nostrorum transquilitati, indempnitati eciam et
« quieti providere, etc. »; de novo, prout ad eos contenta in dictis licteris
ipsis de Foresio et de lingua occitana, a nobis, ut predicitur, concessis,
pertinent vel poterunt pertinere, concedimus atque super hiis licteras
nostras, sub sigillo nostro tenores dictorum statutorum, ordinationum
et licterarum ac graciarum de verbo ad verbum ex integro continentes,
ipsis liberaliter tradi precipimus et mandamus, revocantes ex nunc
nichilominus ea omnia que contra libertates ac licteras et statuta
predicta, per quoscunque officialium nostrorum aut quarumcunque

---

[1] A Paris, le 25 mars 1303. Voy. Ordonnances, t. I, p. 357.

aliarum personarum fuerint quomodolibet indebite attemptata. Volumus, etiam ordinamus, quod senescalli et ballivi nostri, tactis sacrosanctis Dei euvangeliis, jurent de novo et jurare teneantur de cetero, in principio regiminis eorumdem, publice in assisiis eorum et sub pena amissionis officii sui, vocato loci dyocesano, se servaturos, adimpleeturos et etiam exequturos omnia et singula contenta in dictis statutis licterisque predictis, per nos concessis ac eciam renovatis ac in ordinacione nostra presenti, bona fide, sine fraude et dolo, et contra non venire fraudulenter vel dolose per se vel per alium quoquo modo, et indebite attemptata contra statuta ipsa, libertates et licteras predictas, prout de illis ipsis constiterit, breviter et sine difficultate qualibet revocare. Mandamus etiam, quod illi qui in pluribus dyocesibus presidebunt, per viam ressorti vel aliter, vocato loci dyocesano, in prima assisia cujuslibet dyocesis juramentum predictum facere teneantur. Ordinamus insuper quod inferiores officiales nostri hoc idem juramentum, in manu superiorum suorum, in primis assisiis, ut est dictum, prestare teneantur. Et si forsan aliqua dyocesis dictorum prelatorum fuerit, in qua alique non teneantur per gentes nostras assisie, volumus etiam et precipimus, quod senescallus seu ballivus, qui in dicta presidebit dyocesi, per viam ressorti vel aliter, vocato dicto dyocesano prelato, in suis primis assisiis, quas eum alibi, in loco tamen proximiori dicte dyocesis, tenere contigerit, dictum prestet juramentum, ut a suis judicibus, officialibus et ministris inferioribus regiis recipiat, prout superius est expressum. Volumus tamen, quod singuli officiales nostri predicti, pro toto tempore sui regiminis, semel tantum in singulis dyocesibus prestare juramentum hujusmodi teneantur. Et si forsan aliquis dictorum officialium, sufficienter requisitus, juramentum predictum prestare noluerit, volumus sic ipsum puniri, quod per exemplum pene ipsius ceteri ad jurandum et obediendum de cetero arceantur; nec salaria seu stipendia nostra percipiat, donec predictum prestiterit juramentum. Ordinamus etiam, quod, si aliqui dictorum officialium indebite attemptata contra libertates, ordinationes, licteras et statuta predicta, cum de ipsis sibi legitime constiterit, non revocaverint vel plus debito maliciose revocare distulerint, sufficienter tamen super hoc requisiti, expensas et dampna prosequentibus restituere teneantur, justicia mediante. Item ordinamus quod omnes justiciarii nostri ecclesiis auxilium brachii secularis prestent, ubi viderint ecclesiam pro sua juridicione ecclesiastica indigere. Volumus etiam et ordinamus quod clerici non conjugati, dum tamen publice mercatores non fuerint, quantum ad nos spectat, ad contribuendum in talliis laicorum extraordinariis vel superindictis, salvo tamen jure cujuslibet alterius, nullatenus teneantur; quodque officiales nostri, quantum ad nos pertinet, ipsos ad hoc non compellant seu qualitercumque compelli permittant. Volumus insuper quod prelati ipsi, quibus jus cudendi monetam competit, non impediantur per aliquos officialium nostrorum, quin eam cudi facere possint, cum voluerint et sibi viderint expedire, dum tamen ea cudi faciant de forma, pondere et lege debitis et antiquitus consuetis, prout in registris antiquis beati Ludovici reperitur in Camera Compotorum nostrorum, nisi sint aliqui quibus amplius competat de privilegio vel indulto aliquo speciali; et si forsan super dicto jure cudendi questio vel dubium oriatur, cognicionem et decisionem hujusmodi penes nos reservamus.

Item inhibemus districte omnibus senescallis, ballivis, prepositis ac aliis officialibus et ministris ac universis et singulis justicialibus et districtibilibus nostris, quod dictos prelatos, personas ecclesiasticas et juridicionem ecclesiasticam non impediant nec perturbent directe vel indirecte, quominus contra quascunque personas ecclesiasticas vel seculares cognoscant libere de crimine usurarum et quin dictarum usurarum restitucionem fieri faciant et predictos usurarios puniant, prout de jure vel antiqua et approbata consuetudine pertinet ad eosdem; et quominus ad forum ecclesiasticum contra quoscunque vel per quoscunque laicos et alios recurratur, et per dictos prelatos et curias ecclesiasticas cognoscatur de omnibus et singulis casibus, ad eos pertinentibus, de antiqua et approbata consuetudine vel de jure, hoc servari volentes, non obstantibus quibuscumque proclamationibus, bannis, prohibicionibus, edictis, statutis, ordinationibus, penis et castigacionibus quibuscunque necnon et licteris, si que forte a nostra curia in contrarium emanassent, que omnia cassamus et irritamus, cassa et irrita esse declaramus, quantum ad omnia et in omnibus et in quibus sunt vel esse possunt juri, ecclesiastice libertati, ordinacionibus predecessorum nostrorum sive antique et approbate consuetudini contraria, prohibentes consimilia in posterum attemptari, et mandantes eos qui contra hoc aliquid attemptaverint puniri. Nolentes quod propter dicta attemptata foro ecclesiastico et ecclesiastice libertati dictisque prelatis et personis ecclesiasticis ac curiis eorumdem aliquod prorsus prejudicium generetur in hiis que de jure vel antiqua et approbata consuetudine pertinent ad eosdem, nobis quoad premissa vel aliquod ex eis jus novum vel prejudicium aliquod aliquatenus acquiratur. Ceterum cum per predictum dominum genitorem nostrum, in hoc divino cultui, animarum saluti, ecclesiastice libertati et utilitati rei publice prospicientem, deliberacione provida, fuerit certa pena apposita, contra usurarios manifestos, qui immensas usuras exigunt, ut quos divinus timor a malo non revocat, temporaliter saltem pena coherceat, propter premissa derogare non intendimus in aliquo juri nostro, quominus laicos usurarios manifestos, transgressores ordinacionis regie supradicte punire possemus et ad restitucionem usurarum compellere, prout ad nos pertinere potest de jure vel antiqua consuetudine; super qua quidem consuetudine per personas fideles diligenter inquiri mandabimus et inquisita faciemus, quod justitia suadebit, presertim cum dicti prelati asserant quod ad nos non pertinet dictarum usurarum punicio de consuetudine vel de jure. Ad hec, omnia blada, vina et alia bona seu garniciones dictorum prelatorum et personarum ecclesiasticarum regni nostri, que per gentes nostras, propter guerras et necessitates nostras, hactenus capta fuerint, eisdem, si dicta blada, vina et alia bona extent, integraliter reddi; sin autem, de justo eorum precio satisfieri precipimus indilate et a consimilibus in posterum abstineri; nolentes dictos prelatos et personas ecclesiasticas in predictis vel quibuscunque aliis, contingentibus ecclesiasticam libertatem, ultra illa que nobis de jure vel antiqua consuetudine competunt, aliquatenus aggravari, nec, quod brachium eorum temporale cum spirituali coadjuvare prohibeantur per dictas gentes nostras seu quoscunque alios jus[ti]ciabiles et distri[cti]biles nostros.

Item circa financias, que ab hominibus et subditis dictorum prelatorum et personarum ecclesiasticarum per gentes nostras petuntur, pro eo quod juxta mandatum nostrum ad guerram nostram Flandrie non venerunt nec miserunt, eorumdem prelatorum hominum et subjectorum libertates et privilegia, si qua habent, volumus et precipimus illibata servari et ad dictas financias non compelli, si obtentu dictorum privilegiorum et libertatum vel de jure aut consuetudine immunes sint ab eisdem, super quibus faciemus petentibus justiciam exhiberi.

Item, cum interdum per fraudem et maliciam impetrancium lictere nostre contra personas ecclesiasticas impetrentur, nulla facta in ipsis licteris quod sint persone ecclesiastice mencione, predictas licteras nullas esse declaramus, et executioni prohibemus mandari easdem dictosque impetrantes puniri precipimus, prout fuerit racionis. Damus autem omnibus senescallis, ballivis, majoribus, judicibus, prepositis, bajulis, procuratoribus, ministris, servientibus et justiciariis nostris ac eorum loca tenentibus et successoribus in dictis officiis eorumdem, tenore presentium in mandatis et sub indignationis nostre pena, quatinus bona fide et absque omni fraude, dolo, malicia, difficultate et diffugio servent et servari faciant a justiciabilibus et subditis eorumdem omnia et singula, in statutis et ordinationibus, licteris, gratiis et privilegiis contenta predictis ac in ordinatione nostra presenti, et, si qua per eos seu alios indebite attemptata fuerint in contrarium, que omnia ex nunc revocamus, cassa et irrita esse volumus et decernimus et nullum nobis vel successoribus nostris propter hoc jus novum acquiri nec in aliis diminui jus nostrum volumus, nec dictis prelatis, abbatibus, conventibus, capitulis, ceterisque personis ecclesiasticis eorumque ecclesiis, monasteriis, privilegiis, libertatibus antiquis et approbatis consuetudinibus prejudicium generari, si et prout de ipsis eisdem constiterit et ad eorum quemlibet pertinuerit, revocent indilate, salvo in aliis jure nostro et in omnibus quolibet alieno. Quod ut firmum et stabile permaneat in futurum, presentibus licteris nostrum fecimus apponi sigillum.

Actum apud Vicenas, anno Domini millesimo trecentesimo quinto decimo, mense Decembri.

Lictera composicionis pro procuracionibus habendis in prioratibus Majoris Monasterii Turonensis.

Universis presentes licteras inspecturis, Guillermus, permissione divina Andegavensis episcopus, Fulco, archidiaconus Transmeduanensis in ecclesia Andegavensi, et Gaufridus Burgoliensis ac Johannes de Fixa, archipresbiteri, necnon Petrus de Candeyo, Johannes de Camilliaco et Guido de Magia, decani, ac frater Johannes, humilis abbas permissione eadem Majoris Monasterii Turonensis totusque ejusdem loci conventus, salutem in Domino. Noveritis quod, cum inter nos Guillermum, episcopum Andegavensem, nosque predictos archidiaconum, archipresbiteros et decanos, ex una parte, et nos abbatem et conventum predictos et priores prioratuum ad nostrum monasterium spectancium, sitorum et existencium in civitate et dyocesi Andegavensibus, ex parte alia, verteretur materia questionis super procuracionibus quas nos episcopus nosque archidiaconus, archipresbiteri et decani dicebamus nobis, scilicet episcopo in dyocesi, et nobis archidiacono, archipresbiteris et decanis in archidiaconatu, archipresbiteratibus et decanatibus nostris, in jam dictis prioratibus et a prioribus eorumdem spectancium ad monasterium ante dictum, tam de jure et de antiqua et approbata consuetudine observata a tempore, a quo memoria non existit, quam per plurimas alias raciones deberi, dum nos episcopum in propria vel per alium ex privilegio sedis apostolice, scilicet in dyocesi Andegavensi, et nos archidiaconum, archipresbiteros et decanos in nostris territoriis ecclesias parrochiales, infra quarum fines situantur et existunt dicti prioratus, visitare contingeret, causa faciendi ibidem que noscuntur ad nostrum cujuslibet officium pertinere, et maxime, quia nos in ecclesia Andegavensi archidiacon[atus]que, archipresbiteratus et decanatus predictorum a tanto tempore, a quo memoria non existit, per predecessores

1315.

nostros fueramus et eramus et adhuc sumus in quasi possessione juris habendi et percipiendi in prioratibus ante dictis et a prioribus eorumdem procuraciones, sibi et nobis debitas a prioribus et prioratibus ante dictis, racione visitacionis dictarum ecclesiarum parrochialium, infra quarum fines dicti prioratus situantur, impensarum per ipsos predecessores nostros, prout ad quemlibet ipsorum racione sui officii spectabat; •nobis abbate et conventu predictis et memoratis prioribus nostris e contrario dicentibus et asserentibus nos et prioratus nostros ac eorumdem priores eisdem episcopo, archidiacono, archipresbiteris et decanis ad procuraciones non teneri quoquo modo, et nos ac dictos prioratus prioresque nostros et eorum quemlibet per privilegia Romanorum pontificum fore penitus immunes a prestacione procuracionum ipsarum; et nos specialiter esse in quasi possessione libertatis et immunitatis dictas procuraciones non prestandi, multisque allegacionibus inter nos super hoc habitis et quam plurimis tractatibus proloqutis, tandem acte[n]dentes quod bonorum hominum est et precipue personarum ecclesiasticarum lites execrari, volentes obviare periculis, dampnis et incommoditatibus variis que ex hujusmodi contencionibus et controversiis in futurum possent nasci, ac nostrum et ecclesiarum successorumque nostrorum pacem aquirere cupientes, precipue cum inter ecclesias nostras et personas earumdem semper, retroactis temporibus usque ad tempora contentionis seu controversie prelibate, pax et dileccio ac vera caritas viguerunt, nos episcopus, archidiaconus, archipresbiteri et decani predicti cum reverendo patre domino Gaufrido, Dei gracia archiepiscopo Turonensi, metropolitano nostro, et cum capitulo Andegavensi, nosque abbas et conventus predicti, cum predictis prioribus et cum nostris sociis et fratribus et aliis nostris consiliariis, in nostro capitulo generali habitis super hoc deliberacionibus diligentibus, de proborum virorum consilio ad pacem et concordiam super premissis contencionibus et controversiis unanimiter ad invicem devenimus in hunc modum, videlicet quod, cum nos episcopum et successores nostros quemlibet principem in propriis personis vel per alium ex privilegio sedis apostolice ecclesias, infra quarum fines prioratus hujusmodi situantur, in quibus non sunt aliter ab antiquo certe summe pro procuracionibus tauxate, debitis temporibus, visitare continget, quilibet priorum prioratuum predictorum, qui al[ias] procuraciones integras solvere consuevit, visitacione parochialis ecclesie complecta, statim vel saltem eadem die septem libras bone monete, videlicet illius monete in qua domini temporales recipient communiter suos redditus sive census, nobis et nostris successoribus pro tempore, si personaliter, vel commissario nostro seu successorum nostrorum pro tempore visitanti, si ex privilegio sedis apostolice per alium visitemus aut visitent nostri successores pro tempore, pro expensis nostris dicte diei dictorum [ve] successorum nostrorum cujuslibet pro tempore solvere tenebitur, ita tamen quod nos et successores nostri in dicto episcopatu taliter tempora nostrarum visitacionum in dyocesi Andegavensi moderemus, quod iidem priores anno quolibet nisi unam procuracionem solvere non teneantur; prior vero de Carbee[1], qui ab antiquo certam summam, tauxatam ex composicione jamdudum habita, scilicet viginti solidos, solvere consuevit, eamdam (*sic*) summam in predicta moneta solvere tenebitur eadem die, qua fiet visitacio in parrochiali ecclesia dicti loci, nobis et successoribus nostris cuilibet pro tempore, si personaliter, vel commissario nostro et successorum nostrorum cujuslibet pro tempore visitanti, si per alium, ut nos et predecessores nostri consuevimus, visitemus aut visitent successores predicti. Prior vero de Verno[2], qui tauxatam procuracionem se integram solvere non consuevit sed una cum rectore de Vern ad procuracionem integram pro duabus partibus conferre et solvere consueverunt, dum nos episcopum predictum vel predecessores nostros personaliter vel per alium ex privilegio sedis apostolice predictam ecclesiam de Vern visitare continget, duas partes dicte procuracionis, prout est superius tauxata et acordata, videlicet quatuor libras tresdecim solidos et quatuor denarios, pro rata sua in dicta moneta solvere tenebitur, dicta die qua fiet in dicta ecclesia de Vern visitacio supradicta. Dum vero nos, archidiaconum, archipresbiteros et decanos

[1] Carbay, canton de Pouancé, arrondissement de Segré.

[2] Vern, canton du Lion-d'Angers, arrondissement de Segré.

successoresque nostros in nostris archidiaconatibus, archipresbiteratibus et decanatibus in propriis personis vel per alium ex privilegio sedis apostolice visitare continget, priores prioratuum sitorum infra fines parrochiarum predictarum, quas per nos et successores nostros personaliter vel per alium ex privilegio sedis apostolice contingerit (sic) visitare, qui alias consueverunt procuraciones integras solvere nobis archidiacono et successoribus nostris triginta solidos monete predicte et nobis archipresbiteris et decanis, qui canonici ejusdem ecclesie Andegavensis non sumus ad presens, et successoribus nostris, canonicis Andegavensibus non existentibus, cuilibet pro tempore decem solidos ejusdem monete. Illis vero nostrum archipresbiterorum et decanorum predictorum et successoribus nostris, qui canonici Andegavenses fuerint, quamdiu canonicatum et prebendam predictos cum archipresbiteratibus vel decanatibus supradictis tenebunt; ob reverenciam et honorem ecclesie cathedralis, cujus membra existunt, quindecim solidos monete predicte, racione cujuslibet visitacionis parrochialis ecclesie, eadem die qua fiet visitacio, ibidem vel saltem Andegavis; quantum ad illos qui erunt canonici, ut prefertur, vel in ecclesiis archipresbiterorum et decanorum non canonicorum, qui per se vel per alios, ut predicitur, visitarint, infra octo dies a tempore visitacionis hujusmodi solvere tenebuntur pro omnibus expensis nostris dicte diei et successorum nostrorum, qui pro tempore fuerint; ita tamen quod nos archidiaconus, archipresbiteri et decani, et successores nostri in dictis archidiaconatibus, archipresbiteratibus et decanatibus, taliter tempora visitacionum nostrarum moderemus, quod iidem priores anno quolibet, nisi unam procuracionem solvere non teneantur. Qui vero non integras tauxatas nobis solvere consueverunt, easdem in moneta predicta persolvant, prout est acthenus consuetum, ita tamen quod nos episcopus, archidiaconus, archipresbiteri et decani successoresque nostri summis predictis, pro omnibus expensis quas racione visitacionis dicte ecclesie et procuracionis debite, tam racione dicte ecclesie quam prioratus infra fines dicte parrochie consistentis possemus et possent exigere a dictis prioribus et habere, contenti erimus et erunt, nec plus pro predicta causa exigere poterimus aut poterunt ab eisdem religiosis vel ab aliquo eorumdem, salvis tamen procuracionibus nobis archidiacono, archipresbiteris et decanis a rectoribus dictarum ecclesiarum debitis ab antiquo, nec invictis (*sic*), renitentibus seu expresse contradicentibus prioribus seu custodibus dictorum prioratuum domos ipsorum prioratuum, grangias seu bona propria ipsorum poterimus nec poterunt intrare, accipere seu eciam occupare. Et[1] ut predicti priores de predictis summis, dum predictas ecclesias per nos episcopum et successores nostros personaliter vel per alium ex privilegio sedis apostolice visitare continget, sibi valeant providere et nobis prompcius satisfacere de eisdem, nos, predictus episcopus et successores nostri pro tempore, dum seu quando nostram voluerimus dyocesim visitare, hoc ipsum denunciare tenebimur priori Sancti Egidii de Vigulto[2] (*sic*) Andegavis, qui est et pro tempore fuerit, si sit presens et sui copiam faciat alioquin in prioratu predicto, vel ante portas ejusdem, si de facili ingressus non pateat ad eumdem, vocatis ad hoc aliquibus fide dignis. Qua denunciacione sic facta, ecclesias, infra quarum fines prioratus hujusmodi situantur, quantum ad effectum percipiendi summas predictas, non poterimus, nisi demum tribus ebdomadis elapsis a tempore denunciacionis hujusmodi, visitare, et eodem modo successores nostri Andegavenses episcopi tenebuntur. Nos autem predictus abbas, qui ex tota animi nostri intencione in pace et concordia vivere cupimus et, in transquilla (*sic*) devocione Domino famulari, ad hoc quod dicta composicio in futurum valeat firmius observari, promittimus bona fide, quod in nostro proximo capitulo generali omnes predictos priores nostros et nostri monasterii, in civitate et dyocesi Andegavensibus constitutos[3], monebimus una monicione pro omnibus, ut ipsi et eorum quilibet predictas summas peccuniarum predictis episcopo, archidiacono, archipresbiteris et decanis indilate persolvant et modo quo superius continetur, et pre-

---

[1] Le manuscrit encadre d'un trait cette ligne et les neuf qui suivent, avec la note marginale : *Nota*.

[2] Prieuré Saint-Gilles-du-Verger ou Saint-Éloi d'Angers, fondé vers 1130, supprimé en mai 1696.

[3] En marge : *Nota*.

dictam composicionem firmiter teneant et observent. Promittimus[1] eciam nos, abbas predictus, quod in dictos priores, non observantes composicionem predictam et in non satisfacientes modo et forma predictis, suspensionis sentenciam ex tunc, ut ex tempore quo satisfacere tenebuntur, proferemus; quam suspensionis sentenciam, si quis ipsorum per octo dies sustinuerit, in ipsum ex tempore dicti capituli in tempore dictorum octo dierum transactorum excommunicacionis sentenciam proferemus. Quam excommunicacionis sentenciam si quis per mensem sustinuerit, ipsum sic excommunicatum a sua administracione suspendemus et ad claustrum revocabimus vel alibi mittemus[2] eumdem sic suspensum ab administracione dicti prioratus, ut videbimus expedire, donec predictis prelatis de summis ante dictis, modo quo supra, fuerit satisfactum. Sed ut taliter excommunicato et a sua administracione suspenso de sue absolucionis beneficio[3] valeat provideri, volumus et consentimus et in predicto nostro generali capitulo statuere et pronunciare promittimus, quod, si contingat nos dictum sic excommunicatum a sua administracione absolvere aliqua de causa et alii administracionem dicti prioratus commictere, subrogandus in dicta administracione sive prioratu, nisi infra mensem a tempore provisionis sive commissionis sibi facte de administracione sive prioratu hujusmodi de predicta summa satisfaciat, in penas supradictas incidat ipso facto; et eodem modo quilibet abbas successor noster, in primo capitulo generali post institucionem suam, similes moniciones, sentencias et processus per intervalla predicta facere et pronunciare tenebitur in futurum. Promictimus insuper nos, abbas et conventus predicti, quod, si dicti episcopus, archidiaconus, archipresbiteri et decani super presenti composicione confirmacionem a sede apostolica voluerint impetrare, et nos ad hoc consenciemus et ex nunc, in quantum in nobis est, more presencium, consentimus. Et constituemus nos, abbas et conventus predicti, procuratorem generalem ad consentiendum pro nobis in Romana curia confirmacioni composicionis predicte, salvo quod ad

---

[1] En marge : *Nota*. — [2] Le manuscrit porte *muctemus*. — [3] Le manuscrit porte *beneficis*.

impetracionem confirmacionis composicionis hujusmodi nichil conferemus, nisi expensas nostri procuratoris predicti. Insuper, ut predicta composicio firmior et validior habeatur, nos abbas et conventus predicti omnia bona dictorum prioratuum nostrorum ad solucionem hujusmodi faciendam et ad tenendum et firmiter adimplendum et observandum omnia et singula supradicta et ad non veniendum contra in futurum aliqua racione, nosque, episcopus, archidiaconus, archipresbiteri et decani predicti, ad predicta tenenda et observanda, bona dictorum episcopatus, archidiaconatus, archipresbiteratuum et decanatuum nostrorum specialiter obligamus. Preterea nos, episcopus predictus, archidiaconus, archipresbiteri et decani, et nos, abbas et conventus predicti, procuratores speciales constituere promittimus, qui predictam composicionem in animas nostras jurabunt observare et contra non venire in futurum aliqua racione, et eodem modo successores nostrum, episcopi, archidiaconi, archipresbiterorum et decanorum necnon nostri abbatis predicti, in primo capitulo generali post institucionem suam, simile juramentum per procuratorem facere tenebuntur, acto inter nos, quod per presentem composicionem exempcioni seu privilegiis et libertatibus dictorum abbatis et conventus et priorum prioratuum predictorum in aliis non fiat prejudicium nec fieri valeat in futurum. In cujus rei testimonium, nos, episcopus, archidiaconus, archipresbiteri et decani, abbasque et conventus predicti sigilla nostra, una cum sigillo capituli Andegavensis, hiis presentibus licteris duximus apponenda. Nos vero capitulum Andegavense, decano nostro absente, huic presenti composicioni, de nostris voluntate et assensu, et quam in quantum in nobis est ratifficamus, laudamus et eciam approbamus, sigillum nostrum apponi fecimus, in testimonium premissorum.

Datum anno Domini millesimo ccc decimo quinto, mense Aprilis, apud Andegavis et apud Majus Monasterium, in capitulo generali[1].

---

[1] Par acte du 16 mai 1316, *die Veneris post Dominicam qua cantatur : Cantate, in nostro generali capitulo, anno M° CCC° XVI°*, Jean, abbé de Marmoutier, notifie cette transaction à tous ses prieurs. Nous croyons pouvoir supprimer ce document transcrit au fol. 129 et qui n'en est qu'une reproduction.

[*Protestation par l'évéque Guill. Le Maire contre l'enqueste entreprise par maistre Gautier Le Picard, commissaire du bailli de Tours, sur le fait de Philippe Gatineau, chevalier, détenu avec ses complices dans la prison épiscopale.*]

17 janvier 1316 N. S.

In nomine Domini, amen. Per hoc presens publicum cunctis pateat instrumentum, quod anno Domini M° CCC° quinto decimo, decima septima die mensis Januarii, indicione XIIII°, apostolica sede tunc vacante per mortem felicis recordationis domini Clementis pape quinti, in mei notarii et testium subscriptorum presencia personaliter constitutus, reverendus in Christo pater et dominus dominus G., divina providencia Andegav. episcopus, Guillermo dicto Grousse, ejusdem clerico, dedit in mandatis, quod, cum magister Galterius Picardi, gerens se pro commissario ballivi Turonensis, virtute et auctoritate quarumdam licterarum domini regis Francie, dicto ballivo, ut dicitur, directarum, tangencium factum Philipi Gastinelli, militis, occasione cujus dictus miles, una cum quibusdam aliis, in prisione dicti episcopi detinebatur, adjornassetque dictum episcopum, ut ipse compareret, si sua crederet interesse, vel de suis sufficienter mitteret ad locum qui dicitur *Le Clous L'Abbé* in parrochia Sancti Johanni des Mauvereiz [1], ad videndum inquestam fieri a dicto commissario, nomine quo supra, secundum formam et tenorem commissionis a dicto balliyo, nomine quo supra, sibi facte super facto militis supradicti, prout in licteris commissionis dicti domini regis sibi exhibitis dicebatur plenius contineri, quod dictus clericus, nomine quo supra, ad dictum locum accederet et dicto magistro Galterio, nomine dicti episcopi, supplicaret, et coram eo protestaretur secundum formam et tenorem cujusdam cedule, ex parte dicti domini episcopi eidem clerico tradite, cujus tenor sequitur in hec verba :

Comme l'igleise d'Angers ait estée fondée des empereours, qui furent reis de France et qui moult de privilèges, immunitez et franchises li donnèrent et expéciaument transportèrent enterinement, sanz riens retenir, fors la garde en la dite igleise et en l'évesché, quanque

---

[1] Saint-Jean-des-Mauvrets, c^ne du canton des Ponts-de-Cé, arrond. d'Angers.

segnor de terre poet aveir ne demander, par nulle rayson, en toutes les chouses qui en celui temps ap[ar]tenaient et ou temps avenir porraient ap[ar]tenir à la dite igleise, par quelque titre que ce fust et en quesque leus et en quelxque pais que elles fussent ou saient sises de denz le réaume de France et de denz l'empire, devoianz estreitement à touz juges séculiers et de quelque estat et condicion, que il saient, que en nul temps avenir il n'ousasent entrer ès ygleises et ès leus et ès terres et ès autres possessions, queles quelles saient, que la dite igleise et le dit évesque tenoient en celui temps ou tendroient ou temps avenir ou temps d'ours ou de lours successors, por faire nul expleit de justice ne por destraindre les hommes de l'igleise, ne nulles exactions faire, quele que ele seit, si comme ces chouses et plusors austres sunt contenues à plain ès privilèges, donnez à ladite ygleise et à l'évesché des empereours et roys desus dix, et tant par ce, comme autrement, aperge notoyrement, que l'évesque d'Angiers et sa terre, où il a toute justice haute et basse, est de l'espéciau garde le rey, en tèle manière que il n'est pas sougiet au ballif de Toreinne ne à ses serjanz; de rechef, comme ledit évesque ait lectres pendanz dou rey Phellippe, père au rey qui ores est, èsqueles il est deffendu au ballif devant dit, que il ne soeffre venir nul serjant le rey en la terre au dit évesque, seit ès fiez seit ès rieresfiez dou dit évesque, où il a toute justice haute et basse, fors ès cas apartenans au roy, et adonques o lectres pendanz, faisanz expresse mencion dou cas pour lequel il sereit envoiez; et en sour que tout le rey qui ores est, en sivant les faiz et la dévocion de sers devantiers, ait aprové, renovelé et confirmé de certaine conscience toutes les franchises et les libertez, les privilèges et les lectres données et octreiés à l'iglyse et à l'évesque d'Angiers de touz ses devantiers; et vous, mestre Gautier Le Picart, soiez venuz audit évesque et à ses justiciers de sa cort laie, et lor aiz défendu de fait, de par le rey, que ils ne justicent Mons[ieur] Phelippe Gastineau, chevalier, et autres personnes justicables audit évesque, et que ils ne cognoissent ne ne s'entremètent dou cas pour lequel il estoient et sunt tenuz en la prison au dit évesque, e douquel cas la cognoissance e la justice apartient notoyrement au braz temporel de l'esvesque d'Angiers et à nul autre, ja soit ce que vous n'aiez poair ne mandement de roy, que il apierge par quoy vous le puissez faire, ne le dit chevalier ne les autres persones davant dites n'aient apelé de la cort au dit évesque ne fait ajorner ne lui ne ses justiciers sus tort feit ne sus dreit vaé, ainz recognoissent et afferment de lor propre volenté que le dit évesque ne sa gent ne lour firent onques tort en celui cas ne ne vaèrent dreit, ne ils n'apelèrent de ours, et ce ils soient prez de dire et recognoistre davant vous, pour ce je vous requier, de par le dit évesque, et faiz protestacion, de par ledit évesque, que je vus faz ceste requeste de par lui, pour l'ennor et pour la révérence de la haustèce le rey, ou qui non vous dites ces deffens aveir feit tant soulement, non pas pour entente que le dit évesque ne ses justiciers voüsissent onques ne voillent obéir au dit deffens ne à autre chouse, que vous facez sus cest cas, en tant comme il apert et porra apareistre, que ce est ou sera contre les privilèges et les franchises au dit évesque, ou contre la coustume notoire dou païs, et en tant, comme il n'apert que vous n'aiez poair dou rey soufisant d'aveir faite ceste chouse ne de plus en faire, ainz le contredit le dit évesque tant comme il puet, et je de par lui. Et faz protestacion, de par lui, de porchacier amendement et adroicement, en leu et en temps, dou tort dou grief, que vous avez fait à lui et à ses justiciers en cest cas, et de ceux que vous lor fereiz, là et en la maniere que il sera à faire. Et de cestes requestes et protestacions ge requier, ou non dou dit évesque, véanz cestes bonnes genz, vous tabellion, tant comme personne publique, que vous me dongez instrument.

Acta sunt hec apud Sanctum Alemandum, in manerio dicti episcopi in chamera ejusdem, anno, die, mense et indicione predictis, presentibus ad premissa discretis viris Petro de Valleis, canonico Andegavensi, Guillermo de Bremio, archipresbitero de Ludio, Guillermo de Souvigneio, rectore de Bremio super Aution, et pluribus aliis ad hoc specialiter vocatis et rogatis. Quibus sic actis, dictus clericus incontinenti, in mei notarii presencia et testium subscriptorum, ad dictum locum, qui dicitur *Le Clous L'Abé*, accedens, post plura verba pro dicto domino episcopo per Matheum de Vernee, militem, senescallum dicti domini episcopi, facta, necnon et plures consiliarios ejusdem, quibusdam militibus et aliis amicis sepedicti militis, videlicet Guidone Esmenart, Gaufrido Ourseau, Guidone de Haia, Johanne de Gonnort, Petro Souvaing, militibus, Philipo Gastinelli, valeto, filio predicti militis, Guillermo Blouen, Mauricio de Champigne, Philipo de Petra Bassa, ibidem pro dicto milite comparentibus, expresse protestantibus quod dicta commissio nunquam de mandato dicti militis fuerat impetrata nec unquam uti volebat eadem, cum nunquam, ex parte dicti episcopi nec alias suorum, eidem militi facta fuerat injusticia aliqua nec justicia denegata, sed volebat dictus miles, ut dicebant, sub dicti episcopi juridicione remanere; quod eciam dictus magister Galterius fatebatur dictum militem sibi alias dixisse et eum, junctis manibus, rogasse, quod dicta commissione contra dictum episcopum et juridicionem suam nullatenus uteretur, maxime cum dictus miles expresse renonciaret eidem, dictas supplicaciones et protestaciones, nomine dicti episcopi, fecit dicto magistro Galterio, secundum formam et tenorem cedule suprascripte; quam cedulam idem clericus, nomine quo supra, coram eodem commissario integre perlegit et a me peciit super hoc, nomine quo supra, de premissis sibi fieri publicum instrumentum.

Quibus actis, dictus commissarius, dictis supplicacionibus et protestacionibus acquiescens, ab illa inquesta supersedit et abinde, infecto negocio, recessit.

Acta sunt hec anno, die, mense, indicione et loco predictis, presentibus ad premissa nobilibus viris Guidone Esmenart, Gaufrido Oursea (sic), Guidone de Haia, Johanne de Gonnort, Petro Silvani et Matheo de Vernee, militibus predictis, necnon Philipo Gastinelli, valleto, Guillermo Bloin de Sancta Cruce, Mauricius de Champigne, Philipo de Petra Bassa, Radulpho Prepositi, discretisque viris Petro de Valleis et Theobaldo Silvani, canonicis Andegavensibus, et pluribus aliis ad hoc specialiter vocatis et rogatis.

Et ego Alexander dictus Moncaint, clericus Andegavensis dyocesis, auctoritate apostolica publicus notarius, predictis supplicacioni, protestacioni et lecture necnon acquiesc[ioni] et supersedicioni et omnibus aliis premissis, una cum predictis testibus, presens fui, manuque mea propria ea scripsi, et in formam publicam redegi, signoque meo solito signavi rogatus.

[*Serment d'obéissance, prêté à l'évêque d'Angers, par l'abbé de la Boissière.*]
Anno Domini millesimo ccc°. decimo sexto, die Veneris post festum beati Michaelis in monte Gargano, in capella maneriis nostri de Esventart, frater Petrus, abbas de Buxeria, Cisterciensis ordinis, fecit nobis professionem obediencie, in modum qui sequitur[1] :

1er octobre 1316.

Ego Petrus, abbas de Buxeria[2], Cisterciensis ordinis, subjectionem et reverenciam a sanctis patribus constitutam, secundum preceptum sancti Benedicti, tibi, pater Guillerme, tuisque successoribus et sancte sedi Andegavensi ecclesie, salvo ordine nostro, perpetuo me exibiturum promitto.

Sequitur instituicio seu constitucio yconomorum seu administratorum, per nos Guillermum Majorem, episcopum Andegavensem, facta in monasterio Sancti Sergii Andegavensis, vacante per mortem Guillermi dicti Orgebet, qui successit Johanni Rebours, quondam abbati ipsius monasterii; qui Guillermus vix duravit per dimidium annum, et post cujus mortem magna contencio exorta extitit in monasterio prelibato.

Universis presentes litteras inspecturis Guillermus [*etc.*].

Cum igitur monasterio Sancti Sergii Andegavensis, a nostris predecessoribus fundato et dotato, vacante per mortem fratris Guillermi Orgebet, nuper abbatis ejusdem, propter varias electiones, de pluribus monachis dicti monasterii celebratas, que nullum sunt sortite effectum, et ultimo occasione dissensionis que super electione fratris Fulconis Des Milliers, prioris de Chemereio[3] in Radesiis, dicti monasterii monachi, in abbatem dicti monasterii, celebrata emersit, et propter opposiciones varias et approbationes contra electionem et electum predictos oppositas, et ad sedem apostolicam interjectas, memoratum monasterium ad

---

[1] Ces trois lignes sont en rubrique dans le manuscrit.

[2] Abbaye Cistercienne, fondée vers 1131, dans la commune de Dénezé-sous-le-Lude, canton de Noyant, arrond. de Baugé.

[3] Chemeré-en-Retz (Loire-Inférieure).

presens non valeat ordinari..., religiosos viros fratres Johannem, priorem de Verronio, et Juhellum, priorem de Bella Valle, dicti monasterii monachos, et eorum quemlibet in solidum... constituimus, deputamus et ordinamus yconomos, procuratores et administratores monasterii prelibati ad administrandum, trattandum et regendum omnes et singulas res et possessiones dicti monasterii [etc.]. In cujus rei testimonium, presentibus litteris sigillum nostrum duximus apponendum.

Datum die Jovis post festum sancti Dyonisii, qua die predicti yconomi juraverunt, manu posita ad pectus, ad sancta Dei Euvangelia anteposita, quod in yconomatu et administracione predictis fideliter se habebunt et de administracione hujusmodi nobis aut successoribus nostris, seu abbati dicti monasterii ac prioribus et administratoribus predictis, in eisdem futuris, et nulli laice potestati, fidelem reddent et integram racionem, cum super hoc fuerunt requisiti, anno Domini millesimo ccc° decimo sexto.

Quoddam preceptum factum per dominum episcopum officiali Andegavensi.

Cumque (*sic*) magister Petrus de Sancto Dyonisio, clericus illustris principis domini K., comitis Andeg., quosdam servientes dicti domini comitis in quibusdam maneriis dicti monasterii et abbatis ejusdem, nomine garde seu advocacionis titulo, misisset ad custodiendum dicta maneria et levandum et recipiendum fructus et proventus rerum pertinentium ad maneria supradicta, contra statuta sacrorum canonum temere veniendo, et sentenciam excommunicacionis auctoritate constitucionis editte a felicis recordacionis domino Gregorio decimo, summo pontifice, in Concilio Lugdunensi, que incipit *Generali*, dampnabiliter incurrendo, et dicti yconomi seu administratores, magis formidantes terrenam quam divinam offendere majestatem, trepidarent et pigritarent contra dictum magistrum Petrum et ballivum Andegavensem et eorum complices et hujus facti culpabiles et consortes procedere, in prejudicium monasterii predicti et abbatum futurorum in eodem, cum per hoc idem monasterium videretur nove subici servituti et potestati seculari, quod hactenus factum non fuerat, contra juris tenorem submitti ; et nos attendentes pericula, que ex hoc facto monasterio et abbatibus predictis possent in posterum evenire, mandassemus magistro Matheo Ferrandi, tunc temporis officiali nostro [1], quod ipse, dictorum yconomorum negligenciam et pigriciam excitando, eosdem canonice compelleret ad prosequendum jus monasterii prelibati contra predictos magistrum Petrum ballivum et alios hujus facti culpabiles et consortes, ut jus esset, mandantes etiam nichilominus eidem officiali, quod eisdem yconomis, prosequentibus istud factum, exiberet rigide justicie complementum; qui officialis, mandato nostro obtemperans, dictos yconomos per censuram ecclesiasticam ad premissa compellens, tandem concessit eis monicionem contra eosdem magistrum Petrum ballivum et alios hujus facti culpabiles et consortes, cujus monicionis tenor sequitur in hec verba :

Monicio facta contra magistrum P. de Sancto Dyonisio, clericum comitis Andegavensis.

1" février 1317 N. S.

Officialis Andeg. Guillermo dicto Crochet, presbitero, necnon Johanni Mellier, clerico, notariis curie Andeg. juratis, salutem. Sanctorum patrum in Cabilonensi concilio sanxit auctoritas, ut omnes ecclesie cum dottibus et omnibus bonis suis in episcopi potestate consistant semperque pertineant ad ordinattionem ejusdem, cujus potestate et judicio quascumque res ecclesiasticas convenit gubernari ac etiam dispensari, adeo quod, sicut cavetur in concilio Toletano, ipsi eciam conditores basilicarum in rebus, quas eisdem ecclesiis conferunt, nullam potestatem habere noscuntur. Omne enim, quod Domino consecratur vel datur, sive fuerit homo sive animal sive ager et quicquid semel fuerit consecratum, prout canonica testatur auctoritas, sanctum sanctorum erit Domino et ad jus pertinet sacerdotum. Qua de re quicumque miles, vel cujuscumque ordinis vel professionis persona, predia ecclesiastica usibus celestium secretorum dicata auferre, vastare, invadere, capere seu vexare presumpserit, usque ad emendacionem condignam et Ecclesie satisfacionem, sacrilegus est censendus, et, si emendare noluerit,

[1] Plus tard chanoine de Saint-Quentin et chancelier de France en 1328. (Rangeard, *Hist. de l'Univ. d'Angers*, t. I, p. 185.)

excommunicacionis vinculo innodandus. Verum, quare nonnulli laici, minime attendentes quod eisdem eciam religiosis nulla de bonis rebus seu facultatibus ecclesiasticis aliquid disponendi sit attributa facultas, quibus obsequendi manet necessitas, non auttoritas imperandi, falcem suam in messem alienam ponere presumentes et nitentes in vettitum contra sanctorum patrum decreta, administracioni et regimini bonorum ecclesiarum et monasteriorum vacancium se presumpcione dampnabili ingerebant, prelatosque et personas ecclesiasticas, ad submittendum eisdem res et bona immobilia ecclesiarum suarum modis variis, compellebant, olim fuit in generali concilio Lugdunensi provida deliberacione statutum universos et singulos, qui regalia, custodiam sive gardiam advocacionis sive deffenssionis titulum in ecclesiis, monasteriis sive quibuslibet aliis piis locis de novo usurpare cognantes (*sic*), bona ecclesiarum, monasteria aut locorum ipsorum vacancium occupare presumerent, quantocumque dignitatis honore prefulgeant, clericos eciam ecclesiarum et monachos monasteriorum personasque ceteras locorum eorumdem hoc fieri procurantes, eo ipso excommunicacionis sentencie subjacere, et quod clerici, qui se, ut debent, talia facientibus non opponunt, de proventibus ecclesiarum seu locorum ipsorum nichil percipiant pro tempore, quo permiserint sine debita contradicione premissa. In eodem eciam Concilio generali salubri fuit provisione decretum laicos, qui prelatos vel capitula ecclesiarum seu alias personas ecclesiasticas presumpserint, compellendo ad submittendum eisdem ecclesias suas, bona inmobilia seu jura ipsorum, cujuscumque sint dignitatis, condicionis aut status, excommunicacionis sentenciam incurrunt ipso facto, necnon clericos, qui, scientes contra prohibicionem predictam Concilii memorati aliquid esse presumptum, id superiori denonciare neglexerint, a percepcione beneficiorum, que in ecclesia sic gravata obtineut, triennio fore suspensos. Cum igitur ex parte prioris claustralis monasterii Sancti Sergii Andegavensis, nunc abbate vacantis, et priorum de Verronio et de Bella Valle, ejusdem monasterii monachorum, yconomorum constitutorum et deputatorum ad administrandum et conservandum bona predicta, durante vacacione hujusmodi, nobis fuerit graviter conquerendo monstratum, quod discretus vir Petrus Enouvre, baillivus Andegavensis, magister Petrus de Sancto Dyonisio, clericus, Johannes Le Roux, subballivus Andeg. ac Michael Menuau, Guillotus Anglici, quondam coqus abbatis Johannis Sancti Sergii predicti, et nonnulli alii eorum complices ac gerentes se pro ministris et allocatis excellentissimi principis domini comitis Andeg., regalia, custodiam sive gardam advocacionis seu defensionis titulum advoantes de novo in monasterio memorato, ab episcopis Andegavensibus fundato, et in infirmaria dicti monasterii ac prioratibus de Grez[1] et de Merallo[2] supra Meduanam, ad dictum monasterium pertinentibus, necnon administratore et priore vacantibus, bona mobilia et immobilia, videlicet blada, vina, mesnagia et utensilia, maneria et possessiones monasterii ac infirmarie et prioratus predicti, et quod gravius est censendum, decimas et alia jura spiritualia eorumdem ad dictum monasterium spectancia et pertinencia, que secundum canonicas sanctiones, durante vacacione predicta, per yconomos predictos, institutos a reverendo patre ac domino domino Andeg. episcopo ad regendum et administrandum deputatos, ceperint et occupaverint et adhuc capta detineant et occupata, in prejudicium dicti domini episcopi et ecclesie Andeg. et monasterii prelibati ac ecclesiastice libertatis, niten[tes] monasterium, infirmariam et prioratum predictum et bona immobilia ac jura ipsorum de novo predicti domini comitis submittere potestati, sanctorum patrum decreta et canonicas sanctiones temere violando, et excommunicacionis sentenciam ob premissa dampnabiliter incurrendo; que adeo dicuntur esse notoria, quod non possunt aliqua tergiversacione celari. Hinc est quod vobis et vestrum cuilibet in solidum tenore presencium committimus et mandamus, quatenus, alter alterum non expectans, predictos, ballivum, magistrum Petrum et eorum complices ac Michaelem

---

[1] Grez-sur-Maine, dans la commune de Grez-Neuville, canton du Lion-d'Angers, arrondissement de Segré.

[2] Méral, canton de Cossé-le-Vivien, arrondissement de Châteaugontier. Le texte se trompe en mettant ce prieuré sur la Mayenne. Il fallait écrire : *de Grez supra Meduanam et de Merallo*, comme il est dit dans l'acte suivant.

Menuau et Guillotum predictum canonice ex parte nostra moneatis, quod ipsi et eorum quilibet predicta bona ac decimas dictorum monasterii, infirmarie et prioratus per ipsos et de eorum mandato seu alterius eorumdem capta et occupata et omnes fructus, exitus et proventus, per ipsos et quoscumque alios, ab ipsis et eorum altero deputatos, a tempore vacacionis predicte exinde perceptos, predictis yconomis, dicti monasterii monachis, videlicet, prioribus de Bella Valle et de Verronio, quos reverendus pater predictus, prout ad ejus spectat officium, yconomos posuit et instituit ac eciam deputavit ad administrandum et conservandum bona predicta, durante vacacione hujusmodi et ad fructus predictos percipiendos, ab ipsis convertendos in utilitatem monasterii, infirmarie et prioratus predictorum seu futuris abbati, infirmario et priori fideliter reservandos integre et perfecte reddant, deliberent et assignent sine more dispendio cum effectu, ac eosdem yconomos libere permittant administrare et conservare premissa. Alioquin, si vobis vel alicui vestrum, per quem id expediri contigerit, legitime constiterit de premissis, quoquo modo, predictos ballivum magistrum Petrum et eorum complices, de quorum nominibus vobis legitime constiterit, ac Michaelem et Guillotum et alios, quos culpabiles inveneritis in hac parte, auctoritate nostra excommunicetis in scriptis, et excommunicatos tam auctoritate dictorum statutorum Concilii generalis predicti, quam nostra, publice nuncietis et faciatis publice nunciari, donec a predictis sentenciis absolucionis beneficium meruerint obtinere. Vobis autem et vestrum cuilibet in solidum tenore presencium, quoad hec et ea tangencia et contingencia, committimus vices nostras, donec eas ad nos duxerimus revocandas; vos vero vel is vestrum per quem premissa fieri continget, r[eddatis] litteras sigillatas, et, quicquid inde feceritis, nobis per patentes litteras fideliter rescribatis.

Datum die Martis, in vigilia purificacionis beate Marie virginis, anno Domini m° ccc° sexto decimo.

Rescripcio.

Viro venerabili et discreto domino officiali Andeg. G. de Crochet,

4 février 1317 N. S.

presbiter, vester commissarius, una cum Johanne Mellier, notario curie Andeg. jurato, cum reverencia, obediencia et honore promptam ad ejus beneplacita voluntatem.

Noverit vestra venerabilis discrecio me ad magistrum Petrum de Sancto Dyonisio, clericum excellentissimi principis domini comitis Andeg. in ecclesia Andeg., personaliter accessisse contentaque in litteris vestris, quibus hee sunt annexe, perlegisse, et ea meliori modo, quo potui, reserasse ipsumque ore ad os, pro secundo et tercio et cum sufficientibus intervallis, monuisse, ut ipse sub pena excommunicacionis bona mobilia et immobilia, videlicet blada, vina, mesnagia et utensilia, maneria et possessiones monasterii ac infirmarie ac prioratum (*sic*) de Grez supra Meduanam et de Merallo, ad monasterium Sancti Sergii Andegavensis pertinencia, ac decimas et alia jura spiritualia eorumdem, ad dictum monasterium spectancia, et pertinencia, per ipsum et ejus complices capta et occupata et que detinebat adhuc capta et occupata, in prejudicium domini episcopi et ecclesie Andegavensis et monasterii prelibati ac ecclesiastice libertatis, et exitus et proventus per ipsum et de ejus mandato, a tempore vacacionis pastoris dicti monasterii, sub pena excommunicacionis prioribus de Verronio et de Bella Valle, yconomis, procuratoribus et administratoribus monasterii prelibati, a reverendo in Christo patre ac domino domino G., divina providencia Andegav. episcopo deputatis ad administrandum, tractandum et regendum omnes et singulas res et possessiones monasterii prelibati, redderet et restitueret et permitteret administrare et conservare premissa.

Qui quidem magister Petrus, in jure personaliter coram me commissario vestro predicto constitutus, ex una parte, et religiosus vir frater Johannes, prior prioratus de Verronio, yconomus, procurator et administrator dicti monasterii litteratorie destinatus et admissus una cum priore de Bella Valle cum illa clausula : « et quilibet eorum in solidum, ita quod non sit melior condicio occupantis, » et ex alia parte, idem magister Petrus, a me legitime monitus, ut prefertur, omnia contenta in litteris vestris, quibus hee sunt annexe, negavit fore vera et petita fieri debere, juratoque de calumpnia a dicto yconomo, procuratore et administratore dicti monasterii super premissis et de veritate dicenda, dicto magistro Petro, a me, commissario vestro, requisito sufficienter et legitime, quod juraret de calumpnia et de veritate dicenda super premissis, hoc recusante et denegante. Quibus sic actis, ego commissarius vester predictus, auctoritate vestra mihi a vobis in hac parte commissa, ipsum magistrum Petrum monui, ore ad os primo, secundo et tercio et cum sufficientibus intervallis, sub pena excommunicacionis, ut ipse juraret de calumpnia et de veritate dicenda super premissis. Qui magister Petrus, a me commissario vestro sufficienter monitus, mihi respondit verbis gallicis : *Tront.* Quibus sic actis, ejusdem magistri Petri responssione predicta audita, ego commissarius vester predictus ipsum magistrum Petrum de premissis et super premissis et ea tangentibus et contingentibus habui pro convicto, et ipsum monui, pro secundo et tercio et cum sufficientibus intervallis, ut ipse predictis religiosis yconomis et administratoribus omnes et singulas res et possessiones monasterii prelibati et cetera omnia in litteris vestris, quibus hee sunt annexe, contenta redderet et restitueret et permitteret administrare et conservare premissa, et ut impedimentum, sesinam, arestacionem et molestacionem, per ipsum et ejus complices appositas, amoveret et amoveri faceret et procuraret indilate et cum effectu.

Qui magister Petrus, sic a me commissario vestro monitus, primo, secundo et tercio cum sufficientibus intervallis, premissa reddere, restituere et deliberare eisdem religiosis denegavit, et ob hoc ipsum magistrum Petrum, auctoritate vestra mihi in hac parte commissa, in scriptis excommunicavi et sentencias excommunicacionis auctoritate dicti Concilii generalis incurrisse prononciavi ac excommunicacionem in ecclesia Beati Maurilii Andeg. publice nonciavi ; et hoc discrecioni vestre certifico per presentes litteras, sigillo meo sigillatas. — Datum et actum, presentibus dicto magistro Petro et yconomo predicto, nomine quo supra, die Martis post festum purificacionis beate Marie virginis, anno Domini m° ccc° sexto decimo.

Aggravacio.

9 février
1317 N. S.

Officialis Andegavensis ecclesiarum rectoribus et capitulis curatis Beatorum Mauricii, Maurilii, Petri, Martini, Magnobodi, Beate Marie Andegavensis, Martini, Michaelis de Tertro et de Palude Andeg[avis] et omnibus aliis capellarum et ecclesiarum rectoribus, in civitate et dyocesi Andeg. constitutis, presens mandatum recepturis, necnon doctoribus ordinarie Andegavis regentibus, tam in jure canonico quam civili, salutem in Domino.

Cum magister Petrus de Sancto Dyonisio, clericus excellentissimi principis domini comitis Andeg., dudum sit excommunicatus auctoritate Concilii generalis, et Guillermi de Crochet, presbiteri jurati commissariique nostri et nostra, pro manifesta offensa, eo quod legitime monitus, pro secundo et tercio et cum sufficientibus intervallis, per predictum commissarium nostrum, ut ipse bona mobilia et immobilia, videlicet blada, vina, mesnagia et utensilia, maneria et possessiones monasterii ac infirmarie ac prioratuum de Grez et de Merallo, ad monasterium Sancti Sergii Andeg. pertinencium, ac decimas et alia jura spiritualia eorumdem, ad dictum monasterium spectancia et pertinencia, per ipsum et ejus complices capta et occupata et que adhuc capta detinebat et occupata, in prejudicium domini episcopi et ecclesie Andeg. et monasterii prelibati et ecclesiastice libertatis, ac exitus et proventus per ipsum et de ejus mandato, a tempore vacacionis pastoris dicti monasterii, sub pena excommunicacionis, religiosis viris prioribus de Verronio et de Bella Valle, yconomis, procuratoribus et administratoribus monasterii prelibati, a reverendo in Christo patre ac domino domino G., divina providencia Andeg. episcopo, deputatis ad administrandum, tractandum et regendum omnes et singulas res et possessiones monasterii prelibati redderet et restitueret et permitteret administrare et conservare premissa, dicto magistro Petro hoc negante et jurare super hoc de calumpnia et de veritate dicenda coram dicto commissario denegante, sufficienter requisito; quare vobis, rectoribus et capitulis curatis precipimus, committimus et mandamus, quatenus, alter alterum non expectans, singulis diebus dominicis et festivis et non festivis, dum vos missarum sollempnia celebrare contigerit, in principio missarum vestrarum et in fine, candel[is] accens[is], campanis pulsatis, cum cruce, aqua benedicta et libro et candella ardenti incontinenti extincta, auctoritate Concilii generalis et dicti commissarii nostri et nostra inovetis, et vobis doctoribus per tres dies legibiles in scolis, sub pena excommunicacionis, prefattum magistrum Petrum excommunicatum et agravatum, auctoritatibus quibus supra, publice nuncietis, facientes ipsum ab omnibus arcius evittari, a denonciacione hujus modi non cessantes, donec aliud a nobis receperitis in mandatis; vobis autem rectoribus et cap[ellanis] curatis inhibentes, sub pena suspensionis et excommunicacionis, quatenus ipsum magistrum P., sic excommunicatum et agravatum, ad divina nullatenus admittatis, quousque ipsum a dictis excommunicacionis sentenciis fore noveritis absolutum.

R[eddatis] litt[eras] sigillat[as].

Datum die Mercurii ante festum beati Licinii, anno quo supra.

Absolucio dicti magistri Petri.

In nomine Domini amen. Anno ejusdem M°.CCC° XVI°, XII° die mensis Februarii, indicione XV°, pontificatus sanctissimi patris ac domini domini Johannis, divina providencia sacrosancte Romane ac universalis Ecclesie summi pontificis XXII, anno primo, notum sit omnibus presens instrumentum publicum inspecturis, quod in mei notarii puplici (*sic*) et testium subscriptorum, ad hoc vocatorum et specialiter rogatorum, presencia personaliter constitutus, discretus vir magister Petrus de Sancto Dyonisio, clericus in Andegavia excellentissimi principis domini Caroli, comitis Andeg., peciit et suplicavit venerabili viro et discreto domino officiali Andeg., ut eum absolveret, si absolucione indigeret, a sentencia excommunicacionis, si qua incurrerat, pro manifesta offenssa ad instanciam religiosorum virorum priorum claustral[is] monasterii Sancti Sergii, abbatis solatio destituti, ac prioratuum de Bella Valle et de Verronio, ad dictum monasterium pertinencium, yconomorum dicti monasterii; a reverendo in Christo patre ac domino domino G., Dei gracia

12 février
1317 N. S.

Andeg. episcopo, deputatorum ad tractandum, exigendum et conservandum bona dicti monasterii, eodem monasterio tunc abbate vacante, tam auctoritate Concilii quam auctoritate dicti domini officialis, in ipsum, ut dicebant dicti yconomi, lata ex parte G. Crochet, presbiteri commissarii officialis predicti, pro eo quod idem commissarius asserebat eumdem magistrum P., legitime primitus convictum, legitime monuisse de restituendis quibusdam bonis mobilibus, mesnagiis, vinis, bladis, decimis et aliis quam pluribus ad infirmariam dicti monasterii, prioratus de Grez supra Meduanam et de Merallo pertinentibus, vacantes infirmario et prioribus, ad dictum monasterium pertinentes, et possessiones et bona immobilia dictorum infirmarie et prioratuum predictorum, que eidem magistro P. imponebantur sub titulo et nomine garde cepisse et ad manum dicti domini comitis posuisse et sesiisse ac capta et sesita detinere, et quod, sufficienter monitus, premissa facere non curarat peciitque idem magister P. a dictis yconomis, utrum vellent consentire coram dicto domino officiali, quod ipse a dicto domino officiali super hoc absolucionis beneficium obtineret, si ipse bona omnia predicta, per eum capta et sesita, deliberaret eisdem.

Qui quidem yconomi, deliberacione super hoc prehabita, finaliter responderunt, quod, premissis eisdem primitus restitutis, consenciebant quod idem magister P. absolveretur a sentencia predicta. Et tunc idem magister P. respondit, quod deliberabat eisdem yconomis omnia bona ad dictam infirmariam, prioratus et monasterium pertinencia, per eum et de ejus mandato capta, sesita et detenta, quatenus poterat et quatenus in se erat.

Quibus actis, idem magister fuit ob premissa a dicto officio absolutus, presentibus et consencientibus dictis yconomis; et juravit idem magister stare juri et mandato Ecclesie. Contra vero ballivum, subballivum Andeg. et alios judiciarios et allocatos dicti comitis, eosdem yconomos impedientes in premissis bonis, pertinentibus ad monasterium, infirmariam et prioratus predictos, et ea detinentes, si qui erant, obtulit dictus officialis dare dicto yconomo bonos et justos processus, modo quo fieri poterunt, meliori, et eis tradere personas discretas ad eosdem processus faciend[os] et dictandos, quociens vellent et sibi viderent expedire, et quod paratus erat eis exibere justicie complementum.

Acta sunt hec in palatio Andeg., sub anno, die, mense, indicione et pontificatu predictis, presentibus ad hec dicto officiali, domino Philipo Nicholao, legum professore, magistro M. Rigourt, et J. Jaillais, clerico, et aliis pluribus, ad hec vocatis specialiter et rogatis.

Et ego G. de Gravella, clericus Redonensis dyocesis, auctoritate imperiali et Andegavensis curie notarius juratus, premissis cum dictis testibus presens interfui, et premissa scripsi, et in hanc publicam formam redegi signoque meo solito signavi rogatus.

[*Procuration donnée par l'évêque G. Le Maire au clerc Vincent de Châtillon, pour solliciter en son nom en cour de Rome.*]

Universis, etc. (sic), Guillermus, etc. (sic). Noveritis, quod nos pro nobis et ecclesia nostra ac officialibus nostris dilectum nobis in Christo, Vincencium de Castellione, clericum, exibitorem presencium, nostrum in Romana curia facimus et constituimus procuratorem ad impetrandum privilegia, indulgencias et omnes litteras, tam supplices quam legendas, graciam vel justiciam continentes, contradicendum, narrandum, judices et loca eligendum et recusandum ac in eos conveniendum, etc.

15 décembre 1316.

Datum die Mercurii post festum beate Lucie virginis, anno Domini M° CCC° XVI°.

[*Réception, par Amauri de Craon, du serment de féauté prêté par l'évêque Guill. Le Maire au roi Philippe.*]

A touz ceuls qui verront e orront cestes présentes lestres, Almaurri, sire de Craon, avant povoir e commandement de très excellent prince monsour Ph[ilipp]e, par la grace de Dieu roy de France e de Navarre e de recevoir les chouses qui se ensevent, saluz en noustre Seignour. Sachez que en noustre présence personnelment establi révérent père en Dieu Guillaume dit Le Maire, par la permission devine évesque de Ang[iers], en la chapelle dou dit révérent père de Villévesque en l'an

19 avril 1317.

de grâce M.CCC. et XVII, le XIX jour de avril, fist audit nostre sire le roy de France absent e à nous, en non de li, serment de foiauté, en la menière qui s'enseit, c'est assavoir, l'estole li mise au coul en manière de croiz e la main mise au piz, les évangiles devant lui mises, jura foi e loiauté audit monss[our] Ph[ilipp]e, roy de France, e à son filz, roy dou dit roiaume après lui, e que il gardera lour cors, lour menbres e lour vies, lour dreiz e lour hounour temporel, e, si il li demandent conseil, il le lour demra bon e doial; e si plus i a de generauté de ce que les autres prélaz deivent faire, il le tient pour fait.

Cestes chouses furent faites ou devant dit jour e leu, présens à ce J. de Brain, doien de Saint Jouhan de Ang[ier]s, Herbert, de l'iglise de Ville-Evesque, G. de Souvigné de l'iglise de Brain sus Aution retors[1], Macé, priour dou Port, prestres, Huet de Courcillon, valet, e plusours autres. En tesmoign de laquèle chouse, nous li avons donné cestes présentes lestres seellées de noustre seau.

Donné au jour e ou leu e en l'an desuz diz.

[*Hommage*[2] *lige rendu à l'évêque Hardouin de Bueil par les archidiacres d'Outre-Maine et d'Outre-Loire.*]

23 octobre 1377.

In nomine Domini amen. Universis pateat... quod anno M° CCC° septuagesimo septimo, die vicesima tercia mensis Octobris, indictione prima, pontificatus sanctissimi in Christo patris et domini nostri domini Gregorii, superna providente prudentia pape XI, anno septimo, in mei publici notarii et testium presentia subscriptorum, coram reverendo in Christo patre et domino domino Hardouyno, permissione divina episcopo Andegavensi, in palacio episcopali Andegav., videlicet in camera magna et superiore a parte ecclesie Andegav., magister Michael Regis, presbiter, archidiaconus Transmeduanensis, et magister Guillermus Mathei, presbiter, archidiaconus Transligerensis in

---

[1] Curés, *rectores*.

[2] Les pièces qui suivent sont de date très-postérieure au règne de notre prélat, et transcrites aux derniers folios de son livre de main hâtive. Nous les reproduisons par extraits seulement, ou par analyse, à titre de renseignement.

ecclesia Andegav., homagium ligium de suis archidiaconatibus et pertinenciis eorumdem fecerunt dicto reverendo patri. Et mox dominus archidiaconus Transmeduanensis, manu ad proprium pectus posita, libro coram ipso aperto, juravit in animam suam, quod ipse archidiaconus conservabit corpus et honorem dicti domini episcopi et ecclesie Andegavensis, et quod idem archidiaconus dabit eidem domino episcopo bonum et sanum consilium pro posse, et quod non revelabit secretum suum, postquam idem episcopus per se vel per alium eidem archidiacono illud revelaverit, et quod servabit jura episcopatus ecclesie prelibate. Quo facto, per ipsum Transmeduanensem archidiaconum statim et successive dictus magister Guillermus Mathei, archidiaconus Transligerensis, pro dicto suo archidiaconatu et pertinentiis ejus, manu ad pectus posita, simile et tale, ut premissum est, prestitit in suam animam juramentum specifice designatum. De et super quibus dictus reverendus pater peciit a me notario publico infra scripto sibi fieri publicum instrumentum. Acta fuerunt hec [etc.], presentibus ad hec venerabilibus viris magistris Petro Bertrandi, scolastico, et Petro de Marlhaco, penitenciario; et G. Valeaux, canonico ecclesie Andeg.; et magistris Johanne Papin, canonico Turonensi, Reginaldo Cornillel, licentiato in utroque jure, et magistro P. de Muro, archipresbitero de Ludio, et pluribus aliis ad hec vocatis et rogatis.

[*Nomination, par l'évêque Hardouin de Bueil, de la doyenne du Ronceray, pour administrer l'abbaye vacante.*]

[Analyse.] — Anno Domini m° ccc° octuagesimo quinto, die vi mensis Marcii, H. episcopus Andeg., accedens ad abbatiam Beate Marie Andeg., abbatissa vacantem, convocatis monialibus et officiariis, decanam pro religionis regimine et spiritualitatis, quousque de postero sit provisum, constituit ceterosque officiarios confirmat.

6 mars 1386 N. S.

[*Prestation de serment à l'évêque Hardouin de Bueil par le procureur de Bertrand de Chanac, archidiacre d'Angers.*]

[Analyse.] — Anno a resurrectione Domini m° ccc° octuagesimo sexto,

29 juin 1386.

die penultima mensis Junii, coram reverendo in Christo patre domino Harduino, Andeg. episcopo, in balletis palacii Andegavensis, venerabilis vir dominus Guillermus Janssonii, canonicus ecclesie Aniciensis, procuratorio nomine reverendissimi domini Bertrandi [B. de Chanac], tituli Sancte Potanciane Sancte Romane ecclesie presbiteri cardinalis Jerosolimitani vulgariter nuncupati, ex apostolica dispensacione Andegavensis archidiaconi, licteras apostolicas Clementis pape septimi, more romano bullatas[1], præsentat, quibus licencia dicto cardinali conferitur juramentum fidelitatis, racione ipsius archidiaconatus, per procuratorem episcopo Andegavensi præstandi, et alteras dicti cardinalis licteras, quibus ipsum Guillermum J. procuratorem suum generalem instituit[2]. Quibus quidem licteris apostolicis et aliis sic exhibitis et visitatis, predictus procurator episcopo Andeg. offert et prestat de dicto archidiaconatu homagium ligium et juramentum in formula qua supra.

[*Prestation de serment par l'archidiacre d'Outre-Loire.*]

12 oct. 1398.

Anno Domini m° ccc° nonagesimo octavo, die Sabbati, xii mensis Octobris, indicione vii^a, durante substractione Benedicti pape XIII, que fuit facta die xxvii^a Julii dicto anno, venerabilis et discretus vir dominus Johannes Papin, utriusque juris doctor, archidiaconus Transligerensis in ecclesia Andegavensi, in episcopali palacio, circa horam septimam dicte diei, fecit homagium legium reverendo in Christo patri ac domino domino H., episcopo Andeg., de suo archidiaconatu et pertinenciis ipsius [*etc.*].

[*Hommage lige par l'archidiacre J. Bernard.*]

15 juillet 1435.

Anno Domini m° cccc° xxxv, die xv^a Jullii, venerabilis vir magister Johannes Bernardus[3], archidiaconus Andegavensis, fecit homagium ligium

---

[1] «Datum Avenion. v kal. Maii, pontificatus anno viii°.»

[2] «Actum et datum Avenion.., in domo habitacionis nostre anno Domini m° ccc° oc-tuagesimo sexto, indicione nona, mensis vero Maii die vicesima octava.»

[3] Archevêque de Tours en 1441.

reverendo in Christo patri et domino H., Andegavensi episcopo, de dicto suo archidiaconatu et pertinenciis ejusdem.

[*Hommage lige par l'archidiacre Alain Lequeux[1].*]

[Anno Domini m°cccc° quadragesimo primo, die Mercurii post Ramos Palmarum, xxviii* mensis Marcii, in parva aula palacii Andeg., hora prime, reverendissimo in Christo patri et domino[2] Johanni, Andeg. episcopo, venerabilis et circonspectus vir, magister Alanus Coci, archidiaconus Andeg., de archidiaconatu suo fecit homagium ligium.]

28 mars N. S. 1441.

[*Hommage lige par l'archidiacre Prégent Chevalier.*]

[Anno Domini m°cccc° quadragesimo quinto, die Jovis prima mensis Jullii, in superiori aula palacii episcopalis Andeg., hora terciarum, reverendo in Christo patri, domino Johanni, episcopo Andegavensi, venerabilis et discretus vir, magister Pregentus Militis, archidiaconus Transligerensis, de predicto archidiaconatu homagium ligium facit.]

1ᵉʳ juillet 1445.

[1] Président de la Chambre des comptes d'Angers depuis 1437, mort en 1450. —
[2] Jean Michel.

TABLE

DES CHAPITRES ET DES DOCUMENTS

DU LIVRE DE GUILLAUME LE MAIRE.

		Pages du volume.	Folios du ms.
Notice préliminaire......		5-17	"
1291. 28 janvier......	Obitus Nicolai Gellent, episcopi Andegavensis..	18-21	1
29 janvier......	Corpus defertur ad Andegavensem ecclesiam..	22	1 v°
30 janvier......	In choro exponitur..................	22	2
31 janvier......	Vigilia precedens sepulturam.............	22	"
1ᵉʳ février......	Dies sepulture...................	23	"
Idem...........	Modus sepeliendi.................	24	2 v°
Idem...........	Sepultura.....................	24	"
Idem...........	Forma litterarum directarum ex parte capituli Andeg. ad regem Francie pro petenda licentia eligendi..................	25	"
17 février......	Expedicio nunciorum capituli Andeg. per Regem, qui dicto regi mortem episcopi defuncti denunciaverant et pecierant pro capitulo licenciam eligendi.................	"	"
Idem...........	Tenor littere regis, date nunciis capituli Andeg. de licencia eligendi...............	26	3 v°
26 février......	Tenor litterarum directarum decano et capitulo Turonensis et Girardo, archidiacono Transvigenensi in ecclesia Turonensi, pro petenda licencia eligendi a dictis decano et capitulo, sede Turonensi vacante...............	27	4
7 mars.........	Tenor littere super denunciacione, ex parte magistri Girardi, archidiaconi Transvigenensis in ecclesia Turonensi, facta capitulo Turonensi, sede vacante..................	28	4

45.

		Pages du volume.	Folios du ms.
1291. 7 mars.......	Tenor littere capituli Turonensis, sede vacante, capitulo Andeg. directe super licencia eligendi simpliciter concessa......................	29	4 v°
9 mars........	Acceptacio diei ad electionem faciendam.....	29	"
Idem..........	Tenor litterarum confectarum super vocacionibus canonicorum absentium, in regno Francie existencium, ad dictam electionem faciendam.	29	"
Idem..........	Alia littera de vocacione canonicorum absentium ad electionem faciendam...............	30	5
18 avril.......	Sequitur dies electionis.................	31	5 v°
Idem..........	Tenor litterarum factarum super compromisso electionis..........................	31	"
Idem..........	Publicacio electionis, contenta in quibusdam litteris, quarum tenor sequitur............	33	6
Idem..........	Nota hic verba continentia publicacionem electionis.................................	34	6 v°
19 avril.......	Decani et capituli Andeg. littere procuratorie ad supplicandum capitulo Turonensi, sede vacante, confirmacionem electionis.........	35	7
Idem..........	Tenor litterarum decani et capituli Andeg., continencium decretum electionis...........	36	"
24 avril.......	Tenor litterarum confirmacionis electionis et electi, sigillo capituli Turonensis sigillatarum.	40	9
Idem..........	Tenor litterarum a decano et capitulo Turonensi directarum episcopis suffraganeis provincie Turon., pro convocando eosdem ad consecracionem electi Andegav. ad diem certam in ecclesia monasteri beati Albini Andegavensis.	41	9 v°
20 mai........	Tenor litterarum domini Raginaldi, electi Turonensis, concessarum post diem consecracionis a decano et capitulo Turon. prefixam.	42	10
29 mai........	Dicti Raginaldi, electi Turonensis ecclesie, episcopo Redonensi pro consecracione predicta patentes littere.....................	42	10
Idem..........	Dicti Raginaldi, electi Turonensis, littere certis personis de ecclesia Turonensi directe, ut vice ipsius accederent ad dictam consecracionem.	43	"
28 avril.......	Littera regis Francie super deliberatione regalium ecclesie Andegav. facta electo Andegavensi confirmato.....................	44	10 v°
16 mai........	Littera regis super juramento fidelitatis facto regi per electum Andegavensem confirmatum.	44	"

TABLE DES CHAPITRES ET DES DOCUMENTS. 357

		Pages du volume.	Folios du ms.
1291. 16 mai......	Quedam tractata et quedam gesta a die electionis et confirmacionis usque ad consecrationis diem, ad informacionem posterorum, Guillermus sub brevi epilogo inserit.........	44	11
18 avril......	Eligitur........................	45	"
Idem.........	Populo presentatur............	45	"
Idem.........	Capitulum intrat...............	46	11 v°
Idem.........	Domi salutatur................	46	"
19 avril......	Viam versus Turonis dirigit et apud Brion accedit................	"	"
21-22 avril.....	Apud Burgulium festinat; apud Lenges pernoctat................	"	"
23 avril......	Turonis devenit et capitulo presentatur......	"	"
24 avril......	Examen in capitulo subit........	46	11 v°
Idem.........	Confirmacio electionis. — Dies consecracionis assignata.........	47	"
25 avril......	Procuratores ad regem missi pro regalibus...	"	"
26 avril......	Guillermus redit et apud Mellineis pernoctat..	"	"
27 avril......	Gervasium, rectorem de Ludio, corrigit, item capellanum de Basogiis........	48	"
28 avril......	Contra fratres leprosarie de Fixa facit inquestam.	"	12 v°
Idem.........	Littera regis Francie super deliberacione regalium................	49	"
4 mai........	Procuracio fabrice Beate Marie de Fixa......	"	"
4-5 mai.......	Liberacio regalium.............	49-51	"
6 mai........	Prima visitacio facta post confirmacionem, videlicet in monasterio Mellinensi.........	52	13 v°
7 mai........	De Radulpho Tuebof, quondam capellano de Diceyo................	53	14
Idem.........	Apud Perrodium Monalium tractatus......	53	"
8 mai........	David de Suis Domibus apud Villam Episcopi receptus............	54	14 v°
9 mai........	Iter ad regem Francie pro juramento fidelitatis.	55	15
16 mai.......	Forma juramenti...............	56	"
Idem.........	Tenor littere renovate per regem Francie super juramento fidelitatis.........	"	"
24 mai.......	Versus patriam reditus..........	58	16
Idem.........	Correctio Johannis, rectoris de Lezigne......	59	"
26 mai.......	Abjuracio Michaelis Fornil.......	"	16 v°
Idem.........	Colinus Forestier incestus.......	"	"
28 mai.......	Radulphus, capellanus de Corzeio, correctus..	60	"
Idem.........	Mortgenest excommunicatus.....	"	"

		Pages du volume.	Folios du ms.
1291. 29 mai........	Abjuracio Johanne, filie Stephani Beraut.....	"	"
3o mai........	Colini Forestarii abjuracio................	"	"
2 juin........	Vigilia consecrationis................	61	17
3 juin........	Dies et ministerium consecrationis..........	62	"
Idem.........	Officium domini de Brienconio et S^{ti} Johannis de Mauvereix, ad quod tenetur circa portas et officium janitoris, racione dictorum feudorum................................	"	17 v°
Idem.........	Forma professionis..................	64	18
Idem.........	De Amaurico, filio primogenito domini de Credonio et de Brioleto, se offerente ad officium faciendum, quod pater suus tenetur, racione feudi de Brioleto, dicto patre tunc absente.	65	"
Idem.........	Nota hic qui tenentur deportare episcopum consecratum a loco consecrationis usque ad majus altare Beati Mauricii................	66	"
Idem.........	Littere episcopi Dolensis super protestatione...	67	19 v°
Idem.........	Episcopus consecratus deportatur ad ecclesiam Beati Mauricii per barones, homines et vassallos suos et ecclesie Andeg. in cathedra...	69	21
Idem.........	Juramentum quod facit episcopus Andeg. consecratus capitulo et ecclesie Andeg. ad portam civitatis, que dicitur Porta Andegavina....	70	"
Idem.........	Consecratus intrat ecclesiam Beati Mauricii...	"	"
Idem.........	Missa celebrata, episcopus intrat palacium....	71	21 v°
Idem.........	Hic venit ad prendium...............	72	22
Idem.........	Officium domini de Gratequesse...........	"	"
Idem.........	Sessio ad prendium. Officium domini de Camilliaco.............	72	22
Idem.........	Officium domini de Blodio...............	73	22 v°
Idem.........	Servicium domini de Brioleto.............	"	"
Idem.........	Tenor litterarum episcopi Redonensis super protestatione facta per Guillermum, episcopum Andeg., contra Amauricum, filium domini de Credonis...................	74	"
Idem.........	Finitur prendium....................	75	23
Idem.........	Nota de expensis baronum...............	"	"
4 juin........	Diversio episcopi consecrati, in die crastina consecrationis, a civitate Andegavensi.....	76	"
Idem.........	Accessus episcopi consecrati apud Chalonnam.	"	"
3o juin........	Apud Langes pernoctat.................	77	"
1er juillet......	Turonis devenit et solenniter recipitur.......	"	24

TABLE DES CHAPITRES ET DES DOCUMENTS. 359

			Pages du volume.	Folios du ms.
1291. 2 juillet........	Pluribus tonsuras clericales confert.........		78	"
Idem..........	Cum abbate Majoris Monasterii tractat......		78	"
3 juillet........	Iterum tonsuras confert, rectori de Ulmis licenciam non residendi intra annum concedit, apud S^{tum} Cosmain de Insula pernoctat....		78-79	24 v°
4 juillet........	Cum abbate de Aqua Viva accordat........		79	"
Idem...........	Adventus episcopi Andeg. ad ecclesiam Beati Martini Turonensis...................		"	"
Idem..........	Forma juramenti, quam facit episcopus Andeg. consecratus in ecclesia Beati Martini Turonensis in recepcione sua in ipsa ecclesia, cujus idem canonicus existit...........		80	25
12 octobre.....	Sequuntur quedam facta notabilia et memorie digna		"	"
	De pontonagio Pontis Seii et jure episcopali charreriam ponendi in Ligeri, ponte rupto, contra calumniam Egidii, castellani de Ponte Seii................................		81	"
15 octobre.....	Rescriptio archipresbiteri episcopo facta super premissis...........................		85	26 v°
13 novembre...	Cedula in Gallico accordacionis...........		87	27
Idem..........	Nota hic nomina testium................		89	28
24 décembre....	Absolucio Egidii, castellani.............		90	"
1292. 26 janvier......	De consilio provinciali, Andegavis auctoritate apostolica convocato...................		90	28 v°
1291. 18 août-19 déc..	Tenor litterarum, a decano et capitulo Turonensi et ipsis a sede apostolica directarum, super dicto concilio convocando.........		91	29
17 juillet......	Littera domini Hemerici de Averio, militis, super nemore de Chappes...............		96	37 v°
Idem..........	Littera ejusdem militis super grangia de Chappes et rebus de La Beloinere in feodo de La Grassa.......................		103	40
6 novembre....	Littera Roberti de Calido Furno super manerio de Esventart......................		108	31
Idem..........	Alia littera.........................		110	32
1292. 21 mai........	De molendinis de Rocha Fulconis..........		111	42
12 novembre...	Littera Mauricii Le Boyne, domini de Beuson, super manerio de Esventart.............		112	33 v°
19 novembre...	Alia littera plenissimum jus continens.......		114	32 v°
	De molendinis de Villa Episcopi et de domino Petro de Rocha, milite...............		115	42 v°

		Pages du volume.	Folios du ms.
1293. Janvier.........	Littera abbatis Omnium Sanctorum super buronno et virgulto noviter plantato, eidem adjacenti.........................	117	35
1292. 7-13 août.....	} De venacione et fuga ferarum nemoris de Boucheto......................	120	42 v°
1293. 13 juin........			
24 octobre.....	Littera domini de Grassa super rebus de La Beloynière.............................	122	43 v°
1293.............	De publicanis et pedagiorum exactoribus.....	125	45
1294. 20-24 mars....	Nota hic quoddam factum apud Pontem Seii..	129	46 v°
22 mai........	Littera Mauricii de Bella Villa, militis, super manerio d'Esventart.................	133	48
5-9 octobre....	Littera gracie, domino regi concesse in concilio Salmuriensi..........................	136	52 v°
Octobre........	Gravamina domino regi Francie exposita....	144	49
10 novembre...	Littere impetrate a rege..................	147	54
Idem..........	Bona littera contra malos judices, ballivos et eorum satellites.......................	151	55 v°
1295. 19 novembre...	} Littere impetrate a rege..................	157	58
1296. 8 août........			
6 septembre....	Littera super contencione mota inter Guillermum, Andegavensem episcopum, et dominum G. de Courcillon pro feudo de Mota Pendu..............................	160	59
1297. 9 janvier......	Forma juramenti, quod debet facere episcopus Andegavensis ecclesie S^{ti} Laudi Andeg. in primo adventu dicte ecclesie.............	164	61
1298. 23 octobre.....	Littera anathematis contra ballivum Andegavie et subballivum.......................	165	61 v°
1299. 12 avril.......	Gravamina ecclesiis provincie illata, per G. Majorem, Andeg. episcopum, domino Philippo, regi Francie, Senonis exposita..........	169	62 v°
	Epistola per dictum episcopum dicto domino regi directa........................	179	65
23 avril.......	Littere regie, impetrate a dicto episcopo, super gravaminibus memoratis...............	186	67 v°
1302. 9 avril........	Quedam responsio facta domino regi a prelatis provincie Turonensis...................	190	69
10 avril.......	Littera missa domino Bonifacio pape VIII a prelatis regni Francie...................	191	"
1302.............	Isti sunt articuli, pro quibus dominus Bonifacius papa VIII misit dominum Johannem, monachum, tituli SS. Marcellini et Petri presbi-		

TABLE DES CHAPITRES ET DES DOCUMENTS.

		Pages du volume.	Folios du ms.
	terum cardinalem, ad dominum Philippum, regem Francorum.....................	196	71 v°
1304. 10 octobre.....	De garda sive custodia monasterii Beate Marie Andegav., tempore vacacionis ejusdem....	200	74
1306. 21 décembre....	Bail à rente par l'évêque d'Angers d'un hébergement sis à Loudun.................	201	75
1307. 13 juillet.......	Processus contra exactores et levatores tributarie funcionis, que vulgariter dicitur adjutorium sive *aide* aut quarteragium. Littera generalis.	202	73 v°
1308. 9 janvier.......	Lettres du roi aux commissaires de la dîme, portant défense d'exiger rien de toute personne ecclésiastique n'ayant pas un revenu de 12 livres.......................	204	76 v°
25 mars.......	Du même aux maires, échevins, consuls et comtes des lieux notables du royaume, pour leur dénoncer la corruption de l'ordre du Temple et prescrire l'envoi à Tours de deux députés dans un délai déterminé........	204	"
Idem...........	Du même à l'évêque d'Angers, pour lui mander d'assister à l'assemblée de Tours, qui doit aviser sur le fait des Templiers.........	205	77 v°
31 mars.......	Du même au même évêque, qu'il requiert et exhorte d'accepter la mission, s'il est élu, de siéger dans l'affaire des Templiers........	206	"
4 mai.........	Gravamina a Guill., Andeg. episcopo, Caroli comitis consiliariis exposita............	207	97
11 août.......	Bulle du pape Clément V pour exhorter les fidèles à contribuer à l'entreprise du passage d'outre-mer, leur faire connaître les indulgences accordées et réglementer la perception des offrandes.......................	214	90 v°
Idem...........	Du même, qui conserve à tous les clercs, engagés dans le passage d'outre-mer, tous leurs revenus ecclésiastiques pendant deux ans...	224	94
Idem...........	Du même, qui accorde aux patriarches, archevêques et évêques plein pouvoir de changer tout vœu d'abstinence ou de pèlerinage en une contribution pécuniaire............	226	95
Idem...........	Du même, qui dispense pendant cinq ans les ecclésiastiques reçus à l'ordre de sous-diacre, s'ils contribuent au passage d'outre-mer, de l'obligation de se faire recevoir au sacerdoce.	227	"

		Pages du volume.	Folios du ms.
1308.	C'est le pardon de l'Ospital Saint Johan de Jérusalem que nostre père le pape Clément le Quint a donné au mestre et aus frères de l'Ospital devant dit pour mestre les aumosnes pour aler en la sainte terre d'outre mer et pour faire la vaie sus les Sarrasins.......	228	95 v°
1309. 11 février......	*Vidimus* par les archevêques de Reims, de Bourges et de Tours, des bulles du pape Clément V, qui autorise les prélats de France à enquérir contre les Templiers (5 juillet 1308)............................	234	78
Idem..........	*Vidimus* par les mêmes archevêques de deux bulles du pape Clément V, qui détermine le nombre et la composition des commissions d'enquête contre les Templiers (5 juillet 1308) et autorise l'inquisiteur Guillaume à en faire partie (13 juillet 1308).........	239	82
21 février [1].....	*Vidimus* par l'archevêque de Tours des bulles du pape Clément V, portant envoi de ses lettres à publier en français dans tout le diocèse (12 août 1308) et des lettres du roi qui enjoint à ses officiers de remettre aux agents du pape les biens de l'ordre du Temple (16 février 1309)....................	240	83 v°
22 février......	*Vidimus* par l'archevêque de Tours des bulles du pape Clément V qui prescrit aux archevêques et évêques de prendre en mains l'administration des biens de l'ordre du Temple (5 janvier 1309).................	232	84
25 février......	*Vidimus* par l'archevêque de Tours et les évêques de Nantes et d'Angers de bulles du pape Clément V, qui notifie aux prélats du diocèse la convocation d'un concile général à Vienne pour décider de l'affaire des Templiers, du passage d'outre-mer et de la réforme ecclésiastique (12 août 1308)............	242	87
Idem..........	*Vidimus* par l'archevêque de Tours, les évêques d'Angers, de Saint-Malo et de Quimper, des bulles du pape Clément V, qui règle l'enquête à poursuivre contre les Templiers (12 août 1308)........................	251	80

[1] Cette date rectifie la date inscrite en marge de l'acte.

TABLE DES CHAPITRES ET DES DOCUMENTS.   363

		Pages du volume.	Folios du ms.
1309. 25 février......	*Vidimus* par l'archevêque de Tours des articles de l'enquête, joints à la bulle précédente...	257	82 v°
1309.............	Modus procedendi contra singulas personas Templariorum.......................	262	86
1ᵉʳ mars.......	De congregacione scolarium ordinata Parisius per dominum G. Bonet, Baiocensem episcopum.	264	140 v°
3 mars........	*Vidimus* par l'archevêque de Tours des bulles du pape Clément V, qui enjoint à tout détenteur des biens du Temple d'en faire la remise aux commissaires, sous peine d'excommunication (12 août 1308)..........	266	84 v°
14 avril......	*Vidimus* par l'archevêque de Tours des lettres royaux (1ᵉʳ mai 1304), vidimées par Pierre Le Féron, garde de la Prévôté de Paris (15 mars 1309), qui, en reconnaissance du subside pour la guerre des Flandres, promettent à l'archevêque de Reims la réforme d'abus signalés et la concession de nombreux privilèges............................	270	114 v°
16 avril......	Monicio bona et generalis contra excessus quorumdam, nomine comitis agentium, in terra de Ramofori, que episcopalis erat........	273	112
21 juillet......	Littera de Colino Laane, de Morenna, qui cuniculos in garenna episcopi furatus erat....	277	141
6 août........	Appointement entre l'évêque d'Angers et l'abbé de St Serge, au sujet d'exploits de justice faits par les officiers de l'abbaye dans le canton du Bouchet en Villévêque...............	281	99 v°
14 août.......	Charreria ponenda in fluvio Ligeris ex parte Sᵤ Maurilii de Esma.................	285	142
1310. 12 février.......	Littera de usagio de Monnais............	287	111 v°
1312. Avril.........	Avis soumis par l'évêque Guill. Le Maire aux pères du concile de Vienne sur les trois causes en discussion : l'affaire des Templiers, le passage d'outre-mer et la réforme ecclésiastique.	287	104
Idem.........	Protestation, adressée au concile de Vienne par l'évêque d'Angers, Guill. Le Maire, contre toute décision contraire à la liberté de l'Église de France........................	304	111
12 avril......	Lettre du roi Philippe IV, qui enjoint au bailli de Touraine de faire respecter la juridiction de l'évêque d'Angers dans tout son ressort..	305	59

46.

		Pages du volume.	Folios du ms.
1312. 11 décembre....	Hommagium Amellandi de Tercia Curia.....	306	115 v°
Décembre......	De revocacione inhibicionis facte per Matheum de Verneia militem................	307	116 v°
1313. 26 septembre...	Notification par l'évêque Guill. Le Maire de l'emploi fait par lui du legs de Guill. Prime, doyen des Mauges.................	309	142 v°
1314. 16 janvier......	De manerio de Buronio................	311	117 v°
3 mars........	De homagio ligio Bernardi, archidiaconi Transligerensis......................	314	121 v°
11 mars.......	Reconnaissance par Robert de Vernon, collecteur des droits de visite, de l'immunité de l'évêque d'Angers........................	316	120 v°
12 mars.......	Notification par l'évêque Guill. Le Maire de sa réclamation contre les droits de visite et de la lettre du collecteur Robert de Vernon qui mande à son commis d'Angers de ne rien exiger de l'évêque................	318	120
19 juillet......	De suspensis latronibus apud Esventart......	319	125 v°
1315. Décembre......	Littera Ludovici regis super confirmatione privilegiorum, a patre et proavo ecclesiis concessorum...................	321	129
	Littera composicionis pro procuracionibus habendis in prioratibus Majoris Monasterii Turonensis.......................	327	126 v°
1316. 17 janvier......	Protestation de l'évêque Guill. Le Maire contre l'enquête entreprise par Gautier Le Picard sur le fait de Phil. Gastineau, chevalier, détenu avec ses complices dans la prison épiscopale.......................	334	133
1" octobre.....	Serment d'obéissance prêté à l'évêque par l'abbé de La Boissière...................	338	143
14 octobre.....	Institucio seu constitucio yconomorum seu administratorum per episcopum facta in monasterio Sancti Sergii Andeg., abbate vacante.	338	134 v°
15 décembre....	Procuration, donnée par l'évêque d'Angers à Vincent de Châtillon, pour solliciter en cour de Rome........................	349	146 v°
1317. 1" février......	Monicio contra P. de S" Dyonisio, clericum comitis...........................	340	136
4 février.......	Rescripcio................	343	137 v°
9 février.......	Aggravacio.......................	346	138 v°
12 février......	Absolucio dicti Petri..................	347	139

TABLE DES CHAPITRES ET DES DOCUMENTS. 365

		Pages du volume.	Folios du ms.
1317. 19 avril.......	Réception par Amauri de Graon du serment de féauté de l'évêque Guill. Le Maire.....	349	143 v°
1377. 23 octobre.....	Hommage lige rendu à l'évêque Hardouin de Bueil par les archidiacres d'Outre-Maine et d'Outre-Loire......................	350	183
1386. 6 mars...:....	Nomination par l'évêque Hardouin de Bueil de la doyenne du Ronceray durant la vacance de l'abbaye.......................	351	148
29 juin........	Prestation de serment par le procureur de Bertrand de Chanac, archidiacre d'Angers....	351	144 v°
1398. 12 octobre.....	Prestation de serment par l'archidiacre d'Outre-Loire:...........................	352	143 v°
1435. 15 juillet......	Hommage lige par l'archidiacre d'Angers, J. Bernard.......................	352	143
1442. 18 mars.......	Hommage lige par l'archidiacre d'Angers, Alain Lequeux.........................	353	146 v°
1445. 1ᵉʳ juillet.......	Hommage lige par l'archidiacre d'Outre-Loire, Prégent Chevalier....	353	147

TABLE

DES NOMS DE LIEUX ET DES NOMS D'HOMMES.

A. Corisopitensis episcopus, pages 74, 190, 251.

Aanordis, abbatissa Roncereii, 200.

Abbatis (Matheus), rector Charenceii, 317.

Abrincensis diocesis, 285.

Acconensis civitas, 92, 215.

Achéry (Dom d'), cité, 5, 19, 25, 146, 169, 202.

Ademari, Audemari (Clemens), canonicus Andegavensis, 39, 43; — officialis, 20.

Agareni, 93.

Agatha, 59.

Agenensis canonicus, 169.

Agni, Agnus (Johannes), J. Desagneaux, canonicus Andegavensis, 32, 33, 45, 165.

Aigues-Vives, abbaye, 79.

Alani (Gaufridus), sacrista Beate Marie Andeg., 287.

Alexandria, 289.

Alnetis (Guilhelmus de), 275.

Amauricus. V. Credonio (Am. de).

Amos, propheta, 153, 183.

Ancone, 65.

Andart (Guill. de), canonicus Andeg., 35, 39.

Andegavensis episcopus. V. M. de Villoiseau, J. Michel, Nic. Gellent, G. de Bello Monte, Bouvery (G.), H. de Bueil, H. Arnauld, Mich. Le Pelletier, Mich. Poncet de La Rivière; — archidiaconus. V. J. Bernardus, B. de Chanai, B. de Balneo Regio, A. Coci, Pr. Militis, G. Robertus, G. Mathei, Guill. et Raym. de Durforti, G. de Malgia, Regis (Mich.), Normannus, Gauf. de Haya, Papin (Joh.); — archipresbiter, 202. V. M. de Martigné-Briant, Guillermus; — ballivus, 87, 89, 141, 142, 147, 163, 170, 211, 339, 342. V. G. de Noa, P. Enouvre; — subballivus. V. M. de Bougival, J. Leroux, D. Bidouyn, Rob. de Dordan; — cantor. V. Mulceio (J. de); — decanus, 36, 285, 307. V. Th. Denart, G. Rigauld, Petrus...; — officialis, 142, 170, 346, 280. V. Cl. Audemari, P. Chopin, M. Ferrandi, St. de Burgulio, Giraudus; — penitenciarius. V. P. de Marlhaco; — preco. V. Reginaldus; — scolasticus. V. P. Bertrandi, J. de Bosco, J. Marsmbert; — senescallus, 280; — thesaurarius, 265. V. G. Bonnet.

Andegavia, Angeou, l'Anjou, 60, 134, 156, 264, 265, 310.

Andegavie comes, 82, 86, 109, 130, 143, 148, 167, 170, 203, 212, 213, 275, 283, 287, 342, 344, 346. V. Fulco, Henricus, Karolus; — consuetudines et usus, 124.

ANDEGAVIS, 61, 90, 95, 139, 156, 177, 204, 278, 309, 319, 333; — castrum, 76, 120, 171; — palatium, 87, 282, 284, 349, 350, 352; — domus episcopi, 170; — curia, 316, 317, 349; — hale, 142, 167, 283; — porta Andegavina, 70, 320; — concilium, 13, 90; — synodus, 171; — parochiæ. V. *S. Samson, S. Michael de Palude, S. Michael de Tertro, S. Sergius, S. Laudus;* — conventus. V. *S. Albinus, S. Sergius, Omnes Sancti, Beata Maria, Minores, Saccini, Filiæ Dei.*

ANDIGNÉ (D'), 100.

ANDINAIE (L'), 122.

ANDREAS, 46.

ANGEOU. V. *Andegavia.*

ANGERS. V. *Andegavis;* — (Musée d'), 76; — Jardin des plantes, 21.

ANGLEURA, 188, 189, 190.

ANGLIA, 65, 68.

ANGLICI (Guillotus), 342, 343.

ANGLORUM rex, 57, 65, 137.

ANICIENSIS canonicus, 352.

ANISEYO (Gaufridus de), vicecomes Baiocensis, 188.

APENDUTUM, *Pendu,* c^{ne} de Morannes, 160. V. *Mota de Pendu.*

APULIE dux, 109.

AQUA VIVA, *Aigues-Vives;* — (abbas de), 79.

AQUITANIA, 246, 254, 255, 256.

ARDENNE, c^{ne} de Corzé; — (Guillaume d'), 319, 320, 321.

AREMBURGE, *comtesse d'Anjou,* 82.

ARBOLIS (Johannes de), canonicus Andeg., 39, 54.

ARGENTON (rector de), 112.

ARMENIE regnum, 216, 218.

ARNAULD (Henri), *évêque d'Angers,* 7, 17.

ARRAGONIA, 132.

ARRIUS, 289.

AUDA, 50.

AUDEMARI. V. *Ademari.*

AUGUSTINUS (S^{tus}), 146, 179, 180, 184, 185, 290.

AURIFABER. V. *Richardus.*

AUTHION (L'), rivière, 82, 96.

AVENIO, 352.

AVERIUM, *Avoir,* c^{ne} de Longué. — Aimeri, Haimericus, Hemericus de Averio, 13, 96, 97, 98, 99, 100, 101, 102, 103, 104, 105, 107, 108, 123.

AVRANCHES, 61.

AUXIGNE (Joh. d'), 287.

B..., Macloviensis episcopus, 190, lege R[obertus].

BABILONICUS tyrannus, 92, 215.

BADIER (Radulfus), 121.

BAIL, cité, 288.

BAIOCENSE collegium, 309.

BAIOCENSIS episcopus. V. *G. Bonnet;* — archidiaconus. V. *G. Cenglier;* — vicecomes. V. *G. de Aniseyo.*

BALLAIN, cité, 20.

BALNEO REGIO (Bernardus), vices archidiaconi gerens, 108, 110.

BARACÉ, canton de Durtal, 8; — (Math. de), abbé de Mélinais, 52.

BARBITONSOR (Guill.), 320; — (Simon), 89; — (Johannes), 284; — (Petrus), 209.

BARBITONTRIX (Johanna), 89.

BARDOUL (Gaufridus), 89.

BARIL (Guill.), canonicus Andeg., 39, 48.

BARONIUS, cité, 13.

BASOGIE, *Basouges,* 48.

BAUCHIO, Baucay (Hugo de), 66, 73, 75, 210, 211.

BAUGEIUM, *Baugé,* chef-lieu d'arrondissement, 35, 46, 66, 81, 88, 100, 114, 117, 158, 210, 212, 277, 319.

BAUNE, Bauneium, Bauneyum, *Bauné*, c[ne] de Seiches, 9, 16, 51, 112, 120, 166, 212.
BAYEUX. V. *Baiocensis*.
BEATA MARIA Andegavensis, *Notre-Dame du Ronceray*, abbaye de Bénédictines, Angers, 23, 49, 149, 150, 200, 201, 346, 351, 352.
BEATA MARIA de Fixa, 49, 50.
BEATA MARIA Parisiensis, 192.
BEATUS ALBINUS. V. *Sanctus Albinus*.
BEAUFORT-EN-VALLÉE, chef-lieu de canton, 46, 100, 117, 208.
BEAUMEZ (DE), 66.
BEAUMONT (Guill. de), évêque d'Angers, 20, 57, 96.
BEAUPRÉAU, chef-lieu de canton, 309.
BEAUVAIS, 87.
BEAUVENTRE (Dyonisius), 89.
BECHET (Math.), 117.
BELLA VALLIS, *Beauvau*, prieuré de St-Serge d'Angers, canton de Seiches, 339, 341, 343, 344, 346, 347.
BELLA VILLA, Belle ville (Mauricius de), 133, 135.
BELLO MONTE (Johannes de), 66, 72, 75; — (Robertus de), 309.
BELLO VISU (Joh. de), 280.
BELLUM FORTE, *Beaufort*, anc. prieuré de Toussaint d'Angers; — (prior de), 117; — (castellanus de), 208, 209.
BELOYN (Math.), 61, 104, 106, 123.
BELOYNIÈRE (LA), *La Blunière*, c[ne] de Villévêque, 13, 103, 104, 122, 123.
BENEDICTUS (S[tus]), 338.
BENEDICTUS papa XIII, 352.
BENOÎT XI, pape, 32.
BENOÎT (Denis), évêque du Mans, 16.
BERANGIER (Petrus), 212.
BERAUT (Stephanus), 60.
BERENGARIUS, cardinalis, 236, 246, 254.
BERNARD (S[t]), cité, 303.

BERNARDI (Raymundus). V. *R. B. de Durforti*.
BERNARDUS (Joh.), archidiaconus Andegavensis, 352.
BERTHE, cité, 20.
BERTRANDI (Petrus), scolasticus Andegavensis, 351.
BERTRANDUS. V. *B. de Chanac*.
BEUSON, 108, 112. V. *Bosonium*.
BIDON, Bidouyn (Darianus), subballivus Andeg., 166, 287.
BIZENÉ, 165.
BILI (Guill.), canonicus Andeg., 39.
BITIN (Guill. de), 284, 285.
BITURIA, 60, 155.
BITURICENSE concilium, 126.
BITURICENSIS archiepiscopus, 80, 234. V. *Egidius*.
BLESENSIS archidiaconus, 97, 98.
BLODIUM, *Blou*, canton de Longué, 11, 12, 66, 73, 75, 208, 273.
BLONDELLI (Nicasius), 287; — (Stephanus), 89.
BLOUEN, Bluin (Guill.), 337.
BLUNIÈRE (LA). V. *La Beloynière*.
BOCHET, Bochet, Bochetum, *Bouchet*, c[ne] de Villévêque, 281, 282, 283, 284, 285.
BOIS-D'ANGERS (LE), c[ne] de St-Jean-des-Mauvrets, 140.
BOIS-L'ABBÉ (LE). V. *Boscus Abbatis*.
BOMY (Guill. de), 90.
BONAY (Petrus de), serviens regis, 170, 171, 178, 179, 180.
BONET, Bonnet (Guill.), thesaurarius Andeg., 33, 34, 37, 39, 45, 54, 55, 87, 98, 120, 122, 161; — Baiocensis episc., 264, 309, 310.
BONIFACIUS papa VIII, 191, 196, 296, 297.
BORDEAU (Joh.), 81.
BOSCHERON (Joh.), 89.
Bosco (Joh. de), canonicus Andeg., 32,

33, 37, 43, 45; — scolasticus Andeg., 160, 165; — (Guill.), 212.
Bosco Giraudi (Bernardus de), rector S** Crucis, 314.
Boscus abbatis, *Bois-l'Abbé*, c** d'Écouflant, 113, 282, 283.
Bosonium, Beuson, *Beuson*, c** d'Écouflant, 108, 114, 119; — (Mauricius, Morice de), 55, 108, 110, 112.
Botarri (Herbertus), rector Villæ Episcopi, 201.
Botart (Mich.), 89.
Bouchetum nemus, *Les Bouchets*, c** de Villévêque, 13, 120, 121. V. *Bochet*.
Bouchillon (Gervaise de), 314.
Boues (Oliverius), 285.
Bouëste (La). V. *Busta*.
Bougival (Math. de), subballivus Andeg., 287.
Bourbon-Vendôme (De), 66.
Bourdigné, cité, 23.
Bourges, 126.
Bourgueil. V. *Burgulium*.
Boutaric, cité, 204.
Bouvery (Guill.), évêque d'Angers, 12.
Boveio (Guill. de), 89. — *Forsan legendum* Boneium. V. *Bonay*.
Brachesaccum, *Brissac*, c** de Thouarcé, 13, 81.
Brechier (Ranulphus), 284.
Bremium, Brennium super Autyon, *Brenium*, *Brain-sur-l'Authion*, canton S. E. d'Angers, 53, 315; — (Guillelmus de), rector Vadi Danielis, 201; — archipresbyter de Ludio, 214, 277, 280, 287, 289, 312, 315, 316, 336; — (Joh. de), dayen de Saint-Jean d'Angers, 350.
Bria alias de Dordan (Joh. de), 208.
Briencium, Brienceniumi, *Briençon*, *Briançon*, c** de Baune, 11, 16, 62, 63, 76, 211, 212.
Brienne (Rob. de 67.

Brigomeno (Hugo de), 285.
Briocensis episcopus, 41, 174, 190. Voy. G[aufridus].
Brioletum, *Briolay*, chef-lieu de canton, arrondissement d'Angers, 11, 65, 66, 67, 68, 73, 74, 76, 111, 122, 211, 212, 311.
Brion, *Brion*, c** de Beaufort, 9, 46; — (Simon de), legatus, 126.
Brissac. V. *Brachesaccum*.
Brissartha, *Brissarthe*, c** de Châteauneuf, 280.
Brito (Gaufridus), 89; — (Rogerus), 89; — (Yvo), 89.
Brolio (Joh. de), 212; — (Mic. de), 212.
Brossier, cité, 5, 6.
Bruneau de Tartifume, cité, 20.
Bruyeria, *Les Bruères*, c** de Baune, 212.
Bueil (Hardouin de), évêque d'Angers, 67, 76, 350, 351, 352, 353.
Buort (Petrus), 89. V. *Ulula*.
Burgondus (Johannes), 89.
Burguliensis archipresbiter, 20, 39, 52, 273. V. *Guillermus*.
Burgulium, *Bourgueil* (Indre-et-Loire), 9, 46; — (Stephanus de), archidiaconus, 10, 54, 207, 213; — officialis, 165.
Buronium, *Le Buron*, c** de Morannes, 311, 312, 313.
Burre (Joh.), 284.
Busta, *La Bouëste*, c** de la Daguenière, 167.
Buxeria, *La Boissière*, abbaye cistercienne, c** de Dénezé, 338. V. *Petrus*.
Byturia. V. *Bituria*.

Cabilonense concilium, 340.
Calcedonense concilium, 304.
Calidum Furnum, *Chaufour*, c** de S*-Barthélemy; — (Robertus de), 10, 13, 52, 64, 108, 109, 110, 111, 114, 115.
Camilliacum, *Chemillé*, chef-lieu de canton,

arrondissement de Cholet, 11, 24, 66, 73, 76, 78; — (Guid. de), 12, 22, 66, 72; — (prior de), 78; — decanus. V. *Joh. Pictavensis.*

CAMPUS dominicus, *Chaudemanche,* c^{ne} de Morannes, 280; — (Huet de), 280.

CANDÉ, chef-lieu de canton, 133, 135.

CANTUARENSIS archiepiscopus, 303.

CAPELLANI (Guill.), rector Savigneii, 280.

CAPUA, 109.

CARBEE, *Carbay,* c^{ne} de Pouancé; — (prior de), 329.

CARNIFEX (Dyonisius), 89; — (Jametus), 89; — (Michael), 89, 166; — (Thomas), 50.

CARNOTENSIS ecclesia, 97, 98; — capicerius, 120, 207, 286. V. *L. Vicini, G. de Vindocino;* — decanus, 233; — subdecanus. V. *P. Leriche.*

CAROLUS, comes Andegavie, 134, 206.

CAROLUS Magnus, imperator, 81. V. *Karolus Magnus.*

CARPENTARIUS (Aubertus), 89; — (Blanelotus) dictus Cartage, 90; — (Joh.), 284.

CASTELLIONE (Vicencius de), clericus, 349.

CASTRA, Chartres *alias* La Chevrière, *Chartres,* c^{ne} de Moranne, 277.

CASTRUM GONTERII, *Châteaugontier,* 165, 274, 342.

CASTRUM NOVUM, *Châteauneuf-s.-Sarthe;* chef-lieu de canton, arrondissement de Segré, 263, 280, 307; — (Remundus de), canonicus Andeg., 30.

CATURCENSIS diocesis, 314.

CAYNONE (Petrus de), 89.

CENGLIER (Gaufridus), archidiaconus Baiocensis, 213.

CENOMANNENSIS diocesis, 173, 264, 317; — ecclesia, 174; — episcopus, 12, 16, 41, 77, 90, 265; — decanus, 207. V. *G. de Pertico, P. Gouiol;* — moneta, 310.

CENOMANNIA, 264, 265, 310.

CENOMANNIS, 55, 156.

CEPIA, *Seiches,* chef-lieu de canton, arrondissement de Baugé, 20, 60, 69, 88, 112, 120, 158, 319; — (rector de). V. *Joh. Guillot, Guill. Guillot, Johannes.*

CHALLES. V. *Carolus.*

CHALONNA, Challone, *Chalonnes-sur-Loire,* chef-lieu de canton, arrondissement d'Angers, 51, 76, 112, 320.

CHAMAILLART (Hamelin), 311.

CHAMALLART (Mauricius), 287.

CHAMBERI (Petrus de), 56.

CHAMPGARNIER (Herbertus), 284.

CHAMPIGNE (Mauricius de), 337.

CHANAC (Bertrandus de), archidiaconus Andegav., 351, 352.

CHANTEBEAU (Alain), 311.

CHANTEUSSÉ, 306, 307.

CHAPES, Chappe, *Chappes,* c^{ne} de Longué, 13, 96, 105; — (territorium de), 100, 104; — (grangia de), 103; — (nemus de), 96, 102.

CHARBONIAU (Gaufridus), 212.

CHARENCII rector, 317.

CHARLEMAGNE. V. *Carolus* et *Karolus.*

CHARLES LE CHAUVE, 81.

CHARNACÉ (Reginaldus de), 121.

CHARTRES. V. *Castra.*

CHASTELLIERS (Joh. des), 286.

CHÂTEAU-LA-VALLIÈRE, 47.

CHÂTEAUNEUF. V. *Castrum Novum.*

CHATEILLON, 155.

CHATELAIN, 165.

CHAUFOUR. V. *Calidum Furnum.*

CHEMEREIUM in Radesiis, 338.

CHEMILLÉ. V. *Camilliacum.*

CHEMIREIUM, *Chemiré-sur-Sarthe,* c^{ne} de Châteauneuf, 67; — (Alanus de), 214, 311, 312; — (Guillelmus de), 311, 312; — (Olivier de), 311.

CHÉNÉHUTTE, c^{ne} de *Chénehutte-les-Tuffeaux*, 207.
CHESNEIA (Guill. de), senescallus episcopi, 277, 281, 287, 314.
CHEVALIER. V. *Militis*.
CHEVREUL, Chevreul, Chevroul (Math.), canonicus S. Joh. Andeg., 201, 310; — sigillator curie, 316.
CHEVRIER (Joh.), 89.
CHEVRIÈRE (LA). V. *Castra*.
CHIVRE (Philippus de), 112.
CHOLET, chef-lieu d'arrondissement, 26, 66, 212, 309.
CHOPIN (P.), officialis, 309, 316.
CIPRI regnum, 217, 218.
CISTERCIENSIS ordo, 109, 338.
CLAUDUS (Mauricius), 89.
CLEERS, Cleieris (Gaufridus de), 112; — (Guiotus de), 90.
CLEMENS papa V, 207, 214, 224, 226, 227, 228, 232, 234, 239, 240, 241, 242, 251, 257, 262, 267, 281, 288, 314, 316, 318, 334.
CLEMENS papa VII, 352.
CLOUS-L'ABBÉ (LE), 334, 336.
COCHIUM, Quoce (Joh. de), 120, 287.
COCI, *Lequeux* (Alanus), archidiaconus Andegavensis, 353.
COESSIN (Joh.), 89.
COLAINES, *Coulaines*, c^{ne} de La Possonnière; — (Baldoinus de), 280.
COMIS (Math. de), 315.
COMPENDIUM, 156.
CONILLEAUX (LES), c^{ne} de Villévêque, 117.
CONSTANCIENSIS ballivus, 186.
CONSTANCII (Bernard), 316.
CONSTANTINOPOLITANUM concilium, 304.
CONSTANTINUS, imperator, 145, 146, 154, 184.
COOPERTOR, Coopertoris (Egidius), legum professor, 285, 309, 315, 316. V. *Lecouvrous* (Giles) et *Tector* (Rob.).

CORCILLON, Courcillon (Guill. de), 73, 162, 163, 307; — (Huet de), 350; — (Hugo de), 160, 162, 163.
CORISOPITENSIS episcopus, 41, 66, 67, 72, 90, 174. V. *Morel*.
CORNILLEG (Reginaldus), 351.
CORNOUAILLE (évêque de), 11.
CORONA, *Grand-Couronne*, arrondissement de Rouen, 25, 26.
CORTIN, Courtin, Crotin clausum, 117.
CORTIN (Hugo), canonicus Andeg., 39.
CORZEIUM, *Corzé*, canton de Seiches, 60.
COSSÉ-BRISSAC (DE), 120.
COSSÉ-LE-VIVIEN, 342.
COUDREIA (Martinus de), 212.
COUPEHART (Joh.), 89.
COURT-JARRET (Guill.), 89.
COYSIC (Guill.), 201.
CREDONIUM, *Craon* (Mayenne); — (decanus de), 20, 24, 25, 26, 27, 35, 39, 44, 307. V. *Picot* (Math.); — (Amauricus, Amauri de), 12, 16, 24, 65, 67, 68, 69, 73, 74, 75, 76, 211, 212, 213, 307, 309, 311, 349; — (Marie de), 67.
CRÉQUY (Louis de), 104.
CROCHET (Guill.), presbiter, 340; — (Guill. de), officialis, 343, 346, 388.
CUER DE REY (Petrus), 130.
CURIA (Guill. de), 51.

DAGUENIÈRE (LA), c^{ne} S. E. d'Angers, 167.
DAILLON (DE), 63.
DANIEL [Vigier de Guéméné], episcopus Nannetensis, 242, 251.
DAULI (Joh.), clericus, 214.
DAUMERAY, canton de Durtal, 8.
DAUMER (Droco), 317.
DAVID, 146, 186.
DAVID, ballivus. V. *D. de Suis Domibus*.
DEMOSTENES, 139, 155.
DENART (Thomas), doyen d'Angers, 285, 313.

TABLE DES NOMS DE LIEUX ET DES NOMS D'HOMMES. 373

Dénezé-sous-le-Lude, c^ⁿ de Noyant, 338.
Denisi (Joh. de), 120.
Desagneaux (Jean). V. *Joh. Agni.*
Desertum, 265.
Des Milliers (Fulco), 338.
Diceyo (rector de), 53.
Dieusie, c^ⁿ de Rochefort-sur-Loire, 120.
Dissé-sous-le-Lude. V. *Diceyum.*
Dolensis episcopus, 11, 32; 66, 67, 69, 90, 97. V. *Joh. de Bosco, Thob. de Pouancé.*
Dommartin, Donno Martino (Joh. de), 10, 51, 52, 54.
Dordan (Robertus de), subballivus Andeg., 88.
Doué, chef-lieu de canton, arrondissement de Saumur, 78.
Dougant (Joh.), 211.
Ducange, cité, 126.
Dumesnil, cité, 6.
Dupin, cité, 7.
Dupuy, cité, 191, 234, 240, 251, 256, 257.
Duranti (Guill.), évêque de Mende, 288.
Duroforti (Raym. Bernardi de), archidiaconus, 314; — (Gallardus de), archidiaconus, 317.
Durtal, chef-lieu de canton, arrondissement de Baugé, 55, 69, 277.
Dynoie (Math.), 89.

Eaumundus (S^{tus}), 303.
Echarbot, c^ⁿ de Saint-Silvin, 114.
Échemiré, canton de Baugé, 35.
Écouflant, canton N. E. d'Angers, 21, 53, 55, 80.
Egidius [de Roma], archiepisc. Bituricensis, 170, 176.
Egidius, *Gilet*, castellanus Pontis Seii, 82, 83, 85, 86, 87, 88, 89, 90, 129.
Egidius, decanus. V. *E. Rigault.*

Elemosinaria (Juliota), 321.
Enouvre (Petrus), 342.
Ephesinum concilium, 304.
Esma villa. V. *S^{tus} Maurilius de Esma.*
Esmenart (Guido), 337.
Espinou (Gaufridus, Johannes d'), 306.
Eventart, manerium episcopi, *Eventard*, c^ⁿ d'Écouflant, 10, 13, 20, 21, 51, 52, 53, 54, 61, 108, 112, 113, 114, 115, 118, 133, 202, 313, 315, 319, 320, 321.
Ezechias, 289.

Faber (Petrus), 89.
Félibien, cité, 264.
Ferrandi, Ferrant (Math.), officialis, 285, 340.
Ferrerie, 159.
Filie Dei Andegav., 23.
Fixa, *La Flèche* (Sarthe), 9, 47, 48, 53, 59; — (leprosaria de), 48, 49; — (fabrica de), 49; — (archipresbiter de). V. *Johannes* (Radulphus de), 201.
Flamingi, 322.
Flandria, 270.
Florie (Guill.), 284.
Folchacorum comes, 199.
Fontibus (Joh. de), 275.
Fontis Ebraudi abbatia, *Fontevraud*, canton S. de Saumur, 213; — prioratus, 82, 83, 88, 129, 131, 286.
Foresii comitatus, 322.
Forestarius, Forestier, Le Forestier (Colinus), 59, 60, 61.
Fornil (Mic.), 59.
Forrarius (Petrus), 121.
Forreau (Rob.), canonicus Andeg., 39.
Forrerius, 121.
Fossa (Guill. de), 265; — (Petrus de), 89.
Foulques Réchin, comte d'Anjou, 82.
Four-de-la-Saunerie (Le), 202.

FOURNEREAU (D.), cité, 8.
FRANCIA, 29, 30, 103, 108, 184, 191, 197, 199, 209, 233, 236, 246, 247, 253, 254, 255, 256, 268, 278, 293, 316, 318.
FRANCIS, Francorum rex, 24, 25, 26, 44, 47, 49, 51, 55, 56, 65, 68, 120, 134, 136, 138, 145, 147, 150, 154, 157, 158, 159, 173, 174, 179, 186, 188, 189, 204, 205, 206, 218, 232, 235, 239, 241, 245, 270, 273, 275, 280, 334. V. *Ludovicus IX*, *Philippus II*, *Philippus III*, *Philippus IV*.
FRÈRES SACS (Les). V. *Saccini*.
FRESNAIE (LA), 158.
FRESNE (LE), 96.
FULCO, archidiaconus, 285, 307, 309.
FURNERIUS (Roaudus), 89.

G... decanus Turonensis, 29, 41, 91.
G[aufridus], Briocensis episcopus, 190.
GADANT (Stephanus), 89.
GALLICANA ecclesia, 192, 195, 305.
GALTERUS, serviens, 280.
GASTINELLI, Gastineau (Phil.), 334, 335, 337.
GATINAIS (LE), 159.
GAUFRIDUS, archidiaconus Transligerensis, 32, 33, 37, 39, 44, 46, 47, 48, 54, 70, 87, 108, 110, 112, 113, 114, 115, 122, 160, 168; — archipresbiter Ludii. V. *Rex (G.)*; — archipresbiter Burguliensis, 168, 331; — decanus de Inter Sartam et Meduanam, 160; — sacrista Beate Marie Andeg., 200, 201.
GAUFRIDUS, archiepiscopus Turonensis, V. *Haya (G. de)*.
GAUVENE (Math.), 320, 321.
GEDOIN (Joh.), 79.
GELLENT (Guill.), 20; — (Nicolaus), episcopus Andegavensis, 6, 8, 13, 19, 20, 25, 26, 27, 28, 29, 30, 36, 39, 40, 45, 48, 96, 97, 98, 104, 106, 108, 109, 110, 113, 115, 122, 123, 160, 163.
GENÆ, *Gennes*, chef-lieu de canton, arrondissement de Saumur; — (Odo de), canonicus Andeg., 39.
GENTILIACUM, 265.
GERALDI (Hugo), 233.
GERVASIUS, capellanus episcopi, 160.
GIGOT (Henricus), 212.
GILET. V. *Egidius*.
GILLEBERTI (Egidius), 89.
GIRARDUS, miles, 112.
GIRARDUS, archidiaconus Transligerensis. V. *Malgia (G. de)*.
GIRAUDUS, officialis, 112, 114.
GIROART (Raginaldus), 89.
GODEFREDUS, 120.
GOESSON (Hemericus), 89.
GONNORT, c^{ne} de Thouarcé; — (Joh. de), 337.
GOUIOL (Petrus), decanus Cenomannensis, 286.
GOULOVAES (Fouquetus de), 211.
GOUYLLAYS (Thomas), clericus, 201.
GRAND-COURONNE. V. *Corona*.
GRASSA, La Grasse, *La Grace*, c^{ne} de Villévêque; — (Feodum de), 103, 104, 106, 122, 123; — (Petrus de), 123, 124, 125.
GRATEQUESSE, *Graitecuisse*, c^{ne} de Chemiré-sur-Sarthe, 11, 12, 67, 72, 75.
GRAVELLA (Guill. de), 284, 285, 317, 349.
GREGORIUS (S^{tus}), 301.
GREGORIUS papa X, 339; — papa XI, 350.
GREZ, Grez supra Meduanam, *Grez-sur-Maine*, c^{ne} de Grez-Neuville, 342, 344, 346, 348.
GRILLE (Fr.), cité, 17.
GROSSE, Grousse (Guill.), 280, 287, 315, 327.

GRUAU (Joh.), 211.
GRUS (Joh. de), 275, 276.
GUÉDÉNIAU. V. *Vadum Danielis*.
GUIBÉ (M.), 6.
GUIDO [de la Roche-Tanguy], decanus de Maugia, 327; — clericus comitis, 287.
GUILLERMUS, episcopus Redonensis, 66, 74.
GUILLERMUS, 89; — archipresbiter Burguliensis, 39, 54, 120, 122, 161, 165; — thesaurarius Andeg. V. *Bonet* (G.); — archipresbiter de Ludio, 307, 311; — decanus S^{ti} Martini Andeg., 39; — inquisitor, 234, 235, 236, 237, 240; — rector de Diceyo, 53.
GUILLET (Joh.), rector Cepie, 20, 88, 89, 112.
GUILLOTIN (Guill.), 287.
GUINART (Joh.), 284.
GUITIER (Johannes), 117.

H... Venetensis episcopus. V. *Henricus* (Tore).
HAYA, Haia (Andreas), canonicus Andegavensis, 39, 130, 165; — (Gaufridus de), archidiaconus Transligerensis, 45; — archiepiscopus Turonensis, 55, 328; — (Guido de), 337; — (Matheus de), 213; — (dominus de), 306, 307.
HAURÉAU, cité, 16.
HÉNON (Herveus de), 200.
HENRI II d'Angleterre, 57, 82.
HENRICUS [Tore], episcopus Venetensis, 23, 24.
HERBERTI (Radulphus), 285.
HERBERTUS, rector de Villa Episcopi, 350; — rector de Chatelain, 165; — serviens, 283.
HERNANCURIA SICCA (Martinus de), canonicus Andeg., 29, 31.
HÉROUVAL (D. d'), 19.
HERVA curia sicca; lege : *Hernancuria Sicca*.

HOMO DEI (Gervasius), canonicus Andeg., 39, 54, 55, 82, 87, 88, 89, 130, 165.
HONGRIE (LA), 69.
HOSPITALIS S^{ti} Johannis fratres, 95, 217, 224, 226, 228, 291; — procurator, 221.
HUGO, archipresbiter Salmuriensis. V. *Odardi* (Hugo).
HUGUETI (Guill.), 317.

ISAIAS, Ysaias, 151, 152, 298.
ISRAEL, 185.
ISRAELITICUS populus, 146.

JALLAIS, c^{on} de Beaupréau, 309.
JANSONII (Guill.), 352.
JAQUETUS, 28.
JARZEYUM, *Jarzé*, canton de Seiches; — (ecclesia de), 158.
JEAN *Chrysostome* (S^t), 201.
JEAN *l'Évangéliste* (S^t), 155.
JEREMIAS, 183, 184.
JERONYMUS, 180, 182, 289.
JERUSALEM, 185, 234, 290, 299, 302, 304.
JOB, 179.
JOHANNA, 60, 117.
JOHANNES, scolasticus. V. *Marembert* (Joh.); — abbas S^{ti} Sergii. V. *Rebours* (Joh.); — episcopus Andeg. V. *Michel* (Joh.).
JOHANNES papa XXII, 347.
JOHANNES, abbas Majoris Monasterii, 327, 333; — prior de Verronio, 339; — archipresbiter de Fixa, 168; — archidiaconus Transligerensis, 79; — cardinalis, 196; — cantor Andegavensis. V. *Mulesio* (J. de); — officialis, 122, 125; — decanus de Camilliaco. V. *Pictavensis* (Joh.); — rector de Baune. V. *Major* (Joh.); — rector de Cepia, 120; — rector de Lezigneio, 58, 59.

JOHANNES Baptista (S^{tus}), 305.
JOLLANI (Gregorius), 117.
JOLLAYNIÈRE (LA), *La Joulainerie*, c^{ne} de Villévêque, 117.
JUDAS Macabeus, 147.
JUDEI, 152.
JUHELLUS, celerarius S^{ti} Sergii, 283; — prior de Bella Valle, 339.
JUMELLES, c^{ne} de Longué, 208.
JUSTINIANUS imperator, 145, 154, 184.

KAROLUS comes, 109, 120, 132, 148, 155, 157, 190, 200, 207, 286, 339.
KAROLUS Magnus, imperator, 84, 136, 146, 154, 185, 273.
KATERINA, 59, 60, 61.

LABBE, cité, 242, 251, 267.
LA DUCHESSE (Burgeta), 284.
LA FLÈCHE. V. *Fixa*.
LA GUINARDE (Gileta), 284.
LA LIGEROTE, 60.
LALOU (Laurentius de), 89.
LAMBALE (Laurentius de), 130.
LANDINAYE, boscus, 122.
LANDRI (Guill.), 287.
LANDULPHUS, cardinalis, 236, 246, 254.
LANE, Larne, Lasne (Colinus), 277, 278, 279, 280, 281.
LANGEAIS. V. *Lenges*.
LARCAYUM, Larcay, 43.
LARCHEVÊQUE de Parthenay, 69.
L'ARMEURIER (Robertus), 129.
LATERANENSE concilium, 304.
LATHAN (LE), 96.
LA TORACE (Juliana), 53.
LAVAL (DE), 66, 67.
LÉAUMONT (DE), 66.
LEBAICLE (Hemericus), canonicus Andeg., 39.
LE BIGOT (Guill.), 89.
LEBOINE, Leboyne (Mauricius), 110, 112.

LE BORGNE (Maurice), 13.
LE BORRELIER (Thomas), 50.
LE CAORCIN (Mauricius), 50.
LE CHARRETIER. V. *Quadrigarius*.
LE CHENU (Odinus), 89.
LECOQ (Laurencius), 284; — (Robinus), 284.
LE CORDIER (Petrus), 89.
LE COTELIER, 265.
LECOUVREUR (Robert), 37. V. *Tector* (*Rob.*).
LECOUVROUS (Giles), 37, 312, 314. V. *Coopertor* (*Egidius*).
LEDUC, 282, 284.
LEFEBVRE de Laubrières, 63.
LE FÉRON (Petrus), prepositus Parisiensis, 270.
LEJUMEAU, 66.
LEMÉE (Math.), 284.
LE MENISTRE (Robertus), 287.
LENGES, *Langeais* (Indre-et-Loire), 9, 46, 77.
LEIRE. V. *Ligeris*.
LEO papa, 306.
LEONENSIS episcopus, 11, 41, 66, 67, 72, 74, 90, 174.
LE PÉ. V. *Podium*.
LEPELETIER (Joh.), 280.
LE PELLETIER (Mich.), évêque d'Angers, 20.
LE PICARD. V. *Picardi*.
LE PUAZIN (Joh.), 89.
LEQUEUX. V. *Coci* (*Alanus*).
LE RAALE (Garinus), canonicus Andeg., 39, 116.
LERICHE (Petrus), subdecanus Carnotensis, 286.
LE ROIER (Petrus), episcopus Cenomannensis, 90.
LEROUX (Joh.), subballivus Andeg., 342.
LESCOT (Robertus), 276.
LESCUIER (Goufrey), 311.
L'ESNÉ (Radulphus), 89.

LEVESSEL (Guy), 314; — (Lucas), 314.
LE VIGOREUX, Le Vigouroux, Le Vigroux, Le Viguereux (Guill.), 110; — (Joh.), 320, 321; — (Math.), 121, 320, 321.
LEZIGNEIUM, *Lezigné*, c^{ne} de Seiches, 10, 58, 59.
LIGERIS, *Leire, la Loire*, 53, 54, 76, 79, 81, 82, 83, 84, 85, 87, 120, 129, 285, 286.
LIGERIUS, 89.
LION-D'ANGERS (LE), chef-lieu de canton, arrondissement de Segré, 329, 342.
LOCHÆ, *Loches* (Indre-et-Loire), 58.
LOINTIER (Joh.), 89.
LOIR (LE), 13, 69, 111.
LOISEL, cité, 87.
LONGUM VADUM, *Longué*, chef-lieu de canton, arrondissement de Baugé, 66, 96, 100, 114, 208, 210, 273.
LORIN (Ph.), 314.
LORIFRAE (Lucas de), 321.
L'ORSON (Joh.), 89.
LOUDUN, 201, 202.
LOUET (LE), rivière, 82.
LOUIS (S^t). V. *Ludovicus IX*.
LOUROUX (LE), abbaye. V. *Oratorium*.
LOUROUX-BÉCONNAIS (LE), chef-lieu de canton, arrondissement d'Angers, 109.
LUBLEIO (Math. de), 89, 121.
LUDIUM, *Le Lude* (Sarthe), 9, 48, 52; — prior de, 48; — archipresbiter, 281. V. *Rex (Gaufridus), Mauhuyon (Guill.), Muro (P. de), Brein (Guill. de)*.
LUDOVICUS Pius, imperator, 73.
LUDOVICUS VIII, 57.
LUDOVICUS IX, 57, 132, 134, 145, 154, 164, 184, 185, 186, 188, 202, 270, 322, 324.
LUDOVICUS X, 321.
LUGDUNENSE concilium, 95, 143, 319, 321.
LUGDUNENSIS archiepiscopus, 200.
LUGDUNUM, *Lyon*, 199, 244, 252.

LUIGNEIUM, *Luigné*, c^{ne} de Thouarcé, 281.
LYS (Abbaye du), 44, 49.

MACÉ, prieur du Pont, 350.
MACLOVIENSIS episcopus, 11, 41, 46, 47, 72, 74, 90, 190.
MACON (Macé de), 104.
MADELEINE (Chapelle de La), c^{ne} de Morannes, 17.
MAILLIACO (Gaufr. de), rector de Ulmis, 78, 79.
MAINE (LA). V. *Meduana*.
MAJOR (Joh.), frater episcopi, rector de Bauneio, 16, 51, 102, 103, 107, 108, 112, 120, 130.
MAJUS MONASTERIUM, *Marmoutier*, abb. bénédictine, 78, 79, 297, 327, 333.
MALAPERT, 320.
MALLIER (Nic.), 280.
MALUM LEPORARIUM, *Maulévrier*, c^{ne} de Cholet, 212.
MALUS NIDUS, Mauni dictus Pinaut (Joh. de), canonicus Andeg., 39, 284, 320.
MANS (LE). V. *Cenomannis*.
MANSELET (Mic.), 282, 284.
MARCHEGAY, cité, 6, 82, 213.
MARCILLEIO (Guill. de), 87, 120, 130.
MAREMBERT (Joh.), scolasticus Andegav., 24, 25, 26, 32, 33, 39, 45, 130, 160.
MARLHACO (Pet. de), penitenciarius Andeg., 351.
MAROLIO (Oliverius de), canonicus Andeg., 39.
MARMOUTIER. V. *Majus Monasterium*.
MARTIGNÉ-LE-BRIANT, *Martigné-Briant*, c^{ne} de Doué, 20; — (Mauricius de), archipresbiter Andegavensis, 20, 83, 85, 88, 112, 114, 120, 128, 168.
MARTIN (M.), 6.
MARTINIÈRE (DE LA), 83.
MARTREL (Sylv. de), 287.

MATHEFELON, c^{ne} de Seiches; — (Theobaldus de), 69.
MATHEI (Guill.), archidiaconus Transligerensis, 350, 351.
MATHEUS, decanus de Credonio. V. *Picot* (M.).
MATHEUS, abbas Mellinensis, 168.
MATHIEU (S^t), 155, 182, 289, 305.
MAUDET (Phil.), 280.
MAUGIA, *les Mauges* (decanus de). V. *Guido, Prime* (G.).
MAUGIA (Girardus de), [*alias* de Monte Rebelli), archidiaconus Transvigenensis, 26, 27, 28, 29, 32, 33, 39, 45, 46, 54, 57, 78.
MAUHUYON (Guill. de), archipresbiter de Ludio, 200, 282, 285.
MAURIANI monachi, 169.
MEDIETARII (Joh.), 59.
MEDUANA, *la Maine, la Mayenne*, rivière, 113, 115, 342.
MEDUANA (Robertus de), 310.
MELDUNUM, Meledunum, *Melun*, 44, 49, 105, 106.
MELLET (Droco), 285.
MELLIER (Joh.), clericus, 340, 344.
MELLINEIS, Mellineyum, *Mélinais*, abbaye (Sarthe), 9, 10, 47, 48, 52.
MELLINENSIS abbas, 52, 78, 168. V. *Math. de Barace;* — canonicus, 53.
MÉNAGE (G.), cité, 5.
MENDE (évêque de), 15, 288.
MENUAU (Mich.), 342.
MERALLUM, prioratus S^{ti} Sergii Andeg., 342, 344, 346, 348.
MERCERIUS (Gaufridus), 89; —(Joh.), 89.
MEZ (Egidius de), legum professor, 213, 280, 287.
MICHAEL, 49.
MICHAEL, abbas Omnium Sanctorum Andeg., 117, 168.
MICHAEL (Petrus), clericus, 209.
MICHÉE, 182.

MICHEL (Jean), évêque d'Angers, 5, 353.
MICHEL *de Villoiseau.* V. *Villoiseau.*
MILITIS, *Chevalier* (Pregentius), 353.
MINORUM ordo Andeg., 23, 130, 231, 234, 239, 256.
MOINNE, *Monnet?,* c^{ne} de Beaufort, 100, 101.
MOLENDINI, manerium, 79.
MOLIHERNA, *Mouliherne,* c^{on} de Baugé, 210.
MONNET. V. *Moinne.*
MONEYS, *Monnais,* c^{ne} de Jumelles; — (foresta de), 208, 287.
MONMARTIN. V. *Domnomartino.*
MONS ADEMARI, 64.
MONS BAZONIS, *Montbazon* (Indre-et-Loire); — (Reginaldus de), archiepiscopus Turonensis, 42, 43, 64, 67, 76, 77, 90, 95, 190, 232, 234, 239, 240, 242, 251, 257, 266.
MONS BEATI MICHAELIS in Monte Tumba, *le Mont-Saint-Michel,* 61.
MONS JOHANNIS, *Montjean,* c^{on} de St-Florent-le-Vieil, 76, 211, 212; — (Briencius de), 63.
MONS REBELLIS, *Montrevault,* chef-lieu de canton, 26. V. *Maugia* (G. de).
MONTRICHARD, 19.
MOREAU (Joh.), 89.
MOREL, cité, 20.
MOREL (Alanus), Corisopitensis episcopus, 66, 174, 190, 251.
MORENNA, *Morannes,* canton de Durtal, 10, 17, 51, 55, 60, 61, 62, 63, 67, 68, 69, 306, 311; — (rector de). V. *Pinpenel* (Nic.).
MORGENEST, Mortgenest, 60.
MORIN (Lorenz), 313, 314.
MOTA, Mota de Pendu, 160, 161, 162, 163, 277. V. *Apendutum.*
MOTE (Constance de LA), 311, 312.
MOUCAINT (Alex.), 280, 307, 337.
MOYSANT (Petrus), 89.

TABLE DES NOMS DE LIEUX ET DES NOMS D'HOMMES.

Moyses, 289.
Mulceio (Joh. de), cantor Andegavensis, 32, 33, 37, 39, 45, 87, 168, 285.
Multon (Colinus), 212.
Muro (P. de), archipresbiter de Ludio, 351.

Nannetensis episcopus, 41, 90, 250. V. Daniel.
Narbonensis archidiaconus, 191.
Navarre rex, 321.
Nicenum concilium, 304.
Nicolaus, cardinalis, 316, 318, 319.
Nicolaus papa IV, 13, 91, 94.
Nicolaus (Phil.), professor legum, 349.
Noa (Guill. de), ballivus Andegavensis, 287.
Nogento (Thomas de), canonicus Andegav., 30.
Noientum, *Noyant-sous-le-Lude*, chef-lieu de canton, 81.
Normanni (Joh.), 212.
Normannia, 238, 246, 254, 255, 256.
Normannus, archidiaconus Andegavensis, 103, 108, 110, 112, 114, 122, 125.
Notre-Dame du Pé. V. *Podium*.
Nova Villa (Guill. de), 97, 98.
Noyant-sous-le-Lude. V. *Noientum*.
Nucariis (Pet. de), canonicus Turonensis, 43, 64, 67.
Nulleium, *Neuillé*, c^{on} N. de Saumur, 273.

Odardi (Guill.), 200; — (Hugo), archipresbiter Salmuriensis, 160, 165, 168; — (Petrus), 287.
Ogerii (Petrus), 287.
Olearius (Joh.), 89.
Olive (Petrus), 89.
Olofernes, 146.
Omnes Sancti, abbatia, *l'abbaye de Toussaint d'Angers*, 13, 113, 117, 168.
Oratorium, *Le Louroux*, abbaye cistercienne, c^{ne} de Vernantes, 14.

Oreilleio, Orelleio, Orilleio (Gaufr. de), 208, 210, 275, 276.
Osceret (Guill.), abbas S^{ti} Sergii, 338.
Orto (Sclata de), canonicus Andeg., 317, 319.
Oulle, Ourle (clausum de), 117.
Ourseau (Gaufridus), 337.

Palais (Baronnie du), à Angers, 51.
Papin (Joh.), archidiaconus Transligerensis, 351, 352.
Parisiensis episcopus, 262; — prepositus, 270. V. *Le Féron (P.)*; — moneta, 204, 256, 265.
Parisius, 10, 57, 58, 100, 157, 158, 159, 190, 191, 196, 204, 213, 242, 264, 265, 266, 269, 272, 287, 309, 310, 322.
Paul (S^t), 128, 294, 295, 299.
Pendu. V. *Apendutum, Meta de Pendu*.
Penestinensis episcopus, 236, 238.
Perrault (Mich.), 212.
Perrodium, Perrodium Monialium, *Le Perray-aux-Nonnains*, c^{ne} d'Écouflant, 10, 53, 54.
Perrotus, servicus, 320.
Pertico (G. de), legum professor, Cenomannensis decanus, 207.
Petra Bassa (Phil. de), 337.
Petragoricensis cantor, 333.
Petrus, rex Arragoniæ, 132; — abbas de Buxeria, 338; — episcopus Penestinensis, 236; — decanus de Candeio, 327; — decanus de Inter Sartham et Meduanam, 168, 285, 311; — serviens, 212.
Pharaon, 143, 183.
Pharisei, 305.
Philippus, rector Ville Episcopi, 60, 112.
Philippus II, rex Francie, 57, 322.
Philippus III, 57, 132.
Philippus IV, 25, 26, 44, 49, 58,

48.

147, 148, 149, 157, 158, 159, 186, 188, 189, 190, 191, 196, 197, 204, 205, 206, 216, 232, 235, 240, 241, 245, 252, 270, 305, 335.
PHILIPPUS V, 16, 349, 550.
PICARDI, *Le Picart* (Galterius, *Gautier*), 334, 335, 337.
PICARDUS (Petrus), 89.
PICOT, Piquot (Matheus), decanus de Credonio, 20, 24, 25, 26, 27, 28, 32, 33, 35, 37, 39, 44, 45, 47, 49, 51, 55, 83, 87, 112, 160, 165, 168, 200, 285, 309.
PICTAVENSIS (Joh.), decanus de Camilliaco, 200, 327.
PICTAVENSIS episcopus, 80.
PICTAVIA, 238, 246, 254, 255, 256, 257.
PICTAVIS, 224, 226, 227, 228, 232, 239, 240, 241, 246, 251, 269, 291.
PINAUT. V. *Joh. de Mauni.*
PINPENEL (Joh.), rector Morenne, 89, 280.
PIRIS (Guill. de), 315.
PLANCHA, *La Planche*, c^{ne} de Saint-Silvain, 114.
PLESSA (Joh. de), 121.
PLESSEIACO (Guido de), 275, 276; — (Phil. de), decanus S. Laudi Andeg., 27, 28, 32, 33, 37, 38, 45, 46, 54, 165.
POCONNERIA, *La Possonnière*, c^{ne} de St-Georges-sur-Loire; — (Hardoinus de), 280.
POCQUET de Livonnière (Cl. Gab.), cité, 8, 169.
PODIUM, *Le Pé*, *Notre-Dame du Pé* (Sarthe); — (feudum de), 160, 161, 306.
PODIUM BOLETI, *Pied-Boulet*, porte et fontaine d'Angers; — (Joh. de), 284.
POENCEYUM, *Pouancé*, chef-lieu de canton, 67, 97, 309, 329; — (Theob. de), Dolensis episcopus, 66, 67, 77, 98.
POINTELLI (Joh.), allocatus episcopi, 163.

POLINET (Joh.), 89.
PONCET de La Rivière (Mic.), évêque d'Angers, 20.
PONS OTRANDI, *Pontron*, abbaye cistercienne, c^{ne} du Louroux-Béconnais, 109.
PONS SEII, Pont de Seey, Saiacus, Sabiacus, *Les Ponts-de-Cé*, chef-lieu de canton, 13, 14, 61, 63, 81, 82, 83, 85, 87, 88, 90, 129, 132, 213, 334. V. *Saiacus*, *Esma*, 85; — (castrum de), 270; — (prior de), 89; — (castellanus de.) V. *Egidius.*
PONT-AUX-FILLES (Ruisseau du), 114.
PONTE (Egidius de), 50; — (Raynaldus de), 314.
PONTES CÆSARIS, 81. V. *Pons Seii.*
PONTISARA, *Pontoise*, 147, 148, 149, 150.
PONTRON. V. *Pons Otrandi.*
PORTA (prior de), 315.
POSSONNIÈRE (LA). V. *Poconneria.*
PRAEAU (Mich.), 89.
PRATIS (Marsilius de), senescallus episcopi, 83, 88, 164.
PRÉCIGNÉ, 59.
PREDICATORUM ordo, conventus, 23, 224, 231, 239, 256.
PREPOSITI (Radulphus), 337.
PRETESEILLE (Gaufridus), 89.
PRINCE (Guill.), decanus de Maugia, 309.
PROVINCIA, 238.

QUADRIGARIUS, Le Charretier (Guill.), canonicus Andegavensis, 35, 39, 319, 320, 321.
QUATREAUX (Robinus), 285.
QUATREBARBES (Math.), 11, 65.
QUEUE-DE-MARGERIE (LA), 52.
QUIMPER-CORENTIN. V. *Corisopitensis episcopus*, 74.
QUOCE. V. *Coceium.*
QURVO CAMPO (Gervasius de), cardinalis, 265.

TABLE DES NOMS DE LIEUX ET DES NOMS D'HOMMES.

R. archiepiscopus Turonensis. V. *Reginaldus de Monte Basonis.*

R. Macloviensis episcopus, 74. V. *Robertus.*

RADULPHUS, 60; — Xantonensis cantor, 233; — rector Luigneii, 281.

RAGINALDUS, abbas S^{ti} Florentii, 120.

RAGINALDUS, clericus, 88, 89; — Andeg. preco, 207.

RAGINARDUS, archiepiscopus Turonens. V. *R. de Monte Basonis.*

RAMUS FORTIS, *Ramefort,* c^{ne} de Blou, 13, 96, 208; — terra, castellania, 208, 210; — villa, 275.

RANGEARD, cité, 8, 54, 78, 340.

RANULPHUS, 285.

RAPETTI, cité, 232.

RAYNALDI, cité, 195, 196, 199, 200, 214, 218, 222, 249, 250, 251, 267, 268, 270, 287, 290.

REBOURS (Johannes), abbas S. Sergii Andeg. 61, 168, 285, 342.

REDONENSE concilium, 274.

REDONENSIS diocesis, 317, 349; — episcopus, 11, 12, 41, 42, 66, 67, 68, 69, 72, 74, 90, 250.

RÉFLEAU, 6.

REGALITATE (Guill. de), 280, 287, 314.

REGIS (Mich.), archidiaconus Transmeduanensis, 350.

REIGNE, *Rigné,* c^{ne} d'Échemiré; — (ecclesia de), 35, 39.

RELLEIUM, *Rillé* (Indre-et-Loire), 9, 47.

REMENSIS archiepiscopus, 214, 234, 270. V. *Robertus;* — cantor, 97, 98.

RETZ (G. de), 67.

REX (Gaufridus), archipresbiter de Ludio, 20, 87, 112, 120, 122, 130; — (Droëtus), 89.

RICHARDUS, 284.

RICHARDUS, rex Angliæ, 57.

RIDERIA; manerium, 78.

RIGAULT (Egidius), decanus Andegavensis,

25, 31, 32, 33, 35, 37, 45, 102, 106, 160, 165, 168.

RIGOURT, 349.

ROBERTUS, archiepiscopus Remensis, 234, 239.

ROBERTUS, episcopus Macloviensis, 90, 190, 251.

ROBERTUS, archidiaconus Transmeduanensis, 32, 33, 39, 52, 87, 103, 108, 110, 112, 114, 115, 120, 160.

ROBERTUS, abbas Majoris Monasterii, 78.

ROBIN (Gaufridus), 284.

ROBOAM, 145, 185.

ROCHA (Petrus de), 115, 116, 121, 122.

ROCHA FULCONIS, Rupes Fulconis, *La Roche-Foulques,* c^{ne} de Soucelles, 13, 111, 116.

ROCHA S^{ti} Sergii, 319.

ROCHEFORT-SUR-LOIRE, 120.

ROCHEJACQUELEIN (LA), c^{ne} de Daumeray, 8.

ROCHIS (Joh. de), 280; — (Guill. de), 280.

ROGERON (Clemens), 89.

ROGEYUM, *Rougé,* c^{ne} d'Échemiré; — (Jametus de), 158.

ROHAN (DE), 65.

ROMA (Nic. de), canonicus S. Petri Andeg., 287.

ROMANA curia, 95, 230, 349; — ecclesia, 194, 195, 243, 257, 267, 271, 300.

ROMANI imperatores, 209.

ROMULUS, 181.

RONCERAY (LE). V. *Beata Maria Andegavensis.*

RONCIN (Joh.), 49, 50.

ROQUELAURE (DE), 63.

ROSSELLI (Petrus), 89.

ROTA, *La Roe,* abbaye, 68; — (abbas de). V. *Gaufridus.*

ROTHOMAGENSIS archidiaconus, 233.

ROTHOMAGUS, 25, 26.

Rougé. V. *Rogeyum.*

ROUSSELOTI (Radulphus), clericus, 188.

Roussièas (Steph. de La), 121.
Roychi (Geraldus de), canonicus Agenensis, 233.
Ruello (Colinus de), 89; — (Mic. de), canonicus Andegavensis, 30.
Ruiso (Guill. de), 43.

Sabiacus, Saiacus. V. *Pons Seii.*
Sablé, 56, 59.
Saccini, les Frères Sacs d'Angers, 23.
Salmuriense concilium, 14, 15, 136.
Salmuriensis archipresbiter. V. *Major (Joh.), Odardi (Hugo);* — subballivus. V. *S¹ Justo (G. de).*
Salmurium, Salmurus, *Saumur*, 78, 138, 156, 211.
Salomon, 136, 139, 154, 179, 185.
Samuel, 185.
Saquin (Steph.), 89.
Sarraceni, 152, 218, 229.
Sarta, *la Sarthe*, rivière, 307.
Saül, 146, 185.
Sauleya (Joh. de), 211.
Savigneium juxta Relleium, 280.
Saint-Aubin des Ponts-de-Cé. V. *Pons Seii.*
Saint-Barthélemy, cᵒⁿ N. E. d'Angers.
Saint-Brieuc. V. *Briocensis episcopus.*
Sainte-Colombe, 47.
Saint-Gilles. V. *Sᵗᵘˢ Egidius.*
Saint-Florent-le-Vieil, chef-lieu de canton, arrondissement de Cholet, 15, 211.
Saint-Georges-sur-Loire, chef-lieu de canton, arrondissement d'Angers, 280.
Saint-Malo. V. *Macloviensis episcopus.*
Saint-Quentin, 340.
Saint-Remy (Renaud de), 120.
Saint-Samson, paroisse d'Angers, 21, 22.
Saint-Silvain, cⁿᵉ d'Angers, 114.
Sainte-Marthe, cité, 288.
Sancti Albini Andeg. abbatia, *Saint-Aubin d'Angers,* abbaye bénédictine, 9, 11,
41, 43, 63, 64, 67, 75, 81, 114, 117; — ecclesia, 11, 62, 65, 67; — cartularium, 81, 82, 160; — chronica, 16.
Sanctus Alexandus, terra episcopalis, *S¹-Alman,* cⁿᵉ de Juigné-sur-Loire, 13, 51, 54, 89, 140, 210, 320, 336.
Sancti Augustini canonici, 53, 79.
Sanctus Cosmas de Insula, 79.
Sancta Crux [de Ruperforti?], 337.
Sancta Crux, ecclesia Andegavensis, 307.
Sancto Dyonisio (Petrus de), clericus comitis, 339, 342, 344, 345, 346, 347, 348.
Sanctus Egidius de Viridario, *Saint-Gilles, Saint-Éloi d'Angers,* prieuré de Marmoutier, 331.
Sanctus Florentius, *S¹-Florent-le-Jeune* près Saumur, abbaye bénédictine; — abbas, 120.
Sanctus Germanus [de Pratis], 213.
Sanctus Johannes Andegavensis, *le Chapitre Saint-Jean-Baptiste d'Angers,* 201.
Sanctus Johannes des Mauvrez, de Malveretis, de Mauvereiz, *Saint-Jean-des-Mauvrets,* cⁿᵉ des Ponts-de-Cé, 54, 62, 63, 140, 334.
Sancto Justo (Girardus de), subballivus Salmuriensis, 210.
Sanctus Justus prope Lugdunum, 199.
Sancti Laudi capitulum, *le chapitre S¹-Laud d'Angers,* 255; — decanus, 27, 45, 46; — ecclesia, 164, 165.
Sancti Laurencii de Morteriis terra, 212.
Sancti Magnobodi Andegavensis ecclesia, *le chapitre de Saint-Maimbeuf d'Angers,* 346.
Sancti Martini Andegavensis ecclesia, 346; — decanus, 39.
Sancti Martini Turonensis ecclesia, 79; — claustrum, 80; — capitulum, 79, 80, 81; — prepositura Andegavensis, 81; — subdecanus. V. *Rob. de Vernon.*

Sancti Mauricii Andegavensis ecclesia, 11, 63, 65, 66, 69, 345.
Sanctorum Mauricii et Gaciani Turonensis ecclesia, 77.
Sancti Maurilii Andegavensis ecclesia, 345, 346; — cantor, 87.
Sanctus Maurilius de Chalonna ecclesia. V. Calonna.
Sanctus Maurilius de Esma, Saint-Maurille des Ponts-de-Cé, 13, 82, 83, 85, 88, 129, 131, 285, 286, 320.
Sanctus Melanius, Saint-Melaine, c^{ne} des Ponts-de-Cé, prieuré de Saint-Serge d'Angers, 13, 81.
Sancti Michaelis de Tertro Andegavensis ecclesia, Saint-Michel-du-Tertre, paroisse d'Angers, 22, 283, 346.
Sancti Michaelis de Palude ecclesia Andeg., Saint-Michel-la-Palud, paroisse d'Angers, 346.
Sancti Petri Andegavensis ecclesia, 20, 88, 346; — capitulum, 130, 201; — decanus, 39.
Sanctus Petrus de Precignejo, 59, 60, 61.
Sancti Sergii Andegavensis abbatia, 11, 59, 61, 81, 281, 319, 338, 344, 346, 347; — abbas, 113, 115, 166, 285, 342. V. Rebours (J.), Orgebet (G.); — celerarius, 283; — prior claustralis, 341; — senescallus, 320; — cartularium, 160, 277, 280.
Sancti Severini ecclesia Parisiensis, 265.
Sancto Supplicio (Joh. de), 201.
Sancti Yrenei villa, 199.
Seduchi, 305.
Segré, chef-lieu d'arrondissement, 97, 133, 280, 306, 329, 342.
Seiches. V. Cepia.
Senonensis archiepiscopus, 80.
Senonis, 169.
Sesinera (Rad. de), 317.

Sesmaisons (De). V. Suis domibus (D. de).
Sezille (Reg. de), 134.
Siciliae rex, 109.
Silvani, Souvaing (Petrus), 337.
Sohier (Rad.), 88.
Solinus, cité, 181, 182.
Socelle, Soucelles, c^{ne} de Briolay, 111; — (Girardus de), 111, 222.
Souvaing. V. Silvani.
Souvigne (G.), rector Bremi, 350.
Souvigneium, Souvingne, Souvigne, 214, 280, 315, 336; — (Guill. de), rector Brisarthe, 280.
Sponde, cité, 13.
Stephanus cardinalis, 236, 246, 254; — archipresbiter Ludii, 168; — archidiaconus, 311; — segrearius comitis, 120, 121.
Suis Domibus, Sesmésons (David de), ballivus Andegavensis, 10, 54, 86, 87, 120, 129, 155, 287.
Symon, cardinalis, 99.
Syon, 298.
Syria, 91, 214.

Tartares (Les), 214.
Tector, Textor (Robertus), archidiaconus Transmeduanensis, 37, 45. V. Coopertor, Lecouvreur.
Templarii, Templi ordo, milicia, 15, 95, 204, 205, 206, 218, 232, 233, 235, 236, 237, 238, 239, 240, 241, 243, 244, 245, 252, 254, 255, 257, 262, 263, 267, 277, 278, 279, 281.
Tercia curia, Tessecourt, c^{ne} de Chanteussé; — (Amellandus, Emellandus de), 305, 306, 307.
Terra Sancta, 90, 94, 139, 214, 226, 241, 243, 249, 268, 278, 280, 281, 316, 318, 319.
Tertao (Joh. de), 282, 284; — (Robertus de), 284.

THAREN (D.), 8.
THEOBALDUS, episcopus Dolensis. V. *Poenceio* (Th. de).
THEODOSIUS imperator, 145, 154, 184, 185.
THOLOSA, 234.
THOMAS, 49.
THOMAS, cardinalis, 236; — decanus And. V. *Denart (Th.)*, preco de Challone, 320.
THORCIN (Stephanus), 117; — (Symon), 117.
THORODE, cité, 7.
THOUARCÉ, chef-lieu de canton, arrondissement d'Angers, 81, 212, 281.
TIERCÉ, canton de Briolay, 52.
TOLETANUM concilium, 340.
TORE (Henricus), episcopus Venetensis, 23, 24.
TORELLI (Thomas), 211.
TOULOUSE, 267.
TOUSSAINT (Abbaye de). V. *Omnes Sancti.*
TRAJANUS imperator, 180.
TRANSLIGERENSIS archidiaconus, 213, 352. V. *Mathei (G.).*
TRANSMEDUANENSIS archidiaconus. V. *Fulco, Regis (Mic.)*, 350, 351.
TRANSVIGENENSIS archidiaconus, 26, 27, 28, 43, 44. V. *Maugia (G. de).*
TRECORENSIS episcopus, 41.
TRENCHANT (Joh.), 112.
TRIPOLITANA civitas, 155.
TUMOR (Radulphus), 53.
TUFFELLI, *Les Tuffeaux*, c^{ne} de Chênebutte-les-Tuffeaux; — (villa de), 210, 211.
TUNICIUM, 132.
TURONENSE concilium, 275.
TURONENSIS archiepiscopus, 78, 94, 99, 108, 173, 188, 241, 243, 251. V. *Bernardus (J.), Burgulio (Step. de), Monte Basonis (R. de), Haia (G. de)*; — ballivus, 14, 142, 143, 147, 148, 149, 150, 157, 158, 159, 170, 189, 305, 334; — decanus, capitulum, 8, 11, 24, 26,

29, 36, 40, 91, 94; — diocesis, 78, 173; — ecclesia, 74, 174; — provincia, 41, 66, 69, 178, 190, 243, 317, 319; — moneta, 220, 310.
TURONIS, 12, 27, 43, 46, 47, 77, 79, 205, 352.
TURPIN-CRISSÉ, 66.
TUSCHA (Steph. de), 89
TUSCIA, 109.
TYBERIUS imperator, 181.

ULMI, *Les Ulmes-St-Florent*, canton de Doué, 78.
ULULA vel Buort (Gaufridus), 89, 90; — (Mich.), 90.

VAALLON (Rob. de), 317.
VADUM Danielis, *Gué Deniau*, c^{ne} de Baugé, 201. V. *Bremio (G. de).*
VAIR (Theob. de), 287.
VALEAUX (G.), 351.
VALERI (Herardus de), 286.
VALLEIIS, Valeiis (Petrus de), decanus de Inter Sartam et Meduanam, 83, 88, 89, 112, 121, 130, 200, 277, 314, 336.
VALLIS CHRISTIANI, *Vauchrétien*, c^{ne} de Thouarcé, 212, 213.
VAUDOUS (Radulfus), 284.
VENETENSIS episcopus, 11, 23, 24, 41, 66, 67, 72, 74, 90.
VERN, Vernum, *Vern*, c^{ne} du Lion-d'Angers; — (ecclesia, prioratus de), 329.
VERNANTES, c^{ne} de Longué, 114.
VERNEIA, *Vernée*, c^{ne} de Chanteussé; — (Matheus de), senescallus de Credonio, 307, 308, 337.
VERNERII (Gaufr.), 211.
VERNONE (Rob. de), subdecanus S^{ti} Martini Turonensis, 316, 317, 318, 319.
VERNOTUM, 42.
VERNUCON, *Vernusson*, c^{ne} des Ponts-de-Cé;

TABLE DES NOMS DE LIEUX ET DES NOMS D'HOMMES.

— (Herbertus de), 61; — (Johannes de), 61.

VERRONIUM, *Verron*, prieuré de Saint-Serge d'Angers, 339, 341, 343, 344, 346, 347.

VIAU (Guill.), 280.

VICENE, Vicenne, *Vincennes*, 10, 44, 55, 58, 60, 327; — (boscus de), 55.

VICINI (Laurentius), capicerius Carnotensis, 120.

VIEILLE-CROIX (LA), 17.

VIENNA, Vyenna civitas, 250, 287, 288, 304, 306; — concilium, 15, 287, 288, 304.

VILLA Episcopi, *Villévêque*, c^{ne} N. E. d'Angers, 10, 13, 16, 51, 52, 53, 54, 55, 58, 59, 60, 61, 104, 111, 112, 117, 120, 122, 124, 166, 316, 349; — (molendinus de), 115; — (burgus de), 117; — (castrum de), 121; — (rector de), 60, 201, 350. V. *Botarii* (H.).

VILLA Mauri (Petrus de), 39.

VILLE Mere (Rad. de), 317.

VILLICI (Joh.), senescallus S. Sergii, 320.

VILLOISEAU (Mich. de), évêque d'Angers, 20.

VINDOCINO (Gaufr. de), capicerius Carnotensis, 207.

VINEIS (Math. de), 166.

VIONE (Joh. de), 89.

YSAIAS, 282, 300.

49

www.ingramcontent.com/pod-product-compliance
Lightning Source LLC
Chambersburg PA
CBHW070438170426
43201CB00010B/1141